edição brasileira© Ayllon 2024
tradução© Francisco Araujo da Costa
introdução© Christian Dunker

título original *In Pursuit of Peace in Israel and Palestine*
(Vanderbilt University Press, 2017)
agradecimentos Sheila Mann

coordenação da coleção Daniel Douek, Michel Gherman e Rafael Kruchin
edição Suzana Salama
editor assistente Paulo Henrique Pompermaier
assistente editorial Julia Murachovsky
preparação Ana Paula Gomes
capa Lucas Kroëff

ISBN 978-85-7715-664-1

Dados Internacionais de Catalogação na Publicação (CIP)
Câmara Brasileira do Livro, SP, Brasil

Baskin, Gershon (1956)

Israel e Palestina. Gershon Baskin; tradução de Francisco Araujo da Costa; introdução de Christian Dunker. 2. ed. Título original: *In Pursuit of Peace in Israel and Palestine*. São Paulo, SP: Ayllon, 2024.

ISBN 978-85-7715-664-1

1. Ciência política. I. Título.

23-172909   CDD: 320

Elaborado por Eliane de Freitas Leite (CRB 8/8415)

Índices para catálogo sistemático:
1. Ciência política (320)

Grafia atualizada segundo o Acordo Ortográfico da Língua Portuguesa de 1990, em vigor no Brasil desde 2009.

Direitos reservados em língua portuguesa somente para o Brasil

AYLLON EDITORA
Av. São Luís, 187, Piso 3, Loja 8 (Galeria Metrópole)
01046-912 São Paulo SP Brasil
Telefone/Fax +55 11 3097 8304
editora@hedra.com.br

www.hedra.com.br

Foi feito o depósito legal.

Israel e Palestina
Um ativista em busca da paz

Gershon Baskin

Francisco Araújo da Costa (*tradução*)
Christian Dunker (*introdução*)

2ª edição

São Paulo   2024

Gershon Baskin (1956) militou em movimentos pelos direitos humanos, anti-racistas e feministas durante os anos 1970 nos Estados Unidos. Imigrou para Israel ainda jovem, vindo a se tornar fundador e dirigente da Israel-Palestina: Iniciativas Regionais Criativas (IPCRI), instituição dedicada à construção da paz na região. Tornou-se interlocutor em inúmeras negociações secretas entre Israel, Organização para Libertação da Palestina (OLP) e Hamas. Teve papel decisivo no caso da libertação do soldado israelense Gilad Shalit, prisioneiro em Gaza por cinco anos.

Israel e Palestina: um ativista em busca da paz apresenta, em narrativa testemunhal e direta, o relato do pacifista Gershon Baskin sobre sua atuação no conflito, incluindo passagens de quando negociou pessoalmente com Abu Mazen e Yasser Arafat e a equipe de Yitzak Rabin. Atuou também na vila árabe de Kufr Qara, sobre a qual retrata os efeitos da indiferença resultada da disparidade cultural e da segregação, procurando argumentar que, sem um espaço de experiência compartilhada na cultura, não há caminho para a paz.

Christian Dunker é psicanalista e professor titular do Instituto de Psicologia da Universidade de São Paulo (USP). Em 2012, obteve o Prêmio Jabuti na categoria de Psicologia e Psicanálise, por seu livro *Estrutura e constituição da clínica psicanalítica* (Anablume, 2011).

Francisco Araújo da Costa, tradutor, é bacharel em Letras pela Universidade Federal do Rio Grande do Sul.

Coleção Índigo reúne publicações que contribuem para a qualificação do debate público sobre o Estado de Israel, sionismo e judaísmo através de textos que promovem a abertura de caminhos para o diálogo e espaço para a diversidade de opiniões. É fruto de uma parceria com o Instituto Brasil-Israel (IBI).

Sumário

Sobre a coleção Índigo 7
Introdução, *por Christian Dunker* 9
Abreviaturas e siglas 17
ISRAEL E PALESTINA. 19
Prefácio à edição original 23
A paz árabe-israelense é mesmo possível? 27
Por que escrever este livro? 43
No princípio 49
«Aliá» para um vilarejo árabe 63
Trabalhando para o governo israelense 95
O Instituto de Educação para a Coexistência
Judaico-Árabe 103
Sou convocado pelo exército israelense 117
O primeiro confronto 129
A invenção do IPCRI 139
Um dia na vida de um pacifista israelense 151
Um risco para a segurança 165
O reino mágico 179
Da lista de segurança à assessoria do primeiro-ministro ... 185
A segurança na mesa de negociações 195
A Intifada Al-Aqsa 207
Os dilemas de um pacificador 217

À beira da morte 223
Criar paz 247
Lições aprendidas 271
Por que a Iniciativa Kerry fracassou 287
Um plano para substituir o governo Netanyahu 297
Netanyahu vence de lavada 321
E agora, para onde vamos? 325
Com o que se parece a paz? 345
Dois Estados para dois povos 405

Agradecimentos 409
Índice remissivo 411

Sobre a coleção Índigo

Nas últimas décadas, narrativas adotadas tanto por setores do campo conservador quanto progressista criaram preconceitos, estereótipos e polarizações a respeito do Estado de Israel, do sionismo e do judaísmo. A percepção do lugar que Israel passou a ocupar na conjuntura política e no imaginário social brasileiro embasou a formação do Instituto Brasil-Israel, o IBI, que se propõe a expor a complexidade do país e a pluralidade da comunidade judaica, abrindo caminhos para o diálogo e a diversidade de opiniões.

Para lidar com o assunto e aprofundar as discussões, o IBI considera a produção de conhecimento acadêmico ou, de forma mais ampla, intelectual, de suma importância: muitas vezes, é nesse contexto que são construídos debates que, mais tarde, ganham importância na sociedade.

A falta de livros, dissertações e teses em português sobre temas relacionados a Israel incentivou essas publicações. São textos escolhidos pela comissão editorial do IBI em parceria com a Ayllon Editora, e trazem ideias e pensadores que contribuem na qualificação do debate público. Bem vindos à Coleção Índigo.

Instituto Brasil-Israel

Introdução
Por que a guerra?

CHRISTIAN DUNKER

Qualquer um que percorra a região de Israel, Palestina e os territórios ocupados se perguntará: *por que não a paz?* Quase todos com quem puder conversar sobre o assunto argumentarão que a vida atravessada por barreiras de circulação, pontos de checagem e placas de advertência — sobre acesso a cidades ou travessias por zonas branca, azul ou vermelha — tornam-na extrema e desnecessariamente complexa e tensa. Quem entende sobre percepção de segurança social sabe que a exposição contínua a armas, tanques e câmeras de vigilância pode ter importância estratégica, mas nos advertem a todo momento para a existência do perigo. Perguntando aos envolvidos, ainda que ativistas ou lideranças institucionais *por que a guerra?*, obteremos respostas vagas e muitas vezes reativas. Porque o outro lado não é confiável em uma mesa de negociação. Porque tentamos tantas vezes que agora não é mais possível. Porque só com a passagem geracional certas feridas e ressentimentos poderão ser tocados e lembrados sem que isso represente uma traição, de parte a parte.

O enigma é criteriosamente descrito neste livro, a partir de abordagem testemunhal e direta. Gershon Baskin é nascido nos EUA e formado na efervescência de movimentos pelos direitos humanos, anti-racistas e feministas dos anos 1970, nos quais a luta contra a guerra do Vietnã teve papel decisivo. Fez *aliá*[1] e tornou-se o dirigente máximo do Israel-Palestina: Iniciativas Regionais Criativas (IPCRI), um *think-and-do-tank*, talvez único em sua espécie, dedicado à construção da paz.

1. Termo que designa a imigração judaica para Israel.

Nesta condição ele se torna interlocutor secreto em inúmeras negociações entre Israel e a Organização para a Libertação da Palestina, e depois com o próprio Hamas. Seu papel decisivo na libertação do soldado israelense Gilad Shalit, prisioneiro em Gaza durante cinco anos, mostra como o discurso institucional e formal de paz é atravessado por práticas reais e interesses locais dos mais diversos tipos — das peculiaridades psíquicas do rei da Jordânia até a boa vontade de um oficial de segurança. E aqui entra em jogo um elemento de dupla incidência: o tempo.

Os grandes marcos que organizam a questão são relativos ao espaço. A tomada do Sinai, as fronteiras de 1948, a ocupação de Golan, o retorno dos refugiados para suas casas. Mas a grande força contrária ao tratamento da questão passa pelo tempo, como a consolidação cultural: "Pouquíssimos, em ambos os lados, assistem a mídia ou filmes, leem a literatura ou sequer sabem muito sobre a política interna do outro".[2]

O processo de normalização, seja das ocupações ou das negociações de paz, contorna obstáculos linguísticos e sociais representados pelo congelamento de relações entre árabes e israelenses, que majoritariamente não falam a língua do outro mesmo convivendo a quilômetros de distância, o que leva à luta pelo domínio da temporalidade extensa do passado — ou seja, da história — e consequentemente torna o assunto atravessado por querelas religiosas, com marcos temporais díspares.

"Uma ideia comum tanto entre israelenses e palestinos é que *nós* (em ambos os lados) queremos a paz, mas *nós* não temos um parceiro para a paz do outro lado".[3] As pessoas têm medo umas das outras. Elas não se encontram, não conversam e têm ideias incrivelmente equivocadas sobre o outro.[4] Líderes de parte a parte já disseram que isso só poderá ser resolvido "pelo contato direto com a população".[5] O sucesso econômico

2. Ver página 30.
3. Ver página 44.
4. Ver página 35.
5. Ver página 36.

do primeiro contrasta com a relativa estagnação do segundo. Há anexações ilegais e áreas ocupadas sob litígio. O peso das vidas israelenses parece ser sensivelmente maior do que as vidas palestinas. O lado mais poderoso está começando a ter sua legitimidade questionada.[6] Se parece à situação das grandes metrópoles brasileiras, com extensas áreas periféricas que desenvolvem formas de vida autóctones, baixa convivialidade e pouco contato na vida em forma de condomínio: murada, vigiada e atormentada pela violência potencial.

Dentre outros aspectos nos quais a analogia não se mantém, contudo é justamente por sua complexidade e longevidade que a situação Israel-Palestina parece ser uma espécie de paradigma para a erupção e tratamento de conflitos em um mundo reorganizado pelo capitalismo em chave neoliberal. Em 1932, a Liga das Nações, através de seu Instituto Internacional para a Cooperação Intelectual, convidou Albert Einstein e Sigmund Freud para debater o sentido da guerra.[7] Relembremos as perguntas do físico:

1. Existe alguma forma de livrar a humanidade da ameaça de guerra?

2. Como é possível a essa pequena súcia dobrar a vontade da maioria, que se resigna a perder e a sofrer com uma situação de guerra, a serviço da ambição de poucos?

3. Como esses mecanismos conseguem tão bem despertar nos homens um entusiasmo extremado, a ponto de estes sacrificarem suas vidas?

4. É possível controlar a evolução da mente do homem, de modo a torná-lo à prova das psicoses do ódio e da destrutividade?

6. Ver página 47.
7. Albert Einstein, *Por que a guerra? — Carta de Einstein a Freud*, 1932. In: Sigmund Freud *O mal-estar na cultura e outros escritos de cultura, sociedade, religião*. Belo Horizonte: Autêntica, 2020.

As perguntas de Einstein constituem um roteiro sintético de dificuldades enfrentadas por Baskin ao longo de décadas, como mediador entre dois povos. Em primeiro lugar destaca-se o valor da ameaça que a guerra representa. Ou seja, falamos não apenas dos atos ou efeitos de bombardeios e ações militares mais ou menos pontuais ao longo do tempo, mas de uma forma de vida — tão conhecida aliás dos brasileiros, na qual a possibilidade da violência e a violência contingente ou colateral, representada pela bala perdida ou pelo fogo amigo, confundem-se.

Entra em jogo a cooptação dos estados de insegurança por uma pequena súcia, que estimula e se mantém propagando políticas de afastamento e redução da diversidade experiencial, e animando o engajamento em retóricas do ressentimento. São capazes de gerar entusiasmos indignantes que levam a vidas em estado sacrificial vetorizadas pela violência. E chegamos assim às vidas reduzidas em seu valor, capazes de intensificar-se em contexto miliciano. Isso é revelado de forma contundente nos acontecimentos, aqui detalhados, que cercaram o atentado que vitimou Yitzhak Rabin.

Mas a resposta dada por Freud remete menos às questões de Einstein, ou seja, menos aos contextos preventivos da guerra, do que a pergunta que remanesce depois do assassinato de Rabin. Por que o desejo deste herói nacional, expresso nos acordos de Oslo, não foram levados a adiante por seus herdeiros, árabes e israelenses? Sabemos que certas experiências traumáticas têm efeito de coagulação da realidade: como se a partir delas o tempo deixasse de passar do passado ao futuro, sendo substituído por uma temporalidade circular, onde o futuro repete compulsoriamente o passado. Freud argumenta que:

1. A relação entre direito e poder ou violência não pode ser pensada como eliminação do perdedor.

2. O reconhecimento de que a força superior de um único indivíduo pode contrapor-se à união de diversos indivíduos fracos. A violência pode ser derrotada pela união.

INTRODUÇÃO

3. A transição da violência a um novo direito ou justiça é feito a partir de condição psicológica: a união da maioria estável e duradoura. Se apenas posta em prática com o propósito de combater um indivíduo isolado e dominante e dissolvida depois da derrota deste, nada se realizaria.

4. A comunidade abrange elementos de força desigual — homens e mulheres, pais e filhos — e logo, como consequência da guerra e da conquista, também passa a incluir vencedores e vencidos, que se transformam em senhores e escravos.

No conjunto, Freud fornece elementos questionadores à tese de Walter Benjamin de que a história é sempre feita pelos vencedores. Na prática, os vencedores jamais se tornam verdadeiramente vencedores se não puderem reconhecer e serem reconhecidos pelos vencidos, desdobrando-se a relação entre senhores e escravos, enquanto a violência não for transladada em pacto de reconhecimento pela palavra. Isto não é feito de uma vez por todas, mas continuamente reeditado, sendo sua reatualização periódica um trabalho cultural.

O termo comum entre vencedores e vencidos, ou dominados e dominadores, é o sofrimento. Essa lição atravessa o testemunho de Baskin de ponta a ponta. Desde a sua *aliá* para uma pequena vila árabe, conforme cita no livro, até a viagem com passaporte falso a Túnis, é a trajetória de alguém capaz de experimentar-se no sofrimento do outro e do um, sem ter que escolher qual deles tem a prerrogativa decisiva:

O principal motivo para o fim do Movimento Juvenil Pioneiro Árabe era o fato de que seus membros árabes terem sido bem-sucedidos demais na absorção dos valores e princípios do movimento socialista-sionista, o Hashomer Hatzair.[8]

---

8. Ver página 71.

Atuando na vila de Kufr Qara, pôde sentir e retratar os efeitos da indiferença que gradualmente se estabelecem quando a disparidade cultural é fonte de sofrimento e segregação, bem como a estereotipia do outro que prospera em certas situações. Em episódio descrito por Baskin, alunos respondem com excesso de conformidade à pergunta do professor judeu, interpretado-o como autoridade do Estado. O resultado é a apresentação de uma narrativa da discriminação de cidadãos em função da religião ou etnia, observando efeitos continuados da distribuição desigual de recursos simbólicos como educação e saúde.[9] A continuação da *política real*, ao longo do tempo, que faz com que cada vez menos jovens israelenses palestinos acreditem na solução baseada em dois Estados. E isso acontece em função de uma lógica cultural sobrecarregada pela experiência identitária.

Posso dizer, pensando em minha própria experiência pessoal, em Israel e nos Territórios Ocupados, como é estranho para um estrangeiro que uma região fortemente caracterizada pelo multiculturalismo perceba a si mesma como um sistema dual de oposições. Judaísmos de inúmeras raízes e ortodoxias, árabes de diversos credos, beduínos, circassianos, drusos, muçulmanos (xiitas e sunitas), cristãos maronitas, cristãos ortodoxos, católicos. Em um país com 27% de imigrantes da Europa e América e 10% da África e da Ásia, 20% são judeus seculares, 17% ortodoxos, e tudo isso deveria representar uma experiência de indeterminação identitária, mas sucede-se justamente o contrário:

Os judeus israelenses e os árabes palestinos estão presos na visão do inferno de Sartre, ou seja, que *o inferno são os outros*. Não há saída. A separação não pode funcionar em uma terra tão pequena, não mais do que podia o Apartheid. [...] Portanto cabe a nós fornecer a resposta que o poder e a paranoia não podem dar. Não é suficiente falar em paz em termos gerais. Devem-se fornecer as bases concretas para isso, e essas só podem vir de uma visão moral, e não do pragmatismo ou da praticidade. Se nós temos que viver devemos conquistar a imaginação,

9. Ver página 99.

não apenas de nosso povo, mas de nossos opressores. E temos que agir de acordo com os valores democráticos humanos.[10]

A experiência de inversão perspectiva acompanhada da imersão cultural e política surge como uma propedêutica a toda solução possível. Ao reunir-se com a OLP e negociar pessoalmente com Abu Mazen e Yasser Arafat, assim como indiretamente com a equipe de Rabin, o autor desse livro demonstra que sem um espaço de experiência compartilhada da cultura não haverá caminho para a paz. Enquanto cada qual demandar que sua própria língua seja a base para toda e qualquer conversa, continuaremos a viver de monólogos.

É neste ponto que o livro traz uma preciosa ideia do mundo islâmico: hospitalidade. Ao caminhar pelas vilas palestinas e escutar o *fdadel*, ao ser incitado a falar hebraico para que os outros passem a entender, ao aprender a deixar um pouco de comida para que o prato não fosse cheio novamente, Baskin descobre como a hospitalidade árabe denota outro tipo de dignidade e de honra: aqui a falta de simetria e a intradutibilidade de experiências surge com um modelo.

Em vez da tradução perfeita e da linguagem universal que traria a compreensão sem ruídos ou ambiguidades, o reconhecimento de zonas de incomensurabilidade e do dualismo das identidades se vê substituído pelo perspectivismo da escuta. O lugar do *diwan* é análogo ao divã dos psicanalistas. Nele entramos deixando os sapatos de fora, acolhendo mulheres e crianças. Não é como a sala de estar para ocidentais, onde nossos papéis e posições são respeitados ou postos à prova pela fria diplomacia. O divã é o lugar da mistura e do estrangeiro, da palavra compartilhada como indeterminação. Foi assim, como xamã e diplomata, entre mundos, que Baskin nos contou sua aventura. Com a hospitalidade daquele que se sabe estrangeiro a si mesmo.

---

10. Edward Said, *Cultura e política*. São Paulo: Boitempo, 2001, p. 109.

Abreviaturas e siglas

ACRS	Controle Armamentista e Segurança Regional
AGNU	Assembleia Geral das Nações Unidas
AIPAC	Comitê Americano para Questões Públicas de Israel
ANP	Autoridade Nacional Palestina
ASI	Agência de Segurança de Israel [ex-Shin Bet]
BDS	Boicote, Desinvestimento e Sanções
IPCRI	Centro Israel-Palestina para Pesquisa e Informação
DP	Declaração de Princípios [entre Israel e Palestina]
FDLP	Frente Democrática para a Libertação da Palestina
FIDA	Partido da União Democrática Palestina
FPLP	Frente Popular para a Libertação da Palestina
GI	Governo de Israel
IDF	Forças de Defesa de Israel
IFP	Interns for Peace
IPA	Iniciativa da Paz Árabe
JLC	Comissão de Ligação Conjunta
MERC	Cooperação Regional do Oriente Médio
MFO	Força Multinacional e Observadores
MK	Membro do parlamento israelense
MOSSAD	Instituto para Informações e Operações Especiais
NRP	Partido Nacional Religioso
P5+1	Membros do Conselho de Segurança da ONU
OLP	Organização para a Libertação da Palestina
ONU	Organização das Nações Unidas
OTAN	Organização do Tratado do Atlântico Norte
PISGA	Autoridade Nacional Palestina Interina
PPP	Partido Popular Palestino
TPI	Tribunal Penal Internacional
UNRWA	Agência das Nações Unidas de Assistência aos Refugiados da Palestina no Oriente Próximo
USAID	Agência dos Estados Unidos para o Desenvolvimento Internacional
USIP	Instituto dos Estados Unidos para a Paz
V15	Vitória 15
VBTP	Veículos blindado de transporte de pessoal

Israel e Palestina

Este livro é dedicado a todas as vítimas inocentes do conflito Israel-Palestina. Ele foi escrito na esperança de que mais vidas inocentes não se perderão devido à incapacidade dos líderes de voltar à mesa de reunião para negociar a paz. Ele é dedicado a todos os heróis, israelenses e palestinos, que dão suas vidas, todos os dias, sem exceção, à busca pela paz. A paz é criada pelas ações das pessoas para mudar atitudes e comportamentos, e criar a esperança de um amanhã muito melhor.

Prefácio à edição original

Em 18 de outubro de 2011, o soldado israelense Gilad Schalit voltou para casa após cinco anos e quatro meses em cativeiro em Gaza, onde foi prisioneiro da Ezzedin al-Qassam, o braço armado do Hamas. Schalit foi trocado por 1027 prisioneiros palestinos de Israel. O acordo entre o governo de Israel e o Hamas que encerrou essa saga dolorosa foi facilitado pelo desenvolvimento de um canal de negociação secreto e direto entre mim e diversos líderes do Hamas. Meu primeiro contato direto com um líder do Hamas começou em abril de 2005, durante uma conferência da ONU na cidade do Cairo. Um amigo de Gaza, o economista Mohammed Samhouri, era um dos participantes. Durante o primeiro dia das reuniões, o prof. Samhouri me apresentou uma pessoa que descreveu como seu ex-aluno e atual professor de economia da Universidade Islâmica de Gaza. O prof. Migdad viajara de Gaza para Cairo através do Sinai, pois ouvira falar que alguns israelenses talvez participassem dessa conferência. Ele nunca havia falado com um israelense antes e estava interessado em fazer algumas perguntas sérias. Em mais de duas décadas trabalhando com palestinos, eu ainda não havia conversado com ninguém do Hamas. Era uma oportunidade de ouro para nós dois.

O prof. Migdad e eu passamos cerca de seis horas juntos durante os próximos dois dias, em sessões profundas de debate e exploração. Meu maior desafio em nossas conversas foi tentar explicar que o modo como me definia enquanto judeu não se restringia exclusivamente a uma identificação religiosa. Fiz um grande esforço para explicar que apesar de muito laico, também sou muito judeu. Não surpreende que as complexidades da definição de "judeu" estivessem além da compreensão de um seguidor da ideologia da Irmandade Muçulmana e do Hamas, um refugiado que crescera na pobreza da Faixa de Gaza, consciente de culpar Israel e os judeus por todos os problemas e sofrimento do seu povo. Boa parte da nossa conversa me lembrou comunicações semelhantes com muitos palestinos e outros árabes nas últimas décadas. Ainda assim, propus ao prof. Migdad que o nosso diálogo, por ser tão interessante e importante, deveria ser estendido e expandido de modo a incluir outros amigos de ambos os lados. Ele concordou.

Durante os meses seguintes, tentamos organizar o diálogo. Encontrei quatro países de fora da UE que estariam dispostos a sediar e patrocinar nossas conversas: Rússia, Noruega, Suíça e Turquia. O prof. Migdad organizou um grupo de colegas da Universidade Islâmica, enquanto eu reuni um grupo de acadêmicos e especialistas israelenses de alto nível. No fim das contas, o diálogo não se realizou. Os participantes palestinos voltaram atrás e se recusaram a comparecer sem a permissão explícita da liderança do Hamas. Apesar de uma visita a Gaza e um debate de duas horas entre o prof. Migdad e o dr. Ahmed Yousef, assessor direto do primeiro-ministro Ismail Haniyeh do Hamas, ocorrido no gabinete do primeiro-ministro em Gaza, durante o qual o dr. Yousef disse que participaria do nosso diálogo, as reuniões nunca se concretizaram. A liderança sênior do Hamas vetou as conversas, afirmando que não ocorreria nenhum contato direto entre membros do Hamas e os israelenses.

Em setembro de 2005, Sasson Nuriel, primo da minha esposa, foi sequestrado e assassinado pelo Hamas na Cisjordânia. Quando ele desapareceu, tentei usar minha enorme rede de contatos na Cisjordânia para localizá-lo, ou pelo menos reunir algumas informações sobre as circunstâncias do ocorrido. Logo depois, o Hamas divulgou um vídeo de Sasson no cativeiro.[11] Em seguida, ele foi assassinado. O corpo foi encontrado pelas forças de segurança israelenses.

Minha esposa é uma judia iraquiana de uma família enorme, com 36 primos, e eu, um judeu *ashkenazi*, que tem só dois. Sasson era da idade da minha esposa. Ele havia sido um dos con-

---

11. O vídeo do assassinato de Sasson Nuriel é datado de setembro 2005.

PREFÁCIO À EDIÇÃO ORIGINAL

vidados para o nosso casamento alguns anos antes. Havíamos nos encontrado em outras ocasiões e festas de família. Logo antes do seu assassinato, havíamos nos encontrado em uma visita de pêsames para um primo em comum que falecera em Netanya, ao norte de Tel Aviv, e Sasson havia nos acompanhado na viagem de volta a Jerusalém. Conversamos sobre política no caminho. Ele falou sobre a sua amizade com os seus funcionários palestinos na sua fábrica de doces, localizada na zona de assentamento industrial de Mishor Adumin, onde foi sequestrado por um daqueles trabalhadores palestinos de quem se imaginava tão íntimo. Durante o funeral, parado diante do corpo de Sasson, jurei que se pudesse impedir que o que acontecera com Sasson se repetisse, faria todo o possível para salvar aquela vida.

No início da manhã de 25 de junho de 2006, oito combatentes armados palestinos saíram de um túnel de ataque dentro da base do exército de Israel em Kerem Shalom, próxima à Faixa de Gaza. Eles dispararam uma granada lançada por foguete contra um tanque nas extremidades da base. Dois soldados israelenses, Hanan Barak e Pavel Slutzker, saíram de dentro do tanque envolto em chamas e foram mortos a tiros imediatamente. Um dos palestinos escalou o tanque e atirou uma granada para dentro. Um soldado ferido e atônito foi tirado do tanque e levado para Gaza. O exército levou cerca de uma hora para descobrir que o cabo Gilad Schalit estava desaparecido. O exército israelense começou imediatamente a buscá-lo em Gaza, mas já era tarde demais. O gabinete de Israel autorizou uma operação militar em Gaza, batizada de Chuvas de Verão, para trazer o soldado de volta e capturar os responsáveis pelo ataque. O exército de Israel bombardeou Gaza. Os danos à infraestrutura foram enormes, incluindo estradas, pontes, redes de abastecimento de água e a principal usina de energia de Gaza.

Seis dias depois, o prof. Mohammed Migdad me ligou.

— Gershon, precisamos fazer alguma coisa. Estamos sendo bombardeados. Não temos água nem eletricidade. A situação está ruim e só vai piorar.

— O que podemos fazer?

Migdad sugeriu que tentássemos abrir uma linha de comunicação entre os dois lados. Ele pegou o carro e se dirigiu ao gabinete do primeiro-ministro do Hamas. Cerca de 30 minutos depois, recebi uma ligação do dr. Mohammed Madhoun, diretor-geral do gabinete do primeiro-ministro. Ele me disse que outra pessoa entraria em contato em breve. Alguns minutos depois, o dr. Ghazi Hamad, porta-voz do governo do Hamas e assessor direto do primeiro-ministro Haniyeh, me ligou. No mesmo dia, com base em uma proposta de Ghazi Hamad, organizei uma ligação telefônica entre ele e Noam Schalit, pai de Gilad. Foi o início de uma história de cinco anos e quatro meses que conseguiu convencer o governo de Israel a me escutar e estabelecer uma negociação direta e secreta para trazer Gilad Schalit de volta para casa.[12] Dois meses e meio depois das minhas primeiras tentativas, convenci o Hamas a divulgar uma carta escrita à mão do soldado para a sua família, entregue ao escritório do representante egípcio em Gaza. Mesmo depois disso, levei cinco anos para fazer com que o governo israelense me escutasse. Por fim, o primeiro-ministro de Israel indicou David Meidan, um alto oficial do Mossad, para assumir o caso. Meidan teve o bom senso e o entendimento absoluto da missão para concordar em romper tabus e facilitar um canal de comunicação secreto e direto com o Hamas. Em maio de 2011, conduzi as negociações, sob David Meidan e com a aprovação de Netanyahu; cinco meses depois, Schalit foi libertado.

Meus contatos com o Hamas ainda continuam, e serviram também para promover acordos de cessar-fogo, impedir a escalada de hostilidades entre Israel e Hamas, facilitar tentativas de recuperação dos corpos de dois soldados israelenses mortos em Gaza no verão de 2014 e libertar três civis israelenses que ainda são prisioneiros do Hamas.

12. A história completa das negociações secretas que conduzi se encontram em meu livro *The Negotiator: Freeing Gilad Schalit from Hammas* [O negociador: libertando Gilad Schalit do Hamas]. New Milford: Toby Press, 2013 [em inglês].

A paz árabe-israelense é mesmo possível?

Muitas pessoas, talvez até a maioria, não apenas em Israel, mas em todo o Oriente Médio e talvez em todo o mundo, afirmam que não. Os judeus e os árabes nunca conseguirão viver em paz, dizem eles. Para alguns, é um conflito de civilizações, duas visões de mundo opostas em uma colisão interminável, com erupções periódicas de derramamento de sangue e surtos de violência que aprofundam o medo e o ódio. Esse é o ciclo eterno que descrevem e preveem. Para eles, nunca haverá uma chance de reconciliação e compreensão. Muitas das pessoas com essa opinião afirmam também que o conflito árabe-israelense é um conflito de religiões, de crenças fundamentais sobre Deus, a vontade divina e as intenções do Senhor para a Terra de Israel-Palestina, seus habitantes e a verdade final. Para quem se acredita detentor da verdade absoluta — por exemplo, "Deus nos deu esta Terra" –, não há muito espaço para argumentos racionais e convincentes, capazes de persuadir o outro, para que haja um mínimo de espaço para uma possibilidade diferente, ou para duvidar que possa estar enganado. Se é mesmo um conflito entre o judaísmo e o Islã, então o conflito árabe-israelense não pode ser resolvido. Mas não é.

Um posicionamento é que o Islã e os muçulmanos nunca aceitarão os valores liberais ocidentais e sempre estarão em conflito constante com o Ocidente, até todo o planeta se tornar parte do *dar al-Islam*, ou seja, o domínio do Islã. Os defensores ferrenhos dessa ideia destacam a ameaça do Islã à Europa, cujas políticas de portas abertas para a imigração permitiram que minorias muçulmanas significativas se multipliquem nos centros urbanos e nos bairros mais pobres, muitas vezes assumindo o papel de uma nova classe baixa das sociedades europeias mais abastadas, dando origem a tensões sociais, alto desemprego e alienação. O *status* inferior de muitos muçulmanos na Europa os força a posições de revolta, tensão e até de violência e terrorismo, especialmente entre os membros da segunda geração, que nascem nessa situação. Muitos americanos defendem essa crença, sendo muitas vezes os mesmos que afirmam que o presidente Barack Hussein Obama seria muçulmano, prova, segundo eles, do seu ódio arraigado por Israel e pelos judeus. Ele não é, e isso não é verdade.

No outro lado, há quem diga que os judeus colonizaram uma terra que até pode ter sido deles um dia, mas não era havia 2 mil anos. Eles chegaram com apoio ocidental, dinheiro e sofisticação, o que lhes permitiu manobrar a conquista de todo um território onde representavam apenas uma pequena parcela da população. Com o recrutamento em massa do judaísmo internacional, principalmente nos Estados Unidos, eles legitimaram a sua luta e deslegitimaram os direitos dos árabes palestinos indígenas à própria terra, transformando-os em um povo apátrida. O sucesso do movimento sionista foi tão estrondoso que os palestinos não se tornaram apenas apátridas, eles deixaram de existir enquanto povo.

Mas o sionismo não foi o mesmo que os projetos colonialistas clássicos dos países europeus na África e na Ásia. As diferenças são muitas, e a principal é que o sionismo realmente é a história de um povo retornando à sua terra de origem histórica. Quem diz que o sionismo é uma forma de colonialismo ocidental se recusa a reconhecer a legitimidade do sionismo e rejeita a ideia de que os judeus são um povo, afirmando que o judaísmo representa única e exclusivamente uma religião. Ironicamente, ao mesmo tempo que exigem o direito de autodeterminação para o povo palestino, eles rejeitam a ideia de que os judeus teriam o mesmíssimo direito de determinar a sua identidade e concretizar uma expressão territorial da sua identidade na sua terra ancestral.

Da mesma forma, muitos no outro lado acreditam que a paz não é possível porque são inimigos dos direitos nacionais palestinos e se recusam a reconhecer que existe algo que possa ser chamado de povo palestino, mesmo nos dias de hoje. Essas pessoas argumentam que os palestinos são um mito construído e que tal identidade independente não existe. Para eles, o nacionalismo palestino foi elaborado e criado apenas como forma de combater os judeus e impedi-los de estabelecer uma pátria no Oriente Médio. Eles reivindicam que o povo judeu tem o direito de autodeterminação e, como mencionado anteriormente, negam o mesmo direito às milhões de pessoas que se determinaram palestinas e que também têm o direito a uma expressão territorial da sua identidade na terra onde ela surgiu.

Há quem culpe Israel pela impossibilidade da paz e afirme que Israel nunca concordará em se integrar à região predominantemente árabe e muçulmana do Oriente Médio. Israel sempre será o estranho na vizinhança e nunca abandonará a sua atitude paternalista e infantilizadora em relação aos árabes. O país sempre será a linha de frente dos Estados Unidos, com as suas políticas e tendências agressivas que buscam dominar a região, não se integrar e ser parte dela.

Naturalmente, é possível identificar grãos de verdade em todos esses argumentos, além de muitas inverdades. Trata-se de um conflito complexo, como quase todos são, e o trabalho de desemaranhar essas questões é complicado pela vontade de mergulhar nas narrativas de cada um dos lados. Trabalhar e racionalizá-las faz parte da resolução de qualquer conflito, mas é também preciso confrontar diversos outros aspectos deste processo. Estabelecer a paz entre Israel e seus vizinhos é um trabalho monumental. Até mesmo os dois tratados de paz existentes entre Israel e Egito, e entre Jordânia e Israel, não podem ser chamados exatamente de um estado de paz. Na melhor das hipóteses, são um estado de não guerra com fronteiras abertas, mais comumente na direção de Israel para os outros dois países, mas usados com cada vez menos frequência. Não existe um estado de paz entre os israelenses e os egípcios ou os jordanianos. O Egito e a Jordânia não recebem os cidadãos de Israel com braços abertos, e até mesmo as relações comerciais precisam ser ocultadas com cuidado para proteger todos os envolvidos e o seu desejo de lucrarem juntos. O único aspecto de paz genuíno que parece duradouro é a cooperação entre os serviços de inteligência que enfrentam as mesmas ameaças de extremistas islâmicos, agentes estatais e não estatais que elevaram a instabilidade em toda a região desde o início da chamada Primavera Árabe.

Mesmo após todos esses anos lado a lado na região, pouquíssimos israelenses falam árabe, e menos árabes ainda falam hebraico — com exceção dos cidadãos palestinos de Israel, palestinos que passaram anos nas prisões israelenses e palestinos que trabalharam ou continuam a trabalhar em Israel. Pouquíssimos em ambos os lados assistem a mídia do outro, leem a sua literatura, assistem seus filmes ou sequer sabem muito sobre a sua política interna. Duas áreas romperam barreiras, pelo menos na direção do mundo árabe para Israel: comida e música. Além do estômago e dos ouvidos, entretanto, há barreiras enormes entre os mundos árabe e israelense. Apesar da proximidade dos dois idiomas, o que facilitaria muito para os falantes de um se habilitarem no outro, a barreira psicológica a aprender a língua do inimigo fez com que essa ferramenta poderosíssima para a construção de pontes e entendimento fique quase totalmente nas mãos dos serviços de segurança, que aprendem árabe e hebraico com motivos muito diferentes.

O conflito Israel-Palestina está centrado no não reconhecimento mútuo e na negação dos direitos de cada lado à expressão territorial da sua identidade, a uma terra que possam chamar de sua e na qual são os senhores do próprio destino. Muito esforço foi dedicado a desenvolver evidências "factuais" de que o outro lado não existe de fato e, logo, não tem os mesmos direitos a reivindicações territoriais. Muitas vezes, o não reconhecimento mútuo se combina com outras alegações fortes: argumentos focados nas coisas horríveis que cada lado perpetrou contra o outro aumentam o medo e o ódio, o que, em última análise, acaba com as chances de reconhecer as possibilidades de reconhecimento mútuo.

Os judeus, propelidos pelo imperativo moral de criar um lugar seguro para si após os horrores do Holocausto, mantiveram a autoridade moral por muitos anos. Os outros países tinham pena do povo judeu devido ao extermínio de um terço da população — 6 milhões de vítimas inocentes — e pela sua incapacidade de impedir o Holocausto. Esse sentimento de culpa foi um fator crítico no apoio global ao sionismo após a Segunda Guerra Mundial. O povo judeu e o movimento sionista souberam mobilizar recursos, apoio moral e solidariedade na população judaica ao redor do mundo, na comunidade judaica que vivia na Palestina pré-1948 e na comunidade internacional. Ninguém pode duvidar que o resultado foi mais poderoso do que a voz da comunidade dividida dos árabes palestinos, cujo movimento nacional incipiente não tinha uma voz unificada de identidade, propósito e visão comuns. Apesar do apoio do mundo árabe, os interesses conflitantes entre os países árabes e a falta de uma liderança nacional palestina centralizada e dedicada, disposta a considerar minimamente uma conciliação com os judeus, levaram ao Nakba e a que a maior parte da população palestina fosse dispersa da Palestina. A rejeição da partilha de 1947 pelos árabes e palestinos, que teria ocorrido sob condições muito melhores do que aquelas sugeridas atualmente, deixou os palestinos despossuídos, dispersos e arruinados. Demoraria anos para alguns líderes palestinos sequer considerar a possibilidade de reconhecimento mútuo como essencial para a salvação de parte do território da Palestina para o seu povo. Isso aconteceu em 1988, mas, até então, agarrados ao sonho de ou tudo ou nada, os palestinos não ganharam nada.

De 1948 a 1988, o movimento nacional palestino se agarrava ao sonho de tudo ou nada, apesar do surgimento de vozes dissidentes em meados da década de 1970. Dez anos antes, quando finalmente se organizou no cenário internacional, o movimento nacional palestino recorreu ao terrorismo contra o Estado de Israel e também contra quem o apoiava. Liderado por Yasser Arafat, o movimento nacional palestino teve uma dificuldade enorme para conquistar apoio emocional e intelectual no Ocidente. Naquela época, Israel era considerada o Davi que derrotara o poderoso Golias, que lutara pela própria sobrevivência e se saíra vitorioso apesar de estar em grande desvantagem. Os valores igualitários e estruturas socialistas de Israel, tais como o *kibutz*, inspiravam admiração e apoio em todo o mundo. Pelo menos até 1973, Israel capturava a imaginação de boa parte do mundo e a luta pela sua existência era considerada justa. A guerra de junho de 1967, da qual Israel emergiu como uma superpotência regional, deixou o mundo deslumbrado com aquela nação minúscula que conquistara uma vitória militar ímpar contra exércitos que ameaçavam aniquilar a nação judaica. Mesmo após a ocupação de Gaza e da Cisjordânia, a guerra de 1967 foi relativamente pouco criticada, tanto na região quanto em âmbito internacional, em grande parte porque o governo israelense continuou com a sua política de pelo menos falar sobre a oferta de estender a mão e trocar territórios por paz. Os árabes, por outro lado, continuavam posicionados contra o reconhecimento, contra as negociações e contra a paz. Os negacionistas quase nunca terão legitimidade.

A posição mundial de Israel em relação a Palestina começou a mudar principalmente com a eleição do governo Likud[13] de Menachem Begin em 1977. Apesar de surpreso e contente com os esforços de Begin de estabelecer a paz com o Egito, boa parte do mundo ficou decepcionada com a recusa do novo primeiro-ministro em lidar honestamente com a questão palestina e a insistência do seu governo em construir assentamentos no interior da Cisjordânia, vista claramente como uma tentativa de impedir qualquer acordo possível com os palestinos, baseado na ideia de dois Estados para dois povos. Por consequência desta política de assentamentos, a opinião internacional é que há uma incongruência entre a ocupação israelense da Palestina e a sua insistência em se afirmar uma democracia.

Demorou muitos anos, mas, hoje, a maior parte do mundo começa a ver Israel como o Golias que enfrenta o Davi palestino. Durante quase todo o século passado, Israel era representado

---

13. Likud é um partido político israelense criado em 1973, que reúne o centro-direita e a direita conservadora. Em hebraico, significa "união". [N. E.]

como o pequenino, oprimido pelo enorme fervor anti-Israel em todo o Oriente Médio. Hoje, está claro que o jogo está encerrado: sem ações sérias e honestas em direção à paz, Israel se transformou em pária, enquanto a Palestina é um país ocupado. Com a situação caótica no Oriente Médio após o fracasso da Primavera Árabe e a emergência do terrorismo islâmico político radical, como o Estado Islâmico, alguns Estados do Oriente Médio deixaram de existir de verdade: como Síria, Líbano, Líbia e Iêmen. Israel e seus inimigos enfrentam a convergência de ameaças comuns que criam novas oportunidades de engajamento entre os dois lados. O impacto imediato do caos no Oriente Médio levou a um menor interesse na Palestina e nos palestinos, mas a situação não vai desaparecer sozinha. As possíveis alianças entre Israel e seus vizinhos para confrontar o eixo Irã-Hezbollah e a ameaça comum do Estado Islâmico apenas poderá ser operacionalizada totalmente em um contexto que trabalhe a questão palestina, e se Israel estiver preparado para considerar a IPA de março de 2002 como a base para negociações futuras.

A erupção de outra onda de violência em outubro de 2015, quando jovens palestinos esfaquearam soldados e civis israelenses em toda a Israel e nos territórios ocupados, levou a outra queda na probabilidade de se chegar a um acordo. Contudo, mesmo com metade do parlamento palestino controlado pelo Hamas, que rejeita o direito de Israel de existir, ainda acredito que a paz seja verdadeiramente possível. Creio que os seres humanos têm mais pontos em comum, seja qual for a sua terra de origem, do que diferenças. Creio que as pessoas podem ser ensinadas a viver em paz, pois é algo que já vi com meus próprios olhos e vivenciei diretamente. O contrário também é verdade: as pessoas podem ser ensinadas a odiar, e as circunstâncias do mundo real podem se tornar uma munição poderosa para o desespero, o medo e o ódio. Contudo, me parece claro que todos querem ser compreendidos. Todos querem ser respeitados. Todos buscam que sua própria narrativa seja contada e compreendida. Os problemas surgem quando ambos os lados se prendem à ideia de que a sua própria narrativa nacional é a verdade absoluta, negando a legitimidade da narrativa do outro lado e, às vezes, o próprio direito do outro lado de existir.

É quase impossível imaginar um dia em que israelenses e palestinos estarão dispostos a aceitar a legitimidade da narrativa do outro sem negar a verdade da sua própria, ou, pelo menos, esta é uma afirmação frequente. Neste momento, em meio ao conflito, o máximo que talvez seja possível buscar é a disposição em escutar e entender a narrativa oposta, mesmo que só um pouquinho e sem concordar com ela. É o que chamo de *abrir a janela para enxergar o outro lado*. Em outros conflitos, as narrativas históricas foram reescritas após anos de coexistência pacífica. E a possibilidade disso, no caso de Israel-Palestina, é bastante remota.

Eu mesmo encontrei o desafio quando fui confrontado com um pesadelo recorrente, no qual o governo palestino me dá a missão de projetar o Museu de História Nacional da Palestina.[14] Naturalmente, quase todas as exposições que eu precisava criar eram representações de todas as coisas horríveis que o movimento sionista fizera com os palestinos ou os resultados dos sucessos sionistas em desmembrar o movimento nacional palestino e o seu povo. Quase todas as fotos e textos do museu eram representações explícitas das tragédias sofridas pelo povo palestino durante a sua história devido ao conflito com o povo judeu e o seu movimento nacional, o sionismo.

Um dos desafios no meu pesadelo, aquilo que normalmente me fazia despertar, era uma discussão que tinha com a liderança palestina, na qual eu exigia que o museu também incluísse um pouco de autorreflexão e introspecção sobre as más decisões tomadas pelos palestinos na sua história e que haviam contribuído significativamente para o seu sofrimento. No meu sonho, eu queria apresentar a eles a versão palestina de *The Sermon* [O sermão], do pensador sionista Haim Hazaz, que em 1942 escreveu uma peça genial na qual coloca a história judaica em julgamento. A sua mensagem emocio-

---

14. A construção do Museu de História Nacional da Palestina teve início em Ramallah em maio de 2016. O seu conteúdo ainda não foi determinado.

nante era que havia chegado o momento de os judeus deixarem de ser vítimas e tomar o destino nas suas próprias mãos. Para mim, este é um dos fundamentos do sionismo. Com esta ideia em mente, eu acordava para a realidade de que ambos os lados parecem ter se tornado atletas na Olimpíada da Vitimização, em que todos buscam a medalha de ouro de quem mais sofreu nas mãos do outro.

NORMALIZAÇÃO E ANTINORMALIZAÇÃO

O contato entre as pessoas não é suficiente para provocar mudanças de atitude e comportamento em situações de conflito, mas em Israel e na Palestina de hoje, o contato praticamente não existe. Os palestinos não têm liberdade de movimento e não podem entrar em Israel livremente. As áreas controladas pela Autoridade Nacional Palestina (ANP) são proibidas para os israelenses, e o exército de Israel instalou grandes placas avisando os seus cidadãos que é ilegal entrar nessas áreas e que quem desrespeita a lei coloca suas vidas em risco. Além de barreiras físicas que separam os israelenses dos palestinos, o conflito também criou barreiras psicológicas, ainda mais difíceis de transpassar. As pessoas de ambos os lados têm medo umas das outras. Em Israel, há um mito de que os palestinos não têm medo de entrar em Israel e que apenas os israelenses têm medo, causado pelo terrorismo palestino. A verdade é que há medo em ambos os lados. Os israelenses e palestinos não se conhecem mais, não se encontram, não conversam e têm ideias incrivelmente equivocadas uns sobre os outros, baseadas em fatos muito parciais e quase nenhum conhecimento direto. Isso é especialmente verdade para a geração mais jovem de israelenses e palestinos.

A falta de contato entre toda uma geração de jovens israelenses e palestinos é agravada pela chamada campanha de antinormalização na Palestina, que promove o boicote dos israelenses e ameaça indivíduos e organizações palestinas que organizam atividades com cidadãos de Israel. A ideia básica é que o engajamento com os israelenses cria uma sensação de relações normalizadas entre os dois lados enquanto a Palestina continua ocupada. Israel, por sua vez, usaria esses contatos na sua máquina de propaganda política, segundo a qual não há conflito entre os povos, apenas aquele causado pelos líderes palestinos. Além disso, eles afirmam que Israel obtém legitimidade ao mesmo tempo que continua a ocupar e a construir assentamentos ilegais em terras roubadas dos palestinos.

Eu cruzo fronteiras. Eu viajo e encontro pessoas em Israel todo e toda a Palestina. Com exceção de Gaza, proibida para israelenses desde junho de 2007, visito cidades, vilas, vilarejos e campos de refugiados na Palestina regularmente. Sim, estou violando a lei no processo. Não tenho medo. Vou e escuto, falo, questiono, aprendo e ensino. Escuto as mesmas coisas nos dois lados: queremos paz, mas não temos um parceiro no outro lado.

Em 1937, o líder sionista Nahum afirmou o seguinte:

O problema árabe somente pode ser resolvido [...] pelo contato direto com a população. [...] Enquanto não dermos início a essa política, [...] um esforço corajoso de conversar diretamente com os árabes, de discutir os princípios da coexistência e das relações pacíficas entre vizinhos, de resolver esses problemas diretamente, de povo para povo [...], a questão árabe continuará a ser uma mancha negra no problema palestino, que permanecerá sem solução.[15]

Os contatos diretos do próprio Goldmann com os árabes palestinos permitiu que enxergasse os erros graves que o movimento sionista estava cometendo, e ele nos avisou sobre as consequências:

Um dos grandes erros da história do sionismo é que quando a nação judaica na Palestina foi fundada, não se deu atenção suficiente às relações com os árabes. Obviamente, alguns oradores e pensadores sionistas sempre frisaram essa questão. [...] E os líderes políticos e ideológicos do movimento sionista sempre enfatizaram – sincera e honestamente, na minha opinião — que a pátria judaica deve ser estabelecida em paz e harmonia com os árabes. Infelizmente, essas crenças permaneceram na teoria e nunca foram transformadas em prática sionista real em grande escala.

15. Parte do discurso de Nahum Goldmann no Congresso Sionista, em agosto de 1937. Citado no livro Simha Flapan, *Zionism and the Palestinians* [Sionismo e os palestinos]. Londres: Croom Helm, 1979, p. 125 [em inglês].

Mesmo a fórmula simples de Theodor Herzl sobre a questão judaica, que seria basicamente um problema de transporte de "levar pessoas sem lar para uma terra com pessoas" sofre de uma cegueira perturbadora sobre os direitos árabes na Palestina. Mesmo na época de Herzl, a Palestina não era desabitada. Ela era a terra de centenas de milhares de árabes que, no decorrer da história, haveriam de conquistar a sua independência, sozinhos ou enquanto unidade de um contexto árabe mais amplo.[16]

Ao menos um líder e pensador sionista entendia a importância de dialogar diretamente com os vizinhos árabes de Israel com respeito e dignidade, sem uma atitude de condescendência. Muitos líderes do movimento sionista estavam convencidos de que este levaria modernidade, desenvolvimento econômico e empregos, todos valorizados pela população árabe local. Eles não estavam errados: muitos líderes árabes da região entenderam isso e buscaram lucrar com o fenômeno. O sucesso econômico dos primeiros momentos do sionismo provocou uma onda de imigração árabe para a Palestina em busca de uma vida melhor e de mais oportunidades econômicas. Mesmo com essas possíveis boas intenções, isso também criou disparidades de classe e promoveu uma situação econômica colonialista clássica no território. Mas o crescimento econômico na Palestina durante esses primeiros anos não foi exclusivamente, e talvez nem mesmo principalmente, o resultado da chegada dos sionistas, e sim do impacto do desenvolvimento econômico maciço e da infraestrutura por parte do Mandato Britânico.

Quando eu era um líder da juventude do movimento sionista na década de 1970, éramos ensinados com orgulho sobre a importância dos trabalhadores judeus. Devorávamos os textos de Aaron David Gordon e Ber Borochov, ambos os quais acreditavam que o socialismo é a melhor maneira de criar igualdade para os judeus na sua nova pátria. Eles pregavam os princípios do trabalho judaico para criar "o novo judeu", uma pessoa ligada à sua terra, fazendeiros e "pessoas normais", como Ber Borochov os chamava. Adorávamos

---

16. Nahum Goldmann, *Memories: The Autobiography of Nahum Goldmann* [Memórias: a autobiografia de Nahum Goldmann]. Londres: Weidenfeld & Nicolson, 1970, p. 284 [em inglês].

a pirâmide invertida que nos ensinava que os judeus precisavam realizar trabalho físico, não ser usurários, banqueiros e corretores de ações, mas sim um povo capaz de construir um Estado. Adotamos a ideologia da segunda e terceira *aliót*,[17] centrada no *kibutz*, com seus valores nobres que moldavam nossas próprias identidades, e não paramos para pensar por um único momento sobre o impacto do "trabalho judaico" na população palestina local, que estava sendo excluída das oportunidades e do desenvolvimento econômico em nome desses nobres valores sionistas. A resposta socialista às políticas de exploração da mão de obra da primeira *aliá*, que empregava mão de obra árabe barata para aumentar os lucros, foi remover os árabes das fazendas judaicas e empregar apenas judeus que trabalhariam na própria terra, sem explorar a mão de obra barata das comunidades árabes da região. Isso levou a protestos e violência entre os árabes que apenas enrijeceram a decisão de não contratar trabalhadores árabes, e os primeiros muros de medo e alienação foram erguidos entre árabes e judeus em todo o país. Quando vejo empresas judias em Israel se gabando de que empregam apenas mão de obra judia, minha reação é de repulsa, pois estão promovendo discriminação racial em um país que deveria ser democrático.

Durante os primeiros anos do sionismo, com a divisão crescente entre as comunidades e o medo resultante, houve pelo menos dois grupos sionistas que combateram essas tendências: Poalei Zion e Hashomer Hatzair. Ambos defenderam a criação de sindicatos conjuntos para árabes e judeus na tentativa de proteger e equalizar os direitos de todos os trabalhadores.

Eles acreditavam que a oposição árabe ao sionismo era motivada exclusivamente pelos interesses de classe do clero e dos senhores feudais árabes, enquanto os interesses dos trabalhadores árabes estariam alinhados ao desenvolvimento econômico e social, cuja força motriz era a livre imigração e assentamento dos judeus.[18]

---

17. Ondas de imigração judaica para Israel que aconteceram entre 1905 e 1914.
18. Flapan, *Zionism and the Palestinians* [Sionismo e os palestinos], *op. cit.*, p. 203.

Mas essas forças eram e são minoritárias, e a sua incapacidade de se tornar maioria significou que modelos de separação foram integrados ao desenvolvimento do Estado de Israel. Em 1948, Israel lutou uma guerra para nascer e sobreviver. Foi uma guerra justa e absolutamente existencial. Mas em 14 de maio de 1948, quando David Ben-Gurion leu a Declaração de Independência do Estado de Israel, ele foi bastante claro na sua defesa:

No dia 29 de novembro de 1947, a Assembleia Geral das Nações Unidas aprovou a resolução do estabelecimento de um Estado judeu em *Eretz-Israel*; a Assembleia Geral requereu aos habitantes de *Eretz-Israel* tomarem as medidas necessárias para a implementação desta resolução. Este reconhecimento das Nações Unidas pelo direito de o povo judeu estabelecer o seu Estado é irrevogável. Este é o direito natural de o povo judeu ser mestre de seu próprio destino, como todas as outras nações, em seu próprio Estado soberano.

Em nenhum momento Ben-Gurion mencionou o fato de a Resolução 181 da Organização das Nações Unidas (ONU) determinar o estabelecimento de dois Estados na Palestina, um judeu (Israel) e um árabe (Palestina). Ben-Gurion ignorou a segunda parte da resolução, e não apenas por ser igualmente rejeitada pelos palestinos e os Estados árabes. Ao que parece, era parte do plano.

Creio que as evidências históricas comprovam que tanto Ben-Gurion quanto a liderança sionista conspiraram com o Rei Abdallah da Transjordânia para impedir o nascimento do Estado palestino em 1948. Em 22 de setembro de 1948, a liderança palestina, junto com a Liga Árabe, declarou o estabelecimento de um Estado palestino em Gaza com o chamado Governo de Toda a Palestina. O governo da Palestina logo foi reconhecido por todos os membros da Liga Árabe, com exceção da Transjordânia. A jurisdição oficial do governo abrangia todo o antigo Mandato Britânico da Palestina, ainda que a sua jurisdição de fato se limitasse a Faixa de Gaza. O governo em Gaza era liderado pelo primeiro-ministro Ahmed Hilmi Pasha e o presidente Hajj Amin al-Husseini, o ex-presidente da Alta Comissão Árabe que conspirara com o governo nazista.

O Governo de Toda a Palestina é considerado a primeira tentativa de estabelecer um Estado palestino independente. Sob proteção oficial do Egito, ele não tinha função executiva. O governo tinha valor principalmente político e simbólico. A Faixa de Gaza ficou sob controle egípcio durante toda a guerra, mas o Governo de Toda a Palestina permaneceu em exílio no Cairo, administrando as questões gazenses de longe.

Em resposta, para impedir o surgimento de um Estado palestino independente, em 1º de dezembro de 1948, uma conferência patrocinada pelo rei jordaniano realiza estrategicamente em Jericó, na Cisjordânia, mas junto ao rio Jordão, a proclamação da anexação do que sobrara da Palestina sob a Coroa Hachemita. A conferência teve a participação de diversas delegações, incluindo os prefeitos de Hebron, Belém e Ramallah, o governador-geral militar da Legião Árabe, governos militares de todos os distritos e outros indivíduos importantes. Estima-se que o público tenha estado na casa dos milhares.

Essas são as principais resoluções adotadas na conferência. Elas continham as seguintes cláusulas:

Os árabes palestinos desejam a união da Transjordânia e da Palestina Árabe e dão conhecimento do seu desejo de que a Palestina Árabe seja anexada imediatamente a Transjordânia. Eles também reconhecem Abdullah como o seu Rei e solicitam que este se proclame Rei do novo território. Também foi manifestada gratidão aos Estados árabes pela sua generosidade em auxiliar e apoiar os refugiados árabes palestinos.

Imediatamente depois, Cisjordânia e Jerusalém Oriental foram anexados pelo Reino Hachemita. A ação foi rejeitada pela Liga Árabe e pelo resto do mundo, sendo reconhecida apenas pelo Reino Unido e o Paquistão. Esta anexação ilegal impediu o estabelecimento de um Estado palestino. Ela não foi aceita pelo regime emergente de direito internacional. A concessão de cidadania aos palestinos na Cisjordânia por parte do Reino Hachemita atenuou as críticas, mas centenas de milhares de refugiados palestinos acabaram em campos espalhados pela região. O regime jordaniano agiu de modo agressivo para reprimir todas as expressões de nacionalismo palestino em ambos os lados do rio Jordão.

A julgar pelas pesquisas recentes e o resultado da guerra de 1948, o Estado de Israel recém-nascido parece ter tido um acordo com a Jordânia sobre as fronteiras que seriam estabelecidas entre os dois e acertado para impedir o estabelecimento do Estado palestino, visto como ameaça por ambos os países. Ao que parece, havia três áreas principais de discórdia sobre a delineação das fronteiras entre Israel e a Jordânia: a Cidade Velha de Jerusalém, Gush Etzion no sul da Cisjordânia e o corredor de Latrun. As batalhas mais terríveis da guerra de 1948, com o maior número de baixas israelenses, ocorreram nessas áreas, e Israel perdeu todas as três. Há relatos de que as forças jordanianas lançaram ataques contra forças do Iraque no norte de Israel porque os iraquianos teriam ultrapassado as linhas do acordo. Após a guerra, devido ao armistício de Rodes em 1949, a Jordânia transferiu a área de Wadi Ara para Israel, com todos os seus vilarejos árabes, sob o controle das forças iraquianas, conforme o acordo firmado no pré-guerra.

O nacionalismo palestino foi derrotado pela Jordânia em ambos os lados do rio Jordão e não reapareceria com toda a força até Israel conquistar a Cisjordânia em junho de 1967. O Rei Abdallah foi assassinado por um nacionalista palestino em 20 de julho de 1951, na Mesquita de Al-Aqsa, em Jerusalém. O Rei Hussein assumiu o trono ainda jovem, após o breve reinado do seu pai, Talal bin Abdallah, que sofria de instabilidade mental, e continuou a cooperação discreta das forças de segurança com Israel contra o nacionalismo palestino. O auge dessa cooperação ocorreu em setembro de 1970, o chamado Setembro Negro, que resultou na morte de dez a 25 mil palestinos, de acordo com fontes da Organização para a Libertação da Palestina (OLP)[19] e a expulsão da liderança da OLP, que havia se estabelecido no Vale do Jordão, na Transjordânia, para o Líbano.

O Rei Hussein cometeu o maior erro da sua vida em 6 de junho de 1967 quando, ao escutar sobre os sucessos militares do Egito

---

19. Outras fontes sugerem apenas cerca de 2 mil mortes.

contra Israel em uma rádio egípcia, decidiu se juntar aos ataques e bombardear Jerusalém e Tel Aviv, o que abriu outro fronte para Israel e levou à conquista israelense da Cisjordânia e de Jerusalém Oriental. Os americanos repassaram mensagens de Israel para o Rei Hussein garantindo que, se não participasse da guerra, Israel não atacaria a Cisjordânia, mas ele decidiu não escutar o conselho. A ocupação israelense da Cisjordânia e de Gaza em 1967 colocou a população palestina local em contato e confronto direto com Israel. Logo após o fim da guerra, Israel abriu suas fronteiras e os palestinos começaram a explorar o país, que fora parte da sua terra ancestral. Muitos palestinos da Cisjordânia e de Gaza, que haviam morado em campos de refugiados desde a independência de Israel, partiram em busca das suas casas, e quase todos descobriram que elas não existiam mais. Israel passou por um período de crescimento econômico acelerado. Começaram a se desenvolver contatos entre israelenses e palestinos. Milhares de palestinos arranjaram empregos em Israel, principalmente em funções que os próprios israelenses não consideravam mais desejáveis, como trabalho manual em fábricas, agricultura e construção. Os palestinos ficaram extremamente decepcionados com as derrotas árabes de 1967, mas muitos também souberam valorizar as novas oportunidades econômicas e o crescimento econômico, que foi altíssimo para eles. Inicialmente, as tensões não foram tão fortes, em grande parte porque as atividades de assentamento de Israel não causaram grandes deslocamentos populacionais e os assentamentos não eram construídos pelos governos trabalhistas no centro das comunidades palestinas. Apesar de 70 km² de vilarejos em torno de Jerusalém Oriental terem sido anexados e boa parte da área ter recebido construções exclusivas para judeus, o período de 1967 a 1987 foi de normalidade anormal. Pelo que fui informado, durante quase todo aquele período de vinte anos, menos de uma divisão do exército israelense foi necessária para governar e controlar toda a população palestina e o seu território.

Tudo isso mudou com um acidente de trânsito na manhã de 9 de dezembro de 1987. Nascia a Intifada.

Por que escrever este livro?

Passei os últimos 38 anos da minha vida trabalhando pela paz entre o Estado de Israel e seus vizinhos. Mais do que um trabalho, foi uma paixão, um chamado, um dever. Trabalhei nisso apesar das frustrações e decepções intermináveis, e sempre com um senso constante de oportunidade e possibilidade, mesmo nos momentos mais sombrios de violência e raiva. Fui chamado de otimista ingênuo, uma acusação que rejeito absolutamente. Não há nada de ingênuo na minha visão de mundo. O pensamento estratégico racional me guiou no desenvolvimento da minha visão de mundo e da minha abordagem ao processo de paz. O pensamento racional exige a capacidade de elaborar uma série de eventos, políticas e decisões que criam uma realidade diferente. A maioria das pessoas fica atolada no presente e presa ao passado, o que limita a sua capacidade de imaginar um futuro diferente. A realidade que todos conhecemos entre Israel e os árabes é debilitante, ela tolhe a imaginação e reduz a habilidade de elaborar políticas capazes de alterar a base conflituosa das relações. Essas relações, baseadas em medo justificado, influenciadas pela falta de contato humano e reforçadas pela violência contínua, cristalizam padrões de pensamento e comportamento que influenciam negativamente as políticas públicas e, assim, acabam por sustentar a continuidade do conflito em vez de romper com a animosidade arraigada e iniciar um novo capítulo dessa história. O que os lados de um conflito dizem e fazem influencia ambos mutuamente e os mantém em um estado de conflito.

Os líderes, com raras exceções — como Yitzhak Rabin e Nelson Mandela, para citar dois –, tendem a uma atitude reativa em suas palavras e ações nas situações de conflito e, devido às próprias limitações políticas, têm dificuldade para se afastar e ir além do que acreditam que seus constituintes aceitariam. Em situações de conflito, os líderes querem ser vistos como fortes pelos seus constituintes, o que significa que devem demonstrar posições rígidas em relação ao inimigo. Qualquer sinal de estender a mão para o outro lado ou rejeitar os padrões normais de resposta normalmente vistos como ameaças, assim como o uso da força, é visto como uma fraqueza aos olhos do público. Isso é especialmente verdade em conflitos como os do Oriente Médio, onde a suma importância da "honra nacional" é uma bússola na necessidade de vencer e de derrotar o outro lado. Entre árabes e israelenses, a percepção pública sobre o conflito é que o outro lado só entende a língua da força. Ambos os lados buscam constantemente criar uma fonte de intimidação, garantindo que o outro lado terá medo demais para questionar o seu poder. Esse padrão de comportamento intensifica o uso da força e impede que as possibilidades de formar parcerias sejam exploradas.

Uma ideia comum tanto entre israelenses e palestinos é que "nós" (em ambos os lados) queremos a paz, mas "nós" não temos um parceiro para a paz do outro lado. A afirmação é absolutamente lógica e pode facilmente se basear em realidade. Ambos os lados continuam a agir e a se pronunciar de modos que fortalecem a percepção mútua de não haver um parceiro interessado em paz no outro lado.

O maior herói militar e líder de Israel, o falecido Yitzhak Rabin, rompeu com a tradição e avançou na direção de criar uma parceria para a paz com seu arqui-inimigo Yasser Arafat, líder do movimento nacional palestino. No jardim da Casa Branca, durante a assinatura da Declaração de Princípios para a Paz em 13 de setembro de 1993, Rabin disse:

Viemos de Jerusalém, a capital ancestral e eterna do povo judeu. Viemos de uma terra atormentada e enlutada. Viemos de um povo, um lar, uma família que não conhece um único ano, um único mês em que mães não choraram pelos seus filhos. Viemos tentar dar fim às hostilidades para que os nossos filhos, e os filhos dos nossos filhos, não paguem mais o custo doloroso da guerra, da violência e do terror. Viemos garantir as suas vidas e aliviar a tristeza e as memórias dolorosas do passado e rezar pela paz.

A vocês, palestinos, eu digo: Estamos destinados a viver juntos no mesmo solo, na mesma terra. Nós, os soldados que voltaram da batalha manchados de sangue, que vimos nossos amigos e parentes mortos perante nossos olhos, que fomos aos seus funerais e não conseguimos olhar nos olhos dos seus pais, que viemos de uma terra onde os pais enterram os seus filhos, que lutamos contra vocês, palestinos, hoje dizemos em alto e bom som: Basta de sangue e lágrimas. Basta. Não desejamos vingança. Não temos ódio por vocês. Nós, assim como vocês, somos um povo que quer construir o próprio lar, plantar uma árvore, amar, viver ao lado em dignidade, em empatia, como seres humanos, como homens livres. Estamos aqui hoje dando uma chance para a paz e dizendo mais uma vez para vocês: Basta. Vamos rezar para que um dia todos possamos dizer: *Adeus às armas*.[20]

Yasser Arafat respondeu da seguinte forma no seu discurso naquela ocasião:

No limiar dessa nova era histórica, gostaria de me dirigir ao povo de Israel e aos seus líderes, com quem estou me reunindo pela primeira vez hoje. Gostaria de garantir a eles que a decisão difícil que tomamos juntos exigiu uma coragem excepcional.

Precisaremos de mais coragem e determinação para continuar a construir coexistência e paz entre nós. É possível. E acontecerá com determinação mútua e com o esforço que todas as partes farão, em todas as linhas, para estabelecer os alicerces de uma paz justa e abrangente. O nosso povo não considera que exercer o direito de autodeterminação poderia violar os direitos dos seus vizinhos ou ameaçar a sua segurança. Pelo contrário, dar fim ao seu sentimento de ter sofrido um mal, de ter sofrido uma injustiça histórica, é a maior garantia para

---

20. Parte do discurso do primeiro-ministro Yitzhak Rabin ao assinar a Declaração de Princípios Israel-Palestina, realizado em 13 setembro de 1993.

a coexistência e a abertura entre nossos dois povos e para as gerações futuras. Nossos dois povos aguardam por essa esperança histórica e querem dar uma chance de verdade à paz. Essa mudança nos dará a oportunidade de embarcar em um processo de crescimento e desenvolvimento econômico social e cultural, e esperamos que a participação internacional nesse processo seja tão ampla quanto for possível. Essa mudança também nos dará a oportunidade de desenvolver todas as formas de cooperação, em larga escala e em todos os campos.[21]

Foi um momento de muita esperança, criado pela liderança corajosa de dois líderes que souberam transcender o seu passado e ir em busca do futuro. Ambos, Rabin e Arafat, tinham uma reputação história de liderança militar para poder dar uma guinada e transformar as relações entre os dois povos, passando da guerra para a paz. Ambos haviam sofrido com a guerra e visto seus melhores amigos e colegas morrerem pela espada do conflito, e estavam dispostos a assumir o risco de tentar formar parceria com o outro. Tragicamente, eles não tiveram sucesso em cumprir a promessa de paz para o seu povo. Rabin foi morto por um assassino judeu israelense que, junto com o primeiro-ministro, matou também o processo de paz. Arafat perdeu o seu parceiro na paz e nunca conseguiu desenvolver a mesma parceria com qualquer outro líder israelense. Além disso, Arafat falhou com o seu povo, pois, após elevar a importância da questão palestina no cenário mundial, nunca conseguiu completar a transformação de guerreiro em estadista.

Nos mais de vinte anos de fracasso do processo de paz, a maioria dos israelenses e dos palestinos abandonou a esperança de que a paz pudesse mesmo se tornar realidade. Contudo, eles não perderam o desejo de ter paz, o anseio pela normalidade, o desespero pela aceitação. Os israelenses conseguiram criar uma realidade aceitável, repleta de conquistas das quais têm muito or-

---

21. Ministério das Relações Exteriores de Israel, *108 Declaration of Principles on Interim Self-Government Arrangements: Text and Speeches; The White House* [108 Declarações de princípios sobre os acordos provisórios de auto-governo: texto e discursos; a Casa Branca]. Relações Exteriores de Israel, v. 13-14: 1992-1994, doc. 108, 1993 [em inglês].

gulho. Israel é um Estado formidável, com uma economia segura e níveis de excelência em campos como tecnologia, medicina, agricultura e conservação da água que causam inveja ao redor do mundo. Mas os israelenses ainda vivem em alto grau de ansiedade, com medo de que um dia tudo termine. A verdade é que o fracasso contínuo dos esforços de paz subsequentes significa que Israel está começando a enfrentar uma nova realidade no mundo, na qual a sua própria legitimidade é questionada.

Os palestinos continuam a viver sob ocupação israelense, cujos meios de controle se tornaram cada vez mais sofisticados. Suas conquistas significativas, principalmente na Cisjordânia, em termos de criar uma estabilidade relativa, desenvolver instituições de Estado, construir infraestrutura e bolsões de atividade econômica real são impressionantes, dadas as circunstâncias. Mais do que isso, há mais normalidade no cotidiano dos palestinos, pelo menos daqueles que não moram próximos a assentamentos israelenses, do que jamais se vira antes. Mas também é absolutamente claro que, sem progresso político, é muito provável que a violência volte a reinar. Outra onda de violência teve início no final de 2015: diferente das anteriores, com um nível muito menor de participação pública, mas com um alto nível de apoio do público.

Continuo a acreditar que a paz é possível e que é, na verdade, a única opção real para os líderes israelenses e palestinos. Pela primeira vez na história das negociações entre Israel e Palestina, parece que nenhum dos lados tem uma alternativa melhor a um acordo negociado, mas ambos ainda tentam não se aprofundar na única opção que dará um fim ao conflito. A prática de negociar por negociar saiu de moda, e passou a ser vista apenas como uma forma de ganhar tempo, enquanto ações adicionais no mundo real dificultam ainda mais a partilha. Os líderes não conseguem voltar à mesa de negociação com referências claras, capazes de levar a um acordo abrangente. O fracasso das negociações é ruim para os dois lados, e ambos sabem disso. Cada rodada de negociações criou expectativas irrealistas e, em geral, terminou em uma nova onda de violência. A cautela é uma escolha sábia, mas existem soluções, e eu ainda acredito que o conflito tem solução.

Gosto de citar o falecido dr. Yehuda Paz, um grande homem, que disse o seguinte sobre o próprio otimismo: "É um defeito genético, eu não tenho opção nenhuma". Assim como Yehuda Paz, está no meu DNA. Eu enxergo o positivo, a esperança, as oportunidades e as chances que encontro na estrada da vida. Creio que o meu otimismo é guiado principalmente pela minha visão estratégica, que me permite identificar oportunidades onde muitos veem apenas obstáculos.

Nunca aceite um "não" como resposta. Nunca é cedo demais para trabalhar pela paz. Estes são os dois lemas que me acompanharam em uma vida inteira trilhando o caminho da paz. Da infância à vida adulta, trabalhei ativamente em busca da paz. A seguir, gostaria de contar um pouco da minha história.

No princípio

Por um acidente da história, nasci nos Estados Unidos. Na verdade, meu próprio nome também contém um erro de história. Meus pais queriam me chamar de *Gershom*, o filho de Moisés que teria nascido em Midiã, no Deserto do Sinai, longe da Terra de Israel. Lá, o nome, na verdade, significa *estranho* (Ger) *em uma terra estranha* (Sham). Durante a minha circuncisão, o *mohel* escreveu meu nome no certificado como *Gershon*. De acordo com a Torá, Gershon foi o filho mais velho de Levi e patriarca fundador dos gersonitas, uma das quatro divisões principais dos levitas na história bíblica. Os gersonitas tinham uma função ritual no Templo Sagrado. Sem dúvida nenhuma, o nome "Gershom" foi muito mais apropriado para a vida que tive de fato. Em retrospecto, foi melhor que o *mohel* tenha cometido um erro ao escrever meu nome do que no trabalho principal daquele dia!

Nasci no Brooklyn, assim como meus pais, mas, dos quatro aos quatorze anos cresci em Bellmore, Long Island, Nova York, em uma vizinhança bastante judaica – cerca de 90% da população. Na verdade, tinha apenas um amigo gentio entre meus colegas, um ítalo-americano católico chamado Vincent, que foi ao *bar mitzvá* de todo mundo, pois era o único amigo não judeu que tínhamos. Nunca fui vítima de antissemitismo ou de qualquer outra forma de racismo. Na juventude, a primeira experiência política que me motivou a trabalhar pela mudança social ocorreu quando minha família foi visitar a cidade histórica de Williamsburg, na Virgínia, no início de 1964, logo antes do Congresso dos EUA aprovar a Lei dos Direitos Civis, em julho do mesmo ano. A lei foi um marco da história americana ao proibir as principais formas de discriminação contra mulheres e minorias raciais, étnicas, nacionais e religiosas. Ela acabou com a aplicação desigual dos requisitos para cadastros eleitorais e a segregação racial nas escolas, locais de trabalho e instalações que atendem o público em geral.

Em Williamsburg, foi a primeira vez na vida que encontrei um restaurante com uma placa na vitrine com os dizeres "só brancos". Fiquei chocado e confuso. Tinha só oito anos. Minha mãe era professora e tinha o hábito de transformar todos os momentos emocionalmente carregados em experiências educacionais. Meus pais me explicaram a história da escravidão e da discriminação nos Estados Unidos. Quando voltei a Nova York, a experiência me inspirou a ler *Black Like Me* [Negro como eu], do autor branco John Howard Griffin. Publicado originalmente em 1961, o livro se tornara um *best-seller*. Griffin usou produtos químicos para escurecer a sua pele e então viajou pelos EUA se fazendo passar por um homem negro e documentando as suas experiências. O livro teve um impacto enorme em mim e no desenvolvimento da minha consciência e percepção sociopolítica.

Quatro anos depois, entrei em contato com um político que estava concorrendo ao Congresso pelo meu distrito. Ele começou a *Dump President Johnson Campaign* [Campanha para abandonar o presidente Johnson] e liderou passeatas a favor dos direitos civis, com Martin Luther King Jr., e contra a guerra do Vietnã. Esse candidato, Allard Lowenstein, foi eleito para o Congresso em 1968.[22] Fui voluntário na campanha para eleger Lowenstein deputado e na do senador Eugene McCarthy nas primárias presidenciais. Conheci Allard Lowenstein e passei dois ou três finais de semana ao seu lado, fazendo campanha no meu distrito. Em um evento para angariar fundos na minha vizinhança, conheci o senador McCarthy. Tinha doze anos de idade. Depois que McCarthy abandonou a sua candidatura ainda nas eleições primárias, passei a apoiar o senador Robert Kennedy, que foi assassinado em junho

---

22. É possível acessar a *Biography of Allard K. Lowenstein* [Biografia de Allard K. Lowenstein] no site da Universidade de Direito de Yale [em inglês].

de 1968, após vencer as primárias do estado da Califórnia. Posteriormente, trabalhei para o vice-presidente Hubert Humphrey, na tentativa de impedir que Richard Nixon fosse eleito presidente.

Eu era jovem, mas sabia quais eram as questões do momento. Protestei contra a guerra do Vietnã e a favor dos direitos civis em todo o país. Todos os dias, ia para a escola com botons com *slogans* políticos. Leio o *New York Times* regularmente desde a sexta série. Aos doze anos, recebi a chave da sede do Partido Democrata na minha cidade. Durante a temporada de eleições, depois da escola eu abria o escritório e distribuía folhetos protestando contra a guerra do Vietnã para homens que voltavam do trabalho na *Long Island Rail Road*. O dia em que Nixon venceu a eleição foi um dos mais tristes daquela época.

Não sei se teria me identificado como sionista aos oito anos de idade, mas foi com essa idade que comecei a pedir à minha família uma viagem para Israel. Minha primeira visita foi em 1969, quando tinha treze anos, para o meu *bar mitzvá*. Não sei de onde saiu o desejo de ir a Israel, mas eu tinha duas associações mentais com o país, memórias distantes que poderiam ter alguma relação, mas das quais não tenho certeza absoluta. Yehuda Rosenblatt, meu bisavô materno, era um rabino ultra ortodoxo e antissionista que se mudou para a Palestina na década de 1920 após levar a família para os EUA e casar todas as filhas, pois queria morrer na Terra Santa. Ele morou lá até 1940 e está enterrado em um dos cemitérios mais antigos de Tel Aviv. Minha mãe tinha um bracelete da Terra de Israel na sua caixa de joias, presente do seu avô. Era algo que me interessava quando era criança e me lembro de brincar com ele. A segunda memória é de quando eu era bem novo e meu livro favorito, e o que mais pediam que lessem, era *The Golden Bible for Children* [A Bíblia dourada para crianças]. Não éramos uma família religiosa, ainda que meus pais sempre tenham pertencido a uma sinagoga e acreditassem que deveríamos receber uma educação judaica. Eu adorava as histórias bíblicas e as imagens maravilhosas daquele livro. Passava horas e horas estudando as suas páginas.

Durante o meu tempo no ensino fundamental em Bellmore, as escolas do Estado de Nova York não fechavam nos feriados judaicos, mas a minha sim. Além de quase todos os alunos serem judeus, quase todos os professores eram também. Pertencíamos à sinagoga conservadora local, então os feriados judaicos eram eventos sociais em que a comunidade como um todo se reunia na sinagoga.

Após a festa de *bar mitzvá* tipicamente extravagante do meu falecido irmão mais velho Richard, em 1967, realizada um mês após a Guerra dos Seis Dias de junho de 1967, disse aos meus pais que não queria todo aquele esbanjamento no meu. Minha preferência era que a família fosse a Israel. Também posso ter sido influenciado pelo tremendo sentimento de orgulho que a maioria dos judeus americanos tinha em relação a Israel após a guerra de 1967. Lembro de me sentir orgulhoso de ser judeu após a Guerra dos Seis Dias e andar pela escola com o peito estufado. Olha só o que nós judeus podemos fazer quando somos atacados! Lembro do sentimento e desse momento em que Israel entrou na minha consciência. Foi naquele verão de 1969 que eu ganhei como presente uma viagem de família para Israel.

Minha lembrança mais vívida daquela viagem é a de estar na sacada da casa dos meus primos, Avrum e Aya Brand. Avrum era primo da minha mãe, um sobrevivente do Holocausto que conseguiu emigrar para Israel após perder os pais e as duas irmãs. Observando Givatayim, um subúrbio de Tel Aviv, lembro de ter essa sensação poderosa de estar em casa. Mesmo hoje, mais de 47 anos depois, quando reflito sobre Israel, minha primeira associação vem desse sentimento. Quando viajo para o exterior, o que faço bastante, e enxergo a costa de Israel pela janela do avião no voo de volta, sinto que estou chegando em casa. É uma sensação muito reconfortante e acolhedora, cheia de emoção.

Quando tinha quatorze anos, nos mudamos para Smithtown, outra cidade em Long Island, onde havia pouquíssimos judeus. Como todos os grupos étnicos tendem a fazer, sejam eles judeus, italianos, chineses, japoneses ou árabes, fui em busca do meu povo. Em um bairro extremamente gentio, procurei outros judeus e fui procurado também. Meu novo amigo Don Schertzman, que havia passado o verão em Israel e cuja família estava planejando imigrar para Israel, me convidou para participar da Young Judaea [Judeia Jovem], um movimento juvenil sionista recém-estabelecido — na nossa cidade, pelo menos.

Entrei na Young Judaea para conviver com outros judeus, para conhecer meninas judias e porque Israel me interessava. Em 1970, me tornei bastante ativo no movimento e logo fui promovido a cargos de liderança. Na décima série, fui eleito coordenador de programação assistente do Conselho Executivo da Young Judaea em Long Island. No ano seguinte, me tornei coordenador de programação sênior, responsável pelo desenvolvimento de atividades semanais para todas as filiais da região de Long Island e por planejar as duas convenções anuais para todos os membros da organização. No meu último ano no ensino médio, fui eleito presidente do movimento na região de Long Island. Passei os verões no acampamento nacional da Young Judaea, o *Tel Yehuda*, o que fortaleceu minha identidade sionista e meu orgulho judaico. O movimento teve um forte impacto em toda a minha pessoa.

A região de Long Island da Young Judaea também adotou um nome hebraico durante o meu período no conselho executivo. O nome que escolhemos foi *Gesher Shalom*, a ponte para a paz. Sem dúvida nenhuma o movimento se tornou a parte mais importante da minha vida, muito mais do que a escola. Quase todos os dias dos meus dois últimos anos no ensino médio foram dedicados ao movimento, nos escritórios ou em visitas aos clubes da Young Judaea em toda Long Island. Também liderei um clube júnior para crianças de dez a quatorze anos e ensinei dança folclórica israelense. Meus verões no acampamento de *Tel Yehuda*, no norte do estado de Nova York, expandiram meus contatos, pois conheci jovens judeus dos Estados Unidos como um todo.

Minha atuação no movimento juvenil sionista deu substância à minha vida. Meus pais incentivaram o meu envolvimento, pois, no final da geração da década de 1960, estavam preocupados se eu, assim como muitas pessoas da minha idade, poderia me envolver com a cultura das drogas. A *Young Judaea* era limpa e segura, mas não creio que tenham considerado de fato que o meu engajamento com o movimento sionista poderia me levar a fazer as malas e me mudar para Israel, no outro lado do mundo. Anos mais tardes, já após a minha mudança, minha mãe me contou que muitas pessoas perguntavam se ela estava orgulhosa e feliz de saber que os filhos estavam morando em Israel.

— Ficaria muito mais feliz se fossem os seus filhos! — ela sempre respondia.

De 1970 a 1974, meus anos no ensino médio, a Young Judaea foi o foco da minha existência, e Israel já estava marcada como o destino final. O movimento dava aos jovens uma oportunidade extraordinária para demonstrar o comprometimento com uma ideia, assumir um nível enorme de responsabilidade, se desenvolver intelectualmente e transformar princípios em decisões de vida. Éramos muito mais maduros do que a nossa idade sugeria naquela época. Aprendi três lições importantes, que posteriormente ensinei a muitos outros contemporâneos e colegas mais jovens: liderar por exemplo, agir segundo o que se acredita e tomar a iniciativa. Essas lições permaneceram comigo durante toda a minha vida. É parte do senso comum entre os egressos da *Young Judaea* da minha geração: tudo de importante na vida eu aprendi na *Young Judaea*!

Totalmente mergulhado no movimento da Young Judaea, voltei a Israel em dezembro de 1973 para me dedicar ao *kibutz* do movimento, chamado Kibutz Ketura. Em 1974–1975, quando terminei o ensino médio, passei o ano em Israel, no programa educacional *Young Judaea Year Course* [Curso anual da Jovem Judeia]. Durante o programa Ano em Israel, passei metade do tempo no Kibutz Ein Harod Ihud e a outra metade em Jerusalém, estudando. O programa do *kibutz* incluía aprender hebraico durante metade do dia e trabalhar na outra metade. O trabalho consistia principalmente em colher toranjas e azeitonas, pisotear algodão recém-colhido e trabalhar na cozinha. Quando tínhamos muita sorte, podíamos trabalhar nos tanques de piscicultura ou transportar colmeias pelo Vale do Jordão. Durante todo o ano, tivemos muitos dias de trilhas e caminhadas para conhecer o país. Foi um ano incrível. O objetivo principal do programa era nos orientar para a ideia de ver Israel como o nosso lar. Diversas vezes durante o ano, nossos líderes ou professores, especialmente Alan Hoffman, diretor do programa, começava suas frases com "e quando vocês fizerem *aliá*..." Quando tinha dezesseis anos, decidi que faria *aliá*. O movimento tinha uma espécie de acordo implícito: não se dizia isso em voz alta até participar do programa *Year Course* e passar um ano em Israel. Quando passei o meu ano em 1974, declarei abertamente que pretendia fazer *aliá*. Na verdade, após alguns meses em Israel, escrevi para os meus pais comunicando que, ao final do ano, ficaria em Israel, me alistaria no exército (com sorte, seria paraquedista) e começaria minha vida onde me sentia em casa. Meus pais entraram em pânico quando receberam a carta. Sua resposta foi imediata: recebi uma ligação urgente deles no *kibutz* me dizendo para não tomar nenhuma decisão que não pudesse reverter. Alguns meses depois, eles foram me visitar em Israel e me convenceram a voltar para os EUA para completar minha educação universitária e então voltar com um diploma na mala. Creio que a sua principal preocupação era adiar o quanto antes meu possível serviço militar.

Voltei para os Estados Unidos para trabalhar no acampamento *Tel Yehuda*, a instituição da Young Judaea para alunos do ensino médio. O programa *Year Course* em Israel foi intensivo. Eu trabalhei na cozinha naquele verão, cuidando dos laticínios, e passei muitas horas andando pelo acampamento e pelas Montanhas Catskill, tentando absorver e compreender minhas experiências naquele ano. Após o ano em Israel, sem nenhuma responsabilidade real, tendo vivenciado uma experiência emocional e intelectualmente forte, eu precisava de uma espécie de interpretação, integração e entendimento pessoal. No acampamento, pendurei um mapa da Grande Israel acima da minha cama que incluía os territórios ocupados pelo país em 1967, onde coloquei alfinetes para marcar os lugares que havia visitado durante aquele ano. Meus principais centros de atividade eram o Kibutz Ein Harod Ihud no Vale do Jezrael e Jerusalém, entre os quais viajei várias vezes durante o ano. Meu percurso atravessava o Vale do Jordão e cruzava a Linha Verde, passando por Jericó, na Cisjordânia.[23] Nunca refleti sobre o fato de estar entrando em território ocupado e nunca dei muita atenção aos palestinos que moravam no outro lado da linha.

Um dia naquele verão, quando cheguei na minha cama, descobri que meu colega de quarto, Barak Berkowitz, tinha usado uma caneta hidrográfica para desenhar uma linha verde no mapa. Olhei para o mapa e refleti sobre a existência de uma fronteira cortando a terra pela qual eu tanto havia viajado. Tentei imaginar como iria do *kibutz* para Jerusalém se uma fronteira colocasse o Vale do Jordão e a Cisjordânia fora de Israel. Foi então que tive uma espécie de epifania: durante todo o meu ano em Israel, nunca havia tido uma conversa séria com um árabe. Sequer uma. Imagine, eu tinha morado em Israel, cerca de um quilômetro e meio de uma vila árabe próxima ao *kibutz*, e ainda no Monte Scopus, em Jerusalém, cercado de vilas e bairros palestinos, mas nunca havia tido uma conversa de verdade com um árabe! Alguns membros do *kibutz* me avisaram para não fazer a trilha até a vila árabe de Naoura, pois seria perigoso. Morando em Jerusalém, frequentemente éramos alertados sobre o risco de caminhar pelas vilas árabes entre o Monte Scopus e a Cidade Velha. Éramos avisados para não trocar nosso dinheiro com cambistas árabes, pois o dinheiro seria usado pela OLP para comprar armas e matar israelenses. Era uma afirmação ridícula: eram casas de câmbio legais, monitoradas pelo Estado de Israel. Se estivessem transferindo fundos para comprar armas e matar judeus, o Estado permitiria que continuassem a operar? Mas ouvi isso tantas vezes, assim como muitos ao meu redor, que simplesmente acreditei sem ques-

---

23. A Linha Verde é a linha do armistício entre Israel e Cisjordânia, e designa as linhas de distribuição de tropas ao final da Guerra de Independência de Israel (1948–1949).

tionar. Foi então que comecei a lembrar de todos os mitos que havíamos aprendido sobre os árabes e sobre o conflito árabe-israelense. Percebi que havia algo de muito errado na minha educação. Havia uma lacuna enorme, um abismo, e eu sabia que seria preciso estudar para decidir por mim mesmo o que era verdade e o que era apenas boato. Eu precisaria aprender muito e ter novas experiências para entender o lugar que planejava transformar no meu novo lar. Minha própria ignorância me deixou chocado.

Voltei do acampamento de verão e me matriculei na universidade. Comecei imediatamente a devorar livros alternativos aos que eu havia lido durante a minha época de envolvimento com o movimento sionista, títulos como *What's Wrong with Zionism?*, *Arabs and the State of Israel* [O que há de errado com o sionismo?, Os árabes e o Estado de Israel] e *Arab Israeli Conflict* [O conflito árabe-israelense]. Também descobri o discurso sionista liberal. Um livro foi particularmente influente nas minhas novas ideias: *Zionism and the Palestinians* [O sionismo e os palestinos]. Devo ter lido cem livros naquele meu primeiro ano. No mesmo ano de 1975, escrevi um artigo para o jornal judaico *Jewish Radical*, sediado em Berkeley, Califórnia, defendendo o fim da ocupação israelense e apoiando a solução de dois Estados. Foi minha primeira coluna de opinião sobre a paz a ser publicada. Naquela época, o apoio à criação de um Estado palestino ao lado de Israel era uma opinião bastante minoritária na sociedade israelense, sendo ainda menos popular entre os judeus americanos.

Um dos valores mais importantes que aprendi na Young Judaea, ensinado a gerações de membros que vieram depois de mim, é que fazer *aliá* e imigrar para Israel não é simplesmente uma mudança de endereço. Na mudança para Israel, precisaríamos nos comprometer com o projeto de transformar o país em um lugar melhor, aquilo que hoje no judaísmo chamamos de *Tikun Olam*,[24] ou melhorar o mundo. Creio que no final da dé-

---

24. Na década de 1970 ainda não usávamos a expressão *Tikun Olam*, mas era essa a ideia.

cada, Israel estava enfrentando três grandes problemas. Um era o conflito Israel-Palestina; o segundo era como Israel se define em relação aos seus cidadãos não judeus, a saber, os árabes palestinos, chamados de árabes israelenses na época; e o terceiro era relativo às diferenças sociais que haviam no país entre ricos e pobres, desenvolvidos e subdesenvolvidos, judeus *mizrahim* de países árabes ou muçulmanos e judeus *ashkenazim* europeus. Eram todas questões interessantes e precisariam de grupos e indivíduos que se dedicassem a trabalhar nelas. O tema que mais me interessava era o conflito árabe-israelense, então decidi que dedicaria minha vida a resolvê-lo. A principal questão era onde e como começar.

Em 1973, um pequeno grupo de judeus americanos fundou uma nova organização chamada *Breira*,[25] a primeira organização judaico-americana do seu tipo a começar a questionar os posicionamentos tradicionais dos judeus americanos em relação ao conflito árabe-israelense. Na sua primeira declaração pública, a Breira defendeu que Israel cedesse territórios e reconhecesse a legitimidade das aspirações nacionais do povo palestino para criar uma paz duradoura. Em dezembro de 1976, eles concordaram em se reunir com a OLP. A decisão cruzou os limites para a comunidade judaica, mas a iniciativa recebeu o apoio de diversos intelectuais judeus e alguns rabinos americanos conhecidos. Naquele mesmo mês, o *Jerusalem Post* publicou uma matéria que retratava a organização como apoiadora de terroristas, o que levou diversos membros a deixar o grupo. Em 20 de fevereiro de 1977, quando a Breira realizou o seu primeiro congresso nacional em Chevy Chase, no estado de Maryland, a convenção foi atacada por membros da Liga de Defesa Judaica, liderada pelo rabino Meir Kahane.

Em maio de 1977, a Assembleia Rabínica do Judaísmo Conservador impediu que dois membros da Breira, os rabinos Arnold Jacob Wolf e Everett Gendler, se tornassem membros do conselho executivo da organização, pois acreditava que a Breira estava dando auxílio aos inimigos de Israel. Na época, a Breira tinha

---

25. *Breira*, em hebraico, significa "escolha" ou "alternativa".

1.500 membros. Isaiah Kenen, ex-diretor executivo da Comitê Americano para Questões Públicas de Israel (AIPAC), enquanto ainda atuava como editor da sua publicação *Near East Report*, ajudou a classificar o grupo "anti-Israel", "pró-OLP" e "judeus que se odeiam". Kenen acusou a Breira de "minar o apoio americano a Israel". O rabino Alexander Schindler, presidente da União das Congregações Hebraicas Americanas, do movimento reformista, foi o único grande líder de uma organização judaica a defender a Breira, chamando o ataque a ela de "caça às bruxas".

Esse foi o ambiente político que adentrei enquanto morava na cidade de Nova York e estudava na New York University. Em 1976, ao lado de alguns outros alunos judeus, nos reunimos com Labib Zuhdi Terzi, o representante da OLP na ONU. Fiquei muito animado com a possibilidade de me reunir com um representante do povo palestino. Tinha a esperança de que o encontro mudaria a minha vida. A reunião em si foi inusitada. O embaixador da OLP se recusou a nos receber durante o horário de trabalho e nós tivemos que entrar na embaixada pela porta dos fundos. Passamos duas horas com ele, tentando convencê-lo de que se a OLP apoiasse a solução de dois Estados, Israel reconheceria a organização, e então poderíamos dar início a um processo de paz. A sua resposta foi "só por cima do meu cadáver".

A resposta do embaixador Terzi refletia o posicionamento palestino dominante, expresso no estatuto da OLP: Israel não teria o direito de existir: foi fundada como um ato de imperialismo e colonialismo, e os judeus que moram no país deveriam voltar para os seus países de origem. Esta era a opinião geral palestina na época, mas alguns membros da OLP, especialmente líderes como Issam Sartawi e Saad Hamami, começaram a deslocar o movimento gradualmente em direção a aceitar a existência de Israel e concordar com uma solução de dois Estados. Apesar de terem o apoio de Yasser Arafat, tanto Sartawi quanto Hamami foram assassinados por grupos radicais palestinos pelos seus contatos com israelenses e por suas crenças de que a Palestina poderia existir apenas em parte da Palestina histórica, e não nela toda. Em meados da década de 1970, correu a notícia de que o próprio Arafat estava mudando a sua opinião. À medida que teve mais contato com israelenses de esquerda, ele ganhou mais confiança com relação à necessidade de levar os palestinos a uma posição mais realista. Mas o processo foi bastante lento.

Depois da minha reunião com o embaixador da OLP em Nova York e minhas tentativas de criar oportunidades de diálogo com palestinos nos Estados Unidos, não achei que seria possível avançar na questão Israel-Palestina até que ocorresse uma mudança fundamental na disposição de um, ou de ambos os lados, em reconhecer os direitos políticos nacionais do outro. Até então, na minha opinião, não haveria um ponto de partida para um diálogo de verdade. Estávamos em uma situação de não reconhecimento mútuo e não havia espaço para trabalhar em algo que poderia ser realmente significativo. Eu acreditava que a questão das diferenças sociais, ainda que interessantes e importantes, não era algo que me levaria a investir toda a minha vida, e como estava interessadíssimo pela questão judaico-árabe, decidi me dedicar a essa área.

Em 1976, conheci Lova Eliav, que havia sido secretário-geral do Partido Trabalhista de Israel. Eliav renunciara ao cargo em 1971 porque o partido se recusava a reconhecer a existência do povo palestino. A famosa declaração da primeira-ministra Golda Meir de que o povo palestino não existia foi um dos fatores principais que levou Eliav a deixar o cargo de secretário-geral do partido. Após a Guerra do Iom Kipur, em 1974, Eliav deixou o partido e, posteriormente, se uniu ao Ratz, um partido sionista de esquerda, para formar o Ya'ad, um novo movimento político de defesa dos direitos civis. Eliav foi uma inspiração, com seu histórico de líder sionista, de ser um homem de ação e de princípios. Após renunciar ao cargo de secretário-geral, Eliav se dedicou a escrever o livro *Land of the Hart* [A terra do gamo], publicado originalmente em 1972. O livro se tornou o novo manifesto para muitos israelenses que apoiavam a concessão de territórios em troca de paz e o reconhecimento do povo palestino. O livro também se tornou o meu próprio manifesto pessoal, tomando o lugar de *The Zionist Idea* [A ideia sionista], uma coleção de ensaios sobre o sionismo editada por Arthur Hertzberg, que durante muitos anos foi minha bíblia. A política da minha juventude, os valores que absorvi na luta pelos direitos civis nos Estados Unidos e contra a guerra injusta no Vietnã, havia finalmente se fundido com o meu sionismo e o meu amor por Israel. Essa fusão criou uma série de dilemas pessoais, mas nunca questionei meu amor por Israel e minha crença profunda de que aquele seria o meu lar e o lugar onde via meu futuro.

Minha identidade política judaica, sionista e israelense passou a ser moldada e entrou em confronto direto com a realidade de estar nas margens da sociedade israelense. Mergulhei de cabeça no que poderíamos chamar de política de esquerda judaica. Em minhas diversas visitas a Israel, tentando conversar com meus parentes no país e meus amigos israelenses nos EUA, muitos me ridicularizavam constantemente. "Seu americano idiota e ingênuo, você não entende nada", eles me diziam. "Você não serviu no exército, não entende a situação." "Eles nunca vão nos aceitar." A frase que me atingia mais do que todas as outras, e que escutei centenas de vezes, era: "Você não conhece eles…". Onde *eles* eram os árabes, é claro. Na época, não me ocorria perguntar: "Ora, e *você* conhece? Que tipo de experiência você teve para conseguir conhecê-los? Quando foi a última vez que conversou de verdade com um palestino?". Eu não conhecia a sociedade israelense bem o suficiente para saber como questionar meus interlocutores. Contudo, ficou evidente para mim que qualquer realização significativa minha em Israel e enquanto israelense exigiria que eu obtivesse uma forma de credibilidade incontestável.

No início, pensei em estudar na Universidade Americana de Beirute. Candidatei-me a uma vaga e fui aceito. A instituição me enviou os formulários de matrícula, nos quais tive que assinar uma série de documentos declarando que sabia que Beirute estava em estado de guerra e que às vezes as aulas eram transferidas de um campus para o outro porque eram bombardeados algumas vezes. "É um pouco demais para mim", decidi. "Posso ser louco, mas não sou tão louco assim!" Ann Abrams, uma amiga da Young Judaea que morava em Boston, vira um cartaz na biblioteca da Hebrew Teacher's College sobre um rabino reformista procurando formandos judeus para morar nas vilas palestinas em Israel, chamadas de "vilas árabes" na época, e fazer trabalho comunitário.[26] O grupo se chamava *Interns for Peace* (IFP).[27] A organização tinha um escritório no número 150 da Quinta Avenida, na cidade de Nova York, então tirei um dia para ir lá no horário do almoço, caminhando da New York University até o local. Entrei no escritório, peguei os formulários necessários e percebi que havia achado o que estava procurando. No dia seguinte, voltei com uma pergunta:

— Onde me inscrevo?

Logo fui aceito no programa e me tornei o primeiro *Intern for Peace*. Após obter meu diploma de Bacharel em Política e História do Oriente Médio pela New York University em setembro de 1978, imigrei para Israel dentro do sistema da IFP. Após um programa de treinamento de seis meses no Kibutz Barkai, passei os dois anos seguintes morando e trabalhando na vila palestino-israelense de Kufr Qara. Costumava brincar que tinha feito *aliá* para uma vila palestina em Israel.

---

26. O documento *In Memory of Rabbi Bruce Cohen, Interns for Peace* [Em memória do rabino Bruce Cohen, Estagiários pela Paz], de 2010, está disponível *online* [em inglês].
27. *Interns for Peace* é uma organização que promove a relação entre árabes e judeus em Israel, para promover a paz. [N. E.]

«Aliá» para um vilarejo árabe

Hoje, cerca de 1,5 milhão de árabes palestinos também são cidadãos israelenses. Chaim Weitzman, o primeiro presidente de Israel, escreveu no seu diário: "Tenho certeza de que o mundo julgará o Estado judeu pelo que fizer com a sua população árabe".[28] Quase sete décadas depois, como devemos avaliar Israel nesta questão? Duas coisas ficam evidentes: não existe um apartheid dentro de Israel propriamente dita e, após quase 70 anos, ainda há um nível significativo de discriminação entre os cidadãos judeus e árabes de Israel.

Quando Israel nasceu e conseguiu sobreviver após a guerra pela sua independência, ainda havia cerca de 156 mil árabes palestinos morando dentro das fronteiras do Estado após a assinatura do acordo de armistício. Representando cerca de 12% da população total, eles se concentravam em três áreas principais: a Galileia, o Pequeno Triângulo e o Negev. Todos receberam cidadania israelense e todos foram colocados sob um governo militar que durou até 1966. Os palestinos que ficaram para trás eram, na sua maioria, camponeses, com baixo nível educacional, pobres e sem liderança. A guerra levou ao êxodo de 800 a 900 mil dos seus irmãos e irmãs e os deixou chocados. Entre os que permaneceram em Israel, 92% eram analfabetos. Quase não sobraram professores ou escolas em funcionamento.

---

28. O documento *Zionist Quotes* [Referências sionistas] está disponível no site do Centro de Informação sobre Israel e Sionismo [em inglês].

Temendo que esses novos cidadãos continuassem a sua luta contra o nascimento de Israel, o Estado desapropriou deles grandes extensões de terras para criar "cinturões de segurança" em torno de todas as comunidades árabes. Em seguida, a maior parte das terras desapropriadas foram cedidas para *kibutzim*, *moshavim* e cidadezinhas judaicas da vizinhança. Quase nenhuma comunidade árabe tinha serviços públicos, incluindo eletricidade, água encanada, sistemas de esgoto e governo municipal. Apesar de o Estado recém-formado ser pobre e subdesenvolvido, as diferenças entre o setor judeu e o setor árabe eram enormes.

Quase sete décadas depois, é fácil ver quanto a comunidade palestina de Israel avançou. A educação se tornou um valor fundamental e o analfabetismo está extinto. Os universitários palestino-israelenses aumentam em quantidade e qualidade todos os anos. A prosperidade econômica chegou a muitas das comunidades palestino-israelenses, evidenciada pelas mansões luxuosas que os motoristas veem quando atravessam as regiões árabes do país. Mas ainda há diferenças significativas entre árabes e judeus, e a discriminação ainda está presente em muitas áreas da vida no país.

Por meio da IFP, tive a oportunidade de morar e trabalhar por dois anos em Kufr Qara, uma vila palestino-árabe em Israel.

Em agosto de 2013, trinta e dois anos e dois meses após deixar Kufr Qara, depois de ter vivido dois anos intensos morando lá, voltei para passar um mês no vilarejo ao lado de Elisha, minha filha de 27 anos. Nós dois nos matriculamos em um curso intensivo de um mês para aprender árabe em Givat Haviva, que tem um centro judaico-árabe administrado pelo movimento dos *kibutzim*, e decidimos ter uma experiência de imersão completa em arábico, incluindo nos hospedar com uma família árabe. Para mim, o único lugar possível seria Kufr Qara. A vida transcorreu tão rápido que nem consigo acreditar que 32 anos haviam se passado. Sempre falava em voltar à vila e passar uma temporada lá, mas nunca havia acontecido. De tempos em tempos, fazia visitas breves, mas nunca conseguia passar muito tempo lá. Kufr Qara tinha mudado bastante. Não era mais um vilarejo de 8.500 pessoas, onde todos se conheciam. Agora eram 18 mil moradores e a vida havia mudado completamente.

Quando morei em Kufr Qara, havia quatro telefones em toda a vila. Um ficava no conselho da vila, um na casa do ex-prefeito, um na escola de ensino médio e o último era um telefone público em uma loja que estava sempre fechada e que, quando abria, não vendia as fichas necessárias para se fazer uma ligação. Não havia internet, e-mail ou mesmo faxes. Fui ao correio em Hadera, a cidade mais próxima, para solicitar um telefone. Fui informado que, se tivesse sorte, receberia um em sete anos! Sete anos depois, a vila foi conectada ao sistema de telefonia nacional e as pessoas puderam ter telefones em casa. Bem-vindo ao século XX, agora XXI! Quando queria ligar para os EUA e conversar com meus pais em Nova York, o que fazia era ir ao correio local, enviar um telegrama e marcar um horário para que me ligassem. Eu pegava a minha Vespa e saía às 2 da manhã do dia marcado para ir até um posto de gasolina na estrada principal de Wadi Ara, próximo à entrada da vila. O dono do posto me deixava usar o telefone para receber ligações em qualquer horário entre as 2 e 6 da manhã.

No período de 1979 a 1981, não havia supermercados, farmácias, lavanderias ou lojas de roupa de verdade na vila. Várias famílias eram donas de mercadinhos, e todos eles vendiam os mesmos produtos. Uma vez por mês, dividíamos um táxi e viajávamos 30 minutos para fazer compras em Hadera. Também uma vez por mês íamos a Tulkarem, na Cisjordânia. Naquela época, não havia uma fronteira física entre Israel e a Cisjordânia. Os táxis cisjordânios, com as suas placas azuis (os carros israelenses tinham placas amarelas) esperavam na vila e faziam viagens coletivas à cidade de Tulkarem, na Cisjordânia, onde tudo era mais barato. Também levava cerca de 30 minutos para chegar em Tulkarem, mas, no fim da viagem, estávamos em outro mundo.

Naqueles anos em Kufr Qara, morei a maior parte do tempo em uma casa nos limites da vila. O governo local pagava o meu aluguel. Era uma casa novinha, construída por um funcionário do conselho da vila de ancestrais beduínos. Era uma família pobre. Ele construíra a casa para o filho adolescente. Como todo mundo na vila, quando tinha um pouco de dinheiro sobrando, ele comprava alguns blocos de cimento, vergalhões de aço, piso de cerâmica e assim por diante, construindo a casa gradualmente, de tijolo em tijolo, praticamente sozinho. Naquela época, a maioria das famílias possuía uma conta financeira familiar multigeracional, administrada pelo patriarca. Todos contribuíam parte da sua renda para a conta da família. Em diversos finais de semana, vi famílias inteiras trabalhando com os seus amigos para concretar o teto de uma casa nova. Assisti e participei do mesmo tipo de trabalho coletivo durante as colheitas. Havia uma sensação forte de família e comunidade, e eu ficava inspirado por fazer parte dela. Minha participação nesses trabalhos de fim-de-semana, entre amigos e familiares, construindo casas ou colhendo a safra, acelerou a minha aceitação na vila e me levou a ser parte da comunidade e compartilhar da sua vida. Senti-me aceito e sempre recebido com muito carinho.

Inicialmente, morei com um casal americano, Michael e Andy, e outra mulher solteira do nosso programa, Bátia. Depois de alguns meses, o casal foi embora, então Bátia e eu ficamos na situação inusitada de ter que explicar constantemente que dividíamos uma casa mas não éramos casados, que não tínhamos nenhum envolvimento físico ou emocional. Muita gente na nossa vila tinha dificuldade para entender isto, então desisti de explicar. Que pensassem o que quisessem. Nossa casa ficava no alto da colina. A entrada não era pavimentada, e todos os dias era um desafio, para as minhas habilidades crescentes de piloto de Vespa, chegar lá. Quando chovia, o que aconteceu bastante nos meus dois invernos em Kufr Qara, minha Vespa caía de lado e deslizava colina abaixo. Após algum tempo, alguns amigos meus da vila, adolescentes, me ajudaram a moldar algumas peças de concreto para ter onde estacionar a Vespa ao lado da casa sem que ela deslizasse abaixo. Nossa casa era muito humilde. Ela tinha um corredor comprido com um quarto à direita, uma sala à esquerda, outro quarto mais adiante à esquerda, e a cozinha e o banheiro à direita. Meu quarto ficava no fim do corredor, à esquerda. Bátia tinha o quarto junto à entrada. Ela deixou o programa após um ano, e eu fiquei vários meses sozinhos. Depois vieram Rob Hutter, mais um participante do programa, e David LaFontaine e sua esposa Esther, que dispunham de sua própria casa, onde moravam com a filha Tamar, que havia nascido na vila árabe de Tamra, no oeste da Galileia. Compramos móveis baratos em Tulkarem. Tínhamos apenas o essencial: nada de máquina de lavar, um fogão de duas bocas, uma geladeira de um tipo que só se via em filmes com mais de 30 anos de idade. Tínhamos um forno que era colocado em cima do fogão a gás. Eu lavava a roupa em baldes. Transformamos o longo corredor no *diwan* oriental tradicional, com tapetes de palha, colchões e almofadas no chão para as pessoas se sentarem. Comprei uma TV antiga em preto e branco com uma antena interna que mal e mal nos deixava assistir à TV israelense, que só contava com um canal naquela época. À noite, quando não chovia, também conseguíamos assistir à TV jordaniana.

No inverno, aquecíamos o espaço comum principal com um *kanun* (ou *chanun*, como se pronunciava na vila), uma churrasqueirazinha de alumínio na qual queimávamos carvão vegetal com querosene. Para nos livrar do mau cheiro, jogávamos casca de maçã no carvão. Como o carvão liberava um gás venenoso, era preciso deixar a porta da casa entreaberta, o que derrotava em parte o propósito de aquecê-la. Mas era o que quase todo mundo fazia na vila, então fazíamos o mesmo.

Nossa casa tinha duas grandes portas de metal muito pesadas. As trancas não funcionavam, então nossas portas ficavam abertas vinte e quatro horas. No inverno, quando os ventos eram muito fortes, colocávamos um vaso bem grande na frente da porta para mantê-la fechada.

Comprei a Vespa para me locomover pela vila. Mais do que isso, precisava ter um meio de fugir da vila. Precisava de um veículo para ir ao *kibutz* e passear nas horas de folga, quando não era um *estagiário pela paz*, marcando presença na comunidade e representando o Estado de Israel e o povo judeu. Na vila, eu estava sob vigilância constante. Essa era a minha sensação, ao menos. Às vezes, parecia que estava sob a lente de um microscópio. Quem são esses judeus morando na nossa vila? Por que estão aqui de verdade? Nas primeiras semanas em que moramos na vila, foi publicado um artigo no *Al-Ittihad* [A União], o jornal diário em árabe do Partido Comunista, afirmando que um grupo de quatro espiões da CIA estavam morando em Kufr Qara e que o governo local estava até pagando o nosso aluguel. Quando ouvimos falar do artigo, praticamente entramos em pânico. Era o jornal diário em árabe mais popular da época e tínhamos certeza que teríamos problemas pela frente. Procuramos imediatamente o ex-prefeito, que nos havia convidado para morar na vila, o advogado Mohammed Massarwi — ele ainda era membro do conselho da vila e tinha bastante influência dentro e fora dela. Ele disse para não nos preocuparmos. Massarwi escreveu uma pequena resposta no jornal, dizendo que era tudo verdade: a CIA tinha mandado os jovens americanos para espionar Kufr Qara porque estavam interessados em descobrir como cultivávamos pepinos! Depois, ele escreveu um pouco sobre a IFP e o que realmente estávamos fazendo lá. A resposta de Massarwi acabou com a crise na mesma hora. Ele também organizou uma oportunidade para conhecermos alguns dos jovens "comunistas" da vila que pertenciam ao Partido Rakah, comunista. Massarwi viria a ser cônsul-geral de Israel em Atlanta e juiz.

A vida na vila era intensa, mas eu adorava morar lá. Era uma experiência completamente nova e todos os dias era uma aventura, que é como a vida deve ser. Aproveitei todas as oportunidades possíveis para conhecer pessoas e visitá-las em casa. Saboreei todos os pratos novos que me ofereceram e até aprendi a beber café. Até então, simplesmente não gostava de café. Passei os primeiros 22 anos da minha vida sem tomar café, mas sabia que seria impossível morar em um vilarejo árabe por dois anos sem apreciar café. Na primeira vez que precisei enfrentar um *finjan* — uma xicarazinha — do espresso café árabe, disse para mim mesmo: "É agora ou nunca". Engoli o café como se fosse uma fosse de uísque. O problema não era tanto o sabor, mas pelo quanto estava quente! Com o tempo, adquiri o gosto pelo café e passei a tomá-lo regularmente. Também conheci e aprendi a valorizar a apreciação pelo café com todas as palavras de bênção envolvidas no processo. Minha favorita é *amar*, que você diz quando termina a xícara. O termo significa "edifício" ou "casa", e a ideia é "que esta casa sempre esteja aqui para receber convidados".

Durante o meu tempo na vila, dos 23 aos 25 anos, escrevi um diário. Até começar a trabalhar neste livro, 32 anos mais tarde, nunca o reli. Meu diário da época do IFP contém as ideias de um jovem de vinte e poucos anos que está dando seus primeiros passos enquanto imigrante no Estado de Israel, mas tendo uma experiência muito diferente daquela vivenciada pela maioria dos novos imigrantes que chegam ao país. Mesmo após todos esses anos, aquelas ideias e descobertas ainda são interessantes. A seguir, reproduzo algumas passagens.

◊

12 DE MAIO DE 1978
*Quatro meses antes de imigrar para Israel,
em Nova York, onde completava a graduação
na New York University*

Por que estou indo? Parece a coisa certa a ser feita. Cresci no movimento[29] e tornei-me um sionista de verdade lá, mas, ultimamente, comecei a questionar tudo que sempre importou para mim. Estou em uma batalha constante para me convencer de que Israel realmente é o único lugar do mundo para mim. Por que estou encontrando constantemente aspectos da vida lá que vão contra o meu desejo sincero de voltar à terra dos meus ancestrais? Todos os meus professores, os líderes, todos que respeito e com quem busco conselhos me dizem que eu deveria ir, tentar mudar o que não gosto. Bem, estou indo e espero que consiga fazer alguma coisa.

---

29. O autor menciona o movimento juvenil do qual fez parte, o Young Judaea.

Cheguei em Israel em 29 de setembro de 1978 e fui para o Kibutz Barkai, onde ficava a sede do IFP e onde passaria os seis primeiros meses em um programa de treinamento.

15 DE OUTUBRO DE 1978
Feriado de Sucot,[30] *Kibutz Barkai*

Esta é minha primeira anotação desde que cheguei em Israel. No instante em que o avião pousou, soube que não teria problema nenhum em me ajustar, apesar do problema da assimilação a Israel, *klitá*, ser um pouco mais complexo do que imaginava. Também há um certo nível de ambiguidade no processo. Quero me assimilar ao mundo de Israel. Contudo, há certos elementos bastante específicos da minha identidade norte-americana que gostaria de manter. Quero ser israelense e me sentir israelense, mas, os 22 anos que passei na América sempre serão parte de quem sou. Os israelenses querem copiar tudo que vem dos EUA. Eu quero ser israelense.

Mal posso esperar para estudar hebraico e árabe. Percebi o quanto estava ansioso quando fui à Cidade Velha de Jerusalém na semana passada. Quero conseguir sentar à mesa e conversar com as pessoas no seu próprio idioma. Falar em hebraico com os palestinos da Cidade Velha me deixou desconfortável. Não quero mesmo fazer isso de novo. Me senti antipático. Vai ser ótimo quando puder conversar com eles em árabe.

7 DE NOVEMBRO DE 1978

Hoje comecei a pesquisar o Movimento Juvenil Pioneiro Árabe (MJP). Encontrei um panfletinho sobre ele nos arquivos da Givat Haviva.[31] O panfleto foi editado por Latif Dori,[32] um judeu iraquiano que, após emigrar do Iraque no início da década de 1950, adotou o partido político socialista Mapam, que o colocou para trabalhar no setor árabe. Uma das suas funções era trabalhar com o MJP. Aparente-

---

30. Também conhecido como *Festa dos Tabernáculos* ou *das Cabanas*. Relembra os quarenta anos de êxodo dos judeus no deserto após a saída do Egito, período em que o povo era nômade e vivia em cabanas temporárias. [N. E.]
31. Givat Haviva, próxima ao Kibutz Barkai, é o centro ideológico de seminários do movimento Kibutz Artzi/ Hashomer Hatzair, além de ser também um núcleo judaico-árabe com uma biblioteca dedicada à história dos árabes em Israel.
32. Em junho de 2009, viajei com Latif Dori para uma conferência da ONU na Indonésia.

mente, foi um movimento juvenil de verdade, montado da mesma forma que os seus equivalentes judaicos são organizados. Era considerado um movimento-irmão do Hashomer Hatzair e também era reconhecido oficialmente pela HaNoar HaOved v'HaLomed[33]. O Movimento Juvenil Pioneiro Árabe foi fundado em 1954:

Esses jovens pretendem liderar a luta da juventude árabe em Israel pela eliminação da administração militar,[34] *a modernização das vilas árabes e a remoção dos grilhões da estagnação econômica, a fundação de uma sociedade árabe progressista alicerçada em relações de irmandade e igualdade com os seus vizinhos judeus, o desenvolvimento do conceito de cooperação e a introdução do espírito pioneiro socialista à nova geração árabe.*

A citação vem do panfleto. Em 1957, o grupo tinha 700 membros.

Agora o meu trabalho é contatar alguns desses membros e tentar descobrir o que aconteceu com o movimento. [...] Depois de ler o panfleto, percebo que minha maior chance para conseguir alcançar meus objetivos seria trabalhar dentro da estrutura do movimento juvenil. Os movimentos juvenis são bastante conhecidos em Israel, então não teria que começar do zero. Naquele momento, meu receio era de que o MJP pudesse ter se tornado nacionalista demais e de que estivesse se transformando em um grupo como o al-Ard, que o governo veio a proibir.[35]

Posteriormente, descobri que o principal motivo para o fim do MJP era o fato de seus membros árabes terem sido bem-sucedidos demais na absorção dos valores e princípios do movimento juvenil socialista-sionista, o Hashomer Hatzair. Quando completaram o ensino médio e foram para a universidade ou para trabalhar no mundo, eles queriam se tornar membros de *kibutzim*. Na cabeça

---

33. Federação dos Jovens Estudantes e Trabalhadores
34. Ao final da Guerra de Independência de Israel, em 1948-1949, 156 mil árabes permaneceram no território sob o controle de Israel. Receberam cidadania israelense, mas por serem considerados membros da luta contra a existência de Israel, foram colocados sob governo militar até 1966.
35. Al-Ard, do árabe, literalmente "A terra", foi um movimento político palestino composto por cidadãos árabes de Israel, ativo entre 1958 e a década de 1970, que atraiu atenção internacional. Ver Ron Harris, *A Case Study in the Banning of Political Parties: The Pan-Arab Movement El-Ard and the Israeli Supreme Court* [Um estudo de caso na proibição de partidos políticos: o movimento pan-árabe El-Ard e a suprema corte israelense. Bepress Legal Series, 2004.

deles, isso correspondia à realização dos valores que eram ensinados. Os *kibutzim* relevantes, o movimento Kibutz Artzi/ Hashomer Hatzair, não tinham intenção nenhuma de ter membros árabes nas suas comunidades fechadas. Outros membros do movimento decidiram que tentariam estabelecer o seu próprio *kibutz*, para formandos e ativistas do movimento, mas logo descobriram que o governo israelense e a agência judaica não lhes ofereceriam terras ou qualquer outra forma de apoio para essa ideia. O movimento desmoronou sob o peso das próprias hipocrisias.

13 DE JUNHO DE 1979

Estou questionando a ideia toda das relações árabes judaicas. Seria possível envolver mais do que uma parcela mínima da população? O que significaria "romper com os estereótipos"? Morar em uma vila árabe é como morar em um país diferente. Acredito que a maior interação ajudaria, mas também acho que a interação seria forçada. Esta é a terra de dois povos e nenhum deles quer o outro por perto. Precisamos encontrar uma maneira de aceitar uma situação que ninguém quer. É incrível como essas comunidades árabes têm tantos problemas, os serviços que existem aqui nem se comparam com os das comunidades judaicas. [...] Creio que se houvesse uma equalização das prioridades do governo, esse seria o primeiro passo para uma reconciliação com os israelenses árabes. Obviamente, o problema fundamental é político. É aí que está o grande problema. Vai demorar muito, muito mesmo, até os judeus israelenses reconhecerem a necessidade de um Estado palestino independente ao lado de Israel. Creio que até isso acontecer, nunca teremos *shalom bait*, literalmente "paz em casa" — entre judeus e árabes em Israel. [...] O Estado palestino precisa nascer. Creio que é uma questão de vida ou morte para Israel. É incrível como a esquerda neste país é inútil. Deve haver mais almas racionais por aqui. Não entendo por que mais pessoas não enxergam o perigo de construir assentamentos na Cisjordânia. Como é que podemos nos enterrar constantemente na terra alheia? A Cisjordânia é parte da Terra de Israel, mas não deveria ser parte do Estado de Israel. É muito frustrante ir a um protesto contra os assentamentos e ver menos de mil pessoas lá. Onde estão os israelenses que se importam com o seu futuro? O governo Begin não deve ser famoso por saber quando agir: no instante em que as negociações sobre autonomia estão começando, a primeira coisa que fazem é desrespeitar a boa-fé e criar um novo assentamento. É um tapa na cara de Sadat, que está brigando com os outros Estados árabes por ter estabelecido paz com Israel.

2 DE OUTUBRO DE 1979

Um dia, antes do ano escolar começar, fui procurado por Ali A'lemi, o diretor da escola de ensino médio. As aulas iam começar e eles estavam sem um professor de inglês, então ele me pediu para ser substituto até encontrarem alguém. Respondi que sim, é claro. Não sou professor, não estudei pedagogia, não sei ensinar inglês e não conheço o currículo, mas acho que posso fazer um trabalho melhor do que outros e os alunos pelo menos os alunos vão ouvir inglês de verdade vindo de mim. Ali, o diretor é uma pessoa muito interessante. Ele é obviamente uma pessoa estudada e fala hebraico belissimamente. Na vila, chamam a família A'lemi de "beduínos". Perguntei a alguém há quanto tempo eles estavam morando em Kufr Qara, e a resposta foi mais de cem anos. Perguntei se ainda eram nômades, me responderam que não. O termo *beduíno* é histórico e, enquanto morarem na vila, continuará com eles para sempre. A família A'lemi também é ligada ao Likud. Isso eu tenho dificuldade para entender. Como árabes em Israel podem apoiar o partido Likud? Talvez seja por isso que obteve o cargo de diretor? Não sei.

A primeira semana foi esmagadora. Eu tinha que ensinar todas as aulas de inglês. A escola aqui em Kufr Qara é muito diferente das escolas em que estudei. As salas de aula não têm nada. Os recursos são péssimos. Só o básico: mesas, cadeiras, um quadro-negro velho, uma mesinha para o professor. Sem armários, sem ginásio. Sem refeitório. Sem uma biblioteca de verdade. Com certeza não é a escola onde estudei e com certeza não é como as escolas que existem no lado judaico de Israel. A realidade é chocante. Isso é o que há e é com isso que vou ter que lidar.

Os professores não parecem particularmente motivados. Seria de imaginar que consideram o ensino a sua missão, mas não tive essa impressão de ninguém com quem conversei. Todos os professores são homens, em geral jovens, na casa dos 30 e 40. Pelo que entendi, a educação é uma espécie de segunda opção. Não há muitos outros empregos de "colarinho branco". Se vai para a universidade, você provavelmente acaba virando professor. Eles não se tornaram professores por entenderem a importância da educação. Se tornaram professores porque não havia mais nada que poderiam fazer. Não é um fator particularmente forte em termos de motivação. Ainda não conheci nenhum professor da escola feliz em estar no trabalho. Todos dizem que Kufr Qara tem o maior percentual de pessoas com diploma universitário em todo o setor árabe. Isso gera um sentimento de orgulho, mas não leva a se orgulharem da profissão que estão exercendo.

As meninas são as melhores alunas. As turmas me disseram o que queriam estudar. Disseram que queriam tema de casa e queriam provas. Mas eles colam nas provas e questionam muito o professor. Outro dia aconteceu de de eu pegar alguém colando. Quis zerar a prova imediatamente, mas era a melhor aluna, uma menina. No instante que dei para trás, soube que havia cometido um erro. O nível de inglês é péssimo. De todos os alunos da 12ª série, acho que só oito vão passar no exame de matrícula no final do ano. Nas aulas vocacionais dos níveis inferiores, alguns alunos simplesmente não sabem ler ou escrever em inglês. Não sei o que fazer com todas as turmas. São enormes. As turmas da 11ª série têm cerca de 30 alunos, que é um número decente. As turmas da 12ª têm um pouco menos, mas as turmas vocacionais com os níveis mais baixos têm mais de 45 alunos. Os professores da escola os chamam de "rejeitados". Eles foram todos sendo agrupados com o passar dos anos. São um conjunto de fracassados e é assim que são tratados. A maioria só vai à escola por não ter mais nada a fazer.

Na minha experiência, ensinar a 12ª série é o mais difícil. Os alunos estão sob pressão extrema por causa do exame de matrícula no final do ano, o que dificulta muito o trabalho de ensiná-los. Não estão interessados em aprender, só querem passar na prova.

Ali, o diretor da escola me procurou e me pediu para aceitar um salário e simplesmente me tornar o professor de inglês. Rejeitei a proposta. Não é isso que vim fazer aqui. Disse também que não estava ali para roubar o emprego de um jovem profissional árabe. Eu não via problema algum em ser voluntário e ajudar até encontrarem um professor, o que pedi que fizessem o mais cedo possível.

A relação aluno-professor não está clara para mim. Os professores são figuras de autoridade, sem dúvida alguma, mas são chamados pelo primeiro nome. Todas as crianças chamam o professor de *Usthaz*, que significa professor, mas então adicionam seu prenome. "Usthaz Gershon", por exemplo. Há uma divisão delicada entre alunos e professores. Durante o intervalo, não se veem alunos e professores conversando. Na verdade, é interessante que, durante o intervalo o edifício é esvaziado. Os alunos são proibidos de ficar dentro do edifício. Todos vão para o campo ou para o estacionamento. Mais tarde, descobri que essa é uma das poucas oportunidades que os meninos e as meninas têm para conversar uns com os outros. Não são muitas. Eles usam os intervalos para trocar bilhetes, em geral pedindo para um parente do sexo oposto levá-lo para alguém que não seja parte da família.

A escola não tem professoras. Na verdade, a única funcionária mulher é a secretária. Tenho certeza que as alunas devem ter problemas por causa disso. Também significa que os meninos não veem mulheres em cargos de autoridade e como educadoras. As meninas são as melhores alunas, e foram também as primeiras a me convidar para visitar suas casas. Fui visitar a família de uma delas de noite na semana passada. Espero que não tenha sido escandaloso. Não ouvi nada de negativo, e várias outras meninas me convidaram para visitar as suas casas depois.

Todos os dias odeio a ideia de ir à escola. Mal posso esperar para isso acabar. Fico muito feliz em saber que vou poder escapar. [...] Em longo prazo, é uma boa experiência e vai ajudar o meu trabalho aqui, me trazendo experiência direta com a educação árabe, que está longe de ser dinâmica.

Tive uma experiência interessante com uma das turmas da 6ª série.[36] Estávamos lendo *My Dungeon Shook* [Meu calabouço estremeceu], de James Baldwin. Pedi aos alunos que escrevessem uma carta para um parente que não mora em Israel, descrevendo como era a sua vida no país. Mal pude acreditar no que recebi. Era como ler propaganda criada pelo ministério da Informação. Do jeito que falavam de Israel, você acharia que são todos fãs de Begin. Entendi imediatamente que estão condicionados a achar que todos os judeus que encontram ou que vêm à escola trabalham para o governo. Estavam escrevendo para estes funcionários, e deram a eles exatamente o que imaginaram que eles iam querer ler. Fiquei muito chateado e não entendi por que ainda suspeitavam que eu trabalhava para o governo. Fiquei muito chocado. Achei que havia começado a desenvolver confiança suficiente para que não suspeitassem mais que eu trabalhava para o governo. Pedi que todos escrevessem de novo. Dessa vez foram muito mais honestos sobre o seu sentimento de serem discriminados. Vários escreveram sobre as suas experiências ao encontrarem crianças judias. Durante uma visita a escolas judaicas, eles viram instalações muito mais modernas, com mais equipamentos. Ficaram muito impressionados com as escolas judaicas e irritados em ver que as suas eram diferentes. Também

---

36. Equivalente à 12ª série no sistema de ensino americano, citada pelo autor. [N. E.]

escreveram sobre receber crianças judias em suas casas e oferecer o tratamento de realeza que os árabes sabem muito bem dar. Escreveram que as crianças judias os receberam na escola e não os levaram para as suas casas. Eles ficaram obviamente insultados pelo tratamento que receberam. Foi muito interessante começar a aprender como, às vezes, mais contato pode criar mais problemas em vez de resolvê-los.

5 DE OUTUBRO DE 1979

Chegou o momento de fazer algumas reflexões gerais. Tenho muitas dúvidas sobre a viabilidade de reunir judeus e árabes. A resposta não é tão simples. Notei que, além de haver uma questão política a ser superada, que por si só parece impossível, temos também problemas culturais. Os árabes estão se ocidentalizando cada vez mais, mas pelos padrões ocidentais, que são os padrões israelenses, ainda são considerados bastante retrógrados. Isso será um obstáculo por, no mínimo, mais uma geração. Os judeus se consideram mais avançados e não estão dispostos a "andar para trás", como alguém me disse. A cultura árabe é rica e tem muito a oferecer, mas a vida na vila é tradicional e parece primitiva para a maioria dos observadores judeus.

Não sei qual dos dois problemas, político e cultural, é o mais difícil de superar. Quanto a mim, estou esperando o dia em que os israelenses estarão dispostos a lutar por direitos iguais para todos os cidadãos do Estado de Israel. As relações entre árabes e judeus não melhorarão significativamente até haver mais igualdade e até chegarmos a uma solução política. Os árabes em Israel sempre estarão sob a suspeita de se identificarem com o inimigo de Israel, o que fará com que continue a ser quase impossível receber o tratamento de cidadãos plenos. Muitos judeus também não verão os árabes como iguais, e assim será enquanto os árabes continuarem a se ocidentalizar. É o que muita gente me diz, incluindo os membros do Kibutz Barkai, que moram a poucos quilômetros de Kufr Qara.

Às vezes, acho que estou desperdiçando o meu tempo. Estou aprendendo muito e evoluindo com a experiência. Costumava dizer que o programa IFP me daria autoridade para expressar minhas opiniões na comunidade judaica-israelense. Não tenho certeza de que isso seja verdade. As pessoas vão me escutar porque o que tenho a dizer é interessante, mas não tenho certeza de que seguirão os meus conselhos.

O problema da radicalização entre os alunos é grave. Eles também são influenciados pela revolução iraniana, que intensificou o orgulho islâmico desde que o Xá deixou o Irã em janeiro de 1979. Cada vez mais, as meninas usam o véu, e é isso o que as pessoas na vila me dizem. O impacto do Irã se sente a milhares de quilômetros.

O problema da discriminação contra os árabes precisa ser enfrentado em nível nacional. A solução é resolver os problemas da discriminação legal. [...] O governo do Estado de Israel adota políticas discriminatórias desde que começou a existir. O que me incomoda nessa questão é que me tornei pessoalmente hipócrita. Acredito que o que ocorreu com a desapropriação de terras e a destruição das vilas seja errado, mas talvez tenha sido necessário quando aconteceu. Não quero voltar à situação anterior e sou contra qualquer desapropriação adicional. O que foi feito antes não pode se repetir. Hoje é um fato, e onde antes havia vilarejos, temos cidades, vilas grandes e pequenas, *kibutzim* e *moshavim*. Mas a política deveria ter sido descontinuada nos anos iniciais do Estado. Não é uma política que um Estado maduro pode ter no mundo moderno e se sentir ao mesmo tempo livre e contente, continuando a se declarar democrático. Para mim, é uma política vergonhosa. Ela me deixa com vergonha do meu país. Este é o meu lar e não vou aceitar que o seu nome seja manchado pelas próprias políticas idiotas.[37] Uma mudança está por vir. A OLP está mudando e Israel será forçada a conversar. A mudança política vai acontecer. Mas isso também vai demorar.

◊

Um dos meus principais objetivos quando entrei no IFP foi morar em uma vila árabe por dois anos e ganhar credibilidade aos olhos dos judeus israelenses. Sem isso, minha experiência em conversas sobre política com judeus israelenses era a de ser completamente ignorado, classificado de ingênuo e incapaz de entender os árabes ou o conflito. Mesmo no Kibutz Barkai, que recebia os membros do IFP e incluía muitas pessoas com forte

---

37. Durante esse período, o governo de Israel planejava desapropriar mais terras árabes na Galileia. Foi descoberto um plano de "judaização da Galileia" que incluía a construção de pequenos assentamentos judaicos nas colinas da região para impedir a expansão árabe. Ver Michael Omer-Man, *This Week in History: The 1976 Land Day Protests* [Essa semana na história: o protesto do Dia da Terra Palestina de 1976]. *Jerusalem Post*, 25 de março de 2012.

alinhamento ideológico. Em se tratando de Israel e da paz com os árabes, os membros do *kibutz* eram bastante cínicos em relação ao programa e às nossas boas intenções. Após seis meses no *kibutz*, nosso grupo foi para três vilas árabes diferentes. Eu me mudei para Kufr Qara, a poucos quilômetros de Barkai. Outro grupo foi para Arara, não muito longe de Kufr Qara, enquanto o terceiro se mudou para Tamra, no oeste da Galileia. Após um mês, os três grupos se reuniram em Barkai para meio dia de reuniões de trabalho. Em reconhecimento ao apoio do *kibutz*, nos oferecemos para trabalhar um turno por mês como voluntários antes das nossas reuniões. Após três meses na vila, estava trabalhando meu turno na fábrica de plásticos do *kibutz*. Às dez horas da manhã havia um intervalo para o café, geralmente de quinze minutos. Durante o intervalo, um dos veteranos do *kibutz* se virou para mim e perguntou:

— *Nu*, como são os *arabushim*?[38]

Então comecei a lhe contar sobre os vizinhos que haviam morado ao seu lado por 32 anos. Quando dei por mim, toda a equipe da fábrica estava parada ao meu lado, escutando. Alguém disse "vamos nos sentar", e eu passei os 45 minutos seguintes contando aos membros do *kibutz* como eram seus vizinhos árabes. Quando terminei e voltei ao trabalho, tive uma sensação incrível de sucesso. Eu havia cumprido meu objetivo principal, já que me tornava uma espécie de nova autoridade sobre o tema dos árabes em Israel.

Viajando por Israel naquela época, sempre ouvia as mesmas reações quando contava que estava morando em uma vila árabe.

— Você não tem medo?
— É seguro?

Eu explicava que minha casa não tinha nem tranca na porta, que ficava aberta vinte e quatro horas, e que nunca me sentia inseguro. Sempre convidava meus interlocutores a me visitar na vila. A maioria das pessoas me dizia que gostaria de ir co-

---

[38]. Termo pejorativo para árabes.

nhecê-la. Mas, de fato quase ninguém foi. Era evidente, mesmo no final da década de 1970, que o medo tinha um papel fundamental no entendimento — ou falta dele — entre os cidadãos judeus e árabes de Israel. Havia tão pouco contato, tantas percepções falsas, tão pouco conhecimento e experiência.

Naquela época, durante uma caminhada pela vila, era normal ouvir alguém no lado de fora de cada casa dizer *fdadel*, ou seja, "pode entrar", "seja bem-vindo". Quase sempre era mera cortesia, um traço da hospitalidade árabe. Nunca tive muita certeza de quanto as pessoas queriam que eu entrasse em suas casas. Mas, por ser estrangeiro e uma espécie de celebridade local, todos sabiam quem eu era, mas a recíproca não era verdadeira. Assim, se tinha tempo, eu aceitava o convite. Pela minha conta, visitei cerca de 500 casas durante os meus dois anos em Kufr Qara. As pessoas sempre ficavam curiosas de conversar comigo. Era ótimo, mas o problema é que elas não tinham paciência com o meu árabe capenga. O hebraico também era um idioma novo para mim, mas eu falava muito melhor do que o árabe. "Fale em hebraico, nós queremos entender você", elas diziam. Por causa disso, ironicamente, nos dois anos que morei entre os árabes, meu hebraico melhorou muito e mais rapidamente do que o meu árabe.

Em julho de 2013, fui ao Givat Haviva estudar árabe. Passei o mês do Ramadã no centro, ao lado da minha filha Elisha, que estava morando em Boston, primeiro completando o seu mestrado em Brandeis e depois trabalhando. Elisha foi para Israel para trabalhar em um documentário sobre as origens do conflito Israel-Palestina. Terminadas as filmagens, ela também tinha um mês de férias, que acabou sendo o mês do Ramadã. Então decidimos estudar juntos. Fazia anos que não passava tanto tempo com ela. Foi também a primeira vez que estudei árabe formalmente. As aulas iam de domingo a quinta-feira, das 9h às 14h30. Givat Haviva fica bastante próximo a Kufr Qara, então pareceu natural transformar o nosso programa de estudo de árabe em um programa de imersão total. Visitei Kufr Qara em busca de um lugar para alugar durante o Ramadã. Não tive sucesso. Liguei para várias pessoas e postei no Facebook que estava em busca de um lugar para ficar. Viajei até a vila em busca de uma casa para alugar e pedi a amigos que ficassem atentos a qualquer oportunidade que pudesse surgir. Havia casas para alugar, mas ninguém queria um contrato de apenas um mês. Por fim, recebi uma ligação de Hassan Abdel el Ghani. Eu não conhecia Hassan ou a sua família, mas ele ouviu falar que eu estava procurando um lugar, então convidou Elisha e eu para nos hospedarmos com a sua família. Sem outra opção, decidi que ficaríamos alguns dias com eles até conseguirmos alugar uma casa.

A hospitalidade maravilhosa da família Abdel el Ghani foi impossível de rejeitar. Eles também se recusaram a nos deixar ir embora. Elisha teve dificuldade para entender a grande generosidade da sua hospitalidade. Era Ramadã, quase toda a família estava em jejum. Fomos convidados para participar com a família do desjejum, o *iftar*, todas as noites. Eles queriam que levássemos a comida deles para almoçar no Givat Haviva. Não aceitamos, preferimos comprar frutas e legumes no mercado local preparar saladas para o almoço. Depois da aula, costumávamos ir a um café ou restaurante para estudar algumas horas. Também passávamos as tardes passeando pela região.

Voltemos agora à hospitalidade árabe. Também confrontei essa questão quando morei em Kufr Qara de 1979 a 1981. Até vivenciá-la em primeira mão, é difícil até descrever a generosidade. Fiquei constrangido diversas vezes, pois sabia que a família não tinha muito dinheiro, embora isso nunca tenha sido dito quando recebiam visitas. A família discretamente mandava um dos filhos para o mercadinho comprar refrigerantes e outras coisas para a mesa. Sempre me sentia mal, pois não tinha vontade de tomar aquelas bebidas adocicadas, mas virava o copo ainda assim por saber muito bem o que tudo aquilo representava. Demorei muito para aprender o truque de como evitar um excesso de hospitalidade. E, sim, alguns truques podem ser oportunos, e empregados sem que ninguém se ofenda.

Demorei muito para entender a hospitalidade árabe. É difícil de compreender: por que estão gastando tanto tempo e dinheiro? Por que estão demonstrando tanta generosidade? É um tratamento desproporcional, quando provavelmente não chegaríamos aos pés se tentássemos oferecer a mesma hospitalidade. Mas então tive uma epifania: tudo está relacionado à noção de *honra*, um valor fundamental nas culturas tradicionais do Oriente Médio. Na sociedade ocidental, a honra está em ser o convidado. Na sociedade árabe, em ser o anfitrião. Você é honrado e demonstra a sua honra ao receber da melhor maneira possível o convidado. Não só o conceito é estranho ao Ocidente: a relação com a *honra*, especialmente a *honra pessoal*, é completamente diferente entre os ocidentais e a sociedade árabe. A honra está no cerne da existência. A honra do indivíduo representa a honra da família, de todos os seus membros, especialmente as mulheres e, acima de tudo, dos mais velhos. A honra coletiva da família é representada pela honra da tribo ou do clã. O conceito se estende do local para o nacional, de modo que o conceito de honra nacional se torna um elemento fundamental do conflito árabe-israelense. Todo esse conjunto pode ser destilado em um conceito igualmente acessível para ocidentais e orientais: a dignidade. A dignidade árabe é expressada, entre outros modos, pela sua hospitalidade. O termo árabe para "estender hospitalidade" é *yehtarem*, que significa *honrar*.

Conheço muitas e muitas histórias sobre palestinos israelenses que receberam judeus israelenses nas suas casas e demonstraram toda a generosidade da hospitalidade árabe. De anfitriões árabes, ouvi como se sentiram insultados quando seus hóspedes judeus os convidaram para visitá-los e então os levaram a um restaurante, em vez de recebê-los em casa. O lado judeu, obviamente, achava que estava demonstrando respeito e generosidade ao levar os convidados para jantar fora, sequer percebendo que isso poderia ser interpretado como um insulto. Ouvi isso de vários jovens palestinos israelenses que participaram de encontros com judeus israelenses dentro do sistema escolar. A primeira visita normalmente acontece na cidade ou vila árabe e quase sempre inclui uma visita à casa da família, geralmente para o almoço. Na visita recíproca, as crianças costumam almoçar juntas na escola, e é quando acontece de os estudantes árabes se sentirem insultados.

— Por que não nos levaram para casa assim como nós os levamos para a nossa? — questionam.

Ter sido um hóspede constante de famílias árabes também me ajudou a entender como expressar aos meus anfitriões que a hospitalidade que ofereciam era suficiente, impedindo-os de exagerarem na gentileza. O primeiro casamento árabe para o qual fui convidado em Kufr Qara foi também a minha primeira experiência de aprendizagem nesse sentido. Na minha casa, crescendo na minha sociedade, sempre me mandaram "limpar o prato", em outras palavras, expressar, com isso, o quanto havia gostado de uma boa refeição. Coma a comida toda que estiver no prato. Em Kufr Qara, na época em que morava lá, a maioria dos casamentos ocorria em casa. Era uma festa da vizinhança, com toda a família recrutada para preparar, cozinhar e servir. As cerimônias de casamento se estendiam por vários dias. Um dos elementos era uma refeição geral para a qual toda a vila era convidada. As mulheres da família passavam dias preparando e cozinhando, e metade da vila aparecia. As mesas eram montadas como em um quartel: pratos de comida eram distribuídos, consumidos, lavados e servidos novamente. Sentei-me após cumprimentar e parabenizar a família. Um prato com arroz, carne e salada foi colocado à minha frente. Na mesa, havia um prato com pão pita recém saído do forno. O único talher que cada um recebia era uma colher. A comida era excelente, então comi tudo. Em um piscar de olhos, outro prato cheio foi colocado imediatamente na minha frente. Fiquei com vergonha, mas tinha que comê-lo também. Foi então que descobri que em tempo se deixa sempre um pouquinho de comida no prato. Se comer tudo, vai simplesmente ter que enfrentar outro prato cheio. Quando alguém oferece mais comida, o que acontece mesmo quando sobra um pouco no prato, aprendi que é preciso olhar a pessoa nos olhos e dizer *Alhamdulillah*, o que significa "graças a Deus". Com isso, a pessoa sabe que você está satisfeito e não quer mais.

À medida que me aproximei de algumas famílias, fui ficando menos formal e comecei a cruzar alguns limites, especialmente aqueles que existem quando um árabe israelense recebe um judeu israelense. Quando morava na vila, desenvolvi um código para determinar se a família estava sendo sincera em querer me receber. Naquela época, todas as casas árabes de Israel tinham uma sala de estar no estilo ocidental, com cadeiras e poltronas pesadas. No início, era sempre onde me levavam. Eu chamava aquele espaço de "sala de estar para os judeus". Dava para ver que a sala não era muito usada, mas todas as famílias tinham uma. Normalmente, era uma sala escura, e a família abria as janelas e cortinas para deixar o ar fresco entrar. Depois, me davam um copo de refrigerante e serviam nozes, bolos, frutas ou mais. E a visita sempre terminava com o café, às vezes acompanhado de chá.

As casas, logo descobri, também tinham um *diwan* no estilo oriental, com tapetes de palha no chão, colchões nas paredes e travesseiros entre os assentos. As pessoas ficavam descalças antes de entrar no *diwan*. As famílias foram ficando mais à vontade comigo, então passei a ser levado diretamente para o *diwan*, não para a sala de estar ocidental. O *diwan* é também onde os homens e as mulheres se sentam juntos, assim como as crianças. Na sala ocidental, eu normalmente ficava apenas com os homens, enquanto as mulheres e as crianças nos serviam.

À medida que fui ficando mais à vontade com algumas famílias, ou elas comigo, passei a ser levado ao recinto mais sagrado: a cozinha. Era o melhor lugar da casa. Era também onde podia me sentar com as mulheres e ouvir suas histórias. Eu também me oferecia para ajudar com a comida, o que sempre as divertia. Eu contava que tinha trabalhado como cozinheiro quando era estudante e que, por ser um de três filhos homens em uma casa sem meninas, minha mãe insistia que todos aprendêssemos a cozinhar e a cuidar da casa. "Não vou ser a criada dos homens da casa", minha mãe dizia. Ela estava certa, e eu sempre soube valorizar a sua sabedoria.

Enquanto morava em Kufr Qara, uma das minhas amigas e colegas na vila, uma professora chamada Wahiba Massarwi, se casou com um primo que morava no campo de refugiados de Askar, próximo à cidade de Nablus, na Cisjordânia. Como falava hebraico, ela conseguiu um emprego em uma agência do Bank Leumi, um banco israelense. Ela continuou no emprego até o banco ser incendiado no início de 1988, durante a Primeira Intifada. O seu marido tinha uma pequena butique feminina no centro da cidade. Fiz uma visita e passei um final de semana com eles em 1980. Foi a primeira vez que entrei em um campo de refugiados, uma experiência esclarecedora.

À noite, fomos ao único cinema de Nablus. Pegamos um táxi da sua casa no campo de refugiados até a butique no centro de Nablus. Após o sol se pôr, havia um toque de recolher. Ainda assim, um dos serviços de táxi funcionava mesmo após o toque de recolher. Todos os motoristas pareciam conhecer muito bem as rotas das patrulhas do exército israelense e quando seria seguro dirigir. Eles dirigiam no escuro, com os faróis apagados. Quando chegamos ao centro de Nablus, foi preciso nos esconder na butique com as luzes apagadas, agachados no chão junto à vitrine, até as patrulhas israelenses passarem. Todos sabiam exatamente o horário das patrulhas. Depois, fomos correndo da loja até o cinema. A fachada do cinema estava apagada, assim como o saguão. Os ingressos eram vendidos no lado de dentro. Não lembro que filme estava passando. Acho que a experiência toda me deixou em choque. O filme foi o detalhe menos importante. Depois que o filme terminou, fizemos tudo de novo, mas ao contrário. Lembro de pensar que a vida deles era absurda e assustadora. Se fôssemos pegos pela patrulha, seríamos presos e passaríamos a noite em uma prisão israelense na cidade ocupada de Nablus. Por ser israelense, seria um problema trivial para mim. Meus anfitriões, por serem palestinos, teriam um problema grave, especialmente se fossem reincidentes. Lembro de pensar: espero que não estejam correndo todo esse risco só por minha causa. Mas, ao que parece, não estavam. Era algo que faziam de tempos em tempos.

Quando voltei a Kufr Qara com a minha filha no verão de 2013, tive a oportunidade de visitar mais casas, especialmente da geração mais jovem. O desenvolvimento de Kufr Qara naqueles trinta anos foi incrível. Hoje, é uma cidadezinha de verdade, sem a atmosfera de vila, onde todos se conhecem. Ainda há muito mais familiaridade entre amigos e vizinhos do que na maioria das cidades ocidentais, mesmo em Israel. Quando você menciona o nome de alguém para outro *qarawi*,[39] eles geralmente sabem ligar a pessoa a um ancestral e descobrir de quem estamos falando. Encontrar qualquer um é fácil, pois todos sabem mais ou menos onde todo mundo mora. Fui visitar Ali A'lemi, há muito aposentado do cargo de diretor da escola onde lecionei. Ele havia se mudado para uma casa nova vários anos antes e eu só sabia como chegar à sua casa antiga. Sem problemas. Todos sabiam onde ele morava, então um dos meus amigos me levou para visitá-lo. Não era preciso marcar horário. Ele abriu a porta e me recebeu com um sorriso maravilhoso. Ele estava sozinho em casa com a esposa. Imediatamente surgiram o café, os doces, uma tigela de frutas e muita conversa.

Já faz quase 70 anos desde que o Estado de Israel nasceu, com uma minoria considerável de árabes que se tornaram cidadãos do país. Está além da minha capacidade aceitar que, após todos esses anos, ainda haja discriminação contra os cidadãos árabes palestinos de Israel. Não é possível explicar a discriminação como se fazia trinta anos atrás, destacando as enormes diferenças que existiam quando o país foi fundado, sugerindo que são problemas que demoramos para sanar. Israel não é mais um país pobre e subdesenvolvido. Israel é um líder global em tecnologia, medicina, agricultura, comunicação e muito mais. No nível macro, Israel é um país rico. Não há como desculpar a discriminação contra mais de 20% dos seus cidadãos com base na sua etnia ou religião. A discriminação

---

39. Como são chamados os moradores de Kufr Qara.

deveria ser uma ideia antiquada. No lugar dela, deveríamos estar falando sobre "parcerias" ou sobre a ideia compartilhada de propriedade, sobre pertencer ao país em todos os sentidos da palavra.

Talvez não seja possível eliminar todas as formas de discriminação enquanto os cidadãos palestinos de Israel continuarem sempre suspeitos de serem mais leais ao próprio povo, aos palestinos, do que ao seu Estado. Enquanto Israel não estiver em paz com os palestinos e os palestinos seguirem sendo um povo sem Estado, os cidadãos palestinos de Israel sempre sentirão hostilidade em relação ao Estado, e este sempre verá neles uma possível quinta coluna. Ainda assim, é preciso que o governo tome uma decisão, apoiada por todos, e elimine todas as formas de discriminação jurídica e institucional em, no mínimo, cinco anos. É possível. A igualdade para todos os cidadãos foi incluída nos estatutos de praticamente todos os governos de Israel desde 1948, mas a declaração de princípios nunca foi totalmente implementada nas políticas que eliminariam a discriminação. Não é por acaso que dezessete dos vinte municípios mais pobres de Israel são comunidades palestino-israelenses. A maior parte da receita transferida para os governos locais vem de propriedades comerciais e industriais, mas não há uma única zona industrial localizada em um município palestino-israelense. Muitos dos trabalhadores das diversas zonas industriais de Israel são palestino-israelenses, mas, para trabalhar, precisam se deslocar para as cidades judias, onde as propriedades são tributadas e as receitas beneficiam os moradores judeus.

Uma análise rápida do orçamento de Israel comprova, em todos os setores, a alocação desigual de recursos entre judeus e árabes no país. Isto não se pode desculpar e nem continuar assim. Há até a necessidade de adotar a discriminação reversa em algumas áreas específicas, tais como a educação. Faltam assistentes sociais, clínicas de saúde e outros serviços sociais no setor árabe. O número de cidadãos israelenses na prisão oriundos do setor árabe é desproporcional à população do país. A lista de exemplos de discriminação não para. A Adala, uma ONG palestino-israelense, detalhou a lista formal de discriminações entre árabes e judeus em

Israel.[40] Deve ser objetivo de todos os governos israelenses reduzir esta lista de ano em ano até que ela deixe de existir. Em 2016, o governo israelense decidiu, mais uma vez, alocar grandes quantias ao setor árabe para resolver essas diferenças. É uma excelente decisão, mas a prova está na implementação. O tempo dirá.

A questão da parceria, de compartilhar o sentimento de propriedade em relação ao país, é muito mais complexo e muito mais importante. A questão é como Israel pode continuar a ser o Estado-nação do povo judeu e ser também um Estado totalmente democrático. É uma pauta urgente para o país desde a sua fundação. Como outros Estados-nação do mundo que têm minorias significativas e são Estados democráticos liberais bem-sucedidos, com igualdade plena para todos os seus cidadãos, a Israel, em princípio, isto também deveria ser possível para Israel. Contudo, diversos fatores complicam a situação. Além de parte de um povo, de uma nação, ser judeu também é uma religião, e converter-se não é simplesmente uma questão de adotar uma nova cidadania. Dito isso, a definição básica do que é Israel precisa mudar para poder acomodar todos os seus cidadãos. Não basta apenas afirmar que Israel é o Estado-nação democrático do povo judeu. Será preciso alterar essa declaração de forma que Israel seja o Estado-nação do povo judeu *e* de todos os seus cidadãos. Como Israel pode ser menos parte da identidade de Muhammad, nascido em Israel, do que é da minha, e ser capaz de traçar centenas de anos da sua árvore genealógica na mesma região que imigrei em 1978? Não pode e, para que Israel seja um Estado democrático de fato, não deve. Também é preciso reconhecer a natureza especial do Estado de Israel enquanto Estado-nação do povo judeu, baseado no princípio da autodeterminação — o mesmo princípio ao qual o povo palestino recorre para ter o seu próprio Estado-nação.

---

40. O documento *Discriminatory Laws in Israel*, [Leis discriminatórias em Israel], elaborado pela Adala —— Centro para o Direito das Minorias Árabes em Israel, está disponível *online* [em inglês].

É difícil de entender essa ideia, especialmente para os gentios, pois ser judeu é complexo. A maior dificuldade está em aceitar o fato de que o judaísmo é mais do que uma religião. Quando tento ajudar alguém a entender as complexidades da identidade judaica, uso a mim mesmo de exemplo. Conto que sou ateu, um judeu secular, mas ainda bastante judeu. Isso absolutamente confunde algumas pessoas, mas também questiona o seu entendimento do que significa ser judeu e o que significa ter um Estado-nação do povo judeu. Muita gente diz que Israel é um Estado judeu. Eu não. O famoso livro *Der Juden Staat*, de Theodor Herzl, foi traduzido incorretamente como *O Estado judeu*, quando, na verdade, Herzl escreveu *O Estado dos judeus*. Há uma diferença enorme entre as duas ideias.

A segunda dificuldade é o fato de Israel negar ao povo palestino o direito de autodeterminação e continuar a ocupar as suas terras.[41] É possível que a minha proposta não seja viável até que haja um Estado palestino capaz de existir em paz ao lado de Israel. Até então, os cidadãos palestinos serão sempre suspeitos, e a legitimidade de Israel será questionada na batalha diplomática internacional travada contra o país por causa da ocupação.

A tendência em Israel, cuja população tem demonstrado cada vez mais os comportamentos reacionários de direita típicos de um país sob ataque, é se afastar da democracia e igualdade para todos os seus cidadãos. Os projetos de lei propostos incluem o desejo de fortalecer os aspectos judaicos da identidade de Israel, em confronto direto com a sua natureza democrática, o que afastaria o país ainda mais do trabalho de enfrentar o desafio que apresentei acima. O clima antiárabe crescente no país provavelmente continuará à medida que Israel enfrenta mais boicotes e ameaças de sanções por continuar a construção de assentamentos nos territórios ocupados e pela sua incapacidade de apoiar

---

41. A Cisjordânia, Jerusalém oriental e Gaza ainda estão sob controle indireto de Israel, enquanto a Judeia e a Samaria também são parte da Terra de Israel e da herança do povo judeu.

os esforços diplomáticos internacionais para resolver o conflito Israel-Palestina. A onda de violência que teve início em outubro de 2015 aumentou o medo, a hostilidade e o ódio entre os cidadãos judeus e palestino-árabes de Israel.

Se fosse possível engajar os cidadãos palestino-israelenses mais direta e ativamente no processo de paz como povo palestino, ao mesmo tempo que reafirmassem a sua lealdade à sua cidadania, o resultado seria muito útil para eliminar a discriminação e confrontar a questão da parceria. Isso realizaria o sonho de muitos membros da comunidade palestino-israelense, que falam há anos sobre ser uma "ponte para a paz" entre Israel e o mundo árabe. Isso ainda não foi possível, em grande parte porque estes são vistos com suspeita pela liderança israelense e pela palestina. Em vez de ser uma ponte para a paz, a comunidade palestino-israelense é deixada de fora das negociações, e o discurso sobre a paz não os incluiu — com algumas exceções, como Ahmad Tibi, membro do Knesset, o parlamento israelense, que atuou como assessor do presidente palestino Yasser Arafat, ainda que não especificamente como "construtor de pontes". Os israelenses palestinos são marginalizados tanto em Israel quanto na Palestina, o que dificulta, ou até impossibilita, que assumam um papel mais ativo no processo de paz.

A criação da Lista Árabe Unida nas eleições de março de 2015 pode ser um passo na direção certa. Ayman Ouda, membro do Knesset e líder da lista, causou uma impressão significativamente positiva no público judeu com o seu estilo moderado e discreto nos debates televisivos. Se os membros árabes tivessem um papel político mais eficaz no Knesset, isso poderia ajudá-los a ter mais sucesso nas possibilidades de construir a paz entre Israel e a Palestina. Esse aspecto não recebeu esforços suficientes nos últimos 20 anos do processo de paz e, já que quase tudo mais deu errado, talvez este seja o momento de analisar como a população palestino-israelense poderia ajudar a fazer com que Israel e os palestinos aprendam a aceitar uns aos outros.

Um dos principais desafios nesse sentido pode ser a rejeição da solução de dois Estados por um número crescente de israelenses palestinos, especialmente entre a geração mais jovem. A nova geração de israelenses palestinos não enxerga como a solução de dois Estados atenderia os seus interesses diretos. Um número cada vez maior de jovens israelenses palestinos fala sobre uma solução de um Estado ou então sobre uma solução de dois Estados na qual os territórios ocupados se transformam em um Estado palestino e Israel se torna um Estado para todos os seus cidadãos, não um Estado-nação judeu. A situação nasce da incapacidade do Estado de Israel de se tornar um Estado com o qual os seus cidadãos palestinos conseguem se identificar. Ao mesmo tempo, é evidente para a maioria dos israelenses palestinos que Israel é um dos melhores lugares para ser árabe em toda a região. Apesar de toda a instabilidade e os riscos ao redor de Israel no mundo árabe da atualidade, o país é uma ilha de estabilidade e segurança. E apesar de haver discriminação em comparação com os judeus israelenses, os israelenses palestinos têm acesso a muito mais dos privilégios de se viver em um Estado democrático do que muitos outros árabes no resto do mundo árabe. Contudo, esse fato não ajuda a aliviar a sensação de estarem alienados do seu Estado e da sensação esmagadora de que o seu próprio Estado preferiria que todos desaparecessem, ou pelo menos que se sentassem no cantinho e calassem a boca.

Reuven "Rubi" Rivlin, que antes de se tornar presidente de Israel era considerado um ultradireitista com relação à questão palestina, não aceita a solução de dois Estados e rejeita a partilha da Terra de Israel. No seu apoio a uma solução de um Estado, Rivlin fala sobre a democracia e a igualdade verdadeiras naquele Estado único. Mas o grande problema é que ele conceitualiza esse Estado único como o Estado-nação do povo judeu e exige que os palestinos aceitem essa definição.

Mais recentemente, ele tem expressado novas ideias, e por ocupar o cargo de presidente, essas ideias estão sendo escutadas no país e ao redor do mundo. Ele está questionando o discurso dominante, quanto a isso não há dúvidas. Na conferência de 7 de junho de 2015, em Herzliya, o presidente Rivlin apresentou o seu profundo entendimento sobre as divisões e os abismos verticais que se abriram na alma de Israel. Recomendo muito a leitura do texto completo do seu discurso, que é um grande desafio para o leitor. As passagens a seguir representam apenas alguns dos elementos mais importantes que ele discute:

Em Israel, temos uma palavra que foi transformada em arma há muitos anos, *demografia*. Em geral, a palavra é utilizada quando alguém quer validar uma determinada reivindicação. Contudo, os bons entendedores sabem que o termo quase sempre é apenas uma forma superficialmente bem-educada de descrever este ou aquele grupo populacional como uma "ameaça" ou um "perigo". [...] Desenvolvi uma ojeriza profunda a este conceito. (....) Na década de 1990, a sociedade israelense era composta de uma maioria clara e firme, ao lado de grupos minoritários: uma grande maioria sionista secular, lado a lado com três grupos minoritários: uma minoria religiosa nacional, uma minoria árabe e uma minoria *haredi*[42]. Esse padrão ainda está congelado nas mentes de boa parte do público israelense, na imprensa e no sistema político. Enquanto isso, a realidade se alterou totalmente.

Hoje, as turmas de primeiro ano consistem em cerca de 38% de judeus seculares, cerca de 15% de religiosos nacionais, cerca de um quarto de árabes e quase um quarto de *haredim*. [...] A realidade é que a sociedade israelense é composta de quatro setores populacionais ou, se preferirem, quatro "tribos" principais, basicamente diferentes umas das outras, que estão convergindo em termos de tamanho. Por bem ou por mal, a composição das "partes interessadas" da sociedade israelense e do Estado de Israel está mudando a olhos vistos. [...] Essa divisão grave no interior da sociedade israelense se expressa principalmente na distribuição entre os diferentes sistemas educacionais independentes. [...]

Uma criança de Beth El,[43] uma criança de Rahat,[44] uma criança de Herzliya[45] e uma criança de Beitar Ilit[46] nunca se encontram e, pior ainda, são educadas para terem perspectivas completamente diferentes

---

42. Judeus ultraortodoxos
43. Um assentamento religioso judaico na Cisjordânia.
44. Uma cidade beduína em Israel.
45. Uma cidade grande, litorânea e secular de classe alta.
46. Um assentamento ultraortodoxo na Cisjordânia.

em relação aos valores básicos e à natureza que desejam para o Estado de Israel. Será um Estado secular e liberal, judeu e democrático? Será um Estado baseado no direito religioso judaico? Ou um Estado democrático religioso? Será um Estado de todos os seus cidadãos, de todos os seus grupos étnicos nacionais? De tribo em tribo, em tribo, em tribo...

Em Israel, a política se baseia em grande parte em um jogo intertribal de soma zero. Uma tribo, os árabes, por opção própria ou não, não são um parceiro de verdade no jogo. As outras três parecem absortas em uma luta pela sobrevivência, uma batalha por orçamentos e recursos para educação, moradia ou infraestrutura, todas em nome do próprio setor. Na "nova ordem israelense", na qual cada setor vê a si mesmo como uma minoria, essa dinâmica será infinitamente mais destrutiva. [...] Precisamos nos perguntar honestamente o que todos esses setores populacionais têm de comum. Temos uma linguagem civil em comum, um *ethos* compartilhado? Temos um denominador comum de valores com a capacidade de ligar todos esses setores no Estado judeu e democrático de Israel? [...]

A *nova ordem israelense* exige que abandonemos a visão de mundo tradicional de maiorias e minorias, e que aceitemos um novo conceito de parceria entre os diversos setores populacionais da nossa sociedade. Esclarecer a essência dessa parceria é a missão de toda a sociedade israelense. [...] Creio que há [...] pilares sobre os quais essa parceria deve se sustentar. O primeiro é uma sensação de segurança em cada setor, e entrar nessa parceria não exige abrir mão de elementos básicos da sua identidade. [...] A sensação de segurança de que minha identidade básica não está ameaçada é pré-requisito fundamental para a capacidade de que todos nós possamos estender as mãos uns para os outros. [...] O segundo pilar é a responsabilidade compartilhada. [...] Nenhuma tribo está isenta de propor soluções para lidar com o desafio de defender a segurança do Estado, de enfrentar desafios econômicos ou de preservar o *status* internacional de Israel enquanto membro da família das nações. A parceria exige responsabilidade. [...]

Para garantir a parceria entre nós, devemos garantir que nenhum cidadão seja vítima de discriminação ou seja favorecido simplesmente por pertencer a um setor específico. [...] Para estabelecer uma base forte na parceria, precisaremos garantir um "sonho israelense" em que todos os jovens sejam reconhecidos com base em seus talentos, e não de acordo com origens étnicas ou sociais. [...]

Apesar dos desafios representados pela *nova ordem israelense*, precisamos reconhecer que não estamos sendo punidos pelo mosaico israelense em desenvolvimento. Pelo contrário, tem significado uma oportunidade de inspiração, de humanidade e pluralidade cultural, e de muita sensibilidade. Não podemos permitir que a *nova ordem israelense* nos force a aceitar o sectarismo e a separação. Não podemos abrir mão do conceito de *israelidade*, mas sim abrir os portões e expandir o idioma.

Mohammed Bakri, um líder dos cidadãos palestinos de Israel, ex-diretor do Partido Comunista de Israel e membro de longa data do Knesset, publicou uma resposta a Rivlin no jornal *Haaretz* em 11 de junho de 2015:

Caro sr. Rubi Rivlin, presidente de Israel,

Li o seu discurso e fiquei comovido com a sua sinceridade e a sua coragem. Eu, Mohammed Bakri, cidadão da *tribo árabe-palestina*, estou preparado para ser um parceiro pleno na construção do novo sonho israelense, caso meu sonho se concretize. Sonho com um Estado de todos os seus cidadãos, no qual todos são iguais, mesmo que suas identidades nacionais e culturais sejam diferentes. Sonho com uma paz genuína e com justiça entre nossos dois povos, o israelense e o palestino. Acredito que a paz que todos queremos não nascerá sem que ambos os lados façam concessões. Também acredito que essa paz não pode vir de fora. Ela sairá de nós, aqui mesmo, israelenses e palestinos, se acreditarmos realmente não que estamos destinados a viver juntos, mas que queremos viver juntos.

Quero viver ao seu lado, também quero que meus irmãos possam viver com você, meus irmãos que há 67 anos são refugiados pelo mundo, sem direitos e sem lar. Se permitir que meus irmãos tenham um lar, serei seu parceiro pleno. Se der aos meus irmãos o direito de retorno, como dá aos seus, então vou amá-lo e protegê-lo de todos os males. Se acabar com a ocupação e remover todas as barreiras e reconhecer o direito de todos os palestinos a um Estado independente, livre e democrático, vou amá-lo e protegê-lo de todos os males. Se aprender o meu idioma e me escrever em árabe, como te escrevo para em hebraico, você perderá o medo que tem de mim e me amará como eu te amo. Se sonhar como eu, sonharei como você. Se seguir a lei de "amar seu vizinho assim como ama a si mesmo", serei o seu vizinho. Se você acredita que é como eu, e não melhor do que eu, viverei contigo por toda a eternidade. Se reconhecer a sua parte na minha tragédia e pedir perdão, vou lhe perdoar, estender minha mão e te acolher. Vou lhe reconhecer. Reconheça-me. Se tudo isso acontecer, você será meu irmão. Seu sangue será o meu sangue.

O presidente Rivlin e Mohammed Bakri representam um dos principais desafios que o Estado de Israel precisa enfrentar, um desafio que deve ser aceito por todos os membros da tribo dos sionistas liberais que buscam a paz, incluindo eu mesmo. Será ao enfrentar e superar esse desafio que o Estado de Israel crescerá ou cairá, brilhará ou se apagará. E foi neste desafio que me encontrei na vida. Foi através do meu amor por Israel e pela determinação de torná-lo meu lar que dediquei minha existência à inevitabilidade de avançar na busca pela paz.

Trabalhando para o governo israelense

Depois de dois anos morando e trabalhando em Kufr Qara, onde desenvolvi um programa de liderança para jovens do ensino médio e dei os primeiros passos na fundação do que veio a ser o centro comunitário, cheguei à conclusão que o trabalho de melhorar as relações entre árabes e judeus em Israel precisaria acontecer na esfera governamental. O Estado de Israel precisaria se responsabilizar pelo projeto. Do meu ponto de vista, diversas organizações não governamentais estavam trabalhando em prol da coexistência pacífica entre os cidadãos árabes e judeus de Israel, mas o Estado em si não se esforçava muito para promover o entendimento entre eles. Em 1980, enquanto morava na vila, recebemos a visita de uma delegação de funcionários do Condado de Los Angeles. Um membro da delegação, que trabalhava com a melhoria das relações entre os grupos étnicos da cidade, me disse que, na época, o condado empregava cento e 67 pessoas que estabeleciam alguma relação entre grupos étnicos. Isto me levou a conduzir uma pequena pesquisa sobre quantas pessoas o governo de Israel empregava para a melhoria das relações entre israelenses árabes e judeus. O resultado foi fantástico, mas não uma grande surpresa: zero! Não havia um único membro de todo o funcionalismo público de Israel responsável pela melhoria das relações entre árabes e judeus no país.

Escrevi imediatamente uma proposta querendo um novo cargo para mim mesmo, em que eu fosse encarregado de promover entendimento entre cidadãos árabes e judeus de Israel. Então eu a enviei ao primeiro-ministro Menachem Begin, e fiz questão de citar a Declaração de Independência de Israel:

O Estado de Israel será aberto para imigração judaica e para o recebimento de exilados. Patrocinará o desenvolvimento do país para o benefício de todos os seus habitantes, se baseará na liberdade, na justiça e na paz, como imaginaram os profetas de Israel. Garantirá igualdade completa de direitos sociais e políticas para todos os seus habitantes, independente de religião, raça ou sexo; garantirá a liberdade de religião, consciência, língua, educação e cultura; protegerá os lugares sagrados de todas as religiões; e será fiel aos princípios da carta das Nações Unidas.

Também citei Zeev Jabotinsky, mentor de Begin, em seu ensaio famoso intitulado *A muralha de ferro*:

Considero absolutamente impossível expulsar os árabes da Palestina. Sempre haverá duas nações na Palestina, o que me serve, desde que os judeus se tornem a maioria. E, em segundo lugar, pertenço ao grupo que criou o programa de Helsingfors, o programa dos direitos nacionais para todas os nacionalistas que vivem no mesmo Estado. Durante a elaboração daquele programa, não tínhamos em mente apenas os judeus. Estávamos pensando em todas as nações, em todo o mundo, e ele se baseava na igualdade de direitos. Estou preparado para jurar em nosso nome e dos nossos descendentes que nunca faremos nada contrário ao princípio dos direitos iguais e que nunca tentaremos expulsar ninguém. Para mim, parece um credo relativamente pacífico.

Minha proposta gerou interesse. Recebi respostas positivas de diversos membros do governo e me reuni com alguns membros do Knesset que também tinham uma atitude favorável, mas ninguém quis firmar um compromisso comigo em relação ao cargo. Foram necessários quatorze meses de *lobby* intenso para convencer o governo de Israel a me contratar. Minha proposta era convincente e instigante, mas o maior problema que encontrei foi que, devido à situação econômica do país, o governo havia decidido suspender novas contratações. Não se podia criar novos empregos públicos. O governo se interessava pela minha proposta, mas não poderia criar o cargo que eu propunha, simplesmente porque não poderia me contratar. A solução veio de Mohammed Watad, membro do Knesset pelo Mapam, um partido socialista de esquerda nascido do movimento Hashomer Hatzair. Watad fora um dos fundadores do MJP e morara em

Jatt, uma vila não muito distante de Kufr Qara. Na verdade, nos conhecemos originalmente através de Mohammed Massarwi, o advogado, juiz e ex-prefeito de Kufr Qara. Uma noite, Massarwi me levou à sua casa para conversarmos sobre a sua participação em um comitê de apoio público para o IFP. Watad falava extremamente bem, e seu hebraico era belíssimo. Ele tinha um senso de humor sarcástico que parecia multiplicar a sua inteligência. Lembro claramente que o nome do seu filho mais velho era Castro e que, no território árabe todos o chamavam de Abu Castro.

Durante os meses que passei fazendo *lobby* pelo meu emprego no governo, fui visitar Watad no Knesset. Apresentei minha proposta e nos conhecemos melhor. Contei sobre as minhas experiências no movimento juvenil Young Judaea. Ele me contou sobre as suas experiências no MJP, nos primeiros anos após a independências de Israel. Nós dois nos tornamos grandes amigos. Creio que ele admirava a minha energia e gostou da minha proposta, então disse que tentaria me ajudar.

Watad cumpriu o prometido. Pesquisando o orçamento israelense, descobriu um item não utilizado do orçamento do ministério da Integração de Imigrantes, referente a um programa chamado Projeto 200. Este era um programa do governo para incentivar a *aliá* de jovens profissionais judeus com alto desempenho educacional oriundos da América do Norte. A ideia do programa era que os imigrantes ocidentais jovens com formação universitária seriam contratados pelo governo por dois anos; o primeiro ano seria pago pelo ministério da Integração de Imigrantes, o segundo pelo ministério em que fossem empregados. Era um excelente plano, e até que fosse descoberto por Mohammed Watad, um membro árabe do Knesset, ninguém o utilizaria. Anos depois, ele brincou comigo sobre a ironia da nossa história: um cidadão árabe do Estado de Israel estava trabalhando para incentivar a imigração de judeus americanos para o país. Infelizmente, Watad morreu tragicamente em um acidente de automóvel em setembro de 1994. Foi uma perda enorme como um todo, para sua família, para os cidadãos árabes de Israel e para o Estado de Israel.

Foi assim que me tornei o primeiro funcionário público do Estado de Israel coma responsabilidade de trabalhar para a melhoria das relações entre árabes e judeus.

Eu trabalharia para o ministério da Educação, oficialmente subordinado ao sr. David Por, diretor da Executiva Educacional, a maior entidade de formulação de políticas públicas daquele ministério. Na verdade, eu trabalharia para o sr. Emanuel Kopolovitz, diretor do departamento árabe do ministério. Isso mesmo: Kopolovitz! O departamento árabe era comandado por um judeu *ashkenazi*. O vice era árabe, mas todo mundo sabia que ele estava ali apenas para compor a fachada. Rapidamente cultivei muito respeito e admiração por Emanuel Kopolovitz. Sua abordagem era muito conservadora, enquanto eu era um jovem radical que queria mudanças radicais, mas Kopolovitz entendia o sistema e sabia que *seguir devagar e sempre* seria mais eficaz e apropriado. Acima de tudo, ele sabia que cada dia que se passasse sem a educação árabe ser mencionada no noticiário facilitaria o trabalho de promoção de mudanças no setor educacional árabe. Ele também sabia, e trabalhava para garantir, que seria o último diretor judeu de educação árabe em Israel. Hoje, quando encontro educadores árabes veteranos em Israel, só ouço deles elogios e gentilezas quando o assunto é Emanuel Kopolovitz.

Os problemas da educação dos árabes em Israel eram desnorteantes e devastadores. Kopolovitz me levou diversas vezes para conhecer a situação da educação árabe na realidade. Ele me levou a Nazaré para uma reunião de todos os inspetores de escolas árabes, a maioria deles homens árabes que haviam sido diretores de escola e promovidos internamente no ministério. Era parte do plano de Kopolovitz de que, um dia, os próprios árabes viessem a administrar o próprio setor educacional. Kopolovitz me apresentou a todos no ministério. Ele pediu que Eliezer Shmueli, o diretor-geral, escrevesse no informe mensal publicado pelo ministério os detalhes de suas políticas e prioridades, e que ele instruísse todos os funcionários do ministério a abrir suas portas para mim e cooperar com meus esforços, corroborados pelo governo israelense, no sentido de estabelecer laços no sistema educacional entre judeus e árabes.

Em minhas viagens com Kopolovitz a escolas para alunos árabes por todo o país, as precariedades das instalações dos edifícios eram evidentes. Também havia escolas novas, que haviam sido construídas recentemente, mas, na maioria dos casos, elas não gozavam das mesmas condições que as escolas judaicas das proximidades. A desigualdade de recursos era gritante. Lembro que em Kufr Qara toda uma escola de ensino fundamental funcionava em salas alugadas espalhadas pelo centro da vila, nenhuma delas construídas para ser sala de aula, e nenhuma delas contemplava minimamente o padrão do que deveria vir a ser uma sala de aula. Fiquei contente em ser "adotado" por Kopolovitz e poder contar com seu apoio para tudo o que eu pretendia desenvolver no ministério. Minhas propostas representavam um grande desafio, e ter alguém como Kopolovitz ao meu lado seria importantíssimo. Enquanto ele me apoiava totalmente, o mesmo não poderia ser dito sobre o diretor-geral Eliezer Shmueli.

Shmueli publicou uma proposta política no jornal mensal que eu formulei e que foi aprovada por Kopolovitz, para que as escolas judaicas e árabes organizassem reuniões entre os alunos. As escolas interessadas foram orientadas a me contatar. Logo recebi dezenas de ligações e descobri que não havia modelos sérios de como conduzir encontros entre alunos. Lembrava vividamente das reuniões que tinha organizado na IFP, mas não fazia nenhuma ideia do que deveria fazer e como tais encontros deveriam ser conduzidos, pois sabia que praticamente não havia facilitadores capacitados disponíveis e nem orçamento, já que nem recurso havia para subsidiar ônibus que levasse alunos de uma escola à outra.

Ao mesmo tempo, descobri um curso para facilitadores que estava sendo organizado em Neve Shalom/ Wahat al-Salam, uma vila judaico-árabe que havia sido fundada entre Jerusalém e Tel

Aviv naquele momento.[47] Entrei em contato com Neve Shalom e perguntei se poderia participar do curso. Ele já havia começado e eu havia perdido o primeiro final de semana, mas me permitiu participar da reunião seguinte: as reuniões aconteciam em um final de semana por mês. Não só era um curso para os facilitadores árabes e judeus de encontros para estudantes do ensino médio, como também um laboratório experimental para desenvolver técnicas e ferramentas a serem utilizadas na realização de tais encontros. Ficou evidente que Neve Shalom/ Wahat al-Salam estava desenvolvendo modelos que liderariam o campo por muitos anos, e eu consegui que o ministério da Educação recomendasse às escolas árabes e judaicas que realizassem seus encontros conjuntos em Neve Shalom/ Wahat al-Salam. Naquela época, foi uma conquista radical.

Quanto mais escolas havia que se interessassem pela realização dos encontros, mais a questão orçamentária ia se tornando um obstáculo. Conversei com Kopolovitz sobre o problema e ele concordou em falar com o diretor-geral Eliezer Shumueli. Quando Kopolovitz voltou da reunião, parecia que tinha levado na cabeça uma paulada com barra de aço. Shmueli disse que Kopolovitz precisava entender que o trabalho de Baskin e dos encontros era, em suas palavras, "cosmético". Ele disse que o objetivo principal seria melhorar as relações públicas de Israel. Uma resposta que eu não poderia aceitar, era um insulto e era um erro. Decidi, então, tomar uma atitude: fazer com que a declaração de Shmueli, de que o projeto era "cosmético", fosse publicada na mídia. Esta era a prova cabal de que eu jamais poderia ser um homem do sistema.

Pensando estrategicamente, liguei para o correspondente de educação do menor e mais insignificante jornal de Israel — provavelmente o menos lido também –, o *Al HaMishmar*, o jornal do movimento Kibutz Artzi/ Hashomer Hatzair. Eu sabia que publicariam a notícia com destaque, mas também que ela seria tão

---

47. Mais informações disponíveis no site de Neve Shalom/ Wahat al-Salam, traduzido como "Oasis de paz" [em inglês].

pequena e insignificante que talvez não chegasse a irritar Shmueli. Ora, o *Al HaMishmar* publicou a notícia como manchete de capa na edição do final de semana, distribuída na sexta-feira. Dizia "Diretor-geral do ministério da Educação: reuniões judaico-árabes das escolas são cosméticas". Shmueli, Kopolovitz e eu tivemos todo o final de semana, sexta-feira e sábado, para digerir a notícia. Obviamente, eu era citado no texto e explicava a importância dos encontros judaico-árabes e do meu trabalho no ministério. Também reclamava de não ter orçamento para realizá-lo.

Na manhã de domingo, quando cheguei no trabalho, Kopolovitz estava à minha espera, agitado e nervoso. Ele me mandou imediatamente para o escritório do diretor-geral, que estava à minha espera. O escritório ficava no outro lado da cidade. Eu também estava muito nervoso, preocupado com a sua reação. Iria me demitir, acabando com a minha carreira curtíssima no campo das relações judaico-árabes? Quando entrei no seu escritório, era óbvio que ele estava furioso. Como eu ousava acusá-lo de não levar a sério as relações entre árabes e judeus? O surpreendente é que esse era o resumo da história. Ele gritou comigo por vinte minutos, mas saí da reunião com um orçamento de 15 mil dólares para subsidiar ônibus para encontros entre escolas árabes e judaicas. Ele chegou até a aprovar as minhas horas-extras, que eu sequer havia solicitado.

Eu batia ponto no ministério, mas passava muitos dias na estrada, visitando escolas ou escritórios do ministério, e registrei mais do que o dobro das horas de trabalho de um funcionário público normal. Não que me importasse com as horas-extras: eu amava meu trabalho e tudo que estava fazendo. Se tivesse recursos financeiros, teria pago a eles para me deixarem trabalhar. Mas Shmueli aprovou minhas horas-extras. Acho que aprendi algumas lições valiosas com esta experiência sobre a burocracia israelense, a tomada de decisões, o uso da mídia e como lidar com os seus superiores no trabalho. Ou seja, que ninguém te escutará se não forçar que o façam. E de que, ao fazer barulho, esteja certo, com isso, que vai apenas acordar o seu público-alvo, e não ensurdecê-lo, de tal modo que ele não ignore sua voz. Selecionar um jornal pequeno e desimportante causou barulho, mas não problemas. Fui escutado e pude continuar a trabalhar. Na verdade, Shmueli me indicou para um novo comitê de educação estatal, criado para avaliar o que o ministério poderia fazer para promover a educação para a democracia e a coexistência, sob o comando de Arieh Shuval, vice-diretor-geral do ministério da Educação. A maior parte do trabalho do comitê nos nove meses subsequentes veio de Aluf Hareven, um dos diretores do Van Leer Institute — um instituto de pesquisa sobre políticas sociais com sede em Jerusalém — e de mim.[48] A principal recomendação operacional do comitê foi estabelecer um departamento de educação para a democracia e a coexistência no ministério, que foi implementada um ano depois.

O departamento funcionou por cerca de dez anos. Quando o presidente Yitzhak Navon era ministro da Educação, o departamento ficava sob a sua supervisão direta. Ele escolheu a dedo o primeiro diretor, Yitzhak Shapira, ex-diretor de uma escola de ensino médio de Carmiel. Os dois fizeram um grande esforço para integrar a educação para a democracia e a coexistência no currículo escolar, especialmente nos setores escolares não religiosos. Com o tempo, o Partido Nacional Religioso (NRP) assumiu o ministério da Educação, que estava sob o controle do Partido Trabalhista. O NRP converteu a Unidade de Educação para a Democracia e Coexistência no Departamento para Educação sobre Valores, o que significou principalmente a sua definição rígida do que são *valores judaicos*, eliminando praticamente todo o conteúdo e as intenções dos desenvolvedores e planejadores, incluindo eu. Ironicamente, quando Yossi Sarid, membro do Knesset pelo Meretz, assumiu o ministério da Educação sob o primeiro-ministro Yitzhak Rabin, a única coisa que pôde fazer pelo departamento foi fechar as suas portas.

---

48. Mais informações disponíveis no site do Instituto Van Leer Jerusalem [em inglês].

O Instituto de Educação para a Coexistência Judaico-Árabe

Durante o meu período no ministério da Educação, o gabinete do primeiro-ministro de Menachem Begin solicitou que eu desenvolvesse uma proposta para uma fundação do governo alemão, a Fundação Hanns Seidel, com o intuito de apoiar o trabalho de promoção para a coexistência entre árabes e judeus.[49] Desenvolvi uma proposta detalhada para a criação do Instituto de Educação para a Coexistência Judaico-Árabe, que conduziria o trabalho que eu já estava realizando no ministério da Educação, além de trabalhar com outros ministérios, especialmente aqueles que prestam serviços no setor árabe. O instituto teria um orçamento relativamente grande para a implementação. A ideia era que todo funcionário público ou representante do governo que prestasse serviços no setor árabe receberia treinamento adicional especial do instituto, com o objetivo de sensibilizá-los às necessidades do grupo de cidadãos que atenderiam. O instituto também exploraria e profissionalizaria os encontros judaico-árabes, criaria novos modelos, treinaria facilitadores e pesquisaria resultados, incluindo mudanças de atitude e comportamento após os encontros. Por fim, o instituto criaria um debate público em torno de questões sobre as relações entre árabes e judeus em Israel em termos de democracia e coexistência.

---

49. Mais informações disponíveis no site da Hanns Seidel Stiftung [Fundação Hanns Seidel] [em inglês].

Em 1982, quando eu estava na direção, foi fundado o Instituto de Educação para a Coexistência Judaico-Árabe. Eu tinha 26 anos. O instituto funcionava de maneira independente, mas ligado ao ministério da Educação e ao gabinete do primeiro-ministro. Os dois ministérios tinham dois representantes cada no conselho de administração. A ideia era que, para ter sucesso ao trabalhar com ministérios e diretores em um tema considerado político e controverso, seria essencial ter apoio oficial e participação do governo. Foi uma revolução, pois, até então, não havia um único programa oficial do governo em prol da coexistência judaico-árabe junto aos cidadãos. Esse modelo radical de colaboração entre o governo e entidades não governamentais em meio a um processo atribulado, enfrentando os desafios da resolução de conflitos, foi absolutamente o meu *modus vivendi* favorito em todos os anos de trabalho nessa área.

O primeiro desafio na direção de uma organização semi-independente, não governamental e semigovernamental, não demorou para surgir. Os dois representantes do gabinete do primeiro-ministro vieram do gabinete do assessor sobre questões árabes. Era um cargo poderoso durante o período do governo militar, que se aplicou a todos os cidadãos palestinos de Israel de 1949 a 1966. A mentalidade de governo militar do gabinete perdurou por muitos anos mesmo depois de o governo militar em si ser desmontado. O departamento girava em torno de controle, e qualquer árabe que expressasse opiniões críticas em relação às políticas israelenses era considerado perigoso e radical. Na época, o assessor sobre questões árabes era Binyamin Gur Aryeh, um judeu iraquiano que trabalhara por vários anos na inteligência militar, naqueles primeiros anos em que os serviços de inteligência estavam repletos de judeus oriundos de países árabes. Normalmente, essas pessoas, incluindo Gur Aryeh, tinham opiniões negativas sobre os árabes em geral e os árabes israelenses em particular. A maior parte da equipe do gabinete do assessor tinha opiniões semelhantes às de Gur Aryeh. Os dois indivíduos selecionados para representar o gabinete do primeiro-ministro no nosso conselho de administração foram Yehezkel Shemesh e Yitzhak Reiter. Shemesh era claramente um seguidor da visão de mundo de Gur Aryeh, e foi por isso que tive muita dificuldade de trabalhar com ele. Reiter pertencia à nova geração de israelenses natos e também vinha da inteligência militar, mas escolheu essa carreira por conhecer e valorizar a cultura árabe e seu idioma. Ainda assim, ele era um representante do sistema. Alguns anos depois, Reiter deixou o serviço público, doutorou-se em Estudos sobre o Oriente Médio e se tornou um acadêmico. Shemesh se tornou o Custodiante das Propriedades Ausentes, que é o banco de todas as propriedades árabes daqueles que se tornaram refugiados, controladas do Estado após a Nakba.

Naquela época, o adversário ou "inimigo número um" do gabinete do assessor sobre questões árabes era o RAKACH, o Partido Comunista Árabe, um partido político legal com representação no Knesset. O RAKACH era considerado radical pelo *status quo* em uma época em que a maioria dos cidadãos árabes de Israel votava em partidos políticos sionistas. O RAKACH afirmava ser um partido judaico-árabe e tinha membros e representantes árabes e judeus no Knesset, mas era também um partido não sionistas e considerado antissionista pelo *establishment*. Pessoalmente, creio que o RAKACH era, na realidade, uma das principais forças moderadoras, especialmente contra a ascensão do islamismo, que estava avançando após a Revolução Iraniana. O RAKACH também dava forte ênfase à educação e ao avanço das mulheres, que considero essenciais para o progresso do setor árabe em Israel. Eu tinha dificuldade para aceitar a visão negativa extrema do gabinete do primeiro-ministro sobre todos os árabes que militavam no RAKACH. O gabinete do assessor sobre questões árabes instruiu os seus representantes no nosso conselho de administração a não deixar que nenhum membro do RAKACH participasse das nossas atividades.

A primeira pessoa que contratei para trabalhar comigo no instituto foi Samir Abu Shakra, de Um el-Fahem. Samir era jovem, inteligente, colérico e criativo. Planejávamos desenvolver programas que levariam a cultura árabe para a Israel judaica. Samir tinha ótimas ideias e muita energia. Logo após contratá-lo e começar a planejar um congresso sobre cultura árabe, os representantes do gabinete do primeiro-ministro no conselho me mandaram demiti-lo imediatamente. Protestei a decisão veementemente. Como seria possível que o primeiro passo de um instituto centrado na educação para a coexistência judaico-árabe fosse demitir um funcionário árabe recém-contratado por ordem do gabinete do primeiro-ministro? Era uma situação horrível, um dilema impossível nas minhas mãos. O instituto havia sido estabelecido com base no princípio de receber apoio do governo e ser financiado pelo governo alemão, desde que continuasse a ter também o apoio do governo de Israel. Se fosse contra o representante do governo de Israel no meu conselho de administração, perderia os recursos do governo alemão e o instituto seria fechado antes mesmo de começar. Como eu poderia fazer algo que iria tanto contra os meus princípios e que eu sabia que estava errado?

Marquei uma reunião com Gur Aryeh. Intransigente, ele se recusou a discutir a questão e mandou que eu demitisse Samir. Exigi uma justa causa. Por que eram tão contrários a Samir, que tanto havia me impressionado com sua sinceridade, honestidade, inteligência e fé na coexistência? Deixei o escritório sem respostas, mas ainda mais furioso.

Fui ver Aluf Hareven, um dos diretores do Van Leer Institute de Jerusalém e a pessoa mais importante na Unidade de Educação para a Democracia e Coexistência do ministério da Educação. Aluf tinha sido um oficial de inteligência e mantinha excelentes relações nessa comunidade. Ele me disse que falaria com algumas pessoas e me ligaria de volta. Alguns dias depois, Aluf organizou uma reunião entre eu e um agente da Shin Bet que havia lido o arquivo de Samir. Encontrei o agente no escritório de Aluf, sozinho, e ele me mostrou o arquivo e todas as coisas "horríveis" que Samir fizera no passado. Ele também tinha o arquivo de uma outra pessoa, que Samir convidara para trabalhar conosco na organização de um seminário sobre cultura árabe em Israel.

O que dizer sobre o arquivo? Ele me deixou boquiaberto. Havia datas e horários exatos, pessoas com quem Samir conversara, coisas que dissera, ou que supostamente dissera, palavra por palavra. Era incrível. Mesmo após examinar todas essas "provas" contra Samir, ainda não enxergava que crime grave ele havia cometido. A pior coisa que Samir havia feito, quando era membro do Comitê dos Estudantes Árabes da universidade, foi ter convidado um líder do movimento Abna al-Balad [Filhos da Vila] para dar uma palestra. O Abna al-Balad era um movimento nacionalista árabe fortemente anti-Israel sediado em Um el-Fahem, a cidade natal de Samir. Samir discordava da ideologia do Abna al-Balad, mas acreditava em democracia e liberdade de expressão. O Abna al-Balad era um movimento radical, mas não era proibido. Samir não cometera crime nenhum.

O segundo arquivo era bastante parecido. Nenhuma lei tinha sido desrespeitada, mas os dois jovens israelenses árabes com diplomas universitários não se encaixavam no molde do que as autoridades queriam. Eles não ficavam e não ficariam quietos. Estavam preparados para lutar, democraticamente, por direitos iguais. Eram membros de uma nova geração, muito temida pelo *establishment* político-militar, o qual planejava impedir que ela viesse a se tornar poderosa e influente. Naquela época, era quase impossível arranjar um emprego sem a aprovação da Shin Bet. Esta era uma condição absoluta em qualquer instituição controlada pelo Estado, como era o caso do ministério da Educação. Todos os professores árabes tinham de ser aprovados pela Shin Bet para serem contratados. Vi isso com meus próprios olhos enquanto trabalhava no ministério da Educação. Havia um homem no escritório, simpático até, que eu encontrava todos os dias, mas sobre o qual nunca soube de fato sua função ali. Oficialmente, o seu cargo era de vice-diretor da administração da educação árabe. Um dia, entrei no escritório do diretor Emanuel Kopolovitz e encontrei um debate acalorado em andamento. O assunto era um professor que havia sido demitido do sistema escolar. A Shin Bet havia tentado fazer com que o professor recrutasse o seu irmão para colaborar com o serviço, e como ele havia se recusado, foi então demitido. Kopolovitz estava discutindo com o seu vice da Shin Bet para que o professor fosse recontratado. Kopolovitz argumentava que o professor não poderia ser castigado por se recusar a pressionar o irmão a se tornar um colaborador do serviço de segurança israelense. Adivinhem quem ganhou a discussão? A Shin Bet, é claro. Até onde sei, a situação não existe mais. A Shin Bet, hoje chamada de Agência de Segurança de Israel (ASI), não interfere mais na contratação ou demissão de professores, a menos que possam provar que uma lei foi violada.

Voltando a Samir, o gabinete do primeiro-ministro e o meu dilema, o conselho não apoiava minha proposta de defender Samir e ir contra o assessor do primeiro-ministro. Os membros acreditavam que perderíamos o apoio do gabinete do primeiro-ministro, que o ministério da Educação seria forçado a se retirar do projeto e a Fundação Hanns Seidel cancelaria os recursos. Tive, então, que demitir Samir, uma imposição que até hoje me causa arrependimento. Ainda nos encontramos de vez em quando e eu sempre sinto vergonha do que tive de fazer em relação a ele.

Ainda assim, obtive a garantia do conselho de que eu decidiria sobre todas as contratações futuras, sem sua interferência. Eles poderiam me demitir, claro, mas sobre a minha equipe, a decisão seria minha. Isso acabou com a interferência do gabinete do primeiro-ministro em todas as contratações futuras. Foi um preço alto, mas, sem esta concessão, eu teria me demitido do instituto e feito todo o possível para garantir que nenhum árabe trabalhasse com ele no futuro.

O instituto trabalhava em três campos principais: a educação focada no desenvolvimento e teste de modelos para encontros judaico-árabes entre alunos de ensino médio e no desenvolvimento de currículos que agregasse conteúdos sobre coexistência e democracia no sistema escolar; o treinamento de funcionários públicos que prestassem serviços para o setor árabe; e a promoção do debate público sobre coexistência e democracia. Os primeiros modelos profissionais bem-sucedidos de encontros estudantis judaico-árabes foram desenvolvidos, elaborados e testados na comunidade conjunta judaico-árabe de Neve Shalom/ Wahat al-Salam no início da década de 1980. O primeiro curso para facilitadores judaico-árabes, do qual tive o privilégio de participar, desenvolveu modelos para os encontros com base no princípio da cofacilitação, em que um facilitador árabe e um judeu trabalham em dupla com um grupo misto de alunos árabes e judeus. Os encontros de três dias reuniam os participantes utilizando-se de um método que lhes permitia que se conhecessem uns aos outros por meio de círculos concêntricos de identidade, tanto dos mais internos aos mais externos. O primeiro círculo era o pessoal, o seguinte era o da família, depois o da comunidade, e só depois vinham então os círculos de religião, etnia e identidade nacional. Enquanto os participantes analisavam a própria identidade e confrontavam aquelas apresentadas pelos participantes da outra comunidade, o processo tocava nos pontos mais delicados do conflito entre árabes e israelenses. O modelo de Neve Shalom/ Wahat al-Salam não acreditava em prevenção de conflitos, como descrito em muitos dos modelos anteriores. Nele, os participantes enfrentam o conflito diretamente, depois de serem capazes de dar um rosto humano, e até simpático, às pessoas com quem estão debatendo.

Eu acreditei neste modelo desde o primeiro momento. Na minha opinião, nele havia todos os elementos básicos para um encontro de sucesso, mas precisava ser melhor trabalhado. O modelo de Neve Shalom/ Wahat al-Salam pressupunha participantes autosselecionados, ou seja, somente aqueles que realmente quisessem participar deveria fazê-lo, e dentro das limitações financeiras. Era uma questão de princípio, já que a ideia era usar grupos menores e promover uma qualidade melhor no encontro, já que somente participantes realmente motivados estariam presentes. Em alguns casos, as turmas selecionavam embaixadores: em diversas ocasiões, a escolha era por um membro daquela turma que melhor representasse a "linha dura". Sendo assim, muitas vezes os participantes representavam posicionamentos que não abriam muito espaço para a compreensão e concessões.

Inicialmente, o modelo se baseou nesse encontro intensivo de três dias, com pouca preparação e menos seguimento. A experiência, tão intensiva e transformadora quanto pode ser uma de três dias, deixava muitas perguntas sem resposta. Estávamos chegando na premissa, não documentada em pesquisas, mas baseada em impressões diretas, de que o contato e os encontros nem sempre desmontam os estereótipos. Pelo contrário, podem até reforçá-los. Muitas vezes, saíamos da experiência com mais provas de que os nossos estereótipos e preconcepções estavam corretos. No Instituto de Educação para a Coexistência Judaico-Árabe, isso nos levou a entender que havia uma necessidade premente de uma preparação mais adequada e de trabalho de seguimento para que houvesse esclarecimento entre os participantes e os professores. Além disso, decidimos que a experiência de três dias precisaria ser reforçada com a inclusão de reuniões adicionais entre os alunos, antes e depois da experiência, e que elas deveriam ocorrer também nas comunidades, com as escolas oferecendo mais contribuições, tempo e experiências para ajudar a desenvolver um entendimento mais complexo da situação. Esta escolha exigia que garantíssemos o apoio das lideranças das escolas, especialmente do diretor, que precisaria, de antemão, apoiar sem ressalvas o projeto. Sem o apoio do diretor, por si só professores que estivessem participando e apoiando o projeto não poderiam superar críticas e controvérsias que programas dessa natureza sempre provocam, dentro da escola, dos outros professores, ou fora dela, dos pais e dos próprios alunos.

A preparação para as reuniões com o outro lado claramente se tornaram um problema crítico no planejamento dos encontros. Lembro de uma história que costumava contar às turmas de alunos judeus antes do encontro de três dias. Um dos problemas que andei observando nos encontros era a concepção geral dos alunos judeus, talvez da maioria deles, de que a cultura árabe em Israel era "primitiva". Eles chegavam a essa conclusão principalmente depois de conversas sobre as relações entre meninos e meninas, namoros e casamentos arranjados, sexo antes do casamento e o papel das mulheres na sociedade. Em muitos casos, os alunos judeus perdiam o respeito pelos seus colegas árabes por conta dessas diferenças culturais. É difícil explicar que, quando observamos e tentamos entender uma cultura diferente, corremos o risco de enxergá-la apenas da nossa própria perspectiva. Para se obter um entendimento mais aprofundado e questionar a própria perspectiva, é preciso observar a cultura do ponto de vista da própria cultura. É uma das primeiras lições que todo antropólogo aprende, embora se saiba que é muito difícil se deslocar da própria perspectiva, dos próprios valores e visão de mundo.

Foi esta a história que ouvi, de alguém que me disse que era verdadeira, e que me contaram:

Em um vilarejo da África Ocidental, onde os padrões educacionais e oportunidades são baixíssimos, um funcionário do Conselho Britânico descobriu um menino de quinze anos extremamente inteligente e promissor. Após muito trabalho e uma briga por recursos, o Conselho Britânico concedeu a este jovem uma bolsa integral para estudar em uma das melhores escolas da Grã-Bretanha. Era um presente enorme e todo o vilarejo comemorou o seu sucesso e a promessa de tudo que o menino traria de volta depois de completar a sua educação. Às vésperas de viajar, o menino sofreu um colapso nervoso. Ele não parava de chorar e tremer. Era evidente que não poderia sair do vilarejo e aproveitar a bolsa naquele estado. Algumas semanas depois, o representante do Conselho Britânico voltou ao vilarejo distante para descobrir o que havia acontecido. O funcionário britânico se encontrou com o menino, que já tinha voltado ao seu estado normal de felicidade e esperteza. Perplexo com a situação, o funcionário se reuniu com o pai do menino e alguns dos anciões. Eles explicaram que o colapso nervoso se deu porque explicaram ao menino que, na Grã-Bretanha, quando fosse ao banheiro, teria que se limpar com papel higiênico. Ele não conseguiu suportar a ideia. Era nojento e primitivo demais. No vilarejo, quando ia ao banheiro, ele se limpava com água e sabonete. O menino simplesmente não conseguia imaginar ter que lidar com a maneira primitiva e suja com a qual os britânicos cuidavam de sua própria higiene.

Quando ouvi essa história, achei que seria a provocação perfeita para debater a importância de compreender as diferenças entre culturas e aprofundar nas questões que os alunos judeus observavam quando se reuniam e conheciam melhor os alunos árabes. Eles aprenderam a buscar respostas sobre como os alunos árabes enxergavam a própria cultura, em vez de julgá-la de forma negativa e imediata.

Aprendemos que era essencial equilibrar as expectativas antes dos encontros e que essa preparação era tão importante quanto o próprio encontro. Da mesma forma, aprendemos que o seguimento após o encontro, conversando com os alunos em sala de aula, depois da experiência intensiva de três dias, era essencial para que eles expressassem as suas opiniões e conclusões e fizessem perguntas que precisavam de resposta. Na maioria das vezes, as perguntas tinham natureza política, sobre como a coexistência seria possível quando as diferenças de opinião entre os alunos árabes e judeus eram tão grandes.

O valor das discussões que chamamos de uninacionais, observado nas reuniões pré e pós-encontro, era tão alto que elas foram integradas aos eventos dos três dias. Os três dias eram intensos e provocavam fortes emoções, então precisávamos dar aos participantes um intervalo para que ficassem em uma sala apenas com o "o seu próprio lado", para que pudessem expressar suas ideias e sentimentos em um ambiente seguro. Normalmente, a conversa envolvia as opiniões que os surpreenderam do outro lado, e questionavam também o valor da reunião. Em geral, esses encontros uninacionais ocorriam em momentos de crise, que sempre acontecem, e quase sempre de acordo com o plano. Frequentemente, parte do grupo uninacional atacava membros do próprio grupo por expressarem opiniões que violavam as normas ou o consenso geral — normalmente, expressões mais moderadas do que o resto do grupo queria escutar. Às vezes, os ataques eram direcionados a pessoas que se opunham do outro lado, e os membros diziam que as opiniões da maioria estavam sendo distorcidas. Essas sessões de desopilação se tornaram uma parte importantíssima dos encontros, e o tempo em que os grupos passavam separados jamais foi desperdiçado.

Anos mais tarde, no final da década de 1990, adotamos esses mesmos métodos no Centro Israel-Palestina para Pesquisa e Informação (IPCRI) e o aplicamos no projeto Educação para a Paz, que enfocava principalmente o trabalho com professores israelenses e palestinos. Nesses encontros, que incluíam professores judeus e palestinos israelenses e professores palestinos da Cisjordânia, uma pergunta interessante e difícil sempre surgia durante as reuniões uninacionais: "para onde devem ir os professores palestinos israelenses, com o grupo de Israel ou o da Palestina?" A equipe do IPCRI passou anos discutindo e debatendo a questão, por horas a fio. Experimentamos todas as possibilidades, inclusive abrir um terceiro grupo apenas para palestinos israelenses. Eu optava por simplesmente deixar a decisão de onde ir para os próprios participantes. Os professores palestinos israelenses decidiriam aonde queriam ir e onde se sentiriam mais à vontade. Para mim, não era surpresa que a maioria costumava escolher o grupo israelense. Naquela sala, eles se sentiam mais confortáveis, mais aceitos e, creio, sua missão também seria tentar explicar aos judeus israelenses algumas das ideias mais perturbadoras que haviam escutado dos professores palestinos. Mas, talvez, a melhor solução tivesse sido ter um terceiro grupo uninacional para os palestinos israelenses, baseado no entendimento de que não existe uma identidade dividida, mas sim uma identidade pertinente e diferenciada nas comunidades israelenses e palestinas.

Uma observação frequente dos alunos judeus que conseguiam superar muito da raiva, e que escutavam dos alunos árabes, era que, quando se avaliava as exigências dos alunos árabes com relação ao seu *status* no Estado de Israel, em última análise, eles queriam basicamente ser tratados como cidadãos iguais a todos os outros. Nas opiniões iradas sobre a falta de igualdade, os alunos árabes estavam exigindo sua integração completa ao Estado. Essas eram as demandas da década de 1980, e ainda são as demandas de hoje. A decisão da maioria dos professores palestinos israelenses de participar da reunião uninacional de Israel, e não da Palestina, reflete o desejo desses professores de serem aceitos como israelenses plenos, e demonstra mais uma vez o potencial da integração bem-sucedida e a parceria total entre judeus e palestinos israelenses: desde que sejam criadas e disponibilizadas oportunidades reais nesse sentido.

Todas as lições aprendidas foram importantíssimas. Quando reflito sobre a minha primeira experiência criando encontros entre judeus e palestinos israelenses, lembro dos danos produzidos pela falta de profissionalismo e *know-how* de minha parte. Quando estava no IFP, morando em Kufr Qara, focado em minha própria experiência com o movimento juvenil — quando dediquei anos em treinamento de liderança –, foi que tive a ideia de organizar um curso para jovens com potencial tudo aquilo que eu havia estudado e treinado. O valor que eu agregaria em um curso que reunisse moradores de Kufr Qara e de Karkur, uma cidade judaica das proximidades. Demorei meses para identificar o instrutor local de ambas as comunidades, e mais ainda para reuni-los, conversar e elaborar um programa. Depois, foi preciso obter recursos e recrutar participantes, adolescentes de quinze e dezesseis anos de ambos os lados. Conseguimos completar todas essas tarefas. Foi exitoso o curso de treinamento de liderança, e ambos os lados desenvolveram habilidades que, ao menos em Kufr Qara, foram aplicadas quando criamos a base de um centro juvenil que depois se tornaria um centro comunitário bem estruturado. Os danos que causamos vieram da nossa falta de experiência e conhecimento quanto à melhor maneira de fazer com que alunos árabes e judeus interagissem de forma positiva. Contra os meus instintos e minhas crenças fundamentais, recorremos ao que entendo como *evitar o conflito*. Era a tendência da época e até hoje está presente. Normalmente ocorre quando pessoas com boas intenções propõem "reuni-los, fazer algo neutro e evitar falar sobre o conflito". Parece uma boa ideia, mas não funciona. Os habitantes de Kufr Qara e Karkur saíram com atitudes mais negativas do que positivas um em relação ao outro, depois que saíram do nosso programa de treinamento de liderança.

Evitar conflitos não funcionava, e ele próprio deveria ser evitado quando pessoas de diferentes lados se reunissem para tratar de conflitos. É possível convencer cientistas árabes e israelenses a cooperar em um projeto científico, mas se evitarem confrontar o conflito, a relação entre eles normalmente termina com o fim do projeto. Depois da assinatura do tratado de paz entre o Egito e

Israel em março de 1979, o Congresso dos EUA aprovou a lei que criava um novo projeto financiado pela Agência dos Estados Unidos para o Desenvolvimento Internacional (USAID), o MERC, sigla para Cooperação Regional do Oriente Médio. Era um programa com muitos recursos financeiros, elaborado para incentivar a pesquisa científica entre cientistas árabes e israelenses.

Foi o fundo do MERC que deu a primeira bolsa significativa para o projeto Educação para a Paz do IPCRI, o primeiro projeto não científico financiado pela organização. Ter sido premiado pelo MERC em 1995 me permitiu participar de um projeto de pesquisa conduzido internamente pela USAID, o produto de quinze anos de bolsas do MERC. A avaliação analisou as relações desenvolvidas entre cientistas árabes e israelenses que haviam sido bolsistas do MERC. Incentivei os pesquisadores a adicionar mais uma variável à sua avaliação, "O quanto os participantes discutiram o conflito árabe-israelense?", embora não fosse uma das áreas que planejavam investigar. Coloquei a hipótese de que os participantes que discutiam única e exclusivamente a sua pesquisa científica, e evitavam falar sobre o conflito, mantinham uma forma de se relacionar que, depois da pesquisa financiada, basicamente não lhes permitia dar continuidade à troca com os parceiros. Aqueles que falavam do conflito conseguiam manter uma forma de se relacionar que lhes permitia manter o contato com um número significativamente maior de participantes depois da conclusão do projeto conjunto. Os resultados da pesquisa nunca foram publicados, mas de fato foram dramáticos. A maioria esmagadora dos participantes de programas de pesquisa financiados pelo MERC afirmou que não havia mantido contato com os seus colegas do outro lado, mesmo quando a pesquisa conduzida havia sido positiva e conhecimentos importantes tinham sido agregados à sua experiência profissional. Estas eram as pessoas que tinham optado por evitar conflitos. Por outro lado, uma maioria significativa dos participantes que confrontaram e debateram o conflito realmente deram continuidade aos relacionamentos e mantiveram contato.

Sou convocado pelo exército israelense

Em 1987, aos 30 anos, fui convocado pelo exército israelense. Não foi surpresa: na verdade, eu planejara isso de antemão e estava preparado para garantir que o exército aproveitaria ao máximo meu tempo e minhas habilidades. Se tivesse sido convocado mais jovem, provavelmente teria sido soldado de combate e teria tido que servir dois anos ou mais. Nessa situação, não tenho dúvida alguma de que teria enfrentado dilemas políticos e morais que me forçariam a desobedecer ordens, tais como servir nos territórios ocupados ou na guerra do Líbano em 1982: certamente eu teria recusado as duas ordens e teria sido mandado para a prisão. Felizmente, no meu caso, o exército israelense possui um programa para imigrantes recentes que são convocados em idades mais avançadas. Normalmente, os israelenses são convocados aos dezoito anos e servem durante três anos se forem homens e dois anos se forem mulheres. Na minha época, os imigrantes com 30 anos ou mais eram convocados para o *Shlav Bet* [segunda fase], um programa especial para recrutas mais velhos que durava quatro meses. No programa, depois do treinamento básico de sete semanas, o recruta ficava com a unidade à qual seria designado como reservista até os 45 anos. A maioria dos recrutas era colocado em posições de semicombate, tais como guardas de assentamentos ou barreiras, ou então no corpo de engenheiros ou como paramédicos de combate.

Em 1986, quando era diretor do Instituto de Educação para a Coexistência Judaico-Árabe, liderei um projeto que consistia em elaborar um currículo sobre relações judaico-árabes para as escolas israelenses. Uma das professoras que trabalhava no projeto era Leah Praver, que lecionava Educação Cívica e História na Escola Secundária da Universidade Hebraica. Udi Praver, marido de Leah, era então vice-diretor de educação do exército israelense, com a patente de coronel. Udi se tornaria famoso posteriormente, quando começou a trabalhar no gabinete do primeiro-ministro: ele comandou o plano de reassentamento dos beduínos, conhecido como Plano Praver, altamente impopular e muito questionado pelos beduínos e pela esquerda israelense. Quando nossa equipe completou a primeira versão do currículo, pedimos a Udi que o lesse e revisasse. Udi não gostou nem um pouco do resultado. Ele atirou o documento no lixo e exigiu que recomeçássemos o trabalho. Ele pediu duas semanas de folga do exército e passou os quatorze dias seguintes com a nossa pequena equipe trabalhando quase o dia todo. Foi uma das experiências de trabalho mais intensas de toda a minha vida.

 Elaborar um currículo para o sistema de educação secundária judaica de Israel sobre a questão das relações judaico-árabes, democracia e coexistência é um trabalho que exige muitos esclarecimentos e desafios ideológicos. Quanto um Estado que se define como o Estado-nação do grupo étnico/ nacional/ religioso pode se declarar democrático se ele também possui uma minoria significativa que não se identifica com a *raison d'état* do Estado? Os cidadãos palestino-árabes de Israel não se identificam com os símbolos do Estado, tais como a bandeira israelense, baseada no *talit*, o xale de preces judaico, e o hino nacional, *Hatikvá*, que fala sobre o anseio do povo judeu pela Terra de Israel. Além disso, esse grupo minoritário, os cidadãos palestinos de Israel, é identificado diretamente com o principal inimigo do Estado, o povo palestino.

 Nossa equipe incluía Leah Praver, Udi Praver, Ori Geva — professor na Escola Secundária da Universidade Hebraica –, Mohammed Abu Nimer — que trabalhou comigo no instituto e depois se tornaria um professor mundialmente famoso de resolução de conflitos na American University de Washington, DC — e eu. Passamos inúmeras horas debatendo, conversando e nos colocando no lugar dos diversos envolvidos. Trabalhamos do nascer do sol até o fim da noite para utilizar ao máximo as duas semanas que Udi passaria conosco. Durante essas duas semanas, escrevemos 32 planos de aula. O falecido Dudu Geva, irmão de Ori e cartunista famoso, desenhou uma série de caricaturas políticas para o material final, que batizamos de *Na encruzilhada*.[50]

Uma das minhas atividades favoritas do currículo era um exercício no qual os alunos recebiam a missão de desenvolver e interpretar uma situação nas quais eram árabes em uma escola de ensino médio em Israel e precisavam preparar uma cerimônia para o Dia da Independência. Os papéis incluíam alunos, professores, o diretor da escola, o líder do comitê dos pais, o prefeito da cidade e um alto representante israelense judeu do ministério da Educação. A atividade levava os alunos judeus a trabalhar diretamente as complexidades de ser um cidadão árabe em Israel. Ou seja, eram confrontados com os símbolos do Estado, que são claramente judeus, como a bandeira e o hino nacional, além de terem que enfrentar questões de identidade: no caso, do meu povo e do meu Estado. Essas cerimônias não são mais realizadas nas escolas árabes de Israel, mas elas ainda são obrigadas a hastear a bandeira israelense, e o escritório do diretor sempre tem o símbolo do Estado, uma *menorá*, e fotos do presidente e do primeiro-ministro.

O currículo foi um sucesso imediato e o instituto passou os anos seguintes conduzindo formações para professores em escolas de ensino médio de todo o país. As formações foram realizadas em escolas que haviam concordado quanto a todos os seus professores participarem das atividades em três noites, uma vez por semana, durante três semanas, totalizando cerca de quinze horas de treinamento. O programa combinava palestras, debates e demonstrações dos 32 planos de aula do currículo. Foi um sucesso enorme, e passou a ter mais escolas que queria participar do que o número de vagas que conseguíamos disponibilizar. Udi Praver adotou muitos dos planos de aula e integrou-os a um curso do colégio militar de treinamento e educação para oficiais.

---

50. O título vem do ensaio escrito em 1921 por Ahad Ha'am, fundador e líder espiritual do movimento do sionismo espiritual.

No ano seguinte, dedicamos o mesmo tempo e os mesmos recursos ao desenvolvimento de um currículo para as escolas de ensino médio árabes. Os autores principais foram Mohammed Abu Nimer e sua então namorada, depois esposa, Ilham Nasser. O currículo das escolas árabes foi batizado de *Misuliati*, que significa "minha responsabilidade". Ele enfocava o que significa ser um participante ativo na sociedade, usando círculos concêntricos para ir do indivíduo para a família imediata, a família como um todo, a turma, a escola, a cidade ou vila, os cidadãos árabes de Israel, os judeus do Estado de Israel, o Estado de Israel, o povo palestino, o mundo árabe, muçulmanos ou cristãos e, por fim, o resto da humanidade. Ele enfatizava a responsabilidade pessoal e coletiva nos diversos círculos de identidade. O currículo, que se baseava em exercícios focados no esclarecimento de valores, atividades de interpretação, debates e palestras, também foi um grande sucesso nas escolas árabes de Israel.

Udi Praver, tenente-coronel, vice-diretor de educação, oficial das Forças de Defesa de Israel (IDF), decidiu introduzir o tema da *coexistência judaico-árabe* entre os cidadãos de Israel ao colégio militar de treinamento e educação para oficiais do exército israelense, e foi responsável por cursos de formação sobre a sociedade israelense.

Em 1984, Meir Kahane foi eleito para o Knesset pelo seu partido racista, o Kach. A plataforma do Kach era expulsar os árabes israelenses do país. Após sua eleição, uma pesquisa sobre a atitude da juventude judaica em relação aos árabes conduzida pelo professor Sami Smooha, da Universidade de Haifa, revelou índices preocupantes de racismo entre os jovens judeus do país. Propus a Elazar Granot, membro do Knesset pelo Mapam e presidente do Comitê de Educação do Knesset, que fosse convocada uma sessão especial do comitê para debater o fenômeno do kahanismo entre a juventude. Tive o privilégio de ser o primeiro a falar e afirmei que um racismo canceroso estava crescendo na nossa sociedade, e que estava sendo tratado com aspirina. Precisávamos de medidas muito mais fortes. Meu discurso foi manchete nos principais jornais no dia seguinte.

Udi Praver concordava com a minha avaliação e estava comprometido com a ideia de encontrar uma maneira de apresentar a questão até mesmo nos programas educacionais do exército. Udi reuniu uma equipe no colégio militar de treinamento e educação para oficiais em Har Gilo para trabalhar no desenvolvimento de um programa e me pediu para participar. Aceitei com prazer. Durante os dois anos seguintes trabalhei como voluntário e ajudei a desenvolver o programa, me tornando, depois, palestrante e facilitador dos cursos. O colégio organizava um curso de três semanas sobre a sociedade israelense, que era um pré-requisito para a promoção de major. E o novo curso que desenvolvemos incluía uma semana sobre questões de identidade, focada principalmente nos eixos judeu-israelense e religioso-secular. Ou seja, uma semana sobre diferenças sociais na sociedade israelense e uma semana sobre as relações judaico-árabes e a democracia em Israel. Durante a última semana, os oficiais até passavam um dia inteiro em Um el-Fahem, uma cidade árabe no centro do país, e com isso, passavam algumas horas na escola de ensino médio da cidade, almoçavam em casa com os professores e se reuniam com lideranças locais durante a tarde.

O exército utilizou muitos dos planos de aula que desenvolvemos para *Na encruzilhada*, e a semana sobre as relações judaico-árabes normalmente incluía uma palestra minha. O programa continuou de 1984 até o fim de 1987, quando teve início a Primeira Intifada. O exército decidiu assumir o desafio de lidar com esta questão e me senti muito honrado em participar. Quando propus a visita a Um el-Fahem, inicialmente insisti que os oficiais participantes fossem à paisana, não uniformizados. O chefe do Estado-maior do exército se recusou, afirmando que eram oficiais do exército israelense e deveriam vestir seus uniformes. Insisti então que não poderiam andar armados em Um el-Fahem, que isso poderia causar protestos e traria uma impressão equivocada: em vez de se dispor a ao aprendizado, seriam vistos como conquistadores. Neste ponto, o exército concordou comigo. Dois soldados ficaram no ônibus, no lado de fora da cidade, vigiando todas as armas, enquanto os outros oficiais passavam o dia desarmados em Um el-Fahem.

Com meus dois anos de voluntariado no colégio militar de treinamento e educação para oficiais do exército israelense, sabia que, quando eu fosse convocado, o colégio solicitaria que me enviassem para lá depois do treinamento básico. Foi assim que em março de 1987, fui alistado no exército de Israel. Passei sete semanas na versão mais básica de treinamento que um soldado poderia receber. Todos no meu grupo tinham mais de 30 anos, nossos oficiais e instrutores tinham todos dezenove ou vinte anos, e muitos membros do grupo eram religiosos. Quase todos eram profissionais liberais. Muitos eram imigrantes recentes, incluindo um pequeno grupo de etíopes que acabava de chegar ao país e mal falava hebraico.

Éramos da Artilharia 2, praticamente o nível mais baixo de treinamento militar, e tivemos de aprender a usar três armas, os rifles M16, Uzi e Galil, e granadas de mão. Tivemos uma semana de treinamento de campo básico, que me lembrou os acampamentos de verão, e recebemos instruções de primeiros socorros. Ficamos com a impressão de que o exército não levava muito a sério a necessidade de nos treinar adequadamente para situações de combate. Para a treinamento com granadas de mão, como não havia das falsas o suficiente, tivemos que simular atirando pedras.

Dentre a maioria dos recrutas que passou pelo treinamento básico, somente alguns se tornaram soldados de combate. A maior parte se tornou guardas em assentamentos e barreiras, em situações nas quais teriam responsabilidades de segurança real. O nível de instrução militar era absolutamente insuficiente para esses postos, e eu diria até que poderíamos facilmente ter completado todo o treinamento em duas semanas. O que de mais importante que tivemos que aprender foi a ter paciência: se adiantem e esperem. Ou seja, nos mandavam fazer tudo em 30 segundos: 30 segundos para se vestir; 30 segundos para calçar os sapatos; segundos para desmontar o seu M16 e outros 30 segundos para remontá-lo. Mandavam-nos correr de um lado para o outro, e a preparação física do treinamento básico não era nenhum desafio. Para mim, o mais difícil foi todas as horas que tivemos de ficar parados, esperando apenas, sem ter o que fazer.

Este desperdício de tempo me levou a falar com o comandante do meu pelotão. Lhe disse que havia gente muito interessante ali, e que poderíamos aproveitar o tempo para fazer uma breve apresentação sobre algo que faziam fora do exército, na vida. Mesmo sem a permissão formal do exército, acabamos fazendo isso, e eu falei sobre a questão das relações entre árabes e judeus.

Fomos transferidos para a base de Dotan, no distrito de Jenin, na Cisjordânia, próximo à vila palestina de Arabe. A vila ficava em um lado da base, a escola da vila no outro. Para chegarem à escola, as crianças precisavam passar em frente à base. Pela manhã ou à tarde, quando estava de guarda, eu tentava cumprimentá-las com algumas palavras simpáticas em árabe. Elas devem ter achado que eu era de outro planeta. As crianças me olhavam de um jeito estranho e atravessavam a rua para não terem que conversar comigo. Com o tempo, elas aprenderam a atravessar a rua assim que me enxergavam, e com isso, sequer olhavam para mim. Eu, que era um soldado, um membro da ocupação, como poderia querer cumprimentá-las com voz simpática em vez de mandá-las para casa em tom imperativo? Aquilo era estranho demais para elas. E era muito estranho para mim também.

Enquanto estive em treinamento na base, minha esposa e minha filha foram para os EUA visitar a família. Minha filha tinha cerca de um ano. Quando voltaram, me deram uma tarde e uma noite de folga do exército para buscá-las no aeroporto. Eu precisava voltar para a base no começo da manhã, o que não foi fácil. O transporte público não era de boa qualidade, então decidi que iria de ônibus para Hadera e pediria carona no resto do caminho. Cheguei a Hadera e caminhei da rodoviária até a estrada principal que saía da cidade. No caminho, um táxi buzinou para mim. Era um amigo de Kufr Qara. Agora eu era um soldado que levava um rifle M16, e não mais um voluntário trabalhando em prol da paz na comunidade. O motorista ficou surpreso em me ver e perguntou para onde eu estava indo. Respondi que precisava voltar à base em Dotan.

— Pode entrar, eu levo você — ele respondeu.

Foi ótimo, mas o que aconteceria se eu chegasse à base em um táxi árabe? Tínhamos ordens explícitas de não aceitar caronas de árabes, estrangeiros ou funcionários da ONU. Não era um carro árabe qualquer, eu conhecia o motorista muito bem, conhecia sua família e havia sido hóspede na casa deles. Foi estranho estar naquele carro de uniforme, levando meu rifle M16. Naqueles primeiros anos, normalmente era com ele que eu costumava ir de Kufr Qara a Hadera.

Quando cheguei à base, saí do carro me despedindo de meu amigo de Kufr Qara, e os guardas me lançaram olhares estranhos, perfeitamente cientes de que era proibido entrar em táxi árabe. Procurei imediatamente o comandante para informar que eu estava de volta e sobre a forma como havia chegado ali. Não queria boato nenhum circulando pela base. Esta historinha do soldado e o taxista árabe é apenas um pequeno exemplo das complexidades e contradições da vida em Israel, especialmente para alguém que frequentemente atravessava as linhas de conflito.

A parte mais interessante do treinamento na base foi a semana em que transpusemos a fronteira libanesa. Íamos todos os dias ao Líbano para consertar cercas de arame farpado das bases e postos avançados do exército, na conhecida "zona de segurança". Naquela semana, aprendi como passar por uma cerca de arame farpado, como cortá-la e moldá-la a ponto de torná-la algo totalmente inútil. Também aprendi a remontar e cercar uma área maior, e embora eu nunca tenha lutado no Líbano — na verdade, em lugar algum — como soldado, posso dizer que um dia eu lá estive.

Após o treinamento na base, fui convidado a me juntar à equipe do colégio militar de treinamento e educação para oficiais. O Colégio ficava em Har Gilo, um assentamento no alto de Beit Jala, a cidade palestina acima de Belém, logo além da Linha Verde. Era comandado pelo tenente-coronel rabino Naftali Rothenberg. Naftali era um oficial, um cavalheiro e um rabino — aliás, o rabino chefe de Har Adar, um subúrbio de Jerusalém. Ele estava empolgado, e queria que eu trabalhasse nos três meses seguintes com os oficiais que iriam realizar um curso obrigatório de três semanas sobre a sociedade israelense — era pré-requisito para patente de major, o curso que eu mesmo tinha ajudado a desenvolver. Mas eu era também um problema: sendo um soldado raso, enquanto os participantes do curso eram capitães e majores, eu não poderia vir a ser o oficial comandante deles, mesmo durante a breve duração do curso. Foi por isso que Naftali mandou que eu não vestisse meu uniforme, assim não haveria patente alguma à mostra. Quando não se porta uniforme, não se pode andar armado. E se os oficiais perguntam sobre sua patente, a responda tem de ser "tenente-coronel". Para que a nossa farsa parecesse real, ele também me mandou sentar ao seu lado, na mesa do comandante, durante todas as refeições. Foi um jeito incrível de cumprir o serviço militar.

    Para completar, na época, eu morava em Derech Hebron, no sul de Jerusalém, a avenida principal de Talpiot, por onde os táxis coletivos palestinos passavam no caminho para Belém. Eu parava um táxi na frente da minha casa, viajava até Belém e descia no início da estrada que leva a Beit Jala e Har Gilo. Tudo isso aconteceu antes da Primeira Intifada e antes de Oslo. O desvio de Belém não existia. O trânsito israelense que ia para o sul da Cisjordânia ou para o sul de Israel através de Jerusalém passava por essa estrada. Em Beit Jala, eu pegava outro táxi palestino até o alto e então caminhava dez minutos até Har Gilo, ou então um soldado ou veículo militar me levava. Eu não trajava uniforme nem andava armado, e esta era a maneira mais rápida de ir de casa até a base pela manhã. Esqueci de mencionar que também tinha permissão para voltar todos os dias para a minha casa. Em geral, pegava carona com alguém que estivesse indo de Har Gilo para Jerusalém.

    Terminei meu serviço militar em setembro de 1987 e me tornei o primeiro oficial-professor da reserva do colégio pelos quinze anos seguintes. No final de dezembro daquele ano, a Primeira Intifada estourou — na época, não sabíamos que a chamaríamos de *primeira*. Logo depois, o colégio do exército encerrou o programa sobre coexistência e democracia. Em março de 1988, deixei o Instituto de Educação para a Coexistência Judaico-Árabe e fundei o IPCRI. A Intifada criou a oportunidade de prever a criação de um processo de paz de verdade, baseado no reconhecimento mútuo e na solução de dois Estados.

A maioria dos israelenses não fazia ideia do motivo da Intifada. O público foi pego de surpresa. O exército ficou igualmente surpreso com a explosão de energia política vinda de uma população que durante os últimos 20 anos havia se mantido em silêncio. Da noite para o dia, tudo que sabíamos sobre os palestinos, ou que achávamos que sabíamos, mudou. Pouquíssimos especialistas israelenses sabiam explicar o que estava acontecendo. Eu comecei neste momento a passar a maior parte do tempo me reunindo com palestinos por toda a Cisjordânia, e um pouco em Gaza também. Fui entendendo melhor os eventos da Intifada, então comecei a escrever e publicar minhas considerações.

Foi então que o colégio militar de treinamento e educação para oficiais me chamou para lecionar sobre a Intifada e os palestinos. Em 1988, o corpo de educação da IDF decidiu que todos os seus professores deveriam passar uma semana no norte de Israel. Aquela foi uma das semanas mais inusitadas e interessantes da minha vida. Foi então que me convocaram para palestrar sobre a Intifada. A maioria dos soldados no norte do país havia acabado de sair dos territórios palestinos ou estava prestes a ser enviada para lá. Eles estavam curiosos sobre a Intifada e queriam entender melhor o que estava acontecendo, pelo que os palestinos lutavam e qual seria o desenrolar daquela história. Passei uma semana sendo levado de jipe para bases e postos ao longo da fronteira norte entre Israel, Líbano e as Colinas de Golã. Entre as palestras em postos avançados, para dez soldados de cada vez, eu dirigia pelas estradas de patrulha. Parávamos as patrulhas no meio da estrada, os soldados desciam do jipe e eu fazia uma apresentação sobre os sentidos da Intifada, ali mesmo, na estrada de chão batido. Parecia uma cena de filme, quase fantástica, com um clima ótimo, ar fresco e céu limpo. Não havia um plano definido a priori, no sentido de onde eu iria ou com quem falaria. Eu estava incumbido de fazer estas apresentações todos os dias, coordenando tudo por *walkie-talkie*. Éramos cerca de 30 palestrantes vagando pelo norte do país em busca de público entre os militares. Alguns dos soldados que encontrei já haviam escutado três ou quatro destas apresentações por dia.

Durante os anos em que dei palestras sobre os árabes israelenses, principalmente no exército de Israel, fiz dupla frequentemente com Shmuel Toledano, que havia sido assessor sobre questões árabes de diversos primeiros-ministros. Shmuel era um grande palestrante, e seu histórico e sua conduta eram grandes fontes de credibilidade aos olhos dos soldados. Já eu dizia, por outro lado, fazia quase as mesmas considerações que ele, mas as minhas palavras atraíam a fúria dos soldados. Eu falava sobre a história da população árabe israelense no país enfocando no desejo dela de igualmente ser integrada a Israel. A questão da discriminação surgia e eu dava diversos exemplos de como o Estado discriminava contra os árabes. Era uma conversa sempre acalorada e com questionamentos que provocavam muitos debates.

Uma vez um soldado veio me procurar ao final da palestra e me disse o seguinte:

— O único motivo para não ter puxado a minha arma e atirado em você é que estava sentado em cima das minhas mãos para me segurar.

Minha palestra seria, provavelmente, a primeira vez na vida em que esses jovens israelenses se deparavam com a questão da discriminação contra os árabes em Israel. Eles haviam escutado várias e várias vezes que Israel é a única democracia do Oriente Médio. A realidade que eu apresentava era muito indigesta para eles. No entanto, duas horas depois eles escutavam exatamente a mesma coisa de Shmuel Toledano e digeriam suas palavras com muito mais facilidade. Depois de muitas apresentações da dupla Baskin-Toledano, descobrimos que o impacto das duas palestras juntas era muito mais forte do que quando qualquer um de nós trabalhava sozinho. Imagino que o show Baskin-Toledano teve, no mínimo, cem apresentações.

O primeiro confronto
A *Intifada*

Continuei a comandar o Instituto de Educação para a Coexistência Judaico-Árabe até o início da Primeira Intifada ou, melhor dizendo, até o quarto mês da Primeira Intifada, que começou em 9 de dezembro de 1987. Assim como a maioria dos israelenses, percebi que algo novo e muito diferente estava acontecendo. Os palestinos levaram 20 anos, desde o início da ocupação israelense em junho de 1967, para se levantarem contra Israel. Em uma noite no início de 1988, enquanto eu me ocupava com uma formação para professores sobre coexistência entre árabes e judeus em uma escola de ensino médio em Beersheva, os professores judeus conversavam sobre a Intifada.

— Como é que podem fazer isso conosco, se fomos tão bons para eles – ouvi-os reclamar. — Sob o nosso governo, abrimos universidades, escolas, hospitais e promovemos empregos em Israel.

Pareciam papagaios, repetindo o mito da "ocupação benevolente", como se os palestinos devessem ser gratos a Israel por ocupar as suas terras e negar a sua liberação e independência. Eles não tinham a experiência de viver sob ocupação e apenas os poucos soldados que haviam servido nos territórios conheciam a situação de fato. De 1967 até o estouro da Intifada, no final de 1987, a população palestina da Cisjordânia e de Gaza era um grupo relativamente dócil. Houve desenvolvimento econômico significativo nas duas regiões depois do início da ocupação israelense. Não havia fronteiras reais entre Israel e a Cisjordânia e Gaza. As pessoas podiam transitar livremente, até mesmo em seus próprios automóveis. Inclusive, os táxis palestinos transitavam pelas estradas de Israel. No auge, estima-se que cerca de

200 mil palestinos trabalhavam em Israel. Muitos israelenses se aventuravam nos territórios ocupados para fazer compras, jantar em restaurantes, consertar seus automóveis e até ser atendidos por dentistas palestinos, que cobravam muito mais barato que os israelenses. Tudo isso acabou com o início da Primeira Intifada.

A Primeira Intifada era algo monumental que estava acontecendo nos territórios ocupados, algo que eu queria entender profundamente. Seria aquele o momento que eu esperava desde a minha primeira reunião com o embaixador da OLP em Nova York em 1976? Em 9 de dezembro de 1987, um caminhão do exército israelense colidiu com uma van palestina que levava trabalhadores do campo de refugiados de Jabalya, em Gaza. Quatro dos trabalhadores morreram. Quando as mortes foram noticiadas, protestos em massa explodiram espontaneamente em Jabalya e por toda parte de Gaza. Milhares de jovens de ambos os sexos marcharam em direção a campos e postos militares israelenses. Em 20 anos de ocupação, o exército Israelense nunca enfrentara tamanha resistência. Em poucos dias, os protestos se espalharam pelo resto dos territórios ocupados em Gaza e na Cisjordânia. O ministro da defesa Yitzhak Rabin estava em Washington quando os protestos começaram. No segundo dia da revolta, falando na rádio israelense, perguntaram a Rabin: "Você não acha que deveria voltar?". Ele respondeu que os protestos terminariam em um dia ou dois. Cometeu um erro. Não terminaram, pelo contrário, se intensificaram. Assim nasceu a Intifada. O termo *intifada* era uma novidade tanto no vocabulário palestino como no israelense. Em árabe, a palavra significa "sacudida", e pretende simbolizar a exigência palestina de se livrar da ocupação israelense, mas também das velhas lideranças e ideologias do movimento nacional palestino.

Comecei a ler os folhetos políticos que eram distribuídos pelo chamado Comando Unido da Intifada, que representava os quatro principais movimentos políticos das OLP: Fatah, o Partido Comunista Palestino, a Frente Popular para a Libertação da Palestina (FPLP) e a Frente Democrática para a Libertação da Palestina (FPLP). O linguajar usado era novo e muito diferente da plataforma política da OLP. Procurei as palavras que o embaixador da OLP em Nova York me disse em 1976 sobre os palestinos, que jamais reconheceriam Israel e que os judeus deveriam voltar para onde estavam. As proclamações em prol da destruição de Israel haviam desaparecido. Em vez disso, exigia-se que Israel encerrasse a ocupação dos territórios conquistados em 1967. O que queriam era estabelecer um Estado independente ao lado de Israel, não no seu lugar.

O primeiro panfleto continha a retórica bombástica usual sobre a luta palestina, mas não incluía as demandas da Carta Nacional Palestina, que clamava pela destruição de Israel.

8 DE JANEIRO DE 1988
Excerto do comunicado n. 1 da Intifada

Em nome de Deus misericordioso. O glorioso levante do nosso povo continua. Afirmamos a necessidade de expressar solidariedade com o nosso povo onde quer que esteja. Continuamos a ser leais ao sangue puro dos nossos mártires e dos nossos irmãos cativos. Também reiteramos nossa rejeição à ocupação e à sua política de repressão, representada pela política de deportação, prisões em massa, toques de recolher e a demolição de casas. [...] Abaixo a ocupação, longa vida ao país livre e árabe da Palestina.

Em 14 de janeiro de 1988, o Comando Unido emitiu um documento listando as suas principais exigências políticas. Os autores principais eram dr. Sari Nusseibeh e Ziad Abu Zayyad, que viviam em Jerusalém, e não a liderança da OLP em Túnis. O documento foi especialmente significativo por ter vindo dos líderes palestinos locais nos territórios ocupados e por se desviar significativamente da promessa original da OLP de apoiar "um único Estado democrático secular em toda a Palestina". O documento enfatizava a vida nos territórios ocupados:

Conclamamos as autoridades israelenses a atender a seguinte lista de exigências como forma de preparar a atmosfera para a realização da conferência de paz internacional sugerida, que garantirá a resolução justa e duradoura do problema palestino em todos os seus aspectos, concretizando os direitos nacionais inalienáveis do povo palestino, a paz e a estabilidade para os povos da região e um fim à violência e ao derramamento de sangue:

1. Respeitar a Quarta Convenção de Genebra e todos os outros acordos internacionais relativos à proteção de civis, das suas propriedades e dos seus direitos sob um estado de ocupação militar. [...]

2. O cumprimento imediato das Resoluções 605 e 607 do Conselho de Segurança, que determinam que Israel deve respeitar a Convenção de Genebra de 1949 e a Declaração dos Direitos Humanos, e pedem também uma resolução justa e duradoura do conflito árabe-israelense.

3. A libertação de todos os prisioneiros presos durante o levante recente, especialmente nossos filhos. Também a rescisão de todos os processos e denúncias contra eles. [...]

4. O cancelamento da política de expulsão, permitindo que todos os palestinos exilados, incluindo os quatro exilados ontem, voltem para as suas casas e suas famílias; também a libertação de todos os presos administrativos e o cancelamento de centenas de pedidos de prisão domiciliar. [...]

5. O fim imediato do cerco de todos os campos de refugiados palestinos na Cisjordânia e em Gaza e a retirada do exército israelense de todos os centros populacionais. [...]

6. O término de todas as atividades de assentamento e confisco de terras e a devolução de todas as terras confiscadas anteriormente. [...]

7. Evitar qualquer ação que possa interferir em lugares sagrados muçulmanos ou cristãos, ou que possa introduzir mudanças ao *status quo* na cidade de Jerusalém. [...]

8. O cancelamento de todas as restrições às liberdades políticas, incluindo as restrições a reuniões e convenções; também a organização de eleições municipais livres sob a supervisão de uma autoridade neutra. [...]

9. A remoção de todas as restrições a contatos políticos entre os habitantes dos territórios ocupados e a OLP, de forma a permitir a participação dos palestinos dos territórios ocupados no trabalho do Conselho Nacional Palestino para garantir que os palestinos sob ocupação contribuam diretamente para os processos de tomada de decisão da Nação Palestina.

Eu precisava descobrir se essas posições refletiam o que a população nos territórios ocupados realmente estava exigindo. Precisava saber se os palestinos estavam desenvolvendo uma nova pauta que levaria ao reconhecimento de Israel e o apoio à solução de dois Estados. A referência no início do documento à "paz e estabilidade para os povos da região" era uma referência em código ao povo judeu. Posteriormente, a liderança palestina usaria a expressão "paz e segurança para os Estados da região" em textos semelhantes para se referir a Israel sem mencioná-la explicitamente. Entendi essa medida como sendo os primeiros passos oficiais dos palestinos na estrada do reconhecimento explícito de Israel, o que levaria a um processo de paz.

Na manhã de sábado de 5 de março de 1988, decidi que conversaria com palestinos e descobriria em primeira mão o que estava acontecendo. Estava ciente que seria arriscado, talvez até muito perigoso, mas subi na minha lambreta Vespa multicolorida de 1963 e me dirigi ao campo de refugiados de Dheisha. É o maior campo de refugiados da Cisjordânia, situado na estrada principal que costumava ser a ligação mais importante entre Jerusalém e Hebron. Naquela época, não havia desvios, para que os israelenses não precisassem passar pelas áreas palestinas. Eu conhecia a estrada para Belém muito bem, pois ia comprar frutas e verduras na cidade quase todas as sextas-feiras. Também durante 1986 e 1987, antes do início da Intifada, realizei diversas reuniões para a equipe do Instituto de Educação para a Coexistência Judaico-Árabe em um de dois restaurantes de Belém, perto da Praça da Manjedoura.

Nesse período, havia um pequeno posto de comando israelense na estrada, no outro lado do campo de refugiados. O campo era cercado por uma cerca metálica de mais de 10 metros de altura para impedir os *shabab*, os jovens, de atirar pedras nos carros israelenses, que eram, na sua maioria, carros de colonos ou veículos do exército. Desde o início da Intifada, a maioria dos israelenses parou de usar essa estrada, que também ligava Jerusalém a Beersheva. A visita naquela manhã de sábado não era a coisa mais segura que eu poderia fazer, mas, ainda assim, minha necessidade de escutar os palestinos e tentar entender o que realmente queriam me forçou a ir.

Fui até a escola da ONU na entrada do campo, tirei meu capacete e fui abordado imediatamente por um grupo de jovens. Com o meu árabe capenga, expliquei que era israelense e que queria aprender sobre a Intifada pelos seus olhos, da sua perspectiva. Disse que queria saber pelo que estavam lutando. Ficamos ali conversando cerca de 20 minutos e então um dos jovens nos convidou para irmos até sua casa. Cerca de 30 pessoas foram junto. A casa não passava de um cômodo que servia de cozinha, sala de estar e quarto para uma família de sete. Os colchões em que dormiam estavam todos empilhados em um canto. Havia um tapete de palha no chão. Tirei meus sapatos, como é o costume, e nos sentamos nos colchões espalhados pelo cômodo. Passei cerca de seis horas em Dheisha naquele dia. Quando fui embora, estava tremendo de energia e empolgação – e não só por causa da força de todo o café árabe que havia tomado! –, pois fiquei ouvindo muito sobre o que até então nunca havia escutado de palestinos.

O que escutei desses jovens em Dheisha em março de 1988, quase todos homens, foi o seguinte: "Acabem com a ocupação, nos deixem criar o Estado palestino e vamos viver em paz lado a lado". Ninguém me disse "vocês deviam voltar de onde vieram". Era muito diferente de tudo que eu havia escutado dos palestinos antes, que diziam: "Não há a solução de dois Estados, apenas o Estado democrático secular". Esta era a plataforma oficial do Movimento Nacional Palestino até então. Eu estava ciente que a OLP estava passando por transformações desde a década de 1970, mas também era verdade que as pessoas que lideraram essas mudanças foram executadas subsequentemente, e que os palestinos moderados da OLP eram conhecidos por não ter uma vida longa. Dois exemplos proeminentes de líderes da OLP que buscaram o engajamento com Israel, com o apoio de Yasser Arafat, líder da

OLP, foram Saad Hamami e o dr. Issam Sartawi.[51] Saad Hamami foi um político e diplomata palestino, assassinado em Londres em 4 de janeiro de 1978, onde atuava como representante da OLP. Foi nesse cargo que ele havia começado a defender a coexistência entre o Estado de Israel e o futuro Estado palestino. Hamami foi assassinado pelo grupo terrorista de Abu Nidal. Sartawi defendia o apoio ao plano de paz proposto pelo presidente americano Ronald Reagan e realizou reuniões públicas com esquerdistas israelenses importantes que apoiavam a paz entre Israel e Palestina. Sartawi era o representante da OLP na Internacional Socialista, e foi assassinado em Portugal em abril de 1983, durante uma reunião da organização. A organização de Abu Nidal também assumiu a responsabilidade pelo seu assassinato.

A partir de dezembro de 1978 surgiu um levante da população palestina na Palestina, que emergiu dos campos de refugiados, e que são o símbolo da memória nacional coletiva dos palestinos. Essencialmente, o levante pedia o reconhecimento de Israel e o estabelecimento de um Estado palestino ao seu lado, não no seu lugar. As instruções não estavam vindo da liderança da OLP na Tunísia, estavam saindo de Gaza e da Cisjordânia, dos campos de refugiados e dos intelectuais palestinos que viviam sob ocupação israelense. Eu acreditava e torcia para que de fato tivesse chegado o momento de israelenses e palestinos se engajarem.

Muitos dos folhetos políticos distribuídos nos territórios ocupados também continham convocatórias específicas para o público israelense. Por exemplo:

11 DE NOVEMBRO DE 1988
Folheto n. 29

Uma conferência internacional ativa, sob a supervisão da ONU e com a participação dos cinco membros permanentes do Conselho de Segurança e de todas as partes do conflito [incluindo] a OLP, nosso único representante legítimo, enquanto parte igual, baseada nas Resoluções

---

51. Para mais detalhes, buscar pelos nomes de Saad Hamami e Issam Sartawi no portal online da *Encyclopedia Britannica* [em inglês].

242 e 338 da ONU, com o direito à autodeterminação para o nosso povo palestino. Essa ênfase demonstra a dedicação e sinceridade do nosso povo e o seu sonho de estabelecer uma paz justa e abrangente à luz da distensão na política internacional e da tendência a resolver conflitos regionais com base na legitimação internacional.

Um elemento particularmente importante aqui é que, até a Primeira Intifada, a liderança palestina rejeitava as Resoluções 242 e 338 da ONU, pois elas se referiam explicitamente à legitimidade da existência de Israel e não mencionavam a questão palestina além do problema dos refugiados. Israel e os Estados Unidos haviam exigido que a OLP aceitasse essas resoluções e renunciasse à violência, à luta armada, como pré-condição para que a OLP fosse aceita como representante do conflito. Essa ainda não era a posição da liderança da OLP no exílio, mas, para mim, era evidente que uma mudança estava prestes a acontecer. A Resolução 242 estabelecia o princípio de trocar terra por paz e serviria de base internacional para o processo de paz entre Israel e Palestina.

Em 15 de novembro de 1988, Yasser Arafat reuniu o Conselho Nacional Palestino, a entidade que representa todos os palestinos ao redor do mundo, e declarou a independência do Estado da Palestina. Arafat pedira a Mahmoud Darwish, o poeta nacional palestino, que escrevesse a Declaração da Independência da Palestina. Mahmoud Darwish nasceu na vila de al-Birwa, na Galileia Ocidental, em agosto de 1942. Em 1948, sua família fugiu para o Líbano, mas voltou para o novo Estado de Israel um ano depois. Sua vila fora destruída, então sua família se mudou para Acco. Ele estudou na vila de Kafr Yassif, onde concluiu o ensino médio. Darwish cresceu enquanto o Estado de Israel já existia. Ele foi cidadão israelense até deixar o país e renunciar à sua cidadania em 1973, quando se juntou à OLP e se mudou para o Líbano. Quando era um jovem israelense em uma escola pública, Darwish teve que estudar a Declaração da Independência de Israel. Quando Arafat lhe deu a missão de escrever a declaração palestina, Darwish antes consultou o documento israelense para ver o que ele dizia.

O principal autor da Declaração de Independência de Israel foi David Ben-Gurion, fundador e primeiro primeiro-ministro do país. Ben-Gurion estava ciente da pressão constante sobre a liderança judaica para que adiasse a Declaração de Independência após o início do conflito, depois da decisão da ONU sobre a partilha em 29 de novembro de 1947. Ben-Gurion sabia que precisaria legitimar, acima de qualquer suspeita ou dúvida, os direitos do povo judeu de estabelecer o seu próprio Estado na Terra de Israel. A Declaração de Independência de Israel é um documento brilhante que, de parágrafo em parágrafo, justifica a existência de Israel e explica por que o povo judeu tem o direito e a obrigação de estabelecer o seu Estado. A declaração começa assim:

Eretz-Israel[52] é o local de origem do povo judeu. Aqui a sua identidade espiritual, política e religiosa foi moldada. Aqui ele primeiro atingiu a formação de um Estado, criou valores culturais de significância nacional e universal e deu ao mundo o eterno Livro dos Livros.

Mahmoud Darwish, ao ler a declaração israelense, enxergou o brilhantismo do documento e decidiu que os palestinos precisariam do seu próprio texto para justificar sua existência enquanto povo e o seu direito de estabelecer um Estado. A declaração palestina começa assim:

Em nome de Deus misericordioso, a Palestina, a terra das três fés monoteístas, é onde o povo árabe palestino nasceu, cresceu, se desenvolveu e se distinguiu. Assim, o povo árabe palestino garantiu para si uma união eterna entre si, sua terra e sua história.

Recomendo muito a leitura de ambos os documentos do início ao fim, mas gostaria de destacar uma diferença significativa entre as duas declarações. A justificativa maior para o estabelecimento de Israel e da Palestina é a chamada *legitimidade internacional*. O termo se refere à decisão da ONU[53] de dividir a Palestina em dois Estados. Ambas as declarações se referem a essa resolução.

---

52. "Terra de Israel", em hebraico.
53. Resolução 191 da AGNU.

Na época da decisão da ONU, os palestinos rejeitaram o direito da comunidade internacional de partilhar a Palestina, mas, 40 anos depois, usaram essa mesma resolução para justificar a criação do seu Estado. Na declaração israelense, não se menciona a decisão de dividir a Palestina, apenas a de criar o Estado judeu:

No dia 29 de novembro de 1947, a Assembleia Geral das Nações Unidas aprovou a resolução do estabelecimento de um Estado judeu em *Eretz-Israel*.

A declaração palestina se refere à decisão da seguinte maneira:

Apesar da injustiça histórica perpetrada contra o povo árabe palestino, resultando em sua dispersão e na privação de seu direito de autodeterminação, de acordo com a Resolução 181 da Assembleia Geral da ONU de 1947, que dividiu a Palestina em dois Estados, um árabe e um judeu, é essa Resolução que ainda fornece as condições de legitimidade internacional para garantir o direito do povo árabe palestino à soberania.

Acho especialmente importante destacar que a Declaração de Independência da Palestina menciona o Estado judeu.

Quando li a Declaração de Independência da Palestina e nela a declaração de aceitação do Conselho Nacional Palestino, me convenci que o movimento nacional palestino havia virado a página da história e estava preparado para participar daquilo que viria a ser um processo de paz com Israel, baseado na ideia de dois Estados para dois povos. Finalmente havia chegado o momento que eu tanto havia esperado, desde o meu encontro com o embaixador da OLP em Nova York, em 1976.

A invenção do IPCRI

Quando meu dia em Dheisha terminou e voltei para casa em 5 de março de 1988, escrevi meu pedido de demissão para o conselho do Instituto de Educação para a Coexistência Judaico-Árabe, que eu mesmo havia fundado e dirigia desde 1983. Em seguida, preparei um pequeno anúncio para publicar nos jornais diários palestinos. Vale lembrar que estávamos na era em que ainda não existia e-mail, internet ou Facebook — e às vezes é difícil de até lembrar disso. Fui até Jerusalém Oriental e visitei os escritórios dos três maiores jornais diários palestinos, *Al-Quds*, *Al-Fajr* e *Al-Shaab*, e publiquei o anúncio. Em si, isso não foi uma tarefa fácil, pois eu não conhecia os diretores dos jornais, eles não me conheciam e o clima do momento era de desconfiança. Escrevi os anúncios em inglês e pedi que traduzissem para o árabe: eles acabaram sendo veiculados nos dois idiomas. Pedi que fosse publicado na manhã de sexta-feira. Escolher esse dia foi parte da minha ignorância cultural na época. Imaginei que, assim como em Israel, a edição do final de semana seria a mais vendida. Na Palestina, sexta-feira é o dia de folga para muita gente, então é também o dia em que se vendem menos jornais: mas eu não sabia disso naquela época.

O anúncio dizia o seguinte:

Se você acredita em uma solução de dois Estados, se acredita que palestinos e israelenses podem trabalhar juntos para desenvolver a paz, se possui diploma universitário, se ficou curioso, me ligue.

E, depois disso, vinha meu número de telefone residencial. Até a noite de sábado, recebi 43 ligações. Tive algumas conversas muito interessantes durante o final de semana. Marquei reuniões com todos que estavam dispostos a me encontrar. Reservei uma mesa no pátio do American Colony Hotel, em Jerusalém Oriental, e passei os próximos cinco dias me reunindo com vinte e três pessoas. Foi durante as reuniões que nasceu a ideia de criar o IPCRI.

Durante o processo de me preparar para essas reuniões, escrevi um artigo de uma página e meia no qual sugeria que o conflito Israel-Palestina não era mais um conflito existencial. Não era mais *nós ou eles*. Os eventos políticos da Intifada haviam transformado o conflito de tal forma que transcendia a questão existencial do *nós e eles*. A nova questão era "como?". Propus os seguintes itens para abordar as questões conflituosas:

1. A criação do Estado palestino ao lado de Israel e a natureza da sua soberania;

2. O traçado das fronteiras entre os dois Estados;

3. A ligação física entre os dois territórios; palestinos, Gaza e a Cisjordânia, com Israel no meio,

4. Os refugiados palestinos e os seus direitos;

5. O futuro de Jerusalém, a cidade fundamental para a identidade de ambos os povos, sagrada para as três religiões monoteístas;

6. A questão das relações econômicas entre os dois Estados, com uma enorme diferença de desenvolvimento socioeconômico entre eles;

7. A questão dos recursos naturais e hídricos compartilhados pelos dois lados.

Hoje, também incluiria uma outra questão específica: os desafios da segurança. O mais incrível é que todos os vinte e três palestinos com os quais me reuni em março de 1988 concordavam com o que eu havia escrito naquela época. Ninguém questionou nada. Intuitivamente, eu sabia que o primeiro passo para a resolução do conflito seria concordar o que estava em disputa. Agora, me parecia evidente que havíamos chegado nesse ponto. Tínhamos muitas perguntas sem resposta, mas, para mim, o ponto de partida para trabalharmos juntos estava claro: o resultado final, um acordo sobre uma solução para o conflito, precisaria ser definido no início, com os detalhes de como implementá-lo, servindo de foco para o trabalho que ainda precisaria ser feito. Se começássemos a reunir especialistas de ambos os lados para desenvolver propostas sobre como resolver os elementos do conflito, o ponto de partida seria, na minha proposta, uma solução de dois Estados.

Em outras palavras, significava encerrar a ocupação israelense de Gaza e da Cisjordânia, criar o Estado palestino ao lado de Israel e desenvolver relações e mecanismos para a cooperação real, mutuamente benéfica e internacional em todos os campos possíveis. A ideia era absolutamente revolucionária. Menos de 5% dos judeus israelenses apoiavam a ideia de um Estado palestino ao lado de Israel, já que o consideravam uma ameaça existencial para o Estado de Israel, e muitos consideravam que os defensores dessa ideia eram traidores. Também era uma abordagem bastante radical, porque afirmei que, para avançar no sentido de resolver o conflito, não debateríamos a solução. A solução seria dois Estados, lado a lado e em paz. A questão seria apenas como chegar nisso. Ou seja, a sugestão era que praticássemos *engenharia reversa*: se queremos uma solução de dois Estados, vamos partir do ponto de chegada e descobrir o que precisa ser feito para transformá-la em realidade.

Para embasar esse trabalho, meu primeiro passou foi conversar com especialistas da área, pessoas com mais experiência e conhecimento do que eu. Quase todos com quem conversei ficaram inspirados e entusiasmados com a ideia. No início, era fácil encontrar israelenses dispostos a emprestar o seu nome e dar o seu apoio, a participar do conselho desse instituto conjunto e de participar de grupos de trabalho mistos com israelenses e palestinos. As pessoas contatadas eram os "suspeitos de sempre", aqueles que já haviam apoiado a solução de dois Estados, apesar de, na época, representarem uma minoria muito pequena. A reunião mais importante que tive foi com o dr. Matty Peled, membro do Knesset e general da reserva. Peled pertencia ao partido de esquerda Lista Progressista da Paz e, apesar de ser um general que havia atuado no comando da IDF durante a Guerra dos Seis Dias, em 1967, tinha chegado à conclusão que uma solução militar não era possível no conflito árabe-israelense. Por ser especialista em língua e literatura árabe, ele buscava soluções políticas. Os conselhos de Peled me valiam mais do que ouro!

— Gershon, não precisamos de outro grupo pacifista de esquerda para organizar protestos em esquinas escuras que ninguém vê. Para ter sucesso, você precisa trazer para o debate as pessoas que estão no centro da tomada de decisões em Israel. É preciso trazer o *establishment* israelense para conversar com os palestinos.

E mais:

— Não conte a ninguém que falou comigo. Se precisar de mim, minha porta estará sempre aberta para você.

Escutei-o atentamente e segui o que ele me disse. Infelizmente, Peled faleceu em 1995, aos setenta e dois anos. Em 1997, sua neta Smadar foi assassinada em um ataque suicida palestino no centro de Jerusalém. Ela tinha treze anos e foi enterrada ao lado do avô.

No lado palestino, o desafio era muito maior. Eu não conhecia ninguém na liderança palestina. Meu trabalho dos dez anos anteriores se concentrava no setor árabe de Israel. Eu conheci todos os líderes palestinos importantes e figuras ativas que eram cidadãos de Israel. Naquele momento eu precisava procurar pessoas que simplesmente não me conheciam. Passei várias horas em Jerusalém Oriental, a capital do povo palestino na época, participando de reuniões. Eu sempre havia explorado Jerusalém Oriental por curiosidade e interesse, e muito frequentemente em busca do melhor homus. Jerusalém Oriental não era um lugar estranho para mim, mas, apesar de saber andar pela cidade e conhecer sua topografia, eu não conhecia as pessoas de lá. Também tive que ir a Ramallah, em especial na Universidade de Birzeit, principal bastião da política palestina na época. Eu havia visitado Ramallah algumas vezes, mas não posso dizer que me sentia à vontade no lugar. Durante esse período da Primeira Intifada, era perigoso para um israelense judeu entrar nas áreas palestinas. Os carros israelenses eram apedrejados nas estradas dos territórios ocupados. Como não havia desvios, todas atravessavam as cidades, vilas e vilarejos palestinos. Meus novos amigos palestinos me aconselharam a colocar um *kaffiyeh* em cima do painel para usar quando viajasse pelas áreas palestinas. Eu o removia quando passava por barreiras do exército israelense ou por áreas de assentamentos. Comprei um segundo *kaffiyeh* para quando fosse caminhar por Ramallah, Jerusalém Oriental ou outras áreas palestinas. Eu deixava um no painel, para que não incendiassem meu carro, e andava com o outro amarrado ao redor do pescoço como se fosse um lenço. Também coloquei um bóton com as bandeiras de Israel e da Palestina, indicando que era a favor de um acordo de paz em que os dois países existiriam lado a lado.

A partir de outubro de 2015, com a volta da violência às nossas ruas, tive que recorrer aos velhos hábitos. Hoje, quando atravesso áreas palestinas, penduro um colar de contas em verde, vermelho, preto e branco, as cores da bandeira palestina, no meu espelho retrovisor. As contas me ajudam a me preocupar menos em vir a ser apedrejado enquanto dirijo por cidades e vilas palestinas.

Meu primeiro parceiro palestino foi o falecido dr. Adel Yahya, um ativista político que ensinava História na Universidade de Birzeit e era membro do alto escalão do Partido Comunista Palestino. Adel me apresentou a diversas pessoas, principalmente outros camaradas do Partido Comunista. Tive que pedir demissão do Instituto de Educação para a Coexistência Judaico-Árabe e comecei a receber seguro-desemprego do Estado de Israel. Isso me sustentou por cinco meses, mas eu não tinha dinheiro e nem havia uma instituição que pudesse pagar o salário de um parceiro palestino. Foi preciso que começássemos como voluntários e, com isso, sem recursos para as despesas.

Logo depois que começamos a trabalhar juntos, recebi uma ligação de um amigo dele informando que Adel estava sendo levado para a delegacia israelense em Ramallah. A polícia e o exército estavam detendo os líderes da Intifada, incluindo Adel. Sabia que poderiam mantê-lo sob detenção administrativa por seis meses sem nenhuma acusação, e até mesmo impedi-lo de conversar com um advogado e poder se defender. Foi o meu primeiro desafio político no papel de codiretor do IPCRI. Meu parceiro foi preso pelas forças de ocupação e eu sabia que um dos motivos para ele ter sido detido era a sua crença fervorosa na resolução de dois Estados, por mais irônico que pareça. Essas pessoas eram consideradas uma ameaça maior à ocupação israelense do que os palestinos que rejeitavam o direito de Israel de existir. Passei a ouvir cada vez mais casos de palestinos presos que haviam se envolvido em atividades com israelenses. Um dos maiores alvos foi o Comitê de Solidariedade Israelense na Universidade de Birzeit. A universidade tinha suas portas fechadas regularmente, e os palestinos envolvidos com o comitê israelense frequentemente eram presos. Eu sabia que precisaria agir de forma rápida e decisiva para tirar Adel da cadeia antes que fosse condenado aos seis meses de detenção administrativa.

Liguei para todos os políticos que conhecia pessoalmente em Israel. Depois, comecei a ligar para diplomatas estrangeiros — embaixadores e outros que eu havia conhecido recentemente na minha busca por apoio financeiro para o IPCRI. A pessoa que melhor reagiu ao meu contato foi Phil Wilcox, cônsul-geral dos EUA em Jerusalém. Fiz dezenas de ligações em nome de Adel e me certifiquei de que as pessoas com quem eu conversava saberiam para quem ligar. Eu estava fazendo trabalho voluntário uma vez por semana no Moked, o centro para os direitos humanos em Jerusalém, naquela época recém-fundado, para ajudar palestinos que buscavam por parentes e amigos detidos pela polícia ou pelo exército. Era uma bagunça, pois a quantidade de presos era enorme e os israelenses ainda não haviam estabelecido um sistema para lidar com eles. Algumas pessoas simplesmente sumiam. Assim, eu sabia para quem seria preciso ligar e como cada pessoa poderia descobrir o que teria acontecido com amigos e familiares.

Adel foi solto depois de passar três dias na prisão. Quando saiu, um dos oficiais israelenses olhou para ele e disse:

— Você deve ter uns amigos muito poderosos!

Foi minha primeira lição sobre como lidar com esse tipo de situação, que enfrentaria centenas de vezes nos anos seguintes. Adel morreu de câncer em 2015, depois de uma ilustre carreira de historiador com especialização em História Oral Palestina.

Na tentativa de expandir nossa base de apoio no lado palestino, procurei outros líderes do Fatah e da Frente Democrática para a Libertação da Palestina (FDLP). Os membros da FDLP se recusaram a me encontrar. Inicialmente, era muito confuso e difícil descobrir quem era quem e a que movimento político pertencia. Todas as facções políticas da OLP eram consideradas ilegais por Israel, então não era nada fácil convencer alguém a admitir que era membro de uma organização. Também descobri que não era nada razoável perguntar diretamente a qual facção ou organização a pessoa pertencia. Logo entendi que as quatro facções políticas principais funcionavam como organizações da sociedade civil, que prestavam serviços ao público assim como os governos faziam. Na verdade, já havia uma espécie de pseudogoverno da Palestina em funcionamento, mas em cada área havia quatro organizações diferentes prestando serviços, cada uma de acordo com a sua afiliação política. Assim, havia quatro grandes organizações de saúde, quatro grandes organizações educacionais, quatro organizações agrícolas principais, e assim por diante. Os nomes das organizações informavam a sua afiliação política. Os comitês populares eram afiliados à FDLP. Os comitês democráticos eram afiliados à FDLP. Em geral, tudo que tinha "do povo" no nome era ligado ao Partido Comunista, que posteriormente mudou o nome para Partido do Povo Palestino. O Fatah usava bastante o nome "União Geral". Demorei para aprender os codinomes e entender a política interna. A importância crescente do Comando Unido da Intifada também criou uma plataforma para mais cooperação entre as facções palestinas, o que estreitou as diferenças entre elas.

Cada pessoa que eu conhecia me passava o contato de mais alguém com quem conversar. Das dezenas de lideranças palestinas com quem conversei, apenas uma me disse que era uma má ideia. Todos os outros disseram que era uma ótima ideia, mas que "era cedo demais" e que ainda não estavam prontos para isso. Todos os palestinos com quem conversei queriam saber quem mais havia declarado apoio à ideia. Quando eu não podia usar o nome de ninguém, a resposta que ouvia era "quando tiver o nome de alguém, me procure de novo". Um dos maiores interessados foi Radwan Abu Ayyash, considerado o número dois do Fatah na Cisjordânia. Ele comandava o escritório da Associação da Imprensa Árabe em Jerusalém, que ele havia fundado e que Israel fecharia por considerar a organização uma frente da OLP. Radwan atuava como número um do Fatah nos territórios porque o verdadeiro líder da organização, Faisal al-Husseini, estava em uma prisão israelense.

Hanna Siniora, o então editor e proprietário do jornal diário *Al-Fajr*, ligado ao Fatah, ficou muito interessado e apoiou a ideia de um centro conjunto israelense-palestino voltado para a a promoção de dois Estados. Siniora foi escolhido por Yasser Arafat para representar o povo palestino nas negociações com o secretário de Estado dos EUA George Shultz durante o governo Regan. Elias Freij, prefeito de Belém, também apoiou a ideia. Freij era um verdadeiro gentleman, muito bondoso e um palestino tradicional respeitado por todos, inclusive em Israel. Mas, fora da comunidade cristã da cidade, por muitos jovens palestinos da nova geração não era considerado a liderança que desejavam. Quase todos os palestinos com quem conversei me disseram para contatar a OLP em Túnis e obter a sua aprovação, pois assim seria mais fácil conquistar o apoio palestino local.

Era muito difícil contatar a OLP naquela época. Para começar, em Israel, falar com a OLP era contrariar a lei. Tecnicamente não havia linhas telefônicas diretas para ligar para Túnis, sede da liderança no exílio. Não havia linhas diretas com nenhum país árabe. Israel era uma ilha em relação à comunicação, e a Palestina também. Descobri que os palestinos ligavam para o mundo árabe por meio de uma empresa com sede no Chipre. Ligava-se para o número cipriota, fornecia o número do mundo árabe e então se fazia a ponte. Não era uma grande empresa nem uma rede de comunicação sofisticada. Alguns palestinos empreendedores alugaram um apartamento no Chipre e instalaram algumas linhas telefônicas que interligaram a uma mesa telefônica simples. A ligação tinha o custo de cinco dólares por minuto, e ainda assim, não era uma boa maneira de se contatar os líderes da OLP para apresentar as ideias que estava querendo promover. Também era inviável simplesmente ligar para os líderes da OLP, me apresentar e falar sobre a ideia. Não havia e-mail naquela época e o fax ainda era uma tecnologia nova e cara que não se encontrava em qualquer escritório.

Eu estava trabalhando nisso tudo em um escritório minúsculo que meu amigo Zvika Dagan, diretor do Centro Intercultural da Juventude da Colônia Alemã em Jerusalém, costumava usar de depósito e me acabou me emprestando enquanto estabelecia o IPCRI. Ele me deu um telefone e me deixou usar o fax no seu escritório. Ainda não havia telefones celulares naquela época: eu, pelo menos, não tinha.

Faisal al-Husseini, filho de Abdul Qadr Husseini, líder das forças palestinas que lutaram contra a criação de Israel e que morreu na famosa batalha de Al-Qastal em 1948, em Jerusalém, era o líder número um do Fatah nos territórios ocupados. Faisal comandava a Sociedade de Estudos Árabes na Casa do Oriente, uma antiga propriedade da família Husseini no centro de Jerusalém oriental. Israel fechou a Sociedade de Estudos Árabes diversas vezes com o passar dos anos. A Casa do Oriente também era alvo frequente das políticas israelenses contra o nacionalismo palestino. Faisal al-Husseini conhecia muito bem o interior das prisões de Israel. Após o início da Primeira Intifada, Faisal foi preso mais uma vez. Quando foi solto da prisão em janeiro de 1989, fui procurá-lo em sua primeira noite de liberdade. Nunca o havia encontrado antes, mas sabia por reputação que era um líder de verdade. Fui informado que ele morava em Sawarneh, um bairro de Jerusalém oriental do qual eu nunca tinha ouvido falar, mas haviam me explicado mais ou menos como chegar. Nunca havia ido até sua casa, mas a encontrei pela quantidade de carros e pessoas que havia ao redor dela. Quando cheguei, havia uma fila de 200 ou trezentas pessoas esperando para apertar a sua mão. Mesmo com a fila andando lentamente, esperei até chegar a minha vez. Sabia que não teria a oportunidade de conversar com Faisal, mas esperei na fila como os demais. Eu era o único israelense naquele lugar. Quando chegou a minha vez, me apresentei e entreguei uma carta. "Creio que se trata de algo muito importante e gostaria que lesse esta carta, eu lhe disse."

A carta descrevia a ideia do IPCRI e os meus esforços para estabelecer a organização, listava os palestinos com quem eu já havia me reunido e pedia que ele apoiasse a ideia. No final da carta, eu pedia para agendar uma nova visita à sua casa, para que pudesse lhe explicar de forma adequada o que estava tentando promover.

Na manhã seguinte, fiquei surpreso quando recebi uma ligação de Faisal. Ele havia lido a minha cara e me pedia para voltar às quatro da tarde daquele dia. Mais uma vez, havia centenas de pessoas esperando para recebê-lo. Desta vez não esperei a fila andar. Encontrei um jovem, um dos seus assistentes, falei meu nome e lhe disse que Faisal havia me pedido para encontrá-lo às quatro horas. Ele me levou ao salão interno da casa enquanto todas as outras pessoas esperavam no lado de fora. Fiquei impressionado. Faisal me interrogou por cerca de 20 minutos. Ele queria saber quais eram meus motivos, de onde eu vinha, qual era a minha história e quem me apoiava no lado israelense. Contei minha ideia para ele. Expliquei que era importante que fosse um esforço conjunto, com israelenses e palestinos trabalhando lado a lado na mesma organização, dividindo os mesmos escritórios. "Vou apoiá-lo. E pode dizer aos outros que você tem o meu apoio", ele disse ao final da conversa.

Depois que Faisal disse sim, não tive mais dificuldades para receber apoio de outros palestinos. Todos os líderes e personalidades palestinas com quem falei depois me disseram: "Se Faisal aderiu, pode me incluir também!".

Apresentei ao ministério do Interior de Israel uma solicitação para registrar uma organização não governamental (*amuta*). Não tinha certeza como o lado oficial de Israel reagiria à ideia de registrar uma organização cujo objetivo era promover a criação de um Estado palestino ao lado do israelense. Também não tinha certeza, apesar de ter as minhas suspeitas, se gostariam do nome proposto para a organização, Centro Israel-Palestina para Pesquisa e Informação. Como esperado, não recebi resposta. Todas as vezes que ligava para o escritório das *amutot*, a resposta era que estavam trabalhando no arquivo. Fiz diversas visitas ao departamento, apenas para receber sempre a mesma informação. Na verdade, demorei vários anos até conseguir registrar o IPCRI em Israel. O registro do IPCRI na Palestina demorou ainda mais. Enquanto isso, eu trabalhava com uma declaração em que constava eu ter apresentado os documentos necessários para o registro de uma organização não governamental, o que não era suficiente para abrir uma conta bancária ou assinar qualquer documento em nome da organização. O IPCRI precisava ser registrado legalmente de algum modo, em algum lugar do mundo.

Um dia na vida de um pacifista israelense[54]

Em Israel, sábado é o dia da família. Todas as lojas, transporte público, a maioria dos restaurantes e outros serviços de entretenimento fecham para o *shabat*. As famílias religiosas tendem a passar a manhã em casa, usando o único dia da semana sem trabalho para conversar com a família, ler os jornais do final de semana, visitar amigos e fazer caminhadas. Para muitos de nós no movimento pela paz israelense, sábado se tornou o dia da solidariedade com os palestinos. Raramente o governo israelense deixa de nos dar um motivo para protestar. Toda semana, desde o início da Intifada, palestinos são mortos ou feridos, vilas são postas sob toque de recolher, casas são destruídas e indivíduos são colocados sob detenção militar sem o devido processo legal, ou até mesmo são expulsos do país. Para nós que estamos comprometidos com a paz com os palestinos e acreditamos que a ocupação militar israelense deve acabar o quanto antes, há sempre uma razão para protestar ou para expressar nossa solidariedade com os palestinos. Nossa consciência lateja e não nos deixa descansar. Escutamos uma pequena voz que nos diz que os soldados israelenses e a polícia de choque também estão agindo em nosso nome. Vemos os resultados sangrentos na televisão todas as noites, ficamos com lágrimas nos olhos e fúria no coração quando lemos o jornal ou escutamos o noticiário no rádio. Sei que são más notícias, mas são como um ímã, me atraindo para o rádio de hora em hora para descobrir o que está acontecendo. Acordo todas as manhãs e pego o jornal antes mesmo dos meus

---

54. Escrito em dezembro de 1988

olhos começarem a enxergar o mundo. É uma condição que poderia ser descrita como uma enfermidade, como se fosse talvez uma esperança necessária de que a situação pode mudar, que no dia de hoje o processo de paz pode, por fim, começar. Mas quase nunca é assim. Choro de impotência enquanto a sociedade em que escolhi viver se torna cada vez mais estranha para mim.

Enquanto os palestinos moderam suas posições e o levante continua, o ódio e o medo do israelense médio se tornam mais arraigados e a probabilidade de estabelecermos paz vai diminuindo. Nós do movimento pela paz vemos esse processo com sobriedade, mas não somos capazes de provocar mudanças reais. Muitos de nós radicalizamos nossos posicionamentos e nossas táticas durante este último ano. Não temos mais medo de confrontos com o exército ou a polícia. É uma mudança drástica. Pequenos grupos de israelenses estão começando a participar de atos de desobediência civil, em oposição firme ao exército e à polícia.

Durante o último ano de protestos e solidariedade, os sábados assumiram um novo significado. Sábado é o dia de cruzar a Linha Verde, de deixar Israel e entrar na Palestina ocupada. Sábado é o dia em que escutamos histórias de morte, prisão, destruição, violência e, acima de tudo, esperança. No sétimo dia, Deus descansou. No sétimo dia, o sofrimento palestino é compartilhado com os israelenses que estão dispostos a escutar. No sétimo dia, 3 de dezembro de 1988, um grupo de 30 israelenses, quase todos com 30 e poucos anos, todos com experiência em protestos, respondeu um pedido de ajuda e apoio de Kufr Malik, uma vila na região de Ramallah.

Em 15 de novembro de 1988, o dia em que Arafat declarou o estabelecimento do Estado da Palestina, os moradores de Kufr Malik comemoram sua vitória. No processo, eles desrespeitaram a lei: marcharam pelas ruas e distribuíram doces para crianças, naquele dia alegres, já que não haviam tido motivos para sorrir no último ano. A bandeira foi hasteada orgulhosamente do minarete da mesquita da vila e todos cantaram o hino nacional, *Biladi, biladi* ("Minha terra, minha terra, ah, como te amo"). Acima de tudo, eles irritaram o exército israelense. Nessa época de levante e de opressão, os palestinos não podiam celebrar. Até 15 de novembro de 1988, o exército também emitiu ordens para impedir demonstrações públicas de alegria. As ordens foram dadas pelo próprio ministro da Defesa. A opressão israelense inaugurava uma nova fase. Primeiro vieram as balas, balas de plástico, destruições de casas, expulsões, fechamentos de escolas, fechamentos de lojas e, por fim, repressão à alegria pública! Em Kufr Malik, a alegria expressa pelos mil moradores não podia ser contida. Pela primeira vez em quase um ano havia um motivo para ficar feliz, para se orgulhar, para ter esperança.

Ao escutar a alegria de Kufr Malik, o exército decidiu que ficar sem dar uma resposta era demais. Era preciso agir. Os moradores de Kufr Malik deveriam pagar um preço pela alegria. Toque de recolher! Um jipe com alto-falantes passou pelas estreitas ruas de chão batido do vilarejo:

Moradores de Kufr Malik, vocês agora se encontram sob toque de recolher. Não saiam de suas casas. Quem sai será preso. Moradores de Kufr Malik...

O anúncio se repetia por várias e várias vezes. Não era novidade para ninguém. Todos já haviam sofrido com mais de um toque de recolher desde o início da Intifada. No passado, os moradores tinham permissão para sair de casa durante a tarde para comprar comida. Desta vez, no entanto, foi diferente. Nada de pausas à tarde. Caminhões que traziam leite, pão e outros produtos perecíveis foram barrados pelo exército. Kufr Malik está sob toque de recolher, ninguém pode entrar ou sair.

No segundo dia, o exército desligou a eletricidade. No escuro se via que quase todas as casas estavam à luz de velas. Logo vieram as batidas nas portas. Os soldados entravam, apagavam as velas, quebravam móveis e assustavam as crianças. Os homens eram levados à escola para interrogatórios, as mulheres choravam e os soldados gritavam. Não era um toque de recolher qualquer. No décimo dia, a notícia já estava por toda a parte. Quase 90%

das casas de Kufr Malik foram vandalizadas pelo exército. Havia escassez de comida. A Agência das Nações Unidas de Assistência aos Refugiados da Palestina (UNRWA) e a Cruz Vermelha Internacional tentaram levar leite fresco e outros suprimentos para a vila. A Cruz Vermelha pôde entrar, mas a UNRWA foi barrada. No dia 12, o movimento pela paz israelense recebeu um informe: "Socorro! Venham ver o que está acontecendo conosco".

No ônibus para Kufr Malik, fomos informados de que, se a vila estivesse aberta, visitaríamos famílias e demonstraríamos a nossa solidariedade. Se a vila ainda estivesse sob o toque de recolher, faríamos um protesto. Após atravessar a cidade de Ramallah, saímos da estrada principal e fomos em direção a Kufr Malik. Parados! Barreira! Soldados israelenses! Um dos organizadores notou uma placa apontando na direção de Jericó. "Somos um grupo de israelenses indo a Jericó para uma caminhada na natureza", ele informou ao soldado.

O soldado olhou para o ônibus, cheio de jovens israelenses saindo para passear no sábado. Algumas pessoas no fundo começaram a cantar músicas patrióticas:

— *Eretz Israel yaffa, Eretz Israel porachat...*

"Podem continuar", disse o reservista de meia-idade. "Cuidado para não serem apedrejados". Um quilômetro depois, um morador de Kufr Malik estava à nossa espera. Ele tinha fugido da vila para nos encontrar.

— Sim, a vila ainda está sob toque de recolher. O exército fechou todas as estradas de todos os lados, nos dois sentidos. Não tem como entrar.

Logo estávamos ao lado da vila, mas seguimos em frente. Daríamos a volta para surpreendê-los, mas algo deu errado. Um dos soldados deve ter percebido. Um jipe do exército começou a nos seguir imediatamente. Paramos. O jipe parou 50 metros atrás de nós. Continuamos.

O jipe seguiu na nossa traseira. Chegamos à próxima vila, Tayba, e encontramos um lugar para dar a volta. Agora o jipe estava na nossa frente. Um dos soldados falava no seu *walkie-talkie*. A surpresa não era mais possível. Em dois minutos, estávamos na frente da vila. Os soldados colocaram seus corpos contra as portas. Não tínhamos como abri-las. O oficial no comando, um major das reservas, jovem e cheio de energia, talvez até compreensivo quando não está no exército (ele provavelmente deve ir a protestos do Paz Agora)[55], puxou uma ordem impressa: "Kufr Malik e todas as estradas que levam a Kufr Malik são agora área militar fechada". Das nossas janelas, víamos que nos observavam alguns moradores nos telhados e varandas de suas casas. Sacamos nossos cartazes, escritos em hebraico e árabe, com os dizeres "Liberdade para Kufr Malik", "Removam o toque de recolher de Kufr Malik" e "Israel-Palestina: dois Estados para dois povos". Vários soldados arrombaram as janelas e rasgaram os nossos cartazes, cheios de raiva. Depois de vários minutos de bate-boca, seguimos em frente. Nosso motorista palestino estava suando. Era evidente o medo que ele sentia: o rosto estava pálido, as mãos tremiam. Os palestinos não estão acostumados ao tipo de discussão que ocorre entre os soldados judeus e os manifestantes judeus. Sabíamos que os soldados hesitariam em usar violência contra judeus. Se fôssemos palestinos, teríamos sido presos em questão de minutos, e talvez até espancados.

Seguimos em frente, e o exército veio atrás. Trinta manifestantes seguidos por mais de 40 soldados em cinco jipes e dois carros de comando. Antes de chegarmos à barreira e depois de deixarmos a estrada de acesso para Kufr Malik, como as ordens do major determinavam, saltamos do ônibus com os cartazes na mão. Subimos uma pequena colina em frente às poucas casas palestinas espalhadas à nossa frente. Os jipes do exército logo chegaram e nos cercaram de imediato. Os soldados se aproximaram, confusos. Não estavam acostumados a desbaratar grupos de israelenses provocando desordem pública. Depois de um sol-

---

55. *Shalom Achshav* em hebraico. É uma ONG sediada em Israel, com propósito declarado de alcançar a paz interna e externa para Israel. [N. E.]

dado destruir brutalmente meu cartaz, coloquei as mãos no bolso e me posicionei entre os soldados e meus colegas, na tentativa de impedir que rasgassem os outros cartazes. Era quase como um jogo de pega-pega. Os soldados esticavam os braços por cima de mim, tomando cuidado para não empurrar, mas sempre tentando rasgar os cartazes que lhe causavam angústia. De repente, chegou o major. "Muito bem, vocês disseram o que queriam", ele disse severamente. "Agora subam no ônibus e caiam fora."

Vários de nós o cercamos.

— A ordem que você nos deu foi para sairmos da vila e de todas as estradas de acesso até ela. Esta aqui não é considerada uma estrada de acesso, é? Jerusalém também seria uma estrada de acesso, por acaso?

O major puxou a ordem e uma caneta mais uma vez e adicionou as palavras "toda a Judeia e a Samaria". Com uma canetada, ele estava nos mandando sair da "nossa terra ancestral" e da Palestina moderna.

— Eu até tenho alguma simpatia, mas vocês têm que ir embora. Eu obedeço ordens, e agora vocês também.

"Eu obedeço ordens", um bordão muito conhecido. Gritamos de volta. Chocado com a resposta, o major nos concedeu quatro minutos para ficarmos na colina e protestarmos com os nossos cartazes.

Depois de um minuto, do nada apareceram mais três jipes. E desta vez foi diferente. A polícia de fronteiras, com suas boinas verdes, era famosa pela sua brutalidade, e o uso da força sem censura entrou bem na hora que o exército saiu. Era um grupo menos confuso e menos simpático. Para eles, éramos piores do que os árabes: éramos traidores, um câncer, e precisavam nos mostrar quem é controla o país. Cassetetes e armas à mão, eles partiram para cima. A decisão do major de nos deixar protestar por quatro minutos não era mais válida. Em segundos, nossos cartazes foram rasgados. Sem nada nas mãos, fiquei firme onde estava e ergui meus braços com os dois dedos em riste, o símbolo da paz. Filho da década de 1960, eu dava esse sinal em nome da paz e da retirada das tropas americanas do Vietnã. Nas colinas da Samaria, agora eu enfrentava meu próprio povo, na posição de inimigo, expressando a minha solidariedade com o povo oprimido da Palestina. O v ganhou o significado de orgulho palestino, firmeza, paz, vitória e, naquele momento, a solidariedade dos pacifistas israelenses com os palestinos. O ato foi demais para os jovens guardas de fronteira, que tinham os olhos queimando de ódio. Aquilo eles não podiam aceitar. Os cassetetes se ergueram e levei uma paulada no braço estendido. O relógio voou da minha mão, e meu braço tremeu de dor. Confuso com o choque inicial, dois policiais me derrubaram no chão de pedra. Então me levantei o mais rápido que pude.

— Quero o nome e o número de vocês — gritei enfurecido.
— Exijo que me deem os seus nomes e os seus números.

O major entrou em cena de novo, tentando impedir que a situação estourasse e provocasse ainda mais violência. A violência da polícia de fronteiras é como um estopim. E o major sabia que, depois que os policiais dão o primeiro golpe, o uso de armas com munição de verdade pode ser o próximo passo.

— Pode anotar o meu nome e número — declarou o major.

Respondi que o nome dele não me interessava e que, por lei, o policial que me atacou tinha que me dar o seu nome. Nos territórios ocupados, contudo, a "lei" tem muitas interpretações, muitos executores e pouquíssimo valor para quem deseja preservá-la e defendê-la.

Mandaram-nos subir no ônibus e nos forçaram fisicamente a obedecer. Depois que todos entramos, a polícia agarrou o último do nosso grupo e o forçou a entrar em um jipe. Declaramos que não nos mexeríamos até ele ser solto, mas já estávamos presos dentro de um ônibus, estacionados no acostamento de uma estrada fechada ao público. Nosso motorista palestino estava paralisado, em pânico. Quando imploramos que abrisse as portas do ônibus, ele não conseguiu se mexer. Não era um pacifista israelense que saíra de tarde para protestar. Para ele, confrontar ou evitar confrontos era um modo de vida. Se houvesse um preço a pagar, ele é quem pagaria. Ele poderia perder a carteira de motorista, até o próprio ônibus. Até o major concordar que um de nós poderia sair do ônibus para escoltar o manifestante detido, o motorista ficou no seu assento, esperando, sem reagir aos nossos pedidos para que abrisse as portas. Por fim, o major libertou o último homem e nos ordenou que saíssemos daquela região. E o major acabou nos concedendo que saíssemos dali sem escolta.

— Vocês me dão a palavra que voltarão diretamente para Jerusalém, sem parar, e eu dou a minha que não serão escoltados.

Concordamos e partimos. Apesar do acordo, dois jipes e um carro de comando nos seguiram até a fronteira de Jerusalém.

A história do protesto termina aqui, mas o meu confronto com a lei dos ocupadores estava apenas começando quando saí do ônibus na fronteira de Jerusalém para ir a Ramallah e me reunir com um colega palestino que leciona história na Universidade de Birzeit, na Cisjordânia. Os táxis árabes andam rápido na estrada entre Jerusalém e Ramallah. No caminho, passando pelas novas vizinhanças judaicas, ficam os jipes do exército, que patrulham as estradas e montam barreiras periodicamente. Eles param todos os veículos árabes para revistar os passageiros e seus pertences. Hoje, o exército estava ocupado com os manifestantes judeus. Não havia nenhuma barreira até Ramallah. Todos os passageiros, incluindo eu, ficaram aliviados, pois fizemos toda a viagem sem encontrar o exército. A pior parte das várias barreiras que encontramos na Cisjordânia não é a perda de tempo ou mesmo o medo, é a humilhação de ficar fora dos veículos, parado, enquanto nos revistam ou averiguam nossos pertences. As autoridades agem com toda a insensibilidade que seria de esperar de um adolescente de dezoito anos, mas, por mais esperada, ela nunca é esquecida ou perdoada. Sem dúvida nenhuma, essas experiências afetam o modo como os palestinos veem os israelenses.

O táxi chegou na Praça Manara, no centro de Ramallah. Não fosse pelos poucos verdureiros com carroças cheias, o local estaria completamente esvaziado. Desde o início da Intifada, os palestinos trabalham das nove horas até o meio dia todas as manhãs, exceto durante as greves, quando todos ficam em casa. Eram 13h30 da tarde. Quando pisei na praça, um jipe da polícia de fronteiras passou. Ouvi os pneus derraparem com a freada e dois soldados de boinas verdes saltarem para fora. Eu usava um bóton com uma bandeira palestina e outra israelense com "Fim à ocupação". Uso esse bóton bastante, especialmente nos territórios ocupados. É um jeito de dizer a todos que caminho pelo lado certo. Contudo, na semana passada, eu fui preso com três outras pessoas durante um protesto em Jerusalém por causa desse bóton, acusado de me identificar com uma organização anti-israelense, o que configura "crime com pena máxima", de oito anos de prisão. Todos usávamos o mesmo bóton e levávamos um cartaz com a mesma insígnia. Desta vez, guardei-o no bolso antes que os soldados vissem. Mas, eles me agarraram junto com um jovem palestino de barda, que teve o azar de caminhar ao meu lado naquele instante. "O que você está fazendo aqui?", perguntou o mesmo jovem soldado violento que havia me golpeado o braço direito uma hora antes.

— É ilegal visitar um amigo em Ramallah?
— Entre no jipe.

Sozinho e naquele lugar, não era hora de fazer escândalo. Melhor entrar no jipe quietinho e resolver tudo na delegacia. Não quero que as pessoas achem que estou trabalhando com a polícia ou o exército. Quanto menos gente me vir falando com eles, melhor. Infelizmente, também levaram o palestino conosco. Então já era demais que eu permanecesse calado.

— Não conheço ele, nunca o vi na vida. Acreditem em mim, por favor. Juro pela minha mãe.

Mas não adiantou nada. Tive uma sensação horrível. Estava com medo por ele. Não sabia o seu nome. Não tinha medo por mim. Não havia desrespeitado nenhuma lei e não pretendia desrespeitar nenhuma em Ramallah. Contudo, um palestino pode ser detido sem motivo e preso sem julgamento. Agora eu, dedicado à luta contra a ocupação, estava me tornando a causa da prisão de um palestino.

Na delegacia em Ramallah fui separado do meu "amigo" palestino. Ele foi deixado no térreo e eu fui levado a uma sala no andar acima. Lá tinha dois homens à paisana sentados. "Esses caras devem ser da Shin Bet, a polícia secreta", pensei comigo mesmo. Estavam falando árabe entre si, sem saber que eu estava entendendo. Comigo, falaram em hebraico.

— O que você está fazendo em Ramallah?
— Não violei nenhuma lei e exijo que me soltem. É crime visitar um amigo em Ramallah?

"Não seja espertinho", ele gritou. "Esse é o cara de Kufr Malik que me chamou de fascista", disse o oficial que me prendeu.

Eles começaram a esbravejar. Xingaram a mim e minhas ideias políticas e xingaram minha herança, me chamando de bastardo *ashkenazi*, indicando minhas raízes judaicas na Europa Oriental, não no Oriente Médio ou no Norte da África, e disseram que queriam que eu voltasse de onde eu havia vindo.

— Você protesta pelos árabes de merda e nos chama de fascistas, seu maldito traidor! Você devia apodrecer no inferno!

Permaneci em silêncio.

— Se não estou preso, exijo ser solto para continuar a minha vida.

Eles me mandaram esperar no lado de fora, sentado em um banco de madeira. Depois de quinze minutos de espera, me chamaram de volta e disseram que eu estava preso. A acusação: insultar um policial. "E o palestino que vocês prenderam comigo?", perguntei.

— Não é da sua conta, melhor você se preocupar só com você.

Mais uma vez, insisti que eu nunca o tinha visto antes, e que sequer sabia o seu nome. Mais tarde, descobri que ele tinha sido solto sem ser acusado de nada. Mesmo assim, fiquei detido por duas horas.

Então chegou o momento de me interrogar. Era a minha segunda vez em uma semana. Eu estava familiarizado com o processo. Não responderia nenhuma pergunta. Diria apenas que não havia cometido crime algum.

— Você esteve em um protesto por Kufr Malik?
— Não cometi crime nenhum.
— Você recebeu a ordem de deixar o local?
— Não cometi crime nenhum.
— Você não chamou um policial de fascista?
— Não cometi crime nenhum.

Na quinta pergunta, o interrogador perguntou se eu tinha algo a declarar.

— Sim, vim a Ramallah hoje visitar um amigo, algo que a lei ainda permite. Fui abordado por dois policiais, junto com um transeunte inocente que teve o azar de estar caminhando ao meu lado. Estou sendo detido contra minha vontade sem nenhum motivo.

Assinei o relatório do interrogatório e aguardei que me liberassem. "Quem pode vir buscá-lo?", me perguntaram.

— Não seja ridículo, não vou chamar ninguém de Jerusalém para vir me buscar e assinar nada.

Perguntaram se eu conhecia alguém em Ramallah com uma carteira de identidade israelense que pudesse me buscar.

— Óbvio que não, os únicos israelenses em Ramallah são soldados.

Pedi que me concedessem liberdade provisória, já que eu não era ladrão nem assassino.

— Não, para alguns crimes, podemos soltar o prisioneiro com a sua própria assinatura. Mas, para outros, precisamos de alguém para garantir que você não vai fugir do país.

Parecia algo saído de um romance de Kafka ou Orwell, absurdo demais para ser real. "E alguém com um passaporte estrangeiro?", perguntei, pois conhecia alguns americanos em Ramallah.

— Tudo bem, diga para virem.

Liguei para a minha amiga Laura, que trabalha na Universidade de Birzeit. Enquanto esperávamos ela chegar, o major apareceu.

— O que você está fazendo aqui? Mandei você ir embora da área, de toda a área!

Expliquei que, após o protesto, fui embora com os demais, como ele mesmo havia ordenado. Contudo, voltei a Ramallah para visitar um amigo, e não para protestar. Ele me acusou de estar ligado ao levante palestino, então disse ao agente da Shin Bet que eu deveria ser escoltado para fora de Ramallah e levado de volta até Jerusalém.

— Você é *persona non grata*, uma pessoa indesejada em toda a Judeia e Samaria.
— Até quando?
— Até segunda ordem.

Ele me retrucou com um berro. Mesmo agora, em que escrevo estas linhas, tenho dificuldade para acreditar que isso foi real. A história continua. Coletaram as minhas impressões digitais.

— Ah, por favor, isso é absurdo.

O agente da Shin Bet concordou que era desnecessário, mas regras são regras.

— Tudo bem, só um dedo!

Após a coleta, minha amiga Laura chegou. No primeiro andar, Adel, o amigo palestino que eu tinha vindo visitar, estava à minha espera. Meros dois meses antes, Adel foi preso e mantido por três dias na prisão de Ramallah sem nenhum motivo. Durante aqueles três dias, liguei para todos que eu conhecia para tentar interceder pela liberdade de Adel. Falei com quatro membros do Knesset, seis jornalistas, um porta-voz do exército e Phil Wilcox, o cônsul-geral dos EUA em Jerusalém. Quando Adel foi libertado, descobri que as minhas ligações tinham interferido para que Adel não fosse indiciado. Todos os demais, presos na mesma ocasião, foram enviados para o campo prisional de Ansar 3, e lá ficaram durante seis meses, sob detenção administrativa militar.

Então o agente da Shin Bet mudou de ideia: um passaporte estrangeiro era inaceitável. Minha amiga Laura poderia sair do país.

— Como vamos ter certeza que você vai comparecer perante o tribunal?

Tentei mais uma vez fazer com que me libertassem só com a minha assinatura no termo de compromisso.

— Fora de cogitação. Você conhece mais alguém em Ramallah?
— Só palestinos.

Ele concordou. O mesmo palestino que eu ajudei a libertar dois meses antes viria até mim, retribuindo o favor.

Com todos os papéis assinados, a questão era como se livrar de mim. O major tinha ordenado que eu saísse da área.

O agente da Shin Bet sugeriu um táxi. Perguntei quem pagaria pelo táxi. Com isso, eu estava lhe perguntando se estariam dispostos a pagar por um táxi especial de Ramallah a Jerusalém, e evidentemente aquilo estava fora de cogitação. Porque em outro táxi eu não entraria. Então ele sugeriu o que chamamos de "serviço", um táxi coletivo com rota fixa, o mesmo tipo daquele que havia me trazido.

Eu lhes disse que precisariam me levar até o "serviço", porque nenhum iria até ali me buscar. Finalmente, decidiram que eu seria levado de jipe até o "serviço", no centro de Ramallah.

Quando o jipe chegou à delegacia, os soldados reservistas se recusaram a me deixar entrar. Então, eu, Adel e Laura fomos andando pelas ruas, com o jipe nos seguindo. Que cena era aquela, nós três sendo escoltados para fora da cidade ao pôr-do-sol. Parecia um filme. O jipe estacionou em frente ao táxi, bloqueando a estrada. Então era esperar até que chegasse mais gente e o táxi pudesse partir com todos os assentos ocupados.

"O que está acontecendo?", o motorista perguntou. Adel explicou que as autoridades haviam me declarado uma pessoa perigosa e que a minha presença prejudicaria a continuidade da ocupação. Antes de partirmos, os soldados ordenaram que o motorista me deixasse no caminho a Jerusalém, ou então ele perderia sua habilitação.

No caminho de volta a Jerusalém, os demais passageiros ficaram me olhando, admirados. Que ato heroico aquele jovem teria feito em nome de paz e justiça?

Um risco para a segurança

Em dezembro de 1988, planejei minha primeira viagem de palestras para angariar fundos a serem destinados ao IPCRI nos Estados Unidos. Planejava também encontrar um amigo em Los Angeles e recrutá-lo para me ajudar a registrar uma organização sem fins lucrativos nos EUA, na tentativa de auxiliar com a captação de recursos e dar um *status* legal à entidade. Meu amigo, o advogado David Wapner, concordou imediatamente em trabalhar no registro da Friends of the Israel Palestine Center for Research and Information, Inc., US. Antes que eu conseguisse chegar em terras americanas, o que aconteceu comigo no Aeroporto Internacional Ben Gurion, em Israel, causou um impacto profundo, a ponto de marcar minha vida.

Eu estava viajando com Elisha, minha filha de menos de quatro anos, e pretendia deixá-la com os meus pais em Nova York. Chegamos no Aeroporto Internacional Ben Gurion e passamos pelas barreiras de segurança sem nenhum problema. Ao entregarmos nossos documentos no controle de passaportes, a policial atrás do vidro digitou o número do meu passaporte no computador, recolheu-os e me mandou sentar. "Você não tem permissão para sair do país!", ela disse.

Foi um choque. Não conseguia entender o que estava acontecendo. Eu não tinha permissão para deixar o país! O que é que eu tinha feito? Não desrespeitei lei nenhuma. Paguei meus impostos. Devia ser um engano. Não associei o fato ao que estava acontecendo com a fundação do IPCRI. Sentei-me em silêncio ao lado de Elisha, observando silenciosamente, enquanto centenas de pessoas entregavam seus passaportes e continuavam sem nenhum problema. Ninguém veio falar conosco. A cada vinte minutos, eu voltava à cabine e perguntava o que estava acontecendo.

— Sente-se e espere.

Meia hora antes do avião partir, insisti com a policial para que me dissesse o que estava acontecendo.

— Você não vai pegar este voo, pode sentar e esperar.

Acho que foi nesse momento que comecei a chorar. Estava bravo, estava com medo, estava confuso. Não sabia o que eu tinha feito. Não sabia com quem falar. O que estava acontecendo? Por quê? Dez minutos depois, um funcionário me pediu que o acompanhasse. Passamos pelo controle de passaportes, recebemos nossos documentos de volta e fomos levados de carro até o avião. Nada de explicação, nada de desculpas, nada. Sentado no avião, estava atarantado, confuso, indignado, furioso e feliz por seguir em frente. Não podia acreditar no que acabava de acontecer.

Entrei, sem solicitar, no clube ultraexclusivo conhecido como "a lista de segurança israelense". Nos quatro anos seguintes, até o início de 1994, sempre que viajava pelo Aeroporto Internacional Ben Gurion ou pela companhia aérea El Al para fora de Israel, eu era detido e escutava as mesmas frases: "Você não tem permissão para sair do país" ou "Temos que esperar instruções para saber se você tem permissão para embarcar". Nunca perdi um voo, mas diversas vezes fui detido até o último instante. Às vezes, era detido quando voltava do exterior. Às vezes, era revistado fisicamente. Em uma ocasião, minhas malas foram retiradas do avião e revistadas. Em outras, apenas minha bagagem de mão era inspecionada. Fui retirado do avião diversas vezes depois de embarcar, para que identificasse minhas malas e passasse por uma revista adicional. No ônibus de Cairo para Israel, fui detido com a minha família por mais de duas horas enquanto um ônibus inteiro, cheio de israelenses e turistas, teve que esperar por mim. Uma vez, fui detido por três horas depois de voltar de uma conferência da ONU em Viena sobre a Palestina. Três membros árabes do Knesset ficaram gentilmente à minha espera. Eu havia juntado quase uma mala inteira de documentos, panfletos e livros na conferência da ONU. Eles foram levados e, até onde sei, fizeram fotocópias de tudo. Como eram muitas e muitas cópias, talvez por isso a demora foi de mais de três horas.

Nunca fui informado direito sobre o que levava a me deterem, mesmo que em todas as ocasiões eu sempre. Também sempre perguntei sobre o que eu deveria fazer para sair daquela lista. Em resposta, sempre davam de ombros e diziam "não me pergunte, eu não sei". Também nunca fui informado sobre quais eram as instruções que recebiam, em termos do que estavam procurando e qual seria o escopo da busca que deveriam executar.

A minha experiência mais enervante no Aeroporto Internacional Ben Gurion ocorreu em abril de 1990. Encontrei meus pais em Roma, para onde haviam viajado a negócios. Quando olhei o mapa do Mediterrâneo e vi a proximidade entre Túnis e Roma, decidi pedir à liderança da OLP uma permissão para fazer uma visita e de lá enviar informações sobre o trabalho do IPCRI. Um dos nossos apoiadores no Reino Unido era Jaweed al-Ghussein, presidente do Fundo Nacional Palestino. Jaweed dividia o seu tempo entre Abu Dhabi e Londres. Ele havia indicado sua filha, Mona, para o conselho da IPCRI-UK. Foi assim que estabeleci a IPCRI-UK no Reino Unido, com o apoio do rabino Jeffrey Newman e do dr. Ahmad Khalidi atuando como copresidentes. A IPCRI-UL foi estabelecida para ajudar a angariar fundos e, acima de tudo, como plataforma para a organização de reuniões entre israelenses e membros da OLP. Realizamos diversas reuniões palestino-israelenses na mansão de Jaweed al-Ghussein, em Bishop's Road, Hampstead, Londres. Liguei para Jaweed e pedi que organizasse uma visita minha à liderança em Túnis. Ele recebeu uma resposta do gabinete de Abu Mazen, a alcunha de Mahmoud Abbas. Na época, Abu Mazen era um dos vices de Arafat e um especialista em sociopolítica israelense. Jaweed autorizou minha ida a Túnis e falou para eu não me preocupar com as despesas. Eu estava completamente falido na época, depois de ter me demitido da direção do Instituto de Educação para a Coexistência Judaico-Árabe e fundado o IPCRI, que não dispunha de recursos para me pagar um salário. Nos primeiros cinco meses depois de fundar o IPCRI, recebi seguro-desemprego do governo de

Israel. Eu gostava da ideia de que os recursos iniciais do IPCRI estavam vindo do governo israelense. E mesmo depois daqueles meses, eu não tinha salário. Na verdade, mal tinha o suficiente para me sustentar. Mas minha fé na ideia do IPCRI era absoluta, e sabia que um dia seria capaz de obter recursos através dele. Era preciso continuar a batalha até conseguir convencer um número maior de pessoas de que a ideia estava certa e de que eu era a pessoa para levá-la adiante. Acreditava que minhas reuniões com a OLP em Túnis seriam cruciais para as tentativas que eu vinha fazendo de conquistar credibilidade e parceiros nos territórios palestinos. Arranjei uma passagem de Roma para Túnis pela Tunisair e fazendo o mesmo trajeto da ida na volta e depois peguei o voo da El Al para Israel.

Na preparação para a minha viagem a Túnis, pressupus que viajaria com o meu passaporte americano, pois Israel e Tunísia não mantinham relações diplomáticas. Em geral, tento viajar com o meu passaporte israelense sempre que possível. Meu passaporte americano tinha sido emitido pelo consulado americano em Jerusalém e achei que poderia ser um problema usá-lo em viagem para um país árabe. Durante a minha última visita ao Cairo para uma conferência, aproveitei a oportunidade para me reunir com o dr. Nabeel Shaath, um dos principais assessores de Arafat, e com o embaixador dos EUA no Cairo, Robert H. Pelletreau, que eu tinha conhecido no Departamento de Estado em Washington durante uma das minhas viagens anteriores de palestras e angariação de fundos. Liguei para o embaixador Pelletreau e expliquei que precisava de um segundo passaporte para poder viajar à Tunísia. Antes de ser embaixador americano no Cairo, Pelletreau havia atuado como embaixador dos EUA na Tunísia e, em 1989, foi autorizado a realizar reuniões com representantes da OLP em Túnis. Pelletreau simpatizava bastante com a minha visão, ele e a esposa estiveram entre os primeiros apoiadores do IPCRI e continuaram a apoiar o centro por muitos anos. Eu precisava ir ao Cairo para uma reunião e a embaixada americana estava fechada no final de semana, mas o embaixador me convidou para almoçar e providenciou que um novo passaporte fosse emitido em questão de horas. O documento estava pronto no final do almoço. Era um segundo passaporte americano, válido apenas por dois anos e emitido no Cairo.

Viajar à Tunísia foi uma experiência nova para mim, era o primeiro país árabe que eu visitava além da Palestina. Não sabia o que esperar ou como seria recebido. Estava um pouco nervoso com a ideia de que descobririam que eu era também israelense. Quando cheguei em Túnis, Hisham Mustafa, assessor de Abu Mazen, que eu tinha conhecido durante uma conferência da ONU sobre a Palestina em agosto de 1989, em Viena, estava à minha espera no aeroporto, antes que eu passasse pelo controle de passaportes. Abraçamo-nos, como é de costume entre os palestinos, e entreguei a ele meu passaporte americano novinho em folha. "Você não tem um passaporte israelense?", ele perguntou, olhando para o documento.

Ri de mim mesmo e entreguei o meu passaporte israelense. A OLP tinha um acordo especial com o governo da Tunísia, uma espécie de Estado dentro do Estado. Os estrangeiros que visitavam a OLP, especialmente os israelenses, não passavam pelo controle de passaportes tunisiano. Eles não estavam chegando à Tunísia, estavam chegando à OLP. A OLP ficava com os passaportes dos visitantes durante a sua estadia na Tunísia e os devolvia na saída. Era uma sensação esquisita, ser um convidado da OLP em um país árabe, e com o meu passaporte israelense retido pela OLP. Não foi a última vez que me vi em uma situação constrangedora ao atravessar fronteiras durante o conflito entre Israel e Palestina.

Amigos com experiência em Túnis haviam me explicado que a OLP é uma organização bastante complexa, com muita burocracia, repleta de pessoas que esperam para se encontrar com Arafat. Eu mesmo fui informado de que deveria tentar vê-lo e que deveria ser paciente. Quando cheguei em Túnis, Hisham Mustafa me disse que Arafat estava fora do país e que, na verdade, quase toda a liderança estava viajando. Era Ramadã e a grande parte da liderança da OLP estava fora de Túnis e se ausentaria quase o mês todo. Perguntei-me por que Jaweed al-Ghussein não havia me dito isso antes. Eu poderia ter me organizado para ir em outra data. Torci para que a viagem não fosse um desperdício e que eu consegusse completar a minha missão de obter apoio total e oficial da liderança da OLP para o IPCRI. No lado palestino, estava se tornando cada vez mais importante poder dizer às pessoas que a liderança em Túnis apoiava o nosso trabalho. A Intifada se iniciou nos territórios ocupados, sem o conhecimento ou direcionamentos da OLP em Túnis, e alterou os rumos da política palestina: era então essencial para a liderança da OLP fora do país não ser redundante ou irrelevante. Por isso, seis meses após o estouro da Intifada, a liderança da OLP estava investindo sua força e poder financeiro para assumir o controle. Quando cheguei em Túnis, a liderança da OLP já estava no controle da Intifada.

Hisham me levou para o meu hotel, o El Mechtel, no centro de Túnis, não muito distante do bazar da cidade velha. Tomamos café na recepção e ele fumou alguns cigarros, apesar de ser Ramadã, quando a maioria das pessoas faz jejum e não fuma. Ele me mandou esperar no hotel e disse que me ligaria. Fiz o *check-in*, fui para o meu quarto e esperei. Depois esperei mais um pouco. Não sabia exatamente o que estava esperando, então decidi me aventurar um pouco e conhecer Túnis antes que escurecesse. Se Hisham quisesse me chamar, poderia deixar um recado no hotel. Como era Ramadã, as ruas não estavam cheias. Fui até Kasbah, a cidade velha. Caminhei pelos bulevares afrancesados da cidade nova. Passei pelo edifício branco da sinagoga, com uma cerca enorme e proteção da polícia tunisiana. Vi algumas pessoas no pátio, mas não parei nem tentei conversar com elas. Eu estava a negócios com a OLP e não sabia nada sobre as relações e particularidades da pequena comunidade judaica da Tunísia. Queria muito entrar na sinagoga e falar com os jovens judeus do pátio, mas parecia arriscado demais, quase como pedir para arranjar uma encrenca. Assim, contive a minha curiosidade e simplesmente segui pela calçada no outro lado da rua.

Tentei falar em árabe e entender o árabe deles, mas era muito diferente do árabe palestino. Enquanto falava no meu dialeto palestino, alguém me escutou e começou a falar comigo. Era um funcionário da OLP que trabalhava na Samed, o departamento financeiro da organização comandado por Abu Ala, , ou Ahmed Qurie, que posteriormente se tornaria muito famoso por chefiar as negociações da OLP em Oslo. Conversamos e ele me convidou para visitar o escritório da Samed. Eu queria voltar para o hotel e esperar Hisham Mustafa, então combinei de voltar à Samed no dia seguinte. Ele me disse que ela tinha uma biblioteca ótima e eu mal podia esperar para conhecê-la e descobrir quais eram os recursos à disposição do braço econômico da OLP.

Consegui fazer a reunião com o pessoal da Samed. Também passei algum tempo com Hisham Mustafa e tive a oportunidade de explicar a ele o que era o IPCRI, quais eram as nossas intenções e por que eu precisava do apoio da OLP. Disse que era essencial que levasse de volta para a liderança palestina em Jerusalém, na Cisjordânia e em Gaza a mensagem que a OLP aceitava o IPCRI e apoiava a ideia. Infelizmente não pude me reunir com Arafat, Abu Mazen ou qualquer outro líder importante, mas a notícia de que eu estava lá para me encontrar com eles e obter o seu apoio para o IPCRI se espalhou.

Em 1991, após a Conferência de Paz de Madri, fui procurado por Samir Huleileh — um dos participantes palestinos seniores do Grupo de Trabalho Econômico do IPCRI, que atuava como vice do prof. Sari Nusseibeh –, escolhido por Yasser Arafat para estabelecer comitês técnicos em Jerusalém com o objetivo de preparar os palestinos para as negociações com Israel. Samir me procurou e pediu cópias de todas as transcrições das reuniões do nosso grupo de trabalho econômico, que haviam se iniciado em 1989. O pedido vinha diretamente de Abu Ala, da Samed. Imaginei as pessoas sentadas em torno das mesas da biblioteca da Samed em Túnis, trabalhando nos documentos que eu havia xerocado para elas.

Na minha última noite em Túnis, me dei ao luxo de jantar em um restaurante chinês que ficava próximo à embaixada americana. Seria uma experiência cultural, disso não tinha dúvida. Enquanto esperava a minha comida chegar, os donos mudaram a música. De repente, escutei algo familiar. Era o novo disco de músicas iemenitas de Ofra Haza, uma estrela do pop israelense, que fazia bastante sucesso na época. Surreal demais para ser verdade. Comida chinesa em Túnis, ao lado da embaixada americana, com canções iemenitas israelenses de música de fundo.

Depois de passar cinco dias em Túnis, embarquei em um voo da Tunisair para Roma. Preocupado com enfrentar a segurança da El Al em Roma, antes de embarcar, fiz de tudo para destruir qualquer evidência da minha visita à Tunísia. Aterrissei em Roma e peguei minha mala. Removi a etiqueta da Tunisair da mala e rasguei-a em pedacinhos. Passei pelo controle de passaportes italiano e então me dirigi ao balcão da El Al. A única prova da minha viagem ilegal era a bolsa de pele de camelo que eu tinha comprado no mercado velho de Túnis e estava usando como bagagem de mão. Fiz *check-in*, entreguei minha mala e recebi o meu cartão de embarque, então passei pelo controle de passaportes e cheguei ao portão de embarque da El Al. Lá, como esperado, meu nome estava marcado na lista de passageiros da equipe de segurança da El Al. Quando se voa pela El Al, a segurança é muito mais estrita, com todas as inspeções realizadas pela equipe de segurança israelense. Fui informado que precisaria esperar. Minha mala foi retirada do avião e minha bolsa de pele de camelo foi confiscada. Fiquei muito nervoso. Após cerca de uma hora, me devolveram a bolsa e precisei ir até a área em frente ao avião para identificar a minha mala. Minha bagagem foi levada de volta para o avião. Ninguém me perguntou nada. Embarquei e voei de volta a Israel com a sensação de que tinha me safado. Tinha certeza de que a Agência de Segurança de Israel (a Shin Bet) sabia que eu havia estado em Túnis, e era impossível que não soubesse. Também tinha certeza de que estavam monitorando o meu telefone.

Antes de ser colocado na lista de segurança israelense, eu gostava dos meus voos de volta. Quando sobrevoávamos o litoral de Israel antes de pousar, eu tinha um frêmito sionista, empolgado por voltar para casa. Desde a inclusão do meu nome na lista de segurança, no entanto, o litoral me deixava nervoso. Eu suava frio, tentando imaginar o que aconteceria quando entregasse meu passaporte. Todos os passageiros ficavam emocionados por estarem pousando em Israel, já eu sentia temor e apreensão. Odiava as pessoas que haviam me colocado naquela lista, principalmente por me causarem aquela sensação desagradável sempre que eu voltava para Israel.

Na fila do controle de passaportes do Aeroporto Internacional Ben Gurion, dei uma última olhada para garantir que não havia sobrado nada que acusasse minha estadia em Túnis. Coloquei a mão no bolso de trás da calça, e tirei um pedaço de papel: fiquei surpreso ao descobrir que carregava a nota fiscal do El Mechtel, meu hotel em Túnis. Rasguei o papel em pedacinhos e vi um cesto de lixo no fundo da sala de espera. Olhei para os lados para garantir que não estava sendo viajado e atirei o papel no lixo. Chegou a minha vez no controle de passaportes e, como esperado, me mandaram para a *salinha do interrogatório*. Enquanto esperava na sala de controle da segurança, notei uma parede de telas com imagens do circuito fechado de TV, uma das câmeras ficava bem acima do cesto de lixo com as provas da minha viagem. Fiquei nervoso, imaginando que alguém iria lá coletar os pedacinhos de papel e, após remontar o quebra-cabeça, eu estaria em apuros. No entanto, aparentemente ninguém tinha me visto atirar a nota do hotel na lixeira e, como sempre, fui liberado após uma espera de 30 minutos sem que me perguntassem nada.

Fiquei acostumado ao padrão de entregar meu passaporte, não ouvir o carimbo contra a página aberta e me mandarem sentar e esperar. Quase sempre esperava sem que me dissessem nada. Apenas me sentava e esperava. Em geral, isso não me permitia visitar o *free shop*, porque sempre tinha que correr até o avião para não perder o voo. Aprendi a chegar mais tarde no aeroporto, pois assim não precisaria esperar tanto, mas a desvantagem era que muitas vezes eu não conseguia sentar no corredor e tinha que me contentar com um assento central, no fundo do avião, ou na seção de fumantes, o que era ainda pior. Não havia passagens eletrônicas ou reservas online naquela época, nem mesmo a possibilidade de escolher com antecedência o assento. Esses eram os dilemas que eu enfrentava sempre que voava.

Em um voo, logo depois de passar pelo controle de passaportes no Aeroporto Internacional Ben Gurion e esperar que a equipe de segurança fizesse algo enquanto eu aguardava, subi para me submeter às inspeções de segurança para bagagem pessoal e de mão. Logo em seguida, vi um amigo palestino que tinha acabado de passar por inspeções de segurança ainda mais constrangedoras que a minha. Era Nafez Aseili, que dirigia o projeto Biblioteca Não Violenta Sobre Rodas, na Cisjordânia. Ele era de Hebron e trabalhava em Jerusalém. Nafez trabalhava com Mubarak Awad, que era chamado de "Martin Luther King palestino" por alguns. Mubarak tinha criado o Centro Palestino para o Estudo da Não-Violência e, durante a Primeira Intifada, fundou um programa para ensinar a não violência como estratégia para derrotar a ocupação. Ele preparou um manual de doze páginas sobre resistência civil passiva nos territórios ocupados e traduziu as obras de King, Gandhi, Gene Sharp e outros. Ele também realizava oficinas em Gaza e na Cisjordânia. Mas então Israel descobriu as atividades que ele desenvolvia e que morava em Jerusalém com um visto de turista e passaporte americano. Em maio de 1988, Israel prendeu Mubarak e, após uma audiência, ele foi deportado. Israel não queria o palestino encrenqueiro nos territórios ocupados. Mas Nafez, seu vice, era um nativo, não um palestino-americano. Eu conhecia Nafez muito bem. Quando o vi no aeroporto, cumprimentei-o com um abraço e os beijos tradicionais nas duas bochechas. Quando membros da equipe de segurança israelense me viram abraçando um homem palestino, me ordenaram que os acompanhasse.

Fui levado a uma cabine próxima à máquina de raio-x para bagagens de mão, com cortinas pretas que não iam até o chão. Dentro havia uma espécie de pódio. Mandaram que eu subisse no pódio e tirasse minha roupa. Tirei quase tudo, até as meias, mas não a cueca. Fiquei uns vinte minutos parado, quase totalmente nu, escutando as pessoas passarem pela cabine sem imaginar que havia um israelense pelado, sendo humilhado no lado de dentro, quase chorando de tanta raiva. Depois de vinte minutos, devolveram minhas roupas. Vesti-me e fui liberado para embarcar. Fizeram algumas perguntas sobre o homem que eu havia cumprimentado e este foi o fim da história.

Sempre que passava por uma dessas experiências, me perguntava por que estava na lista de segurança e como sairia dela. Ninguém tinha a resposta, nem mesmo os membros do Knesset, aos quais pedi que investigassem. Estava preso e não tinha como fugir.

Em dezembro de 1993, eu e minha família viajamos com sete outras famílias para tirar férias de Chanuká no nosso lugar favorito: Basata, no Sinai. O Sinai é o melhor lugar do mundo para descansar e relaxar: sol, silêncio e serenidade. O grupo se reuniu em Taba, a fronteira entre Israel e o Egito. Em oito carros com oito famílias, desembarcamos e fomos todos juntos ao controle de passaportes no lado israelense. Como esperado, me disseram que eu não tinha permissão para sair do país. A essa altura, depois de quatro anos passando por isso, eu conhecia bem o processo. Disse à guarda de fronteiras que devia apenas chamar o "pessoal da segurança" e que eu iria esperar.

— Não temos ninguém da segurança aqui — ela respondeu. Temos que chamar gente de Eilat. Pode demorar, espere ali ao lado.

Obviamente, ela ficou com o meu passaporte e os da minha família. Disse a todos os nossos amigos para seguirem sem nós e que os alcançaríamos, mas eles insistiram em ficar. Respondi que poderia demorar algumas horas. Eles decidiram esperar conosco.

Cerca de 30 minutos depois, apareceram dois jovens de bermuda e camisetas coloridas: era o "pessoal da segurança". Os dois me escoltaram até uma caravana logo atrás da fronteira de Taba. Sentei-me e eles começaram a ler um documento impresso. Eu não conseguia ver o que tinha nele, mas imaginei que se tratava de instruções. Primeiro, me perguntaram o que eu ia fazer no Sinai. Respondi que estava a passeio com sete outras famílias nas férias de Chanuká.

— Quem você vai encontrar lá?

Era o primeiro interrogatório pelo qual passava em todas as vezes em que fui detido. Respondi que não encontraria ninguém.

Meu plano era tomar sol na praia, escutar música, ler, caminhar nas montanhas e brincar com as crianças. Os dois se entreolharam. "Por que você está aqui?", eles disseram, se referindo ao interrogatório.

Respondi que aquela era uma excelente pergunta e que eu não fazia ideia por que haviam me colocado na lista de segurança. Contei sobre o IPCRI e o trabalho que estava realizando para reunir israelenses e palestinos em debates e pesquisas sobre como implementar a paz com base em dois Estados para dois povos. Eles se interessaram pelo trabalho, mas sabiam que eu estava ansioso para seguir viagem com meus amigos. "Como eu saio desta lista?", perguntei, sentindo a receptividade e a aparência simpática da dupla.

Ambos deram de ombros, o típico "sei lá" que eu presenciei todas as outras vezes em que fiz a mesma pergunta. Mas um deles me surpreendeu com uma sugestão:

— Tente escrever uma carta para o assessor jurídico da polícia, explique quem você é e o que está fazendo, e peça para marcar uma reunião com um oficial de segurança para conversar sobre como retirar seu nome da lista.

Era a primeira vez em quatro anos que alguém me dava um conselho para o meu problema.

Durante toda aquela viagem de Chanuká a Basata, próximo a Nueiba, no Sinai, fiquei planejando a carta na minha cabeça. Escrevi sobre o meu histórico sionista, sobre a minha imigração para Israel. Coloquei meu coração na página, falei da minha ligação com Israel e com o povo judeu. Escrevi que era israelense por opção e que nunca faria nada para prejudicar o Estado de Israel. Expliquei que a motivação por trás do meu trabalho era acreditar profundamente que Israel precisava estar em paz com os seus vizinhos e que trabalhava em prol do que acreditava ser os interesses de segurança nacional de Israel. Pedi para me reunir com um oficial de segurança para conversar sobre o meu arquivo e ser retirado da lista de segurança.

Duas semanas depois, em casa, recebi uma ligação.

— Você pediu para falar com um oficial de segurança? Pois eu sou o oficial de segurança.

Marcamos um encontro para dias depois no saguão do Larome Hotel, em Jerusalém. Conversamos por cerca de duas horas. Contei toda a história da minha vida. Expliquei o que estava fazendo e o porquê. Contei sobre o meu serviço militar no colégio militar de treinamento e educação para oficiais, onde dei palestras sobre o conflito e sobre os palestinos. Eu era um livro aberto. Contei que tinha contatos com gente da OLP, o que era ilegal, mas obviamente já era do conhecimento dos serviços de segurança. Não escondi nada, imaginando que ele entenderia que não havia motivo nem valor em me manter na lista de segurança. Ele escutou atentamente e fez mais perguntas. Respondi tudo. "Você vai recomendar que eu seja retirado da lista?", perguntei ao final de duas horas, quando ele estava se preparando para ir embora.

— Não posso.

Fiquei totalmente chocado.

— Pode pelo menos me dizer por que estou na lista?

Ele explicou que eles não tinham nenhum problema com as minhas opiniões políticas, que sequer se preocupavam com isso. Segundo o oficial, eu, ao contrário da maioria dos "esquerdistas", os deixava com medo porque conhecia os árabes, havia morado com eles e seguia suas normas culturais quando estava com eles. Ele explicou que se alguém das regiões palestinas ouve falar que vou viajar para o exterior e Zakaria, meu parceiro no IPCRI na época, me pede para levar um pacote, que eu não seria capaz de me recusar.

— Não que suspeitemos de Zakaria.

Eu sequer havia mencionado o nome de Zakaria durante aquela sessão de duas horas.

— Não levo pacotes de ninguém.

Ele disse que não podia aceitar aquela resposta, pois, se Zakaria me pedisse, eu não conseguiria dizer não.

— Se alguém um dia me pedir para levar um pacote, incluindo Zakaria, juro que, assim que chegar no aeroporto, vou procurar a primeira pessoa da segurança que puder e vou dizer *recebi este pacote de alguém, não sei o que tem nele, você poderia inspecioná-lo?*.

Ele me olhou por um minuto, pensativo, balançando a cabeça para cima e para baixo.

— Vou recomendar que você seja retirado da lista, infelizmente.

Duas semanas depois, viajei para o exterior. No controle de passaportes, entreguei o meu e esperei as famosas palavras "Você não tem permissão para sair do país". Em vez disso, ouvi o carimbo batendo contra a página do meu passaporte. Havia anos que eu não escutava um som tão agradável. Era como ouvir o sino da liberdade repicando.

O reino mágico

Depois de a Declaração de Princípios de Oslo ser assinada no gramado da Casa Branca em 13 de setembro de 1993, tomamos a decisão no IPCRI que havia chegado o momento de recrutar a comunidade empresarial da área para promover a cooperação entre os dois lados da fronteira. Da nossa perspectiva, seria essencial que a economia palestina fosse acelerada para garantir que a paz gerasse dividendos que beneficiariam todos os palestinos e israelenses. Achamos que precisávamos ajudar a criar uma nova situação, porque a falta de paz levaria à perda de algo valioso. Elaboramos a ideia de um congresso de negócios internacional que reuniria israelenses, palestinos e estrangeiros para propor *joint ventures* de investimento na região, algo que seria mutuamente benéfico para os dois Estados e traria prosperidade.

Nossa esperança era de que a iniciativa incentivaria os empresários do mundo todo a participar. Como a maioria dos países da região ainda estava em guerra com Israel, percebemos que seria melhor procurar um patrocinador e uma sede na Europa. A Câmara do Comércio de Amsterdã concordou em ser copatrocinadora do evento, que batizamos de "Oportunidades 1994: Oriente Médio". Com os nossos parceiros em Amsterdã, tentaríamos recrutar a participação da comunidade empresarial jordaniana, apesar de ainda não haver um tratado de paz entre Israel e a Jordânia. Eu iria à Jordânia ao lado do dr. Peter Demant, meu colega holandês do IPCRI, onde defenderíamos o nosso projeto. Para viajar à Jordânia, eu precisaria de um visto no meu passaporte americano e de permissão de Israel para visitar um país que ainda era considerado um Estado inimigo.

Na minha viagem seguinte a Londres, para participar de reuniões da IPCRI-UK, me dirigi à embaixada da Jordânia para solicitar o meu visto, que foi concedido depois de algumas horas. Quando voltei a Israel, enviei uma carta ao ministério do Interior e solicitei permissão para viajar à Jordânia através da Ponte Allenby, próxima a Jericó, na Cisjordânia. A ponte foi reinaugurada depois da Guerra dos Seis Dias, de junho de 1967, com base na política de *pontes abertas* de Moshe Dayan, que entendia a importância de não separar os palestinos do resto do mundo árabe e garantir uma válvula de descompressão para as tensões e agressões em Gaza e na Cisjordânia. Os turistas também podiam atravessar a ponte, mas não os israelenses, a menos que tivessem um segundo passaporte e recebessem permissão das autoridades de seu Estado.

Duas semanas se passaram sem uma resposta do ministério do Interior. Liguei e fui informado que o meu pedido havia sido encaminhado para o serviço de segurança. Alguns dias depois, recebi a mensagem de que a minha solicitação havia sido aprovada. Eu precisaria deixar meu passaporte israelense e minha carteira de identidade no lado israelense. Fui buscá-lo e vi que estava carimbado com "aprovado para viagem à Jordânia, deixar passaporte na ponte". Então comecei o processo de organizar minhas reuniões na Jordânia. Durante os quatro dias em que Peter Demant e eu estivemos no país, conhecemos todos os maiores "figurões" da comunidade empresarial jordaniana. Foi fascinante e nos deixou muito encorajados. A paz estava no ar e os jordanianos não queriam perder a ocasião. A cada reunião eu estabelecia mais contatos e recebia sugestões com quem deveríamos nos reunir. Um desses contatos foi Sua Excelência Marwan al-Qassam, ministro da Corte e um dos principais assessores e confidentes do Rei Hussein. No nosso último dia de reuniões na Jordânia, Marwan al-Qassam teve o prazer de nos receber no Palácio Real. Foi uma viagem incrível, quase inacreditável. Para mim, a Jordânia sempre fora uma espécie de *reino mágico*. Eu a via próxima, embora sempre de longe, todas as vezes que viajava pelo Vale do Jordão em direção ao norte, para Beit Shean, ou ao sul, para Eliat. Sempre me perguntava o que haveria no outro lado. De tempos em tempos, assistia ao noticiário jordaniano, que era muito engraçado. Naquela época, ele consistia em um relatório diário sobre as reuniões e atividades do rei e dos membros da família real. As notícias nunca continham nada de substantivo, nenhum detalhe sobre os temas das reuniões e das atividades, apenas fotos do rei e dos príncipes e princesas. Nunca morei em um país monárquico, então aquilo sempre me pareceu, além de engraçado, estranho, estrangeiro. Ainda assim, lá estava eu no Palácio Real em Amã, um convidado do ministro da Corte. Também aproveitamos a oportunidade para visitar as famosas pedras vermelhas de Petra, no sul do país.

Passamos cerca de três horas com Marwan al-Qassam. A conversa foi fascinante. Queríamos saber mais sobre o processo de paz e para onde ia. Ele tinha um milhão de perguntas sobre Rabin e o seu governo. Ele queria saber mais sobre o congresso que estávamos planejando e fez muitas perguntas sobre como resolver as principais questões relacionadas aos palestinos, principalmente em relação a Jerusalém e os refugiados. Ele tinha suas próprias opiniões sobre todas essas questões, e as compartilhou conosco. A mais interessante era a sua posição sobre o direito de retorno para os refugiados palestinos. Ele sugeriu que eles deveriam ir para o Iraque. Fiquei completamente chocado com a proposta. Ele era originalmente de uma família da Palestina, mas a sua posição sobre a questão mais importante para o povo palestino seria assentar os refugiados em um país distante. Perguntei se poderia compartilhar os seus posicionamentos com outras pessoas em Israel, incluindo a mídia. Fiquei surpreso com a resposta afirmativa, mas ele esclareceu que estava falando em seu próprio nome, não em nome de Sua Majestade o Rei Hussein.

Quando voltei a Jerusalém, dei uma breve entrevista ao jornal *Haaretz*, e o jornal publicou uma matéria curta sobre a minha viagem a Amã na edição do dia seguinte. Uma semana depois, recebi uma ligação telefônica estranha do exército de

Israel. Eu estava sendo intimado a comparecer a um interrogatório de segurança no *Kiriyah*, a sede do ministério da Defesa, no centro de Tel Aviv. Fui informado de que deveria me dirigir ao Portão Sharona às 11h da manhã do dia escolhido. Eu nunca tinha ouvido falar do Portão Sharona, uma das entradas secundárias das instalações. Quis ter certeza de que não chegaria atrasado, pois o tom áspero que vinha do outro lado da ligação me deixou muito preocupado. Cheguei cedo. Meu nome não estava na lista das pessoas esperadas e ninguém sabia quem eu era ou quem deveria me buscar. O soldado no Portão Sharona sugeriu que eu me dirigisse à entrada principal, o Portão de Davi. Fui. Também lá ninguém sabia quem eu era, e meu nome não estava em lista alguma. Já estava quase indo embora, e foi então quando decidi voltar ao Portão Sharona mais uma vez, para ter certeza de que ninguém estava à minha procura.

Lá tinha um soldado que me esperava. Ele vestia um uniforme de serviço, sem insígnias indicando a sua unidade ou patente. Como tinha cerca de 40 anos de idade, provavelmente era da reserva. Então me levou para dentro e eu segui em silêncio. Fomos até uma cabana de madeira antiga, da época do Mandato Britânico, que não tinha janelas, só uma mesinha de madeira velha e duas cadeiras também de madeira. Sentei-me do outro lado da mesa. Ele tirou um bloquinho de anotações e uma caneta do bolso da camisa, abriu o bloquinho e começou a escrever. Agentes de inteligência sempre levam o mesmo bloquinho no bolso.

— Você sabe por que está aqui?

Respondi que não fazia ideia.

— Você foi à Jordânia.

Disse que sim, mas que tinha permissão do serviço de segurança israelense e até um carimbo do Ministério do Interior gravado em meu passaporte israelense.

— Sim, mas você não informou sua unidade do exército que iria a um país árabe.

Comecei a rir.

— Você sabe o que eu faço no exército?

Eu dava aulas sobre os palestinos e democracia no colégio militar de treinamento e educação para oficiais. Ele disse que não importava o que eu fazia. Viajei para um país árabe, tinha que informar a minha unidade. Aceitei, expliquei que não sabia e pedi desculpas. Não aconteceria de novo. Então ele me perguntou o que eu tinha ido fazer na Jordânia. Comecei a contar sobre o congresso Oportunidades 1994 e o IPCRI. Depois de mais ou menos dez minutos, ele fechou o bloquinho e guardou-o de volta no bolso. Tínhamos terminado, ele explicou, mas perguntou se eu me importava se continuássemos a conversa. Ele estava interessado no que eu estava fazendo e queria saber mais. Respondi com o meu bordão de sempre: "Estou disposto a falar com todo mundo que estiver disposto a falar comigo!". Passamos as duas horas seguintes conversando. No final, ele perguntou se eu permitiria que ele desse o meu nome para outras pessoas que poderiam se interessar em falar comigo. Repeti: "Estou disposto a falar com todo mundo que estiver disposto a falar comigo!".

Cerca de duas semanas depois, recebi uma ligação de Koby Orgad.

Da lista de segurança à assessoria do primeiro-ministro

Koby Orgad se apresentou dizendo que trabalhava no departamento de pesquisa do gabinete do primeiro-ministro. Ele me convidou para uma reunião no quinto andar da Shalom Tower, em Tel Aviv, na semana seguinte. Segundo ele, a placa na frente do escritório dizia "Gabinete do primeiro-ministro: departamento de pesquisa". Bem, fiz uma pesquisa e descobri que o gabinete do primeiro-ministro não tinha um departamento de pesquisa. Muito estranho! Compareci no horário marcado e, como ele tinha me dito, havia uma placa de bronze na porta com a insígnia do Estado do Israel: gabinete do primeiro-ministro — Departamento de Pesquisa. Toquei a campainha e a porta se destrancou. Koby veio me cumprimentar. Um longo corredor parecia levar a uma sequência de portas, uma ao lado da outra: salas de interrogatório. Koby começou a me explicar que o primeiro-ministro Rabin tinha criado uma equipe secreta de cinco pessoas de diversas agências da comunidade de inteligência para assessorá-lo no processo de paz. Inicialmente, ele havia procurado o exército, em busca dessa assessoria, mas Amnon Shahak, chefe do Estado-maior, com uma dose inusitada de franqueza, respondeu que o exército não sabia fazer aquilo. Shahak disse que se Rabin queria conselho sobre como iniciar a próxima guerra, isso sim o exército sabia fazer muito bem, mas não estava preparado para aconselhá-lo sobre questões de paz.

Rabin não confiava em muitos políticos e não tinha grande respeito por acadêmicos. A comunidade de inteligência falava a sua língua e ele estava à vontade com ela. A equipe era secreta, pois ele temia que os inimigos da paz dentro do sistema político iriam se opor a recursos de inteligência para promover a paz com o povo palestino. Ele não queria inaugurar um segundo fronte contra pessoas como Geula Cohen, um dos membros mais direitistas do Knesset, Binyamin Netanyahu e Ariel Sharon. Koby me explicou que precisavam de alguém como eu, que mantinha contato constante com líderes, acadêmicos e profissionais palestinos. Também disse que precisavam ouvir novas ideias sobre como lidar com as muitas questões em pauta. Eles não pretendiam ter contato direto com os palestinos, mas, com pessoas como eu que poderiam ter um papel importante na formulação da política israelense sobre o processo de paz. Fiquei muito feliz em ser recrutado. Essa era exatamente a finalidade do IPCRI e tudo pelo que eu vinha lutando. Naquele momento eu passaria a ter acesso direto ao primeiro-ministro em questões de paz. Dois meses antes, eu estava na lista de segurança e, a partir daquele momento, iria ser assessor do primeiro-ministro. Só em Israel!

Durante os dois anos seguintes, até depois da eleição de Netanyahu e após o assassinato de Rabin, passei cerca de duzentas horas com Koby e outros membros da equipe assessorando o primeiro-ministro no processo de paz. O trabalho era absolutamente clandestino e, às vezes, eu me sentia um pouco como James Bond. Marcávamos com antecedência o dia e a hora de cada encontro. Na manhã da reunião, eu recebia uma ligação com o nome de um hotel e o número do quarto. Minha instrução era não bater na porta do quarto se alguém estivesse no corredor, apenas seguir em frente e voltar quando o corredor estivesse vazio. Normalmente, pedíamos um café ou alguma outra bebida gelada do serviço de quarto. Quando o pedido era entregue, minha instrução era esperar no banheiro até o atendente ir embora. Segredo é segredo. Tentaram me pagar pelo meu tempo. Koby, ou algum de seus colegas, tirava dinheiro do bolso com um pequeno recibo impresso que eu deveria assinar. Disse que não queria receber dinheiro nenhum deles. Para começar, estava fazendo o meu trabalho, pelo qual o IPCRI já me pagava. Meu trabalho era influenciar o que estava fazendo. Segundo, não queria perder a minha independência total. Se aceitasse dinheiro deles, estaria trabalhando para eles. Não queria trabalhar para o governo israelense nem para ninguém. Era meu próprio chefe e não aceitava ordens de ninguém. Koby insistia. Compre livros com o dinheiro, ele sugeria. Insisti que não aceitaria dinheiro nenhum dele. Depois de duas ou três tentativas, ele desistiu de tentar me convencer a aceitar o dinheiro.

Eu me encontrava principalmente com Koby. Eram reuniões regulares e ele vinha preparado com perguntas. Em geral, eu começava as nossas reuniões, que duravam em média duas horas, com uma descrição do que estava acontecendo na Palestina. A descrição era aprimorada com relatos sobre reuniões e conversas que havia tido com diversas lideranças palestinas. Eu levava transcrições de reuniões entre israelenses e palestinos conduzidas no IPCRI e dos diversos grupos de trabalho que reuníamos – o grupo de especialistas em Jerusalém, o grupo da água, o grupo de economia e negócios. Eu tentava criar uma imagem completa de como era a realidade do ponto de vista palestino e quais eram as suas preocupações em relação ao processo de paz em andamento e as suas ideias na preparação para as negociações.

Lembro de alertar Koby e os membros da equipe em diversas ocasiões sobre as relações que, a meu ver, estavam se estreitando entre diversos ex-políticos e ex-membros das forças de segurança israelenses e pessoas próximas a Arafat. Para mim, aquilo cheirava a corrupção, e o povo palestino estava furioso com os abusos de autoridade cometidos pelos recém-chegados de Túnis e de alguns membros do alto escalão da segurança palestina. Alguns dos envolvidos eram muito próximos ao primeiro-ministro Rabin, que parecia estar sancionando pessoalmente esse comportamento negativo. Acordos econômicos monopolistas estavam sendo fechados entre políticos palestinos e ex-políticos israelenses na produção de cimento, combustível, cigarros e outros produtos extremamente lucrativos. Algumas pessoas estavam se tornando milionárias da noite para o dia e, especialmente no lado palestino, estava se expressando na construção de palacetes em Ramallah e Gaza por gente que até pouco tempo não tinha fortuna nenhuma. Avisei Koby sobre a hostilidade que estava surgindo em decorrência da corrupção e em especial pela recepção negativa do envolvimento direto dos israelenses.

O auge da corrupção e do envolvimento israelense direto foi o Oasis Casino, em Jericó. Todos sabiam que membros dos serviços de segurança palestinos próximos a Arafat e o assessor econômico e de negócios dele, Mohammad Rachid, também conhecido como Khaled Salam, estavam diretamente envolvidos com o cassino. Contudo, pessoas bastante próximas a Rabin também eram sócias no empreendimento, no qual milhares de israelenses apostavam cerca de 5 milhões de dólares por semana. Era impossível separar as ligações israelenses à corrupção palestina. Na minha opinião, Rabin, que parecia ser o sr. Limpeza, precisava saber o que estava acontecendo e os efeitos negativos que tudo aquilo provocaria no processo de paz.

Quem parasse em uma rua de Ramallah e contasse os carros zero com as placas vermelhas de funcionários da ANP, ficaria chocado com aquela demonstração de decadência, especialmente com tantos moradores identificados como refugiados. Para mim, era evidente que aquilo levaria a problemas.

Também sugeri a Koby que a equipe deveria tentar fazer com que Rabin comunicasse a Arafat que era preciso mudar sua imagem e se apresentar mais como estadista do que como líder guerrilheiro. A revolução palestina havia terminado e era chegado o momento de os palestinos construírem um Estado. A parte mais proeminente da imagem de Arafat era o seu uniforme militar. Sugeri que Koby propusesse a ideia de que Rabin não se reuniria com Arafat se este estivesse fardado. Disse que se Arafat queria ser um general, então deveria se reunir com o pessoal da IDF. Se quisesse se reunir com Rabin, deveria vestir terno e gravata. A mensagem foi entregue a Rabin, mas ele decidiu que não seria apropriado dizer a Arafat o que vestir, e aquele não era seu papel. Entendo a posição de Rabin, mas ainda assim discordo dela. A questão já tinha sido levantada e discutida por Rabin com o presidente Bill Clinton antes da cerimônia de assinatura da Declaração de Princípios de Oslo, em 13 de setembro de 1993, no gramado da Casa Branca. O simbolismo era essencial e acredito que a mentalidade do próprio Arafat poderia ter mudado se ele tivesse sido mais pressionado a se comportar como um estadista. O presidente americano não estava preparado para forçar Arafat a mudar sua imagem, e Rabin não estava preparado para impor essa condição para reuniões futuras com Arafat.

Compartilhei com eles todos os documentos de políticas que escrevi durante o período, lidando diretamente com as questões do processo de paz, relevantes tanto para o período interino como para as negociações sobre o *status* permanente. Lembro que os palestinos estavam bastante preocupados com o tamanho do conselho legislativo que estabeleceriam durante o Acordo Interino. A assinatura do acordo de Jericó-Gaza no Cairo estava sendo negociada para 4 de maio de 1994, e o Acordo Interino parasetembro de 1995. Arafat queria expandir o conselho ao máximo. A posição oficial de Israel era limitar a autoridade de palestinos em questões legislativas, pois não queria que a autoridade do governo palestino se parecesse com a de um Estado soberano. À medida que as negociações avançaram, Israel mudou o seu posicionamento e deixou de se importar com o tamanho do conselho, mas entendeu a importância da questão para Arafat e decidiu explorá-la para obter concessões junto a ele em pontos mais importantes para Israel, a saber, cooperação e coordenação na segurança. Fiquei perturbado com a natureza revelada do relacionamento nessa questão. A meu ver, era desonesta. Talvez fosse legítima nas negociações, mas parecia uma forma cínica de usar ou abusar do poder em negociações bastante assimétricas. Alertei contra essa abordagem. Sempre preferi, e ainda prefiro, uma forma cooperativa de negociar, na qual as partes são muito mais abertas à ideia de compartilhar suas posições, necessidades e interesses de modo a maximizar a possibilidade de cenários onde todos saem ganhando. Com o passar dos anos, com raras exceções, a abordagem às negociações entre as duas partes é a de um jogo de soma zero, no qual as concessões de um lado são os ganhos do outro e vice-versa. É a negociação de bazar clássica do Oriente Médio. Na minha opinião, o foco deveria estar muito mais no resultado, que deve ser as relações futuras entre as partes, não os ganhos de curto prazo nas negociações em si.

Em diversas ocasiões, Dan, o líder da equipe, acompanhou Koby. Nunca soube o seu nome completo. Nem tenho certeza se Dan era o seu nome verdadeiro. Aliás, nem estou certo de que Koby também era o nome verdadeiro de Koby. Segundo Koby, Dan tinha uma patente equivalente à de general. Pressupus que era do Mossad. Quando Dan veio me conhecer, o quesito precaução e segurança era ainda maior. Chegaram a me perguntar várias e várias vezes se alguém tinha me visto. Dan tinha muitas perguntas sobre determinados líderes palestinos e qual era seu posicionamento. A participação frequente de Dan nas reuniões com Koby indicava o enorme significado que elas tinham para a equipe. Sei que as minhas ideias, descobertas e propostas eram muito úteis a eles, enquanto, para mim, as reuniões representavam a ligação direta com as negociações e com Rabin que eu tanto havia trabalhado para conquistar. Finalmente sentia que teria um impacto direto no que estava acontecendo.

Lembro de me esforçar muito para tentar convencer a equipe de que Rabin deveria abrir as negociações sobre o *status* permanente o quanto antes. "As negociações sobre o *status* permanente iniciarão assim que possível, no máximo até dia 4 de maio de 1996", afirmava o acordo de Oslo. Para mim, não fazia sentido adiar essas negociações. Os autores do acordo esperavam que as partes desenvolveriam mais confiança entre si caso a fase interina fosse implementada de maneira eficaz, o que permitiria uma negociação mais bem-sucedida em relação às questões fundamentais. Em vez disso, eu estava vendo o início de relações negativas no mundo real, com a construção de desvios rodoviários para os assentamentos. A administração civil da IDF, responsável pela implementação dos acordos, parecia não entender que deveriam estar se afastando da ocupação israelense e sua mentalidade de controle e entrando em uma nova era, na qual os palestinos controlariam suas próprias vidas e o próprio destino.

Em diversas ocasiões, meus contatos com a equipe secreta provou a dimensão do seu poder e da sua influência. Durante uma visita a Gaza, vi um oficial israelense abusando de seu poder e usando força física contra um trabalhador palestino que estava na fila da barreira de Erez, tentando sair de Gaza. O oficial estava batendo no jovem palestino com muita força. Imediatamente peguei o telefone e liguei para o número em que eu deixava mensagens pedindo que Koby entrasse em contato comigo. O telefone tocou menos de dois minutos depois. Descrevi a cena. A sua primeira resposta foi engraçada:

— Mas isso é contra as nossas políticas.

Respondi que a notícia sobre as novas políticas parecia não ter chegado àquele oficial ainda. Em menos de dois minutos, um oficial mais graduado apareceu na cena e acabou com o abuso imediatamente.

Em 4 de novembro de 1995, no evento em que 250 mil pessoas pediram "paz e fim da violência" — e em que Yitzhak Rabin foi assassinado –, me encontrei com Koby. Ele estava lá como observador, por trabalhar para o governo não tinha permissão para participar de protestos. Assim como eu, ele estava felicíssimo com a enorme quantidade de pessoas que havia comparecido para apoiar Rabin e a paz. Voltando do evento, depois de Rabin ser alvejado e levado para o hospital, já adivinhávamos que ele estivesse morto. Estávamos estacionados próximo ao Hospital Ichilov, para o qual Rabin havia sido levado. Quando chegamos ao carro, a polícia havia fechado todas as ruas em torno do hospital. Logo depois, Eitan Haber, chefe de gabinete de Rabin, anunciou: "Em choque, o Governo de Israel anuncia que o primeiro-ministro Rabin foi assassinado". Naquele instante, senti que além do primeiro-ministro ter sido assassinado, o processo de paz também acaba de sofrer um golpe mortal. Ele nunca mais seria o mesmo.

Koby me ligou, chocado, assim como todos nós. Nós nos encontramo alguns dias depois. O caixão de Rabin foi colocado em frente ao Knesset e dezenas de milhares de pessoas faziam fila para se despedir. Do Knesset, fui até um dos hotéis que frequentávamos para encontrar Koby. Quando cheguei, vi que ele tinha chorado. Seus olhos estavam vermelhos. O país inteiro estava em choque. Pessoas como Koby, que trabalhavam lado a lado com Rabin, foram as mais afetadas. Rabin sabia quem eu era, e já tinha ouvido várias vezes meu nome de membros de sua equipe. Eu mesmo tinha conversado pessoalmente com ele duas vezes. O modo como ele comunicava seu interesse sincero em ouvir seu interlocutor era uma experiência absolutamente incrível. Ele me fez perguntas e escutou atentamente minhas respostas. É uma pena que não tenha tido a oportunidade de mais contatos diretos com ele. Mesmo através de Koby, sentia que minhas ideias e propostas chegavam até ele, e que eu exercia alguma influência no processo de paz e no modo como Rabin abordava e confrontava os desafios à sua frente.

Em março de 1997, Israel começou a construção de Har Homa, um novo assentamento em Jerusalém. Israel temia novos tumultos em torno de Jerusalém Oriental e na Cisjordânia. Naquele dia, a equipe me convidou para participar de uma investigação, com o objetivo de aumentar meus padrões de segurança e permitir que eu mantivesse um contato mais direto com a equipe, que naquele momento servia ao governo de Netanyahu. Antes de ir ao quarto de hotel para me encontrar com Koby e alguém da ASI (ex-Shin Bet), que conduziria a entrevista, fiz um passeio em torno da área que viria a ser Har Homa. A floresta do Fundo Nacional Judaico que costumava decorar o monte já havia sido derrubada, abrindo uma clareira em frente a Tantur, na entrada de Belém. Naquela época, meu escritório ficava em Belém, então eu enxergava Har Homa todos os dias. Era muito triste ver o governo de Israel lançando outro assentamento que impactaria negativamente a nossa chance de estabelecer paz com os palestinos. Se Rabin tivesse sobrevivido, Har Homa provavelmente nunca teria sido construída. Passei no mínimo seis horas com o agente da ASI, respondendo perguntas que teria que responder mais uma vez durante a investigação. Ele me explicou que era essencial que eu contasse a verdade e que minhas respostas fossem as mesmas quando estivesse passando pelos sensores. Koby, enquanto nos esperava terminar, ficou passeando por Har Homa.

Meu convite para a invenstigação nunca se materializou e o meu padrão de acesso nunca foi expandido, pois Binyamin Netanyahu, primeiro-ministro de Israel, decidiu desmontar a equipe. Ele não precisava de conselhos sobre o processo de paz. Já havia decidido congelá-lo.

Enquanto escrevia este livro, fiz diversas tentativas para localizar Koby. Procurei-o no Google, sem resultado. Encontrei alguém com o mesmo nome em um obituário da Rafael, empresa israelense que desenvolve sistemas bélicos, e falei com o chefe da segurança, que me informou que se tratava de uma outra pessoa. Falei com pessoas que trabalharam com Rabin. Ninguém nunca tinha ouvido falar da equipe ou conhecia o nome Koby Orgad. Falei com Eitan Haber, chefe de gabinete de Rabin. Haber me disse que sabia das reuniões semanais de Rabin com uma equipe, mas que não era convidado e entendia que Rabin o havia deixado de fora de propósito, e que então não quis se intrometer.

Falei com Danny Yatom, que havia sido adido militar de Rabin e depois chefe do Mossad. Falei com os filhos de Rabin, Dalia e Yuval. Falei com Ami Ayalon, que assumiu a ASI depois de Carmi Gillon, o diretor da agência que se demitiu assim que Rabin foi assassinado. Falei com Yaacov Perry, ministro do governo Netanyahu até 2015 e ex-diretor da ASI. Nenhum deles conhecia o nome Koby Orgad ou tinha ouvido falar da equipe secreta de Rabin.

Ainda continuo procurando. Quando a equipe foi desmontada por Netanyahu em 1997, me reuni com Koby uma última vez. Ele me trouxe um presente da equipe: um álbum sobre Israel escrito pelo jornalista israelense Nissim Mishal. Infelizmente, nem ele nem nenhum outro membro da equipe assinou o presente.

A segurança na mesa de negociações

Após a eleição de Yitzhak Rabin em 23 de junho de 1992, parecia que a probabilidade de transformar as conquistas políticas palestinas causadas pela Intifada em um processo de paz estava ficando mais clara. Absolutamente ciente das preocupações graves do novo primeiro-ministro e da sociedade israelense como um todo em relação à independência palestina, a primeira pauta tinha que ser a segurança. Os israelenses não se retirariam de nenhum território se as questões de segurança não fossem o elemento fundamental dos acordos políticos. Por este motivo, considerei que seria essencial iniciar um diálogo discreto com oficiais e especialistas em segurança de ambos os lados. Dada a natureza delicada dessas conversas e a necessidade de que os decisores prestassem atenção ao resultado, era necessário que os participantes tivessem currículos impecáveis e relação íntima com eles próprios.

No lado israelense, iniciei por uma conversa com Yossi Ginosar, um ex-agente do alto escalão da Shin Bet que tinha se envolvido em um escândalo alguns anos antes. Após um acobertamento ilegal, Ginosar foi forçado a se demitir do serviço, mas ainda continuou fortemente ligado ao primeiro-ministro Rabin e atuou como assessor para questões palestinas. Reuni-me com Yossi em um café popular de Tel Aviv, famoso por ser o escolhido por diversos membros da alta liderança israelense, que ali se encontravam também com suas amantes. Yossi gostou da ideia das conversas que eu estava propondo. Ele concordou em participar e sugeriu diversos outros nomes. Ele também queria saber, obviamente, quem seriam os participantes palestinos.

Eu havia contatado o dr. Ahmad Khalidi, em Londres, professor adjunto no St. Antony's College, da Universidade de Oxford. Ahmed era o presidente do IPCRI-UK, que eu tinha criado para ajudar a organizar e facilitar reuniões entre representantes de Israel e da OLP, apesar de ser ilegal pela legislação israelense. Ele era o autor de diversos artigos sobre as questões estratégicas enfrentadas pelos palestinos. Ahmed tinha boas relações com a liderança da OLP em Túnis, especialmente Abu Mazen e alguns membros do alto escalão da segurança da OLP. Ahmed sugeriu que também incluíssemos o professor Yazid Sayegh, outro acadêmico palestino de uma família respeitada que tinha escrito sobre questões estratégicas palestinas. Ahmed me apresentou a Nizar Ammar em Túnis, que, segundo ele, seria o melhor interlocutor no lado palestino para debater planejamento militar e de segurança. Nizar pertencia à comissão de segurança de alto nível do Fatah. Quando a ANP foi estabelecida em 1994 em Gaza, Nizar foi apresentado aos israelenses como General de Brigada Nizar Ammar, diretor de planejamento das forças de segurança palestinas.

Assim, em outubro de 1992, um ano antes do acordo de Oslo ser assinado, lançamos uma série de diálogos paralelos em Londres sobre os problemas de segurança que ambos os lados enfrentariam caso entrassem em um processo de paz que levasse Israel a se retirar dos territórios e transferi-los para os palestinos. O grupo israelense incluía o general Shlomo Gazit, ex-chefe da inteligência militar; Yossi Alpher, então diretor interino do Jaffee Center for Strategic Studies, ex-agente do Mossad e Aryeh Shalev, outro general da reserva do exército, que trabalhava no Jaffee Center. Yossi Ginosar ia participar, mas não pôde devido a um problema de saúde.

Os israelenses não queriam que a delegação palestina fosse composta apenas de palestinos do estrangeiro. Eles não queriam dar a entender que estavam estabelecendo diálogos diretos com a OLP enquanto ainda fosse ilegal um israelense poder se comunicar com a OLP. Entrei em contato com Faisal al-Husseini, o membro sênior da OLP nos territórios ocupados, e pedi que indicasse alguém. Ele respondeu que ninguém nos territórios entendia nada sobre questões de segurança, que, inclusive eram todas responsabilidade direta da OLP. Ele disse que havia uma pessoa, o dr. Khalil Shikaki, que acabava de retornar ao território, depois de completar seu doutorado na Universidade de Colúmbia, em Nova York.

— Ele estudou sobre temas que se relacionam com questões de segurança. Tente entrar em contato com ele.

Apesar de não o conhecer, entrei em contato com Khalil e lhe pedi que participasse. Ele era irmão de Fathi Shikaki, líder da Jihad Islâmica palestina, que estava em exílio, morando na Síria. Israel assassinou Fathi Shikaki em outubro de 1995, em Malta. Khalil concordou em participar, com a condição de que recebesse garantias por escrito de Israel de que então poderia voltar ao território depois da reunião.

Investiguei um pouco, e a IDF me informou que não poderia fornecer tais garantias por escrito. Falei com o general Gazit, que decidiu ligar para Rabin. Gazin informou Rabin sobre a reunião planejada em Londres e sobre o problema com Shikaki. Rabin ligou para o governador militar de Tulkarem, a região natal de Shikaki, e o instruiu a fornecer o documento a Shikaki. Rabin pediu então a Gazit para se reunir com ele depois da reunião para saber o que os palestinos tinham a dizer.

A reunião começou mal, pois o controle de passaportes no Aeroporto Internacional Ben Gurion me disse (como sempre) que eu não tinha permissão para sair do país. Lá estava eu, acompanhado por um grupo de generais que havia escutado que eu estava sendo detido por motivos de segurança. Obviamente, fui liberado antes do voo partir, mas, de novo, foi preciso me levar de carro até o avião um pouco antes da decolagem

Durante os quatro dias de reunião em Londres, financiados pelo recém-fundado Instituto dos Estados Unidos para a Paz (USIP), os temas foram: coordenação de segurança, o tamanho da força palestina necessária para assumir o controle dos territórios, combate ao terrorismo, libertação de prisioneiros e armas. Na época, eram conversas inimagináveis. Quem acreditaria que israelenses e palestinos conseguiriam debater coordenação de segurança?

Mas debateram, e mais, encontraram diversos pontos em comum. A equipe palestina se comunicava diretamente com Arafat em Túnis quase que de hora em hora. Ao lado de Arafat no seu escritório estava Momduh Nofal, que tinha feito parte da Frente Popular para a Libertação da Palestina (FPLP, a organização fundada por George Habbash), posteriormente um dos fundadores da Frente Democrática para a Libertação da Palestina (FDLP). Em 1991, Momduh se juntou com Yasser Abed Rabbo e fundou o Partido da União Democrática Palestina (FIDA), em uma cisão da FDLP (a organização de Nayef Hawatmeh). O FIDA, ao contrário da FDLP, apoiava o processo de Oslo. Momduh também pertencia ao Alto Conselho Militar da Revolução Palestina desde a sua fundação e tinha atuado como comandante das forças da revolução no Líbano, de 1985 a 1988. Momduh, que depois se envolveria pessoalmente com as negociações entre Israel e Palestina, me disse que estava com Arafat, que recebia informes de Nizar Ammar a cada hora. Todos estavam chocados com as conversas em Londres e mal podiam acreditar que membros do alto escalão israelense estivessem falando sobre o retorno da OLP à Palestina e especialmente que haveria forças de segurança palestinas que cooperariam com os israelenses na luta contra o terrorismo. Anos mais tarde, o falecido Motta Gur, ex-chefe do Estado-maior da IDF e então vice-ministro da Defesa, me disse que o que convenceu Rabin a dar o sinal verde para os diálogos em Oslo foi o conteúdo dos acordos firmados nas conversas em Londres.

Nosso projeto sobre questões de segurança internas e estruturas de segurança foi especial por diversos motivos. Foi a primeira vez que especialistas em segurança de Israel e da Palestina se reuniram para confrontar questões de segurança interna durante um período interino em um processo de paz. O projeto também tinha outro diferencial, pois o lado palestino incluía todos os três elementos da comunidade palestina: os territórios, a diáspora e a liderança da OLP.

A questão do controle de armas já estava sendo tratada no sistema de Controle armamentista e segurança regional (ACRS) da conferência de paz de Madri, que criou os diálogos multilaterais. As preocupações de segurança bilaterais entre Israel e Palestina ainda não estavam sendo trabalhadas dentro de qualquer sistema. Para Israel e os palestinos, a necessidade de debater as questões de segurança era menos uma questão estratégica e mais de lidar diretamente com a capacidade dos palestinos de executar um tratado de paz com Israel e da disposição deste para suspender o uso de forças militares nos territórios. Para os palestinos, a segurança era interpretada como a capacidade de conduzir suas vidas livremente, sem medo de barreiras militares israelenses, interrogatórios, prisões, demolições de casas, expulsões, etc. Em outras palavras, a capacidade de ir e vir livremente. Para Israel, a segurança em relação aos palestinos significava, acima de tudo, colocar fim ao terrorismo: facadas, sequestros, bombas em ônibus e mercados, etc.

Do ponto de vista de 1992, o objetivo principal do período interino de um acordo entre Israel e os palestinos era permitir que ambos os lados se desengajassem de décadas de conflito e começassem a desenvolver confiança. Os israelenses diziam que se os palestinos conseguissem controlar os seus próprios problemas e se, em consequência disso, a violência diminuísse, em uma segunda fase de negociações seria possível discutir uma separação maior, incluindo a possibilidade de abrir mão do controle total do território palestino. Do ponto de vista de Israel, os palestinos estariam fazendo uma espécie de teste da sua capacidade e disposição para viver em coexistência pacífica. Os especialistas em segurança que envolvemos afirmaram que o único teste real para Israel ocorre na área da segurança interna. Os israelenses não se importavam se os palestinos teriam ou não capacidade de comandar o seu próprio governo civil ou, pelo menos, consideravam a questão muito menos importante. Eles diziam que, quando os palestinos conseguissem controlar a própria população e impedir atos hostis contra Israel e contra o seu próprio regime, poderiam conversar sobre acordos de paz com Israel.

Durante esse período, as negociações bilaterais entre Israel e os palestinos por meio de uma equipe não liderada pela OLP —

dirigida por ela, mas sem participação oficial da OLP — ocorriam em Washington, mas a questão da segurança não estava em pauta. O posicionamento de Israel nessas conversas era que, durante todo o período interino, ele manteria responsabilidade total por todos os aspectos da segurança. Os palestinos poderiam ser encarregados do controle de multidões, mas não teriam nenhuma responsabilidade ou capacidade de proteger a Autoridade Nacional Palestina Interina (PISGA, como era chamada na época) de inimigos internos ou externos. Israel entendia que diversos inimigos e partidos de oposição tentariam sabotar o processo de paz e o regime palestino, mas esses inimigos da paz seriam responsabilidade exclusiva de Israel. Os soldados israelenses, a polícia de fronteiras e os agentes da Shin Bet continuariam a manter a mesma presença ostensiva que tinham antes da criação da PISGA.

Os especialistas em segurança israelenses disseram que o problema de Israel incluía os mais de cento e dez mil colonos em cerca de 150 assentamentos, sobre os quais Israel precisaria manter sua autoridade e total responsabilidade por sua segurança. Os especialistas israelenses explicaram para os seus colegas que se não houvesse israelenses na Cisjordânia e em Gaza, seria mais fácil se retirar e dizer "vocês que se virem" para os palestinos, mas esse não era o caso e, mesmo quando havia significativamente menos colonos dos territórios do que hoje, a sua presença era um obstáculo fundamental à entrega total do território para o controle palestino. Os palestinos responderam corretamente: se Israel mantivesse o mesmo perfil de segurança nos territórios durante um período interino, basicamente nada mudaria.

Como afirmaram os especialistas em segurança, Israel estava preso em um paradoxo. Israel queria se desengajar da população palestina, aumentar seu nível de segurança e testar a capacidade dos palestinos de se governar, mas não poderia reduzir a sua presença de segurança devido à necessidade de proteger os colonos.

Os palestinos também estavam em uma posição difícil. Era preciso mostrar mudanças reais. Autonomia sem controle sobre questões de segurança seria uma situação extremamente pessimista. A continuidade do controle israelense sobre questões de segurança significava que praticamente nada mudaria na realidade. Mas eles também indicaram as dificuldades que enfrentariam caso assumissem as questões de segurança interna, pois as divergências entre a própria população ameaçariam a existência de um regime palestino. Eles questionaram se teriam a capacidade de criar uma Shin Bet palestina. Poderiam interrogar adversários políticos? Poderiam instituir detenções administrativas? Poderiam fazer prisioneiros políticos? Poderiam estabelecer uma cadeia de comando eficaz e obediente?

Na reunião em Londres, especialistas israelenses em segurança e palestinos estimaram que os palestinos precisariam de uma força de segurança de 18 a 20 mil pessoas, de um serviço de inteligência eficaz e bem treinado e de um mecanismo de ligação entre a força palestina e as israelenses. Segundo eles, Israel só concordaria com a existência dessa organização se ainda mantivesse controle total sobre a segurança dos colonos e dos assentamentos, e se houvesse coordenação de segurança total entre as forças israelenses e palestinas. Segundo eles, com o tempo, assim que as forças palestinas demonstrassem a sua eficácia, poderia haver uma redução gradual da presença israelense das forças de segurança, mas isso só poderia acontecer se os palestinos internalizassem a crença de que a sua própria segurança estava ligada diretamente à segurança de Israel. O entendimento mútuo sobre questões de segurança abriria o caminho para um acordo futuro sobre retiradas futuras mais amplas das forças israelenses.

E quanto ao teste? Os especialistas em segurança afirmaram que seria do interesse de Israel e também dos palestinos determinar quais aspectos da segurança interna seriam, assim que possível, transferidos para os palestinos. Então, quando os próprios palestinos impedissem ataques contra Israel ou contra israelenses, seria possível avaliar a probabilidade de coexistência pacífica. Os especialistas sugeriram que a transferência de responsabilidades por segurança para os palestinos seria gradual e que o processo começaria em determinadas regiões geográficas, não em todo o território. O estabelecimento de uma força policial palestina interna, o treinamento dela e a criação de uma cadeia de comando eficaz levariam de três a cinco anos. Aos poucos é que se poderia entregar a segurança de algumas áreas limitadas ao controle palestino. Se tivessem sucesso em um local, outra área poderia ser adicionada. Os especialistas sugeriram começar por Gaza e depois nas maiores cidades da Cisjordânia.

Os palestinos afirmaram que havia uma diferença significativa nas suas abordagens em relação à questão da segurança com os israelenses. Os especialistas palestinos defenderam que a segurança é um direito e que Israel não poderia negá-la. Segundo eles, os palestinos sonham com tomar as rédeas de sua própria segurança. A falta de segurança fundamental é causada pelos poderes da ocupação. Eles afirmaram que há uma forte relação entre um acordo sobre segurança e outros acordos políticos. Disseram também que, no lado palestino, há algo de sensível com relação à cooperação de Israel em questões de segurança, mas que há espaço para cooperação ainda assim.

Os palestinos frisaram que a formação de uma força de segurança palestina eficaz seria de interesse também para Israel. O resultado em manter o controle sobre a segurança seria também causa de uma autoridade política palestina fraca e incompetente. Se a responsabilidade por segurança fosse assumida pelos palestinos, qualquer acordo aos olhos da população seria legitimado, e isto ajudaria a manter a estabilidade. Transferir-lhe a autoridade sobre sua segurança ajudaria a criar uma confiança mútua e permitiria a coexistência palestina com Israel. Por meio do desenvolvimento da segurança mútua, ambos os lados conseguiriam estabelecer áreas de cooperação e coordenação, que poderiam ser criadas fazendo-se uso de mecanismos específicos para este fim. Os palestinos disseram que se eles mesmos fossem responsáveis pelas questões de sua segurança, também se tornariam politicamente responsáveis. Ainda assim, os palestinos aceitaram a ideia de transição gradual e coordenação de sua segurança.

Os especialistas palestinos explicaram que precisariam encontrar maneiras de tratar o receio e as preocupações dos israelenses sobre esta questão de segurança, já que criam restrições inclusive para Israel, acarretando algo que contribui para o mal funcionamento no lado palestino. A proposta palestina era de que chegariam a um acordo entre as partes antes, caso se desse a transferência de autoridade pela sua própria segurança. E depois disso, concordariam em estabelecer um cronograma. Em um primeiro momento, concordariam que Israel se responsabilizasse pela segurança e, assim que os palestinos terminassem de construir o alicerce de seu próprio sistema de segurança, esta responsabilidade também seria compartilhada com Israel. A essa altura, os palestinos estariam dispostos a dividir informações e coordenar ações. Os especialistas palestinos enfatizaram que seu futuro político dependeria da capacidade de manter o controle sobre seus territórios e sua população.

Ambos os lados concordaram que a questão mais complexa e polêmica era a dos assentamentos. A posição de Israel era que nenhum assentamento poderia ser removido durante o período interino e que a responsabilidade pelos colonos e pelos assentamentos deveria permanecer sob controle israelense. Os especialistas israelenses enfatizaram a natureza politicamente explosiva dessa questão em Israel. A segurança dos assentamentos e dos colonos seria problemática, pois eles continuariam se movimentando dentro dos territórios que passariam para o controle dos palestinos, o que poderia causar problemas. Assim, os israelenses acreditavam que seria improdutivo se os palestinos exigissem autoridade sobre a segurança dos colonos e dos assentamentos, que isso seria apenas uma fonte de atrito constante e que a situação poderia facilmente escapar do controle.

Os especialistas também confrontaram a questão do papel de terceiros. Os palestinos valorizavam a presença internacional e expressavam também interesse em receber treinamento de segurança de terceiros. Os israelenses eram contrários a toda e qualquer forma de presença internacional. Neste ponto, não havia acordo nenhum.

Por fim, os participantes também trabalharam a questão da libertação de prisioneiros em Israel enquanto elemento dinâmico da segurança. Libertar prisioneiros daria forte legitimidade política ao regime palestino, o que atenuaria o potencial de oposição. Além disso, muitos dos prisioneiros soltos estariam entre os primeiros cadetes das forças palestinas recém-formadas. Eles já são definidos como soldados da causa palestina, são leais aos líderes e entendem a ideia de cadeia de comando. Essa parte da discussão foi novidade para os israelenses e representou um forte desafio à sua conscientização e ao entendimento da mentalidade palestina.

Depois que as conversas se encerraram, o general Shlomo Gazit contatou o primeiro-ministro Rabin e marcou uma reunião. Gazit informou a Rabin que os palestinos estavam preparados para assumir responsabilidades por segurança, com o entendimento que combateriam o terrorismo contra Israel. Além disso, ele afirmou que os palestinos estavam preparados para estabelecer um mecanismo de coordenação de segurança e cooperação com Israel. Eles conversaram sobre as quantidades de tropas palestinas necessárias para as forças de segurança e todas as outras questões debatidas em Londres. Rabin ficou impressionado com a seriedade das conversas e o quanto os palestinos entendiam as necessidades e ameaças à segurança de Israel.

Na época, tive a nítida sensação de estarmos no processo de alicerçar um acordo de paz entre Israel e Palestina. Conseguimos estabelecer uma ponte em algumas das questões mais básicas e fundamentais da relação Israel-Palestina: controle, ocupação e segurança, como avenida de duas mãos — a minha segurança é a sua segurança. Mesmo a questão da libertação de prisioneiros foi tratada de forma sóbria e sensata. Para a equipe militar e de segurança, havia um entendimento claro sobre o papel importante que a libertação de prisioneiros teria entre os palestinos para mudar a dinâmica política em torno de um acordo entre Israel e Palestina. Do ponto de vista de Israel, a maioria dos prisioneiros de segurança eram terroristas, mas, para os palestinos, eram heróis e soldados da causa para a libertação da Palestina. Para os palestinos, soltar prisioneiros era equivalente a fortalecer a segurança. Para Israel, era exatamente o contrário. Essa dinâmica de percepções inversas é comum em situações de conflito, especialmente quando a diferença de simetria entre as partes é tão grande.

Um grande diferencial das conversas em Londres é que os palestinos não estavam focados no próprio sofrimento. O *status* de vítima não estava em debate. Os palestinos estavam concentrados em problemas reais e em elaborar soluções que atendessem às suas necessidades e aos seus interesses. Eles não queriam derrotar os israelenses só para marcar pontos e não estavam fazendo planos e tramoias para ficar em vantagem.

Os israelenses tiveram a mesma seriedade e deixaram a politicagem e a mesquinhez de fora. O encontro foi bem-sucedido porque se baseou na abordagem promovida pela filosofia e propósito do IPCRI, a saber, que a solução de dois Estados era o ponto de partida na mesa de negociações, não uma questão a ser debatida. Enfocar esse elemento nas conversas mais delicadas permitiu que os participantes se concentrassem em confrontar os problemas que acreditavam que emergiriam no mundo real à medida que o processo de paz ganhasse forma.

A Intifada Al-Aqsa

Apesar das revelações de Suha Arafat, viúva de Yasser Arafat, de que seu marido havia planejado e preparado a Segunda Intifada, continuo desacreditando disso. Imad Faluji, ex-ministro das comunicações do primeiro governo Arafat e ex-líder do Hamas, também afirmou algo parecido. Não tenho evidências concretas de que estejam falando a verdade. Eles parecem estar assumindo o crédito ou a culpa pelo fato de que os terríveis eventos teriam ocorrido com a rubrica de *Intifada Al-Aqsa*, depois dos fatos consumados. Creio que a Intifada não foi planejada ou imaginada estrategicamente pela liderança palestina, seja ela a ANP ou o Fatah Tanzim — a liderança do Fatah que subiu ao poder durante a primeira Intifada. Foi uma série de eventos que eclodiu rapidamente, ganhou amplitude e se descontrolou. As decisões sobre a sua continuidade e trajetória foram tomadas quase todas depois dos eventos em si. Arafat teve a oportunidade de controlá-la e contê-la, mas escolheu não fazê-lo. Na minha opinião, foi isso que aconteceu.

A visita de Ariel Sharon ao Monte do Templo na quinta-feira, 28 de setembro, acompanhado de uma equipe de segurança na casa de centenas, terminou quase sem nenhum incidente. Contudo, em tumultos na Cisjordânia, cinco palestinos foram mortos e mais de trezentos ficaram feridos. Havia apenas cerca de 2 mil fiéis muçulmanos no Monte durante a visita de Sharon. Algumas pedras foram atiradas, mas só depois que Sharon foi embora. Na sexta-feira, 29 de setembro, a liderança palestina convocou protestos em todos os territórios, mas especialmente no Haram al-Sharif [Monte do Templo]. Ao final das orações, cerca de 50 mil fiéis enfrentaram batalhões da polícia israelense e da polícia de fronteiras, que haviam sido chamados para preservar a ordem pública. Os protestos violentos começaram imediatamente. Uma das primeiras pedras atiradas acertou Yair Yitzhaki, comandante da polícia de Jerusalém, diretamente na cabeça. Ele sofreu uma concussão e foi levado do Monte em uma maca, ensanguentado. Alguns dias depois, conversei com um dos oficiais que estava presente, e ele me disse que, quando viram o seu comandante sendo levado embora com o que parecia um ferimento grave na cabeça, os policiais perderam o controle. Ninguém estava no comando e foi usada munição de verdade para dispersar os manifestantes. Quatro palestinos morreram imediatamente no Monte, outros dois na Cidade Velha e mais quatro em Gaza, além de um total de mais de setecentos feridos. No sábado, 1º de outubro, Israel celebrava o Rosh Hashaná, o ano novo judaico. Mais dez palestinos foram mortos e mais de quinhentos ficaram feridos. Também no sábado, cidadãos palestinos de Israel participaram dos protestos e as principais avenidas do país ficaram ocupadas e bloqueadas, incluindo a maioria das estradas na Cisjordânia, Wadi Ara e Galileia.

O país estava em estado de sítio, e as pessoas de ambos os lados, furiosas. Até o domingo, 2 de outubro, os palestinos já haviam perdido 33 compatriotas. A situação estava completamente fora de controle. Ainda no primeiro dia da revolta, o Fatah Tanzim sacou suas armas e abriu fogo contra alvos israelenses na Cisjordânia e em Gaza. A polícia de Arafat não participou diretamente dos ataques, mas também não os impediu. O Tanzim conseguiu levar a massa às ruas, especialmente quando a população participava dos funerais que ocorriam em todas as partes dos territórios.

Em Israel, o que começou como protestos contra os supostos planos israelenses para o Haram al-Sharif logo se transformou em tumulto generalizado em resposta à brutalidade da polícia contra os cidadãos palestinos do Estado.

Na noite de domingo, o IPCRI organizou uma reunião em Ramallah com Jabril Rajoub, chefe de Segurança Preventiva da Cisjordânia, e dois membros do Knesset pelo partido Meretz, Avshalom "Abu" Vilan e Mosi Raz. Abu Vilan havia atuado como oficial sob o comando de Ehud Barak, na unidade de elite que ele comandou e, apesar de pertencer a um partido de esquerda, mantinha uma forte amizade com Barak. Para se preparar para a reunião, Vilan conversou com Barak, que transmitiu uma mensagem para Arafat. Até então, Barak e Arafat não haviam tido contato direto desde o início da Intifada. Rajoub ligou para Arafat e comunicou a mensagem de Barak: Netzarim e a Tumba de José são suas nas negociações, mas se atirarem contra nós, vamos defender esses lugares e todos os outros. Em nome de Barak, Vilan pediu a Rajoub que perguntasse a Arafat quais seriam as suas condições para dar um fim total à violência. Arafat respondeu com seis condições, que anotei em um guardanapo da mesa de Rajoub:

1. Um fim a todos os fechamentos;

2. O retorno de todas as forças às suas posições em 27 de setembro de 2000;

3. A remoção de todas as forças policiais israelenses adicionais de Jerusalém, da Cidade Velha e do entorno do Haram al-Sharif;

4. A reabertura de todos os pontos de passagem: Ponte Allenby, fronteira de Rafah e o aeroporto de Gaza;

5. Um fim ao cerco de todas as cidades palestinas;

6. Uma investigação internacional dos eventos dos últimos quatro dias.

Vilan telefonou para Barak, que estava em casa, em Cochav Yair. Barak respondeu que uma fonte independente estava confirmando as informações. Quinze minutos depois, o adido militar de Barak confirmou que haviam recebido as mesmas informações de outra fonte. Arafat, através de Rajoub, sugeriu que ele e Barak se reunissem naquela noite para acertar os detalhes. Barak pediu mais tempo. Jabril Rajoub instruiu seu pessoal para que se preparassem para uma reunião no seu escritório entre Barak e Arafat, que estava em Ramallah. Depois de meia hora, o adido militar de Barak informou Vilan que outro canal de comunicação estava aberto e que Barak preferia o segundo canal. Este era Yossi Ginosar, ex-vice-diretor da ASI, emissário de Rabin e Barak a Arafat e sócio de Mohammad Rachid, o principal empresário de Arafat.

Cerca de quinze minutos depois, o adido militar de Barak informou Vilan que Barak concordaria com as condições de um a cinco, mas que a condição 6 estava fora de cogitação. Ele também informou Vilan que não concordaria em se reunir com Arafat naquela noite. Por volta da meia-noite, saímos de Ramallah sob a escolta do próprio Rajoub e de suas tropas. Mais tarde, Ginosar e Arafat tiveram uma reunião catastrófica, que se encerrou aos berros entre um e outro. O resto é história.

Em 17 de outubro de 2000, uma reunião emergencial entre os líderes foi realizada em Sharm el Sheikh, e presidida por Bill Clinton. A seguir, reproduzo passagens do seu discurso ao final da reunião:

Mesmo agora, quando estamos reunidos, a situação nos territórios permanece tensa. Ontem foi violento de novo. Isso nos lembra da urgência de romper o ciclo de violência. [...] Nosso objetivo principal tem sido dar fim à violência atual para que possamos retomar nossos esforços em direção à paz. [...] Primeiro, ambos os lados concordaram em declarar pública e inequivocamente que desejam o fim da violência. Eles também concordaram em adotar medidas concretas e imediatas para dar fim ao confronto atual, eliminar os pontos de atrito, garantir o fim da violência e da incitação, manter a calma e prevenir a recorrência dos eventos recentes. [...] Ambos os lados agirão imediatamente para que a situação volte ao que existia antes da crise atual em áreas, como retorno da lei e da ordem, redistribuição de forças, eliminação dos pontos de atrito, melhoria da cooperação de segurança, fim dos fechamentos e abertura do aeroporto de Gaza. [...] Os Estados Unidos desenvolverão, ao lado de israelenses e palestinos, com consulta do secretário-geral da ONU, uma comissão de investigação sobre os eventos das últimas semanas e sobre como impedir que voltem a ocorrer. [...] Se trabalharmos as causas fundamentais do conflito Israel-Palestina, deve haver um caminho de volta para as negociações e a retomada dos esforços para se chegar a um acordo sobre um *status* permanente com base nas Resoluções 242 e 338 do Conselho de Segurança da ONU e acordos subsequentes.[56]

Assim, quinze dias depois da nossa reunião no QG de Rajoub, com Barak em um telefone e Arafat no outro, Barak concordou com todas as exigências de Arafat para terminar a Segunda Intifada enquanto ela ainda pudesse ser controlada. Foi iniciada uma investigação internacional, a Comissão Mitchell. O relatório do senador Mitchell chegou à seguinte conclusão:[57]

Não temos base para concluir que houve um plano consciente e intencional por parte da ANP de iniciar uma campanha de violência na primeira oportunidade, ou para concluir que houve um plano consciente e intencional por parte do GI [Governo de Israel] para responder com força letal. Contudo, também não temos evidências para concluir que a ANP se esforçou de forma consistente para conter as manifestações e controlar a violência após o seu início, ou que o GI esforçou-se consistentemente para usar meios não letais para controlar as manifestações de palestinos desarmados. Em um contexto de raiva, medo e desconfiança crescentes, ambos os lados presumiram o pior do outro, o que guiou as suas ações.

56. Sharm el-Sheikh, *Remarks by President Clinton and President Mubarak in Delivery of Joint Statements at the Conclusion of the Middle East Peace Summit; October 17, 2000* [Observações do presidente Clinton e do presidente Mubarak na entrega das declarações conjuntas na conclusão da cúpula da paz do Oriente Médio; 17 de outubro de 2000]. Universidade de Direito de Yale, Projeto Avalon, sem data. Disponível *online* [em inglês].
57. Sharm el-Sheikh, *Fact-finding Committee Report: Mitchell Report* [Relatório da comissão de procura de fatos: o relatório Mitchell]. 2001. Disponível *online* [em inglês].

A visita de Sharon não causou a Intifada Al-Aqsa, mas ocorreu em um mau momento, e o efeito de provocação deveria ter sido previsto. Aliás, ele foi previsto por quem insistiu que a visita fosse proibida. Mais significativos foram os eventos subsequentes: a decisão da polícia israelense de usar força letal contra manifestantes palestinos em 29 de setembro de 2000, e a incapacidade de ambas as partes, como observado acima, de exercer autocontrole.

A comissão Mitchell publicou um relatório conclusivo sobre o que havia causado a Segunda Intifada. As suas recomendações incluíam os seguintes itens:

▷ O governo de Israel (GI) e a ANP devem reafirmar o seu comprometimento com os acordos e empreendimentos existentes e implementar imediatamente uma cessação incondicional da violência;
▷ O GI e a ANP devem retomar imediatamente a cooperação de segurança. [...] A cooperação bilateral efetiva focada na prevenção da violência incentivará a retomada das negociações;
▷ O GI e a ANP devem retomar seus esforços para identificar, condenar e desincentivar a incitação em todas as suas formas;
▷ A ANP deve agir concretamente de modo a esclarecer para israelenses e palestinos que o terrorismo é inaceitável e abominável e que a ANP adotará um esforço de 100% no sentido de impedir operações terroristas e punir seus autores;
▷ O GI deve interromper todas as atividades de assentamento, incluindo o "crescimento natural" dos assentamentos existentes;
▷ O GI deve garantir que a IDF adotará e executará políticas e procedimentos que incentivam respostas não letais a manifestantes desarmados, com o objetivo de minimizar mortes e o atrito entre as duas comunidades;
▷ O GI deve interromper todos os fechamentos, transferir para ANP toda arrecadação de impostos devida e permitir que os palestinos que trabalham em Israel voltem aos seus empregos;
▷ A ANP e o GI devem considerar um esforço conjunto para preservar e proteger os lugares sagrados para as tradições dos muçulmanos, judeus e cristãos;

▷ O GI e a ANP devem endossar e apoiar conjuntamente o trabalho das organizações não governamentais (ONGs) palestinas e israelenses envolvidas em iniciativas intercomunitárias que ligam os dois povos.

Quase nada disso aconteceu. A violência continuou e se ampliou significativamente. Os israelenses eram vítimas de bombas em shoppings, enquanto a sala onde Rajoub tentou dar fim à Intifada foi atacada pela artilharia antitanque sob as ordens de Shaul Mofaz, chefe do Estado-maior da IDF.

A violência da Segunda Intifada foi horrenda. O processo de paz desapareceu e foi substituído pela cultura de ódio e medo. Uma nova geração de israelenses e palestinos cresceu em uma era de terrorismo, morte, destruição e violência além da imaginação. No IPCRI, sabíamos que precisávamos continuar o nosso trabalho. Precisávamos continuar a demonstrar que ainda havia israelenses e palestinos comprometidos com a paz. O trabalho se tornou cada vez mais difícil. Era quase impossível se reunir em Israel ou na Palestina. A Cisjordânia e Gaza estavam fechadas e representavam perigo para israelenses. Os palestinos tinham muita dificuldade para obter autorização para entrar em Israel. Enfrentávamos constantemente o exército israelense para obter as autorizações. Quando conseguíamos, muitas das reuniões planejadas precisavam ser encerradas antes da hora, devido a preocupações com segurança ou porque havia ocorrido um ataque em Israel e os palestinos tinham medo de permanecer, ou porque havia ocorrido um ataque na Palestina e os palestinos tinham medo de não conseguir voltar para casa ou que algum familiar tivesse se ferido.

No início da Intifada, dois dos muitos professores envolvidos com o programa de educação para a paz do IPCRI foram mortos. A seguir, reproduzo o que escrevi sobre esses dois professores de educação para a paz:

Em 17 de julho de 2001, um professor palestino foi morto pelo míssil de um helicóptero apache israelense. Ele não era o alvo do ataque, foi apenas uma de suas vítimas. O professor, Isaaq Saada, era um pacifista, uma ocupação pouco popular na Palestina hoje em dia. Isaaq tinha 51 de idade e havia se dedicado nos últimos cinco a ensinar educação para a paz, um de cerca de trezentos professores de ensino médio israelenses e palestinos envolvidos no projeto Educação para a Paz do IPCRI. Um dia antes de ser morto, Isaaq telefonou para o escritório para expressar o desejo de aumentar o seu envolvimento e comprometimento com a educação para a paz. No instante em que foi enterrado, em 18 de julho, ele deveria estar participando de um seminário conjunto com outros professores palestinos e seus colegas israelenses.

Alguns dos colegas israelenses de Isaaq lembram que ele havia falado recentemente sobre as dificuldades pessoais que encontrava para confrontar alunos e familiares em suas próprias atividades no campo da educação para a paz. Segundo ele, muitos não entendiam por que ele continuava a se encontrar com israelenses enquanto eles agiam de forma tão brutal contra a Intifada palestina e contra os direitos palestinos. Isaaq respondeu que tinha um irmão ativista no Hamas. Ele disse que queria que os seus próprios filhos e alunos trilhassem o caminho da paz, e que não "enchessem seus corações de ódio". Isso só faria mal ao povo palestino, ele disse.

Isaaq foi assassinado por Israel em um ato classificado de "execução extrajudicial". Israel justifica essas mortes como atos legítimos contra terroristas, ou o que chamam de "bombas-relógio". Esses assassinatos também matam pessoas totalmente inocentes, como Isaaq. Os israelenses estavam atrás de Omar, o irmão de Isaaq. Omar e duas outras pessoas estavam sentadas atrás da sua casa, em um bairro pobre de Belém, quando um helicóptero Apache subitamente disparou dois mísseis contra eles. Isaaq estava dentro de casa quando ouviu a explosão. Isaaq saiu correndo, seguido por dois dos seus dez filhos, quando ouviu a explosão, e foi morto imediatamente por um terceiro míssil.

A mídia oficial israelense declarou que "quatro terroristas do Hamas" foram mortos pela IDF enquanto planejavam um atentado em um evento público em Jerusalém. Boa parte da mídia internacional reproduziu a história israelense da mesma forma. Um oficial de segurança israelense sênior admitiu para um membro do Knesset com quem conversei que Isaaq Saada não era um terrorista e que a sua morte havia sido um acidente. Não houve nenhuma declaração pública nesse sentido.

Isaaq deixou dez filhos e uma esposa. Seus filhos aprenderão e viverão os valores e as lições da paz que Isaaq queria passar adiante? Ou crescerão em um mundo consumido por sonhos de vingança? Isaaq não tinha seguro de vida. Isso não existe na Palestina. Os israelenses não oferecerão auxílio à sua família. A ANP lhes dará alguns dólares por mês, muito menos do que o mínimo necessário para a subsistência. O IPCRI estabeleceu um fundo para a família de Isaaq Saada.

Em 22 de outubro de 2002, outro professor de educação para a paz do IPCRI foi morto. Orna Eshel viera do Kibutz Maabarot, no centro de Israel. Ela se mudara com o marido e os três filhos para um assentamento no outro lado da Linha Verde, próximo à fronteira. Ela disse que tinha optado por se mudar por motivos econômicos, não ideológicos. Era o único lugar onde ela e o marido teriam uma casa grande o suficiente para criar a sua família. Na página do ministério das Relações Exteriores de Israel, publicou-se o seguinte sobre Orna:

Em 29 de outubro de 2002, Orna Eshel, 53 anos, de Hermesh, foi uma das três pessoas assassinadas a tiros por um terrorista palestino que se infiltrou no assentamento ao norte de Tulkarem. O terrorista disparou primeiro contra a casa dos Eshel, matando Orna e ferindo Yuval, seu marido, antes de atirar contra Hadas Turgeman e sua melhor amiga, Linoy Saroussi, ambas de quatorze anos, que estavam conversando na porta da casa de Linoy. O terrorista foi morto por soldados e por moradores locais. Um soldado e um morador ficaram feridos no ataque.

Orna Eshel havia se mudado com o marido para Hermesh, vindos do Kibutz Maabarot alguns anos antes, mas o casal voltou para o *kibutz* no início da Intifada. Eles se mudaram de volta para Hermesh em agosto de 2002, depois que a situação se acalmou e parecia haver mais segurança.

Orna acreditava profundamente na paz e tinha se envolvido em diversas atividades educacionais em prol da coexistência árabe-israelense. Orna Eshel foi enterrada no Kibutz Maabarot. Deixa o marido, Yuval, dois filhos e uma filha.

Esse era o ambiente em que estávamos operando. Todos os dias, chegar ao escritório era um desafio. Sabia que precisava continuar a ser otimista e torcer por dias melhores. Era muito difícil seguir acreditando na paz com todo aquele ódio e mortes ao nosso redor.

Os dilemas de um pacificador

Este é o texto de um e-mail que mandei para os amigos e apoiadores do IPCRI, escrito na segunda-feira, dia 8 de abril de 2002:

Duas semanas após o início do "Escudo Defensivo", a operação militar de Israel para destruir a Segunda Intifada.

Mesmo antes da última invasão israelense dos territórios palestinos depois do ataque suicida do Pessach em Netanya, duas semanas atrás, o trabalho de pacificação entre israelenses e palestinos foi sisifiano. As frustrações em muito superam a sensação de sucesso, e cada dia é uma nova batalha para descobrir a esperança que alimenta a motivação para continuar. Nos últimos dezenove meses, muitos artigos foram publicados em jornais de todo o mundo sobre os que entre nós continuam a trabalhar pela paz em Israel e na Palestina, e todos contêm a mesma pergunta: "Eles vão conseguir continuar?".

Depois de umas férias rápidas no exterior durante o Pessach, voltei para enfrentar a equipe do IPCRI, nossos colegas e amigos, muitos dos quais vivem sob toque de recolher, em meio a uma guerra brutal, em que suas famílias e eles próprios correm risco de serem presos ou de sofrerem um destino ainda mais violento. Também acompanho as manchetes, mesmo a milhares de quilômetros de distância, lendo e-mails e sites pelo menos quatro vezes ao dia, preso aos canais de notícias vinte e quatro horas da televisão americana. Uma manhã, acordei às sete horas para colocar um filme na TV para um dos meus filhos. A TV estava sintonizada na CNN. No fundo, vi uma imagem da televisão israelense: supermercado, a 100 metros da minha casa, tinha sido bombardeado. Dois israelenses foram mortos: Chaim Sabar, um vigilante de 55 anos, e Rahel Levy, dezessete anos, uma menina da turma da minha filha na escola. Parecia que a cada manhã éramos atacados por mais más notícias do nosso país. Eu passava horas todos os dias ligando para amigos e colegas na Cisjordânia, querendo saber como estavam. Muitos amigos e familiares sugeriram que minha esposa e meus filhos talvez devessem ficar nos Estados Unidos mais tempo — um ano, dois, até mais. Aparentemente, ninguém tinha coragem de me oferecer o mesmo conselho. Eu me sentia longe demais, ansioso para voltar.

Mas voltar para casa não é fácil. O que fazemos agora? Como mudar de fato essa realidade tenebrosa? Falei com alguns líderes palestinos e lhes pedi conselhos: Como podemos ajudar? Que diferença podemos fazer? Um oficial palestino graduado me disse que o mais importante seria encontrar uma maneira de fazer os serviços médicos palestinos voltarem a funcionar. As pessoas estão morrendo devido à falta de hospitais abertos, com médicos sob toque de recolher, ambulâncias sendo alvejadas, estoques de mantimentos escassos, falta de sangue, de eletricidade, de água, etc. Imaginando que talvez Nissim Dahan, ministro da saúde israelense e MK[58] pelo Shas, pudesse estar disposto a se pronunciar, liguei para outro MK do mesmo partido, um vice-ministro que havia se envolvido em alguns dos diálogos secretos do IPCRI no passado. Nos anos anteriores, até mesmo o MK Yitzhak Cohen havia vindo ao escritório do IPCRI em Belém para se reunir com Marwan Barghouthi e outros oficiais seniores do Tanzim. Achei que se eu usasse o termo judaico *pikuá nêfesh*, que significa "pelo bem das vidas humanas", poderia convencê-lo a conversar com Dahan, ministro da saúde e seu colega na bancada do Shas. Liguei para a casa de Yitzhak na manhã da sexta-feira passada. Fui informado que o único *pikuá nêfesh* com o qual estava preocupado era o de origem judaica.

"Você quer que um soldado da IDF seja morto por um terrorista escondido em uma ambulância", me disse ele, pois as ambulâncias já foram usadas para transportar terroristas.

Não tive muito o que lhe dizer em retorno. Sugeri que poderiam ao menos deixar que os médicos fossem aos hospitais e que medicamentos entrassem nos territórios palestinos. Todos os meus pedidos foram ignorados. Ele me mandou conversar com o exército. Pelo bem de *pikuá nêfesh*, liguei para a IDF e conversei com diversos oficiais seniores, mas eles também não pareciam interessados em ajudar.

Na nossa reunião de ontem com todos os membros da equipe do IPCRI que conseguiram ir ao escritório, que fica na fronteira entre Jerusalém e Belém, passamos várias horas debatendo e conversando sobre o que poderíamos e deveríamos estar fazendo agora. Do nosso escritório, escutávamos o tiroteio em Belém, a apenas 100 metros de distância.

---

58. Membro do Knesset.

Os tanques estão entrando e saindo da estrada adjacente à entrada do nosso edifício. Temos dois membros da equipe sitiados em Belém, um deles em um campo de refugiados, que enxergamos do nosso escritório, a outra mais no interior da cidade. A casa da segunda estava no centro do combate na noite anterior e sete balas quebraram as suas janelas e alvejaram a sua sala de estar. Começamos a reunião pedindo que cada um expressasse como se sentia e o que achava de sua situação pessoal e de suas experiências, e qual era a visão mais geral que tinham da situação. A maioria falou sobre receber ataques de amigos e parentes por continuar a trabalhar com pessoas do outro lado e por continuar a acreditar na paz junto a eles. Todos também falaram sobre uma sensação esmagadora de pessimismo e de desespero, todos me olhando com a expectativa de que eu teria alguma mensagem de esperança, uma dose de otimismo para lhes passar. Hoje em dia, não é tarefa fácil.

Respondi que provavelmente a coisa mais importante que poderíamos ou deveríamos fazer naquele momento seria manter nossos contatos pessoais e canais de comunicação abertos e incentivar todos os nossos colegas e amigos a fazer o mesmo. Nossa mensagem deve ser de solidariedade às pessoas de ambos os lados que ainda estão desejando a paz. Sabemos que ainda há gente em ambos os lados que acredita na paz. Devemos oferecer auxílio humanitário onde pudermos, como pudermos. Ontem, ajudei um lote de alimentos doados a chegar a um campo de refugiados. Essas pequenas ajudas podem aliviar um pouco o sofrimento. Também devemos continuar a trabalhar no desenvolvimento de políticas públicas alternativas, especialmente neste momento, quando as ideias públicas se tornaram tão unilaterais. A nossa capacidade de nos comunicarmos com pessoas em posições de liderança e poder em ambos os lados é única e essencial, talvez mais do que nunca.

Acredito que a possibilidade de uma solução bilateral israelense-palestina está mais distante do que nunca, e por isso devemos nos voltar para a comunidade internacional em busca de ajuda. Talvez seja preciso que os Estados Unidos tenham um papel de liderança muito mais responsável. Os sinais iniciais são de que isso está começando a acontecer, mas não o esforço não pode ser pequeno, pois já é tarde demais.[59] A sociedade civil, em Israel e na Palestina, tanto local como internacionalmente deve, então, ser muito mais proativa e decidida para exigir o fim

---

59. Em 2016, não acredito mais na viabilidade de qualquer solução imposta e tenho certeza de que as partes precisam chegar a soluções principalmente por conta própria.

do conflito. Primeiramente, deve pedir o fim do cerco à Palestina e que a liderança palestina reassuma o controle de seu território e de seu povo. O terrorismo precisa acabar, mas Israel precisa entender que as causas fundamentais do terrorismo também devem ser resolvidas, não apenas os sintomas. A ocupação precisa terminar: se os líderes e o povo de Israel não enxergam isso hoje, é por conta das ameaças que enfrentam. A comunidade internacional, no âmbito político e da sociedade civil, deve enfatizar a colocação dessa ideia com linguajar claro e de forma incisiva. Os tempos da ambiguidade construtiva ficaram totalmente no passado.

O povo e o Governo de Israel precisam entender que estão travando uma guerra que não pode ser vencida. A ocupação terminará e um Estado da Palestina independente será estabelecido. A destruição atual da base para um acordo futuro entre israelenses e palestinos pode e deve ser reparada por indivíduos israelenses e palestinos, trabalhando lado a lado. É preciso superar o ódio, a raiva, o medo e o desespero. Esta é a verdadeira missão dos pacificadores de hoje. Como nossos líderes deixaram de pensar o amanhã, então nós é que precisamos criar o amanhã. Precisamos expressar a preocupação humana pelo bem-estar entre todos e, desta forma, recriar a esperança. Precisamos exigir que nossas relações sejam humanizadas quando tudo ao nosso redor nos pede para desumanizar os demais.

Quando meus amigos palestinos estão sitiados, quando não têm água nem alimentos, quando vivem sob um toque de recolher e correm o risco de ser mortos, minha expressão de revolta é uma mensagem da minha humanidade e da minha crença de que isso não pode ser feito em meu nome. Quando muitos palestinos me ligam para expressar a sua fúria após um ataque suicida em Israel, sei bem que isso não foi feito em seu nome e que a sua revolta é uma prova da sua humanidade. Não aceitarei que não haja parceiros no outro lado. Sei que há muitos, como sei que há muitos em Israel.

No IPCRI, decidimos que não vamos cancelar nenhum dos nossos planos de trabalho. Podemos ter que atrasá-los por razões que estão além do nosso controle. Não aceitaremos "não" como resposta de pessoas que ontem estavam dispostas a se reunir e conversar e hoje mudaram de ideia. Continuaremos a criar um canal e um espaço para que as pessoas possam se encontrar, conversar e planejar um futuro melhor. Continuaremos a nos opor ao uso da violência e da força enquanto forma de resolução de conflitos — elas não resolvem conflito nenhum e não solucionam problema algum.

Todos vivemos com muito medo hoje. Ninguém tem uma ideia concreta sobre o que nos espera a cada dia. Permanecemos firmemente comprometidos com os nossos princípios e as nossas visões. E se a realidade não se encaixa a nossa visão neste momento, não podemos aceitar a nova realidade. Precisamos rejeitá-la e precisamos mudá-la. Quando comecei a me envolver politicamente neste conflito, cerca de 27 anos atrás, eu apoiava a solução de dois Estados, a criação de um Estado da Palestina independente ao lado de Israel, de acordo com as fronteiras de 1967, e me chamavam de traidor e diziam que eu sofria de *auto-ódio* judaico. Ainda há quem continue a dizer isso, mas sei que a maioria da população israelense ainda reconhece que esse será o resultado, desde que sejamos sábios o suficiente para aceitá-lo. Podem nos chamar de loucos e de ingênuos. Não acredito que eu seja. Os posicionamentos que representamos e defendemos são as únicas posições sãs e não ingênuas possíveis. Quando toda a região perde a sanidade, permanecer são pode parecer loucura, mas há uma diferença clara e coerente entre as duas situações. Reconhecer a diferença é o primeiro passo para recuperar os nossos papéis de pacificadores.

À beira da morte

O ESCRITÓRIO

Muitas vezes, nos últimos anos, me coloquei em situações incrivelmente perigosas. Em algumas, não estava plenamente ciente do perigo de antemão, mas, em outras, sabia que estava correndo riscos e fiz o que precisava fazer ainda assim. Várias vezes fiquei aterrorizado. Em uma, fiquei literalmente a um centímetro da morte.

Aluguei meu primeiro escritório em Jerusalém Oriental logo no início da Primeira Intifada. Os judeus não se aventuravam por Jerusalém Oriental, a única presença israelense que encontrava diariamente eram as patrulhas policiais, em carros e a cavalo. Era um momento em que a violência palestina contra israelenses se resumia principalmente a incendiar veículos israelenses e esfaquear pessoas pelas costas. De tempos em tempos, havia casos em que os dois aconteciam literalmente na frente do meu escritório. A primeira sede ficava no Edifício da Família Hindiyeh, Estrada de Nablus 1, o primeiro prédio da Estrada de Nablus, bem de frente para o Portão de Damasco da Cidade Velha. Seria impossível escolher um ponto mais central em Jerusalém Oriental.

Os israelenses tinham medo de ir até lá. Comprei um ar condicionado de uma das maiores empresas de Israel. Eles se recusaram a instalá-lo, mesmo depois de eu ter dito que o escritório ficava na "capital eterna e indivisível do Estado de Israel e do povo judeu". Não se convenceram. Foi preciso achar um técnico palestino para instalar o ar condicionado.

Estacionava o meu carro na garagem do jornal *Al-Fajr*, a cerca de 250 metros do escritório. Hanna Siniora, que depois seria copresidente do conselho do IPCRI e então meu CO-CEO, era o editor e proprietário da publicação e me acolheu em seu espaço. Isso protegia que meu carro fosse incendiado próximo ao meu escritório. E de fato ele acabou sendo incendiado em Jerusalém Oriental, quando deixei de estacioná-lo na garagem do *Al-Fajr*. Deixei-o mais perto do escritório, porque não demoraria muito tempo. Assim que saí do escritório e virei a esquina, na volta, vi os bombeiros israelenses apagando as chamas que consumiam meu automóvel. O seguro do governo israelense pagou pelo carro, mas o corpo de bombeiros me mandou a conta pelos seus serviços.

O nosso escritório tinha um valor de aluguel considerável, pela localização no centro da cidade. Ele estava imundo quando o alugamos. Sabia que havia estado vazio por bastante tempo. Depois que nos mudamos, os vizinhos me passaram informações que poderiam ter me levado a repensar a escolha por aquele escritório. Em 1986, uma célula terrorista do Fatah assassinou uma mulher israelense chamada Zahava Ben Ovadia, que atuava como uma espécie de despachante naquele mesmo escritório que aluguei dez anos depois. Zahava tinha uma empresa que ajudava palestinos a obter licenças e alvarás das autoridades israelenses na Cisjordânia e em Jerusalém. O tipo de trabalho que fazia e os serviços que prestava somente eram possíveis para quem tinha ótimos contatos na ASI. O boato pela cidade era que a própria Zahava seria uma agente da ASI. Ela foi assassinada por uma célula do Fatah liderada por um jerosolimita chamado Ali Musalamani. O proprietário havia então demorado três anos até achar alguém disposto a alugar o escritório onde Zahava tinha sido assassinada. Vinte e três anos depois, eu me encontraria com Musalamani, libertado na troca de prisioneiros por Gilad Schalit que eu ajudaria a facilitar. Na mesma semana também conheci Taly Ben Ovadia, filha de Zahava e famosa editora e produtora do telejornalismo israelense. Musalamani expressou o desejo de me conhecer, enquanto eu conhecia Taly em uma conferência sobre troca de prisioneiros no Instituto de Estudos sobre Segurança nacional em Tel Aviv. Perguntei a Musalamani se ele se arrependia de ter matado Zahava Ben Ovadia. Ele respondeu que era um soldado que cumpria ordens e não tinha arrependimentos. Perguntei se ele havia orientado seus filhos a seguirem seus passos. Ele respondeu "não" de forma resoluta, que um era advogado e o outro, médico. Quando conheci Taly, lhe contei que havia me encontrado com Musalamani e perguntei se ela estaria interessada em conhecê-lo. Ela respondeu que não. Ainda bem que nunca precisei enfrentar outra resposta para uma pergunta tão difícil. Não sei como teria agido se a resposta fosse outra.

Voltando a 1989, havia muitos dias em que eu era a única pessoa no escritório. Eu estava apenas começando. Não tinha dinheiro para pagar salários, inclusive o meu. Mal conseguia pagar o aluguel. Meus colegas palestinos, primeiro Adel Yahya, depois Ghassan Abdallah, também trabalhavam como voluntários. Eu fazia voluntariado em tempo integral, eles trabalhavam meio turno, ambos vinham de Ramallah e tinham outros empregos para se sustentar.

Fiquei amigo de todos os meus vizinhos no edifício. Convidava-os para tomar café. Conversava com eles pela manhã. Havia um dentista, um advogado, um alfaiate, um comerciante de aviamentos e o nome do jornal famoso que estampava a entrada do prédio, *Abu Salam*. Minha segurança se basearia em ter uma relação de confiança com eles. Eu era um novaiorquino *da gema*, então sabia que seria preciso desenvolver padrões de comportamento que me protegessem nas ruas de Jerusalém Oriental. Precisava me tornar conhecido dos moradores. A agência de Correios de Jerusalém Oriental na Rua Salah a Din ficava a cerca de meio quilômetro do meu escritório, e o caminho era repleto de lojas. Fiz questão de conhecer todos os lojistas. Todos os dias, ia a pé do escritório até a Rua Salah a Din para que o meu rosto ficasse conhecido na região. Se alguém com uma faca no bolso me escolhesse porque queria matar um israelense, eu pararia a cada 50 metros para cumprimentar um conhecido, apertar a sua mão e bater um papo. Esta seria a minha proteção.

O tio do meu vizinho alfaiate era um cavalheiro idoso chamado Sheikh Mousa. Ele era de Silwan, ao sul da Cidade Velha, mas rezava na mesquita próxima ao escritório, onde também dava sermões e lia o Alcorão. Sheikh Mousa passava no meu edifício pela manhã para visitar o sobrinho. Quando nos conhecemos, ele entrou no meu escritório, pois a porta ficava sempre aberta. Sheikh Mousa se apresentou em inglês. Ele tinha, no mínimo, 70 anos. Durante o Mandato Britânico, trabalhou nos correios, onde aprendeu inglês. Ele amava os britânicos, tinha muita saudade dos tempos do Mandato, adorava contar histórias sobre os velhos tempos e adorava falar inglês. Assim, todas as manhãs, Sheikh Mousa vinha me visitar. Ele tinha um ótimo sorriso, apesar de pouquíssimos dentes. Ele adorava tomar café solúvel da Nescafé e insistia em me fazer uma caneca. Três colheres de chá de açúcar eram ingrediente obrigatório para o Nescafé de Sheikh Mousa. Que risco! Todos no edifício e na vizinhança sabiam que eu era amigo de Sheikh Mousa — mais um seguro de vida! Aquele senhor era um grande homem e eu adorava as conversas matinais com ele. Creio que ele também gostava de me visitar. Quando Sheikh Mousa faleceu, em meados da década de 1990 (*Allah Yerhamu*, que Deus tenha piedade da sua alma), fui ao funeral. Havia mais de mil pessoas, eu era o único judeu. Todos pareciam saber que eu era o amigo *hawaja*, estrangeiro ou judeu, de Sheikh Mousa. Então muita gente veio me procurar para dizer o quanto tinha gostado de me ver na cerimônia.

Nos dias de tensão em Jerusalém Oriental, que não eram poucos, os vizinhos me diziam:

— Gershon, talvez hoje seja bom você trancar a porta hoje.

Mas eu não escutava. Logo que começava a virar a chave na fechadura, minha vozinha interior me dizia que as pessoas começariam a se perguntar o que eu estava fazendo às escondidas. Na minha mente, era mais perigoso do que correr o risco de deixar minha porta aberta. Assim, por sete anos, durante toda a Primeira Intifada e ainda depois, meu escritório permaneceu no centro de Jerusalém Oriental, e todo dia era uma nova aventura. As pessoas sempre me perguntavam se eu tinha medo. Não lembro de sentir medo. Eu me sentia parte do lugar, assim como me sinto hoje, em 2016, quando viajo para a Palestina.

ENGARRAFAMENTOS PODEM SER PERIGOSOS

Em 1995, enquanto a ANP estava se estabelecendo, os palestinos da diáspora foram encorajados a voltar para casa e investir na Palestina. Israel, enquanto força de ocupação, criou novos programas que permitiram que os palestinos voltassem para a Palestina e recebessem direitos de residência na Cisjordânia e em Gaza. Milionários palestinos estavam viajando para investigar as possibilidades de investimento. Alguns conseguiram criar novas empresas e a nova economia palestina teve início. O IPCRI pretendia incentivar essa tendência e decidiu que seria inteligente analisar a possibilidade de desenvolver *joint ventures* entre israelenses e palestinos, o que reforçaria a paz, aumentaria o dividendo da paz, criaria mais empregos, abriria mercados e geraria laços mutuamente benéficos entre os dois lados da fronteira. O IPCRI criou um fórum de negócios e estava se esforçando para criar oportunidades que fizessem com que investimento de tempo nessas reuniões valesse a pena para os empresários envolvidos e muito ocupados.

Fiz amizade com Daniel Isa, que havia montado uma fábrica de refrigerantes em Ramallah. Daniel estava no processo de tentar se tornar a concessionária palestina da Coca-Cola. A Israel Bottling Company, concessionária israelense da Coca-Cola, pertencia a Muzi Wertheim. Muzi tinha um passado no Mossad e era amigo íntimo de quase todo mundo do alto escalão político e militar de Israel, especialmente de Ariel Sharon. Um dos membros do conselho de administração do IPCRI, o economista dr. Gil Feiler, iniciou uma consultoria econômica para o Oriente Médio chamada Info-Prod Research Middle East. O sócio de Gil era Muzi Wertheim. Era o tipo de oportunidade que queria muito promover. Fui a Ramallah a convite de Daniel Isa e fiz um tour pela sua empresa de refrigerantes, ultramoderna e novinha, que ele esperava que, um dia, se tornasse a Coca-Cola da Palestina. Não era a primeira vez que nos conhecíamos. A reunião foi muito produtiva. Saí da fábrica na zona industrial de Ramallah e me dirigi ao centro da cidade para voltar. No centro, próximo à Praça Manara, acabei preso no que só poderia ser chamado de *a mãe de todos os engarrafamentos*. Do nada, meu carro foi cercado por cerca de dez *shabab* — jovens, mas não do tipo que joga no time de futebol juvenil. Eram rapazes grandes e assustadores. Eles estavam em busca de algo e, assim que me viram, um israelense dentro de um carro israelense com placas israelenses, bateram na minha janela. Mas eu já havia trancado as portas quando vi que estavam se aproximando. Baixei o vidro lentamente, mas não o suficiente para que alguém pudesse me agarrar.

Adaish is-saea? — "Que horas são" —, um dos *shabab* me perguntou. *Tenteen u'nus* — "Duas e meia" —, respondi. *Shu bitsawi hon?*, — "O que você está fazendo aqui?" —, ele me perguntou. Respondi que tinha uma reunião com alguns empresários e mencionei o nome de Daniel Isa.

"Certo, agora vai embora", o grandalhão respondeu. E foi exatamente o que fiz no instante em que o trânsito andou.

Foi um exemplo claro de que nem todos que andam pelas ruas são favoráveis ao processo de paz que começava a se dar. Ainda havia muita insatisfação e críticas às concessões que Yasser Arafat havia feito, e a situação econômica estava tão ruim que muitos jovens, como aqueles que cercaram meu carro, estavam desempregados e furiosos. Era evidente para mim já naquela época, e continua a ser ainda hoje, que é preciso haver provas claras de que *a paz compensa*, indicativos no processo político que demonstrem claramente que a vida das pessoas será melhor quando de fato houver paz.

PROTEGIDO POR AK-47S

Na mesma época, fiz amizade com o General de Brigada Samir Siksik, vice-oficial de ligação das forças de segurança palestinas com o exército israelense. Samir, também conhecido como Abu Khamis, foi o primeiro oficial militar da OLP a atravessar a fronteira do Sinai para Israel para preparar o retorno de Yasser Arafat e dos oficiais e tropas do exército da Libertação da Palestina, que formariam o núcleo das forças de segurança palestinas em Gaza. Samir me contou sobre o seu primeiro encontro com os israelenses e como ele mudou toda a sua visão de mundo e converteu um homem de guerra em um homem da paz. Enquanto primeiro oficial palestino a entrar no país, sua função seria escolher um comboio de equipamento militar e a equipe da Guarda Presidencial de Arafat, a Força 17, até Gaza. A ANP havia recebido permissão para levar diversos veículos blindados de transporte de pessoal (VBTPS) armados com metralhadoras para proteger o escritório do presidente Arafat. Os VBTPS dos palestinos eram veículos russos velhos e ultrapassados, que apresentaram problemas já no Sinai, antes de chegarem a Gaza.

Samir chegou à fronteira de Gaza, sob controle israelense, em um jipe e sem os VBTPS. Os oficiais israelenses que esperavam a sua chegada ficaram surpresos em vê-lo sem os veículos blindados. Eles perguntaram o que havia acontecido e Samir respondeu que eles haviam sido abandonados no acostamento da estrada do Sinai. Os comandantes israelenses ligaram para o QG da Força Multinacional e Observadores (MFO) no Sinai. A MFO entrou em contato com as Forças Armadas Egípcias e a IDF mandou caminhões de reboque pesado ao Sinai para buscar os VBTPS. Samir estava crente que os israelenses pretendiam confiscá-los para o uso da IDF. Quando os VBTPS cruzaram a fronteira de Gaza, eles disseram a Samir que a IDF os levaria até a oficina mecânica para que fossem consertados e os devolveria em uma semana. Quando os veículos foram devolvidos em perfeito estado, até muito melhor do que estavam antes da sua longa jornada, Samir ficou completamente chocado.

Essa história significou um grande abalo na visão de mundo de Samir. Ele era um guerreiro palestino e havia passado quase toda a vida adulta lutando ou sonhando em lutar contra o inimigo sionista judeu-israelense. De repente, ele estava frente a frente com o inimigo, de oficial para oficial e, além de se mostrarem simpáticos, estavam também consertando as armas que ele pensou que usaria para lutar contra eles em Gaza. Sua primeira resposta foi, simplesmente, "esses israelenses são malucos". Mas, depois disso, ele começou a desenvolver amizades pessoais e se tornou um dos maiores defensores da paz dentro das forças de segurança palestinas.

Abu Khamis me convidou para visitá-lo em Gaza. Eu já havia estado em Gaza diversas vezes no passado, mas nunca fui buscado na fronteira com Israel em Erez por um jipe do exército palestino, escoltado por dois outros jipes com soldados palestinos empunhando rifles AK-47, modelo Kalashnikov, que me serviam de guarda-costas. Foi uma das experiências mais peculiares da minha vida. Aqueles jovens soldados palestinos estavam lá para me proteger. A ideia me deixou boquiaberto. Viajamos por Gaza o dia inteiro. Samir me levou ao quartel-general militar, ao escritório do presidente, à sede da Força de Segurança Preventiva palestina. A casa de Samir em Gaza servia como seu QG, e não era nada além de um pequeno posto de comando militar que servia também como residência do oficial.

Samir e eu nos tornamos bons amigos. Ele visitou minha casa em Jerusalém e conheceu minha família. Uma vez, viajei com ele a Amã e conheci sua esposa e filhos. Ele vinha a Gaza sem a família e voltava periodicamente a Amã para ficar com eles. Em uma das minhas visitas a ele em Gaza, depois de passarmos o dia inteiro juntos, nos sentamos na sua casa/posto de comando para jantar. Sabia que ele estava preocupado com algo e estava esperando a oportunidade certa para me contar.

— Gershon, quero que diga a Rabin que há pelo menos 35 túneis sob a fronteira de Rafah e estão contrabandeando armas para Gaza.

"Se isso é verdade", respondi a Samir, "por que você não está fazendo alguma coisa para impedi-los"? "Não posso", ele disse, erguendo os dois braços juntos em posição cruzada. "Minhas mãos estão atadas. Mas se Israel não fizer alguma coisa, a situação vai estourar na nossa cara".

Isso foi no início de 1995. Informei à equipe de Paz de Rabin, com a qual mantinha contato, sobre o que Samir havia me contado. Até onde sei, nada foi feito diante dessas informações, e elas estouraram mesmo em nossas caras. Fiquei surpreso que Samir tivesse me passado essas informações. Fiquei menos surpreso com ele dizer que ele nada poderia fazer para impedir que esses túneis de contrabando fossem usados para transportar armas e explosivos.

Samir era um homem corajoso e, por apoiar a paz com Israel, desenvolveu um ódio genuíno contra o Hamas e outros grupos islâmicos radicais. Um dia, a principal mesquita apoiada pelo Hamas no centro de Gaza estava propagando discurso de ódio através dos alto-falantes públicos, proclamado por um dos *sheikhs* locais do Hamas. O discurso deveria ser medonho, porque o próprio Samir saiu do seu jipe, puxou o seu rifle Kalashnikov e metralhou os alto-falantes da mesquita. Foi um escândalo que Gaza inteira comentou. Arafat castigou Samir, mandando-o para a prisão por uma semana, mas, depois daquilo, Samir se tornou uma lenda em Gaza. Quando perguntei a ele sobre o incidente, sua única resposta foi sorrir de orelha a orelha.

Samir, o major-general Nasser Yusef, ou Abu Yusef, seu comandante, e Nizar Ammar, o general de brigada encarregado do planejamento para as Forças de Segurança Palestinas que havia participado do nosso Grupo de Segurança de Londres em 1992, tinham todos fortes críticas à multiplicidade de forças palestinas sob o comando de Arafat. Sua maior desconfiança era direcionada a Mohammed Dahlan e à força de segurança preventiva em Gaza. Todos criticavam a falta de democracia que havia se desenvolvido na ANP com o tempo e temiam que, sem democracia, não haveria paz. Minhas muitas reuniões com eles, em seus escritórios ou em suas casas, sempre enfocavam questões relativas aos fatos negativos que viam na sua própria sociedade. Contudo, nenhum deles levantou essas questões em público ou questionou Arafat diretamente. Eu ficava impressionado em saber que havia pessoas como esses três em altos cargos de autoridade nas forças de segurança palestinas, mas também ficava igualmente decepcionado que eles nunca questionavam ou confrontavam as falhas que enxergavam tão claramente.

EM UMA MISSÃO PARA O PRIMEIRO-MINISTRO

Mais uma história sobre Samir, apesar de não estar na sequência temporal. Em dezembro de 2000, no terceiro mês da Segunda Intifada, cinco meses depois do fracasso calamitoso da cúpula de Camp David em julho de 2000, israelenses e palestinos ainda estavam em meio a negociações, apesar das balas que voavam de ambos os lados. Ambos concordaram em tentar mais uma vez se reunir e negociar. Desta vez, a reunião ocorreria em Taba, no Sinai, na fronteira entre o Egito e Israel. Apesar do primeiro-ministro Barak governar sem maioria no Knesset, ele foi convencido pelo professor Shlomo Ben Ami, seu ministro das Relações Exteriores, a forçar os limites e chegar a um acordo com os palestinos. As negociações comandadas por Gilad Sher, chefe de gabinete de Barak, e Saeb Arikat, no lado palestino, haviam avançado bastante. A cúpula ocorreria cerca de duas semanas antes das eleições nacionais em Israel. No lado israelense, alguns acreditavam que, se um acordo fosse firmado, Barak poderia sair vitorioso nas eleições e realizar o sonho de estabelecer a paz.

O General Danny Yatom, diretor do gabinete de Barak, me pediu, através de Moshe Amirav, que Yatom recrutasse candidatos para montar um comitê de especialistas sobre Jerusalém, para redigir algumas ideias sobre a questão dos refugiados e do Monte do Templo. Minhas instruções eram no sentido de que, sobre a questão dos refugiados, não se poderia usar a terminologia de *direito de retorno*, e que a do Monte do Templo não poderia usar as palavras *soberania palestina*. Considerando estas exceções, os negociadores israelenses poderiam se dispor a considerar toda e qualquer nova ideia criativa. Escrevi oito páginas propondo ideias sobre ambas as questões. Recebi uma ligação de Yatom, que queria saber o que os palestinos achavam das minhas propostas. Eu lhe respondi que sobre isso deveria perguntar a eles.

Liguei para o dr. Nabeel Shaath, pois eu havia sido informado de que ele presidiria o comitê sobre refugiados na cúpula de Taba. Conhecia Nabeel Shaath do início da década anterior, quando eu o visitei no Cairo. Nabeel me pediu que lhe enviasse minhas ideias: foi o que fiz, e ele me pediu que fosse a Gaza para conversarmos sobre elas. Ele me convidou para ir a Gaza no dia 21 de dezembro de 2000, uma quinta-feira, um pouco antes do início da reunião em Taba. Ele queria que eu fosse à noite. Estávamos já no terceiro mês da Segunda Intifada. Em muitas noites, a fronteira de Erez entre Israel e Gaza era palco de tiroteios. Há um espaço de meio quilômetro entre os lados israelenses e palestinos da fronteira. Em tempos normais, táxis levam passageiros de um lado ao outro, ou se pode caminhar pela *manga*, uma espécie de túnel para trabalhadores de Gaza com empregos e autorização para trabalhar em Israel. Durante a Intifada, a *manga* foi fechada e táxi nenhum podia cruzar a fronteira. Mas, mesmo antes de chegar lá, eu precisaria lidar com o lado israelense.

Fui autorizado pelo gabinete do primeiro-ministro de Israel a ir a Gaza para conversar com o dr. Nabeel Shaath em uma espécie de pré-negociação. Quando cheguei no lado israelense da fronteira de Erez, apresentei minha carteira de identidade israelense para a soldada no escritório. Sim, meu nome estava na lista, mas então ela puxou um formulário padrão para eu assinar, eximindo o Estado de Israel de qualquer responsabilidade caso algo acontecesse comigo. Imagine! Inacreditável.

Depois de ficar impressionado com a relação que o Estado de Israel havia decidido estabelecer com a minha missão, segui pelo meio da estrada de 500 metros entre Israel, e só Deus sabia o que me esperaria no outro lado. A qualquer momento, um dos lados poderia começar a atirar e eu seria um alvo para ambos. Não havia lua naquela noite, a escuridão era total. Tentei imaginar se seria mais seguro caminhar ao longo da parede externa da *manga*, que serviria para me proteger. Mas, e se o outro lado achasse que eu estava tentando me infiltrar? Ou talvez eu devesse ser corajoso e caminhar pelo meio, onde todos me enxergariam facilmente, mas onde também seria um alvo muito, muito fácil? Creio que o medo era tanto que tentei buscar alguma distração, só para conseguir chegar no outro lado com segurança e o mais rápido possível, sem entrar em pânico. Lembro de me perguntar "o que Ehud Barak faria?". Barak é o soldado mais condecorado da história de Israel, um herói de verdade. Enquanto primeiro-ministro, Barak estava sendo atacado pela oposição e pela mídia por ziguezaguear nas suas decisões.

"Barak andaria em ziguezague esses 500 metros", disse para mim mesmo, e foi o que fiz de fato. Provavelmente levei o dobro do tempo, mas ninguém atirou em mim.

Quando cheguei no outro lado, três soldados palestinos estavam de prontidão, apontando seus rifles Kalashnikov para mim.

"Não atirem", disse, erguendo minhas mãos para o ar. "Vim me encontrar com Nabeel Shaath".

Eles me levaram até uma cabana e o oficial no comando fez diversas perguntas. Respondi que o motorista de Shaath viria me pegar e me levaria até a sua casa. Ora, ficamos esperando e esperando, mas ninguém apareceu. Era uma noite fria, então me ofereceram chá, obviamente chá doce com hortelã. O comandante me perguntou qual seria o meu assunto com Shaath. "A questão dos refugiados", respondi. Bem, havia nove soldados na sala, todos refugiados, e eles queriam saber que ideias eu iria apresentar. O resultado foi uma conversa fascinante. Após cerca de 30 minutos esperando pelo motorista, o comandante ligou para a casa de Shaath. O motorista atendeu. Ele tinha pegado no sono, mas disse que chegaria assim que possível. Sob condições normais, ele teria demorado de 20 a 30 minutos, mas chegou em menos de quinze.

A viagem até a casa de Nabeel Shaath demorou os quinze minutos. Ele era recém-casado, não pela primeira vez, e tinha um cachorrinho de estimação que era tratado como rei da casa.

Seu criado cingalês ofereceu chá, café, outras bebidas e comida. Disse que já era muito tarde, mais de nove horas, e que tínhamos muito trabalho pela frente. Contei que precisaria informar o gabinete do primeiro-ministro sobre a nossa conversa assim que possível. Mergulhamos de cabeça no trabalho. Shaath é inteligentíssimo, um diplomata de verdade e um negociador habilidoso. Era um homem bastante flexível e ofereceu forte apoio a algumas das ideias que apresentei. Gostaria de dizer que se tivessem nos encarregado das negociações, Shaath e eu teríamos encontrando um meio-termo aceitável para essas duas questões delicadas. Ambos tínhamos uma forte preferência pelo consenso e a atmosfera era muito menos de uma negociação difícil e muito mais de um desejo comum de encontrar soluções.

Shaath levou muito a sério as propostas que escrevi. Ele as estudou de antemão e estava preparado para debatê-las. Algumas ideias apresentadas eram absolutamente razoáveis para ele, enquanto líder da OLP, e segundo ele, Arafat também as aceitaria. Outras, ele rejeitou por completo. Fiz anotações detalhadas durante a noite para preparar o meu relatório para o gabinete do primeiro-ministro. Já era mais de meia-noite. O tempo, naquela noite, voou e foi ficando impossível viajar de volta para Israel na madrugada.

Liguei para Abu Khamis, o general de brigada de Samir Siksik, que obviamente me convidou para passar a noite na sua casa. O motorista de Shaath me levou ao QG de Samir, onde encontrei soldados armados e um portão de metal enorme que se abriu para mim. Era mais de uma da manhã. Samir tinha uma refeição preparada para nós, um lanchinho leve: salada, ovos, homus, *labeneh* (um tipo de iogurte), batata frita e pão pita fresco. Comemos, tomamos chá doce e conversamos até depois das três da madrugada. Dormi algumas horas e, por volta de seis e meia, fui levado de volta à fronteira de Erez. O jipe não poderia me levar até o lado israelense, pois seria metralhado. Assim, mais uma vez, tive que caminhar os 500 metros. Desta vez, foi à luz do dia, mas não tenho muita certeza de que fosse mais seguro. Quando cheguei no lado israelense, não fui recebido por soldados com suas armas apontadas na minha direção. Eles estavam claramente confusos em ver um israelense saindo de Gaza àquela hora da manhã em meio à Segunda Intifada.

NÃO SAIA DA ESTRADA PRINCIPAL

Em 1996, transferimos nosso escritório de Jerusalém para Belém. O processo de paz estava avançando e cada vez mais palestinos vinham para Israel. Para cada reunião israelense-palestina que organizávamos, tínhamos que pedir autorização do exército de Israel para que os palestinos entrassem no país. Os veículos palestinos podiam dirigir nas estradas israelenses, com autorização, enquanto os carros israelenses podiam entrar nas áreas controladas pela ANP. Ainda assim, os israelenses tinham uma probabilidade muito menor de entrar nas áreas palestinas do que os palestinos em áreas israelenses. Achei que seria bom criar uma situação na qual israelenses teriam que vir para o lado palestino. Transferir nosso escritório para Belém seria uma opção nesse sentido. Escolhi Belém, não Ramallah, porque é menor e menos cheia, recebe menos atenção e o deslocamento é mais fácil. Em Belém, também a vigilância direta da ANP seria bem menos provável.

A maioria dos israelenses que convidávamos para ir ao nosso escritório tinha medo. Em geral, os convencíamos a vir ao Túmulo de Raquel, que estava sob controle israelense. Na verdade, havia controle israelense total da entrada de Belém até o Túmulo de Raquel propriamente. A barreira na entrada de Belém era chamada de Checkpoint 300, pois essa era a distância em metros até o túmulo. A maioria dos israelenses concordava com essa opção. Alguém do escritório os encontrava lá e eles nos seguiam de volta. Alguns tinham medo até de ir ao Túmulo de Raquel, então os buscávamos no Checkpoint 300. Na sua segunda visita ao IPCRI, a maioria chegava sozinho, pois já sabia como o lugar era calmo.

O escritório ficava na divisa entre Belém e al-Doha. A história a seguir é sobre o que as pessoas de Belém me contaram a respeito da história do espaço para onde o IPCRI se havia se mudado. Não tenho certeza sobre a sua veracidade, mas este não é um livro de história, e as histórias que me contaram são interessantes e demonstram como as pessoas enxergam as próprias narrativas.

Ao sul de Belém, antes dos campos de refugiados de Dheisha, há um terreno que pertencia originalmente aos moradores de Beit Jala. A área era parte do município de Beit Jala. Muitas décadas atrás, havia três cidades de maioria cristã na Cisjordânia, uma adjacente à outra: Belém, Beit Sahour e Beit Jala. Com o forte êxodo cristão da Cisjordânia desde então, a única cidade ainda de maioria cristã hoje em dia é Beit Sahour. Hoje, os muçulmanos são maioria em Beit Jala e em Belém.

Na década de 1970, os palestinos do campo de refugiados de Dheisha, muçulmanos, que trabalhavam em Israel e estavam recebendo salários mais significativos, começaram a comprar terras em Beit Jala. Assim, uma população muçulmana estava construindo casas e se estabelecendo no município. Segundo os moradores, a "invasão muçulmana" do município decidiu recortar uma seção das suas fronteiras oficiais e estabelecer a cidade de al-Doha. A Rua Palestina é a fronteira entre Beit Jala e al-Doha. O escritório do IPCRI ficava na Rua Palestina, a cerca de 100 metros da Muqata'a[60] e exatamente ao lado do QG da desprezada Autoridade Preventiva Palestina.

Eu adorava pegar o carro e ir da minha casa, no sudoeste de Jerusalém, até Belém todos os dias. Explorei Belém e as cidades vizinhas e comecei a me sentir em casa. Fazia quase todas as minhas compras lá e acreditava que era importante apoiar a economia local. Quando nos mudamos para Belém, o IPCRI abriu um registro junto aos ministérios do Interior e das Finanças da ANP. Abrimos uma conta corrente no banco palestino mais próximo, uma agência do Egyptian Arab Land Bank, onde o CEO era Fouad Jabr, um dos membros do nosso conselho. Decidimos encaminhar nossos salários através do ministério das Finanças palestino e do banco palestino e pagar

60. O quartel-general militar da ANP.

impostos para a ANP. O Protocolo de Paris, o acordo econômico entre Israel e a OLP, permitia que os palestinos continuassem a trabalhar em Israel e que o seu imposto de renda fosse entregue pelos israelenses à ANP, depois da devida dedução de uma taxa de serviço de 3%. Surpreendentemente, também havia um acordo pelo qual os israelenses pagariam às autoridades fiscais da ANP e deduziriam valores dos impostos que normalmente seriam pagos a Israel. Foi uma concessão de Israel para os palestinos. Assim, os impostos eram descontados do meu salário e pagos à ANP. Eu precisava preencher um formulário adicional para pagar meu seguro nacional previdenciário diretamente a Israel e os impostos adicionais que devia, pois a estrutura fiscal no lado palestino permitia pagamentos menores. Oferecemos a todos os nossos trabalhadores israelenses a oportunidade de receber desta forma, ou então de receberem através de uma agência de emprego israelense. A maioria preferiu a segunda opção. Escolhi receber através do sistema tributário da ANP. Eu estava trabalhando fisicamente na Palestina e achava que seria correto pagar meus impostos lá. Achei que seria também uma expressão de solidariedade, um voto de confiança no processo de paz e um exemplo para os outros da verdadeira pacificação na economia.

Nosso escritório ficava em um edifício recém-construído. Tínhamos um andar inteiro para nós e estávamos nos preparando para assumir outro, um pouco antes do estouro da Segunda Intifada. Em 9 de outubro de 2000, onze dias antes do início da Segunda Intifada, saí do trabalho em Belém e me dirigi a Jerusalém. A violência havia começado em 28 de setembro de 2000, mas as áreas palestinas ainda não haviam sido designadas como proibidas para israelenses e eu ainda podia entrar em Belém. Desde o início da Intifada, todos os outros membros israelenses da equipe pararam de ir ao escritório, pois consideravam perigoso demais. Na manhã de 9 de outubro de 2000, recebemos uma visita de Abu Iyad, comandante da Segurança Preventiva palestina em Belém. Sabendo que havia israelenses no escritório, provavelmente os únicos de Belém, ele veio nos ver. Tomamos um café e ele pediu que, até que a situação se acalmasse, todos tentássemos ser discretos. Sugeri que eu poderia não vir tanto ao escritório, ou pelo menos parasse de vir com meu carro. Ele nos disse que eu poderia estacionar no alto de Beit Jala, no campus da Talitha Kumi, uma escola privada com um terreno amplo. A entrada da escola ficava em uma estrada controlada por patrulhas israelenses. Nos fundos da escola havia uma porta que dava para Beit Jala, em uma zona controlada pelas forças de segurança palestinas.

No fim daquele dia, enquanto dirigia em direção ao Túmulo de Raquel, na volta para Jerusalém, lembrei que havia esquecido algo na minha mesa que precisaria para uma reunião no dia seguinte. Seria preciso fazer o retorno antes do Túmulo de Raquel. Desde que a ANP havia assumido o controle de Belém, a polícia palestina montou uma barreira nesse retorno, logo ao sul do Túmulo de Raquel. O recém-inaugurado Intercontinental Hotel de Belém ficava um pouco antes da barreira. Até então, a barreira havia estado ali como uma presença simbólica. A polícia palestina nunca parava ninguém e era normal atravessá-la sem sequer parar.

Quando fiz o retorno para voltar ao escritório, oito oficiais de segurança armados e não uniformizados saíram do nada e cercaram meu carro. Um deles abriu a porta do passageiro e entrou. "Dirija!", ele gritou, apontando a sua AK-47.

Minha mente estava em chamas e meus reflexos reagiram imediatamente. Desliguei o motor e atirei as chaves no chão do carro, embaixo dos meus pés.

— Pode ligar para Jabril Rajoub[61] e dizer que estão detendo Gershon Baskin.

Comigo mesmo, considerei que o lugar mais seguro onde poderia estar naquele momento era em frente ao Intercontinental Hotel, na estrada principal e a 100 metros do Túmulo

---

61. Jibril Rajoub, também conhecido como Abu Rami, é líder político e legislador palestino. À época do diálogo descrito, era o comandante da segurança preventiva de toda a Cisjordânia. [N. E.]

de Raquel. Enquanto o exército israelense não começasse a atirar na barreira palestina ou vice-versa, eu não estaria em lugar melhor. O soldado ao meu lado, sem uniforme e apontando a sua arma, começou a me fazer perguntas:

— Você conhece Jabril Rajoub? Como? O que está fazendo aqui?

Expliquei quem eu era e o que estava fazendo em Belém. Contei que tinha um escritório em Belém havia quatro anos, que estava voltando para casa e que havia esquecido algo sobre a minha mesa. Disse que se não achasse Rajoub, que ligasse para Abu Iyad, com quem eu havia tomado um café no meu escritório naquela mesma manhã.

A espera pareceu eterna. O soldado sem uniforme ao meu lado, ainda apontando a sua arma, notou que eu estava nervoso e repetia constantemente "não tenha medo". É importante dizer que nossa conversa toda foi em árabe. Descobri que, sob pressão, meu árabe parece muito mais real do que quando falo o idioma normalmente. Após cerca de quinze ou vinte minutos, um carro estacionou à minha frente e outro oficial apareceu. O soldado ao meu lado abriu a porta e saiu. O oficial começou a me fazer perguntas:

— Você é Gershon Baskin? É do IPCRI?

Sim, sim, respondi. Ele disse que tinha instruções para me escoltar para fora de Belém. Girei a chave da ignição e fui atrás dele, seguido por um jipe militar palestino até o alto de Beit Jala, onde deixei para trás a área controlada pela ANP. Eu não voltaria a Belém no meu próprio carro pelos próximos cinco anos.

Em 13 de outubro de 2000, quatro dias depois, dois reservistas israelenses colidiram acidentalmente com uma barreira palestina em Beitunia, a oeste de Ramallah. Os soldados palestinos na barreira mandaram que eles se dirigissem à delegacia central de Ramallah. Para seu azar, quando chegaram na delegacia, um cortejo fúnebre de alguém morto por israelenses estava passando. A multidão furiosa arrancou os dois soldados do carro e arrastou-os para a delegacia de Ramallah. Lá dentro, os dois foram linchados. Em uma das cenas de violência mais horríveis já filmadas neste conflito, seus corpos foram atirados de janelas do segundo andar da delegacia e os assassinos mostraram orgulhosamente suas mãos ensanguentadas para uma equipe de jornalistas italianos que filmou todo o ocorrido. A primeira coisa que pensei foi "poderia ter sido eu".

Durante os dois meses seguintes, continuei indo ao escritório seguindo as sugestões de Abu Iyad. Estacionava na escola Talitha Kumi e então alguém me buscava e me levava ao escritório, ou então eu tomava um táxi nas proximidades da escola, pois Israel havia fechado as entradas de Beit Jala para Belém. Eu era o único israelense da equipe que aparecia no escritório. Realizávamos reuniões semanais para a equipe na minha casa em Jerusalém e conduzíamos o trabalho por telefone ou pela internet enquanto torcíamos para a situação se acalmar e voltar a algo próximo do normal. Mas isso não estava no horizonte, então começamos a considerar cada vez mais a necessidade de transferir nosso escritório para um lugar onde israelenses e palestinos pudessem se deslocar com segurança.

Em algum momento antes do Natal, estacionei na Talitha Kumi, como sempre, e Zakaria al-Qaq veio me buscar no lado palestino. Quando nos encontramos, ele me disse que achava que eu não deveria ter vindo naquele dia. No caminho para o escritório, ele viu um grupo de jovens armados parando carros na estrada. Ouvi o que ele me disse e voltei para casa. O sentimento foi de derrota. Eu odiava aquela sensação, estava ao mesmo tempo triste e furioso. No caminho de volta para o escritório, os homens armados pararam Zakaria e revistaram seu carro, inclusive o porta-malas, e então o deixaram partir.

— Ouvimos falar que tem uns israelenses por aqui.

Foi meu penúltimo dia no nosso escritório maravilhoso da Rua Palestina em al-Doha. Fui lá só mais uma vez, para buscar minhas coisas e dar instruções para a equipe da empresa sobre a mudança.

Já havíamos realizado diversas conferências em um lugar chamado Tantur, um instituto ecumênico em terras do Vaticano na fronteira entre Belém e Jerusalém.

"Tantur era neutra, mas não indiferente", explicou o padre Michael McGarry, reitor de Tantur, durante uma palestra em uma das nossas conferências.

Em janeiro de 2001, me reuni com o Padre McGarry e apelei à sua não indiferença para permitir que o IPCRI se mudasse para Tantur provisoriamente, até a violência terminar. No ambiente ultrapolitizado de Israel, a Tantur tomava cuidado para não fazer nada que deixasse o governo israelense irritado com a igreja, mas depois que disse que não tínhamos para onde ir, ele não poderia recusar o meu pedido. McGarry valorizava muito o trabalho do IPCRI e concordou em nos ceder um espaço. Em fevereiro de 2001, nos mudamos para a nossa nova base, em terras do Vaticano, entre Jerusalém e Belém.

BUSCANDO REFÚGIO NA IGREJA

Antes da construção do enorme muro que separa Belém de Jerusalém, Tantur ficava no caminho usado todos os dias por milhares de palestinos para caminhar do sul da Cisjordânia até Jerusalém e Israel para trabalhar. Havia dias em que o caminho de Belém por Tantur até Jerusalém parecia uma autoestrada para pedestres. A trilha começava cerca de 150 metros antes do Checkpoint 300. Para quem não tinha autorização para entrar em Israel, havia diversas maneiras de simplesmente contornar a barreira pelos lados. Tantur era um desses lados. As pessoas caminhavam da estrada principal entre Belém e Jerusalém na colina até Tantur. Um muro de pedra cercava Tantur, uma fronteira simbólica, pois o terreno era de propriedade do Vaticano e tinha os privilégios dados a missões diplomáticas de acordo com a Convenção de Viena. Em outras palavras, as autoridades israelenses não podem entrar em Tantur.

Após o início da Segunda Intifada, a polícia israelense exigiu que Tantur fechasse a porta dos fundos da estrutura, que leva a Belém. O padre McGarry se recusou. "A porta existe na planta da estrutura aprovada pela prefeitura de Jerusalém", ele respondeu. Além disso, se a fechasse, os palestinos veriam

Tantur como uma instituição israelense e poderiam vandalizar a propriedade ou ferir os mais de vinte funcionários palestinos da instituição. Assim, a porta continuou aberta e o fluxo de palestinos que entrava ilegalmente em Jerusalém também. As pessoas precisavam trabalhar para alimentar suas famílias, e a Intifada não as impediria de entrar em Jerusalém. A economia da Cisjordânia estava desmoronando, o que apenas aumentava a pressão para que os palestinos buscassem empregos em Israel.

Em resposta à recusa do padre McGarry de fechar a porta dos fundos, o exército israelense decidiu despejar toneladas de pedra e terra em frente à porta, o que também demoliu parte do muro. Os trabalhadores palestinos demoraram menos de vinte e quatro horas para abrir o caminho até o portão. Foi um exercício que se repetiu diversas vezes. Uma vez, o exército jogou graxa espessa nas pedras que colocou em frente ao portão; mais uma vez, vinte e quatro horas depois, o caminho estava aberto. Os trabalhadores despejaram areia na graxa para facilitar a limpeza.

Os trabalhadores continuaram a passar pelo portão. Sentado no meu escritório, todos os dias eu assistia a procissão de trabalhadores. Várias vezes por semana, via soldados e guardas de fronteira correndo atrás deles. Eu levava muito a sério o princípio de que Tantur era território do Vaticano e que os soldados e guardas de fronteira estavam violando a legislação israelense e a lei internacional, e insistia em informá-los. Para mim, era evidente que se quisessem impedir trabalhadores palestinos sem autorização de entrar em Jerusalém, precisariam seguir a lei. Eles poderiam cercar Tantur pelo norte, na saída para Jerusalém, mas não poderiam entrar e fazer o que bem entendessem nas terras da igreja.

Eu corria do escritório quando via os soldados e guardas perseguindo palestinos e tentava impedi-los. Uma vez que estivessem dentro do terreno de Tantur, os trabalhadores palestinos eram protegidos pela lei internacional. Eu lhes informava que não deveriam entregar suas carteiras de identidade para os soldados e policiais, e insistia que estes deveriam sair do terreno. Isso aconteceu dezenas de vezes. Boa parte de muitas manhãs foram dedicadas a correr atrás de policiais e soldados israelenses em Tantur e explicar que se quisessem que a polícia londrina respeitasse os direitos da embaixada de Israel no Reino Unido, eles também tinham que respeitar os direitos de Tantur, que não estava sob o seu controle territorial. Eles podiam ir atrás dos palestinos fora de Tantur, mas não dentro. Todos os trabalhadores palestinos que quisessem entrar em Jerusalém tinham apenas uma opção, o portão norte, que dá para a cidade. Quando não optassem entrar por ele, estariam desrespeitando a lei, e a polícia israelense estaria completamente justificada em detê-los. Enquanto estivessem em Tantur, no entanto, estariam cumprindo todas as leis.

Fui preso sete vezes em Tantur fazendo isso. Uma delas foi no lado de fora de Tantur, na verdade, do outro lado da rua do lado norte. Um dos funcionários do IPCRI chegou ao escritório bastante chateado contando que tinha visto um soldado espancando um jovem palestino na rua. Desci a colina às pressas e, sem fôlego, vi um jovem caído no chão, tentando se proteger dos pontapés de um soldado. Coloquei-me entre o soldado e o jovem e fiz com que ele parasse de violentá-lo. Consegui fazer algumas perguntas ao jovem e ficou imediatamente evidente que ele tinha alguma forma de retardo mental. O soldado tentou me empurrar para longe, mas eu era fisicamente maior do que ele. O soldado chamou os amigos e eu me protegi. Enquanto isso, eles perderam o interesse pelo jovem caído no chão e se concentraram em mim. O jovem fugiu sem ser perseguido. Com palavras, e nenhuma força, consegui convencê-los a me baterem, mas eles me seguraram e me forçaram a sentar no chão até a *polícia azul* — a polícia comum — chegar e me levar à delegacia de Moriá, em Talpiot, Jerusalém.

A lei permite que a polícia detenha qualquer indivíduo por três horas sem questioná-lo. Após três horas, se você não for questionado, pode exigir o seu direito de ir embora. Durante o período de detenção, a polícia ficou com a minha carteira de identidade. Depois de duas horas e 59 minutos, fui chamado. Então me interrogaram durante dez minutos. Considerei se devia ou não cooperar com o processo. Poderia ter usado o meu direito de me recusar a responder às perguntas. Conhecia os meus direitos e sabia que não havia feito nada de errado, na verdade havia impedido um soldado de cometer um crime. Ainda assim, a situação era humilhante, conduzida de forma a provocar ansiedade e até medo. Disseram que, se não cooperasse, seria denunciado e talvez tivesse até que passar a noite na cadeia. Não estava preparado para isso, então cooperei. Expliquei quem era, o que faço, onde trabalho e como fui parar na rua em Gilo, do outro lado de Tantur, tentando proteger o jovem palestino no chão. O oficial escutou e anotou tudo o que eu disse, o que fez com que os 10 minutos de interrogatório demorassem mais de 30. Assinei a declaração. O oficial disse que eu provavelmente não seria acusado de nada e que podia ir embora. Obviamente, eles não me levaram de volta a Tantur.

ASSISTIR TAMBÉM PODE SER PERIGOSO

Em 18 de outubro de 2001, após semanas de tiros de Beit Jala contra o bairro israelense de Gilo, um assentamento em Jerusalém, as forças israelenses invadiram Belém e Beit Jala. Os tiroteios de Beit Jala contra Gilo, onde ficava o Instituto Ecumênico Tantur e os escritórios do IPCRI, antes aconteciam à noite. Todas as noites, eu escutava os tiros da minha casa, no sudoeste de Jerusalém. Pela manhã, podia ver os estragos causados pelas balas, tanto em Gilo quanto em Beit Jala e Belém. Era muito triste. Passei muitas noites sem sono, escutando os tiros. A situação era insuportável. Casas estavam sendo alvejadas em Jerusalém. Atiradores palestinos haviam assumido o controle de vários dos edifícios mais altos de Beit Jala e podiam atirar de cima contra a cidade. O exército israelense devolvia o fogo. Todas as manhãs, quando chegava no escritório, via quais edifícios de Beit Jala haviam sido alvejados durante a noite.

Quando tropas do exército israelense invadiram Belém e Beit Jala em janeiro de 2001, os tanques e veículos blindados de transporte de pessoal passaram pela estrada em frente ao nosso escritório. Quando entraram em Belém, assisti uma cena que parecia de cinema. Eu e vários membros da equipe do IPCRI fomos para o telhado, e então comecei a filmar a ação do exército. O tiroteio era constante, de ambos os lados. O Paradise Hotel de Belém pegou fogo e combatentes palestinos atiravam do telhado do edifício. Assistimos uma batalha no campo de refugiados de al-Aida, logo atrás do Intercontinental Hotel. Um dos membros da equipe de Belém estava conosco, preocupado com o fato de a luta ter se aproximado demais da casa de sua família, onde estavam seus pais. Posteriormente, descobrimos que as paredes externas da casa haviam sido alvejadas.

Estávamos a 200-300 metros de distância da batalha no campo de refugiados. De repente, senti uma bala atravessar o meu cabelo e escutei ela sibilar junto à minha orelha. Eu estive literalmente a um centímetro da morte. Ainda hoje, quando assisto o vídeo e relembro a cena, consigo escutar o som da bala passando por mim. Fugimos para um lugar seguro, nos arrastando pelo chão do telhado. Não creio que ninguém estivesse mirando em nós. Provavelmente foi só uma bala perdida, mas quase me acertou.

Criar paz

Em 31 de janeiro de 2012, lancei formalmente outro esforço de paz depois de conhecer em primeira mão a liderança de Netanyahu para trazer Gilad Schalit para casa, apesar do preço altíssimo que foi pago. Netanyahu colocara o acordo implícito entre o Estado de Israel e seu povo de que nunca deixaríamos um soldado para trás acima do princípio de que não negociamos com terroristas e, no processo, tomou uma decisão de liderança crucial. Netanyahu provou que era capaz de superar a sua própria posição e fazer a coisa certa. Eu achava que Netanyahu poderia ser a melhor pessoa em Israel para liderar o Estado em um acordo de paz totalmente abrangente com os palestinos, baseado nos parâmetros para paz que todos conhecem e que estavam na mesa desde os últimos esforços de Ehud Olmert em negociar a paz com Abbas, em setembro de 2008. Em Israel, costuma-se dizer que é impossível travar uma guerra sem o apoio da esquerda, e que não se faz paz sem o apoio da direita. A segunda parte, pelo menos, é verdade. Um acordo entre Netanyahu e a liderança da OLP garantiria o apoio de cerca de 70% da sociedade israelense. O mesmo acordo, se proposto pela esquerda ou pelo centro em Israel, teria o potencial de estilhaçar a sociedade israelense. É a velha ideia de que "só Nixon pode ir à China". É preciso que a direita derrube os muros que ela própria ergueu.

Além da minha esperança de que Netanyahu nos levaria à paz, por mais irracional ou irrealista que alguns possam considerar essa ideia, ainda assim, estava plenamente ciente dos obstáculos no caminho. Também tinha bastante esperança que o meu bom relacionamento com David Meidan, que Netanyahu escolhera com emissário para trazer Gilad Schalit do seu cativeiro do Hamas depois de mais de cinco anos, me daria um canal para passar mensagens diretamente para o primeiro-ministro. Meidan havia me dado os números de telefone para conversar diretamente com Natan Eshel, chefe de gabinete de Netanyahu, e diversas outras pessoas próximas ao primeiro-ministro. Eu tinha o número do fax para me comunicar diretamente com Netanyahu e uma maneira de confirmar que as minhas mensagens chegariam ao alto escalão. Também tinha esperança de que Meidan usaria o seu relacionamento e o seu histórico de sucesso para ajudar a criar o que, na minha opinião, seria a única opção para avançarmos: um canal de negociação secreto e direto entre Netanyahu e Abbas e os seus emissários. Eu queria convencer os líderes a trilhar esse caminho, e que Meidan fosse selecionado como emissário para que eu trabalhasse junto a ele. Nos meus sonhos, via Meidan negociando com uma pessoa selecionada por Abbas e os dois concordando em aceitar a minha proposta, na qual eu e um colega palestino formaríamos uma equipe de mediação estratégica conjunta para, quando fosse necessário, criar propostas com concessões. Até preparei um mapa do canal secreto.[62]

Cheguei a essa sugestão depois de uma série de reuniões com o presidente Abbas, facilitadas pelo dr. Mahmoud al-Habbash, então ministro para Doações Islâmicas, também conhecidas como *Waqf*. Habbash era ex-membro do Hamas e oriundo de Gaza. Habbash e Abbas haviam se aproximado bastante. Eu achava que Habbash trazia consigo a legitimidade da religião, de ter pertencido ao Hamas e ter saído da organização para se juntar ao campo pró-paz dos palestinos. Também achava que o fato de ele não ser muito conhecido em Israel seria uma grande vantagem, pois o lado israelense tinha adotado o veto a qualquer líder palestino com quem tivesse negociado no passado. Muitas e muitas vezes, ouvi falar de representantes de Israel desmerecerem a integridade pessoal e a honestidade dos outros — as pessoas na cabeça do organograma eram Saab Arikat, Nabil

---

62. Ver Figura 1, página 251.

Shaath e Jabril Rajoub. Decidi que, se pudéssemos trazer novos rostos à mesa de negociação, talvez fosse mais fácil começar a gerar confiança entre os participantes. Este foi um dos fatores que me deixou entusiasmado com a possibilidade de trabalhar com Habbash e desenvolver um relacionamento com ele.

Habbash havia organizado uma reunião para nós dois e Abbas no dia 31 de janeiro de 2012. A seguir está o resumo da reunião redigido em hebraico e enviado a Netanyahu.

> 31 DE JANEIRO DE 2012
> *Reunião com o presidente*
> *Mahmoud Abbas*

Em 16 de janeiro de 2012, me reuni com o dr. Mahmoud al-Habbash, ministro para Assuntos Religiosos e ex-membro do Hamas, atualmente próximo a Abbas. Pedi que Habbash me ajudasse a organizar uma reunião com o presidente Abbas. O propósito da reunião: Buscar o consentimento de Abbas para conduzir negociações com Israel através de um canal secreto direto para buscar um acordo de paz abrangente entre israelenses e palestinos. Depois de apresentar minhas ideias e reflexões para Habbash por uma hora e meia, ele se convenceu de que eu deveria me reunir com o presidente e prometeu marcar a reunião.

A reunião foi realizada hoje, na Muqata'a em Ramallah, e durou cerca de 35 minutos. Os participantes foram o presidente Abbas, o dr. Mahmoud al-Habbash e eu. Comecei a reunião agradecendo ao presidente por concordar em me encontrar. Como a sua agenda é cheia, fui direto ao ponto. Falei um pouco sobre o canal direto secreto para negociar com o Hamas sobre Schalit e defendi que a condição para o sucesso dessas conversas foi sua natureza totalmente secreta. Foi possível manter um canal direto secreto como forma de comunicação oficial entre as duas partes durante seis meses sem nenhum vazamento. Sugeri, então, que a probabilidade de sucesso das negociações entre o emissário de Netanyahu e o diretor do Departamento de Negociações da OLP, respectivamente o advogado Yitzhak Molcho e o dr. Saab Erekat, era praticamente nula. Parte do motivo é que este é um canal público. Abbas acrescentou que os dois não têm química (ele brincou que Molcho não era o único motivo para a falta de química).

Abbas concordou sem hesitar que a única maneira de ter sucesso nas negociações sobre um acordo permanente seria usar um canal direto secreto e reforçou esse posicionamento ao afirmar que, em Oslo, as partes conseguiram chegar a um acordo em grande parte devido à natureza secreta do diálogo. Abbas afirmou que, caso o primeiro-ministro Netanyahu concordasse com um canal direto secreto, em 48 horas ele próprio e/ou seus emissários compareceriam às reuniões.

Após esse acordo preliminar, nossa conversa entrou nos termos das negociações propriamente. Mencionei a necessidade de considerar as exigências e requisitos de segurança de Israel antes de uma discussão completa sobre a definição das fronteiras entre os dois Estados. Abbas falou sobre o seu compromisso profundo com a paz genuína e sobre a sua luta diária contra o terrorismo. Ele afirmou que concorda que o Estado palestino será desmilitarizado, que se opõe a qualquer tentativa de contrabandear armas para a região e que age diretamente quando essas tentativas ocorrem. "Não deixarei que uma única bala seja contrabandeada e prenderei qualquer um que tentar fazer isso", ele afirmou.

Abbas disse que a equipe de segurança israelense, incluindo Amos Gilad,[63] reconhece que as suas ações são efetivas, não apenas em termos de seu esforço, mas também com base em fatos reais, e pareceu orgulhoso dos seus resultados. Ele disse que entende as necessidades e exigências de segurança de Israel e que está disposto a falar sobre uma estrutura que separe as questões sobre fronteiras políticas do conceito de uma fronteira de segurança para Israel. Ele não pode aceitar a presença permanente de soldados israelenses na fronteira oriental do Estado palestino, mas não se opõe à ideia de uma presença militar israelense como parte de uma força multilateral. Ele também afirma que podem ser acertados acordos de segurança adicionais com a Jordânia no lado jordaniano da fronteira.

Abbas falou bastante sobre governança, incluindo a luta implacável contra a corrupção. Ele disse que depôs hoje Samir Mashrawi, um líder do Fatah, por corrupção. E que demitiu diversos ministros do governo Fayyad e disse que haveria mais demissões no futuro.

Pedi que falasse um pouco sobre o tema da incitação. Ele lembrou imediatamente das palavras do *mufti* de Jerusalém no começo daquela semana, citando um Hádice sobre a obrigação dos muçulmanos de matar judeus. O *mufti* lembrou também a mãe e a irmã dos assassinos da família

---

63. Diretor do departamento de segurança política no ministério da Defesa.

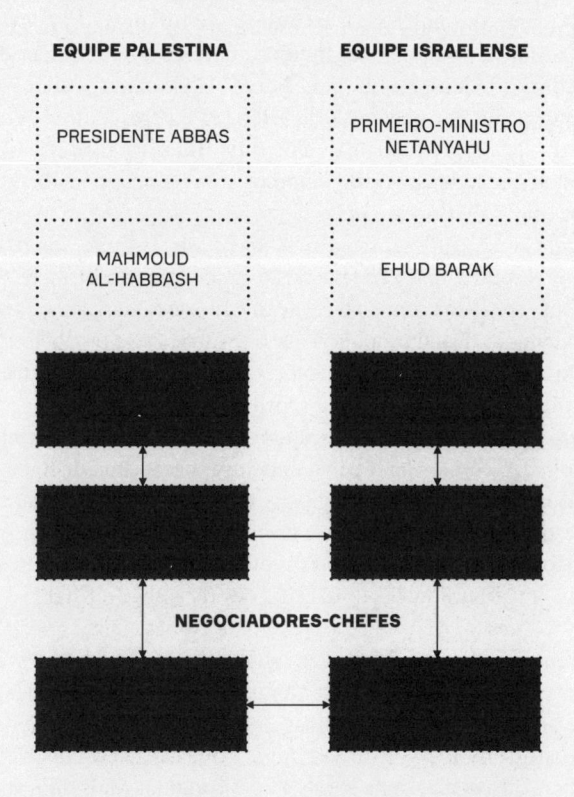

EQUIPE PALESTINA	EQUIPE ISRAELENSE
PRESIDENTE ABBAS	PRIMEIRO-MINISTRO NETANYAHU
MAHMOUD AL-HABBASH	EHUD BARAK

NEGOCIADORES-CHEFES

Figura 0.1: Negociações por canais secretos.

Fogel.[64] O *mufti* elogiou o assassinato no canal de TV oficial da ANP. Abbas instruiu a TV a não transmitir o programa e mandou o *mufti* retirar o que havia dito. O ministro Habbash disse que tinha sido entrevistado pela mídia palestina e israelense, e afirmou que a ANP se opõe ao assassinato de judeus e que o Hádice[65] citado pelo *mufti* tinha sido mal interpretado.

---

64. Hakam e Amjad Awad mataram Udi e Ruth Fogel e seus três filhos pequenos, Yoav, Elad e Hadas, no assentamento de Itamar em março de 2011.
65. Livro de maior autoridade após o Alcorão. [N. E.]

"O Alcorão nos ensina que os judeus são um povo do Livro e que os muçulmanos podem se casar com mulheres judias, que podemos comer com os judeus, e assim por diante", Habbash explicou.

Abbas citou alguns versos do Alcorão e acrescentou que o Alcorão fala sobre os judeus e que os muçulmanos aceitam a Torá e os profetas dos judeus. Assim, falamos sobre a necessidade de atuar contra a incitação da violência.

"Incitação, sim, nós temos isso", Abbas disse. "Admito, somos culpados. Somos contra, mas não fazemos o suficiente. Sob Bush, havíamos concordado com uma comissão trilateral junto aos americanos para combater a incitação. Estou propondo que a comissão seja restabelecida. Os dois lados devem agir contra a incitação. Como é que diz Netanyahu?"

Mutualidade. Hoje estou de acordo.

Disse a Abbas que estava buscando produzir um cessar-fogo formal de longo prazo com o Hamas, incluindo um mecanismo de linha direta para avisos, com envolvimento egípcio. Perguntei o que ele achava sobre essa questão. Abbas disse que era a favor. Disse também que pressionou bastante o Hamas para abandonar a luta armada e adotar a resistência não violenta. Segundo ele, as declarações recentes de Khaled Mashal sobre essa questão se deviam à pressão de Abbas. Disse que, em três dias, se encontraria com Mashal em al-Doha — e que isso é segredo.

Contei que eu havia sido contatado por membros do Hamas e que me pediram para providenciar que deputados do Hamas presos em Israel fossem libertados. Perguntei o que ele achava disso, se isso enfraqueceria a sua base de apoio na Cisjordânia. Mais uma vez sem hesitar, ele disse que era favorável à libertação e que a sua detenção nas prisões israelenses enquanto ele negocia com Israel dificulta a sua legitimidade pública. Ele não tem medo e disse que, pelo contrário, isso enfraqueceria o Hamas, pois seria uma espécie de psicologia pública reversa. Em seguida, Abbas afirmou que a promessa que Olmert fez de soltar prisioneiros detidos antes do Acordo de Oslo não foi mantida e que soltar esses prisioneiros iria não apenas ajudá-lo, mas fortalecê-lo.

Sugeri que tentássemos ligar o avanço nas negociações de paz à libertação dos prisioneiros. Hoje, não há chance alguma de Israel libertar prisioneiros políticos sem que Netanyahu enxergue uma justificativa para tanto.

A última parte da nossa conversa se concentrou no meu pedido para que ele, enquanto presidente, agisse contra aqueles que ameaçam as atividades de paz conjuntas entre israelenses e palestinos como parte da campanha de antinormalização. Abbas disse que apoia as atividades conjuntas em prol da paz. Ele sublinhou que a falta de avanço na direção da paz enfraquece tanto a ele quanto as suas declarações neste sentido perante o público palestino.

Para resumir nossa conversa, Abbas disse que não tinha intenção alguma de permanecer no cargo de presidente por muito tempo. Sem um avanço rápido e real na direção da paz, ele teme que esteja chegando ao fim seu papel de líder dos palestinos. Se houver negociações sérias, sinceras e secretas, permanecerá no cargo, já que o sonho da sua vida é levar a paz verdadeira ao seu povo. Ele disse que nós, os palestinos, e eles, os israelenses, não temos outra opção. Lembrou as palavras de Abba Eban, de que os palestinos nunca perdem a oportunidade de perder uma oportunidade.

"Nós dois não podemos perder a chance de ter paz", ele disse. "Estou pronto e quero fazer isso com Netanyahu, pois sei que ele levará Israel inteiro consigo".

Nesse contexto, perguntei o que aconteceria com o Hamas e Gaza se ele produzisse um acordo. "Isso é problema nosso", ele respondeu.

Abbas está convencido de que os palestinos em Gaza não rejeitarão a possibilidade de viver em paz de verdade. Eles forçarão o regime local a aceitar o acordo e isso criará unidade de fato entre os palestinos.

A reunião me deixou bastante encorajado. Abbas foi direto e honesto, demonstrando franqueza e confiança. Achei que ele me viu como alguém a quem poderia confiar mensagens que seriam transmitidas a Netanyahu. E achei que ele queria estabelecer os canais secretos e diretos de negociação que eu propunha. Eu mesmo tinha muito menos confiança na minha capacidade de comunicar a mensagem a Netanyahu e de convencê-lo a aceitar a oferta de Abbas.

Pedi a David Meidan que transmitisse a mensagem, mas, apesar do nosso ótimo relacionamento, ele me passou a sensação de que não iria se posicionar ao meu lado perante Netanyahu. Naquela época, David estava oficialmente na folha de pagamento do Mossad e, apesar de ter sido liberado de todas as atividades oficiais na agência, respondia ao primeiro-ministro para realizar missões especiais em seu nome. Uma dessas missões era a responsabilidade pelo arquivo de diversos soldados desaparecidos em guerras passadas. Não sei quais outras missões o primeiro-ministro havia lhe dado. Em diversas ocasiões, David também tentou defender a proposta de uma reunião minha com Netanyahu. Depois que Natan Eshel foi forçado a renunciar o cargo de chefe de gabinete em janeiro de 2012, Gil Sheffer, seu vice, foi indicado para substituí-lo. David Meidan pediu a Sheffer que organizasse uma reunião com Netanyahu para mim. A reunião com Sheffer foi marcada, adiada, remarcada, adiada e remarcada cerca de quatro vezes até ficar claro que simplesmente não iria acontecer. Por fim, Meidan me disse que alguém no gabinete de Netanyahu havia convencido Sheffer a abandonar a ideia de marcar uma reunião entre Netanyahu e eu.

Procurei o ministro Michael Eitan e tivemos uma reunião ótima, na qual apresentei a ideia do canal secreto. Entreguei a ele uma cópia do meu relatório da conversa com Abbas. Pedi que comunicasse a mensagem a Netanyahu para convencê-lo a dar uma chance às negociações com Abbas. Eitan respondeu que o seu relacionamento pessoal com Netanyahu não estava em muito bom e que não achava que o primeiro-ministro iria escutá-lo. Ele quase se sentia um membro da oposição dentro do governo, e a sua capacidade de promover uma questão tão importante era bastante limitada.

Contatei então o ministro Dan Meridor, por sugestão de Eitan. Meridor era o ministro encarregado dos serviços secretos e de inteligência. Apesar de ser conhecido como um dos príncipes do Likud, ele saiu do partido durante o primeiro mandato de Netanyahu e foi um dos fundadores do Partido do Centro. Nas eleições de 2009, Netanyahu pediu que ele voltasse para o Likud, que voltasse para casa, com um cargo no alto escalão do governo e membro do gabinete de segurança sênior. Netanyahu cumpriu sua promessa para Meridor, então a minha esperança é de que ele poderia influenciar o primeiro-ministro. Em nossos encontros anteriores, eu havia desenvolvido um bom relacionamento com Meridor. Alguns anos antes, tentei convencê-lo a concorrer à prefeitura de Jerusalém. Não fui o único, mas, quando nos reunimos, defendia ideia de que ele mereceria ser prefeito da cidade. Na sua opinião, a menos que o governo nacional tivesse uma posição séria com relação ao *status* especial de Jerusalém e não ficasse apenas falando da boca para fora as mesmas coisas de sempre, ele não teria a chance contribuir para que Jerusalém desempenhasse seu verdadeiro potencial, e não queria ficar "lutando contra moinhos de vento".

Minha reunião com Meridor foi muito boa. Ele escutou e fez perguntas, mas a sua posição era de que Abbas havia demonstrado diversas vezes não ser um parceiro. Meridor disse que tentaria convencer Netanyahu a aceitar um canal secreto se Abu Mazen estivesse disposto a afirmar que entende que não haverá um direito de retorno efetivo para os refugiados palestinos em Israel. Disse a Meridor que, fora do contexto das negociações, seria muito improvável que Abbas afirmasse algo assim explicitamente. Meridor disse que precisaria escutar isso para se convencer de que Abbas está realmente pronto para a paz. Assim, entrei em contato com Abbas mais uma vez.

12 DE MARÇO DE 2012

Presidente Mahmoud Abbas,
Caro Abu Mazen,

Espero que esteja tudo bem com o senhor. Hoje de manhã, me reuni com o ministro Dan Meridor para discutir a possibilidade de abrir um canal secreto para negociações com o senhor, conforme havíamos discutido em nossa reunião no final de janeiro. Depois da reunião, escrevi um relatório para Netanyahu, que lhe entregue por Meridor. Decidi que a melhor forma de promover essa proposta, na qual acredito totalmente, seria recrutar Meridor como a pessoa mais estratégica para influenciar Netanyahu a aceitá-la. Tivemos uma reunião longa e difícil, na qual ele levantou diversas perguntas e questões.

Preciso ser completamente franco: Meridor, que acredito representar a maioria dos ministros do governo Netanyahu, está basicamente convencido de que o senhor não está disposto a chegar a um acordo com Israel. Escrevo-lhe diretamente sobre isso por considerar que Meridor tem mais experiência em negociação com palestinos do que a maioria dos outros ministros, inclusive porque tem suas opiniões pessoais são as mais liberais entre os ministros. É importante que o senhor saiba qual é a visão israelense da sua posição.

Do ponto de vista dele, sem aceitar o princípio de que o direito de retorno será exercido no Estado da Palestina, não em Israel, não pode haver acordo com Israel. Obviamente, há espaço para algum retorno simbólico em termos humanitários, mas a condição fundamental israelense entre todas é esta, relativa ao direito de retorno. O senhor sabe disso. Ouviu o mesmo de Tzipi Livni e Ehud Olmert. Como o lado israelense acredita que o senhor não está e nunca estará preparado para aceitar esta concessão, a opinião é que será impossível chegar com o senhor a um acordo que represente o fim do conflito. Isso é verdade? Ou o senhor está preparado para negociar com base no direito de retorno ao Estado palestino? Entendo que esse princípio significa que o senhor se colocaria em uma posição melhor em relação a Israel em outras áreas, incluindo os direitos palestinos em Jerusalém.

Meridor perguntou se o senhor está preparado para aceitar a proposta de Olmert. Não falaria em seu nome e sei que o lado palestino vê problemas na proposta de Olmer, mas é uma pergunta legítima. Até onde o senhor está disposto para chegar a um acordo? Se quiser negociar a proposta de Olmert, quais são os pontos que gostaria de mudar? Se ela for negociada, Meridor diz que Israel também gostaria de alterá-la, então é uma questão delicada.

Se Meridor se convencer de que o senhor está preparado para chegar a um acordo total e abrangente sobre as questões apresentadas, incluindo o fim do conflito e a aceitação da ideia básica de que o Estado palestino é a pátria do povo palestino, e não Israel — que o retorno dos refugiados será para o Estado palestino –, Meridor trabalharia para convencer Netanyahu a adotar o canal secreto para concluir o acordo. Meridor estaria disposto a ser o negociador-chefe, mas também aceitaria qualquer outro que Netanyahu escolhesse. Pessoalmente, eu trabalharia na equipe para ajudar a desenvolver propostas de conciliação, e sei que David Meidan, com quem trabalhei na troca de prisioneiros, seria parte da equipe israelense.

Não sei se o senhor considera essas condições aceitáveis. Entenderei se não lhe parecerem, o que me levaria a concluir que Israel e Palestina não podem chegar a um acordo negociado neste momento. É uma possibilidade real, mas se o senhor aceitar a não implementação do direito de retorno para Israel propriamente dita, então será possível chegar a um acordo.

Apresento isso de forma honesta e direta. Este seria o posicionamento mais claro sobre a possibilidade de se chegar a um acordo. Em todas as outras questões, creio que será possível chegar a um acordo, incluindo Jerusalém.

Ficaria muito contente em me reunir com o senhor novamente para conversar sobre isso e lhe apresentar minhas impressões do lado israelense.

Se houver um canal secreto, pouquíssimos poderão saber dele. Dan Meridor disse que estaria disposto a negociar diretamente com o senhor, o que obviamente exigiria o consentimento de Netanyahu. Mas, todas as opções estão em aberto e são possíveis.

Por favor, me informe como devo proceder.

O dr. Habbash entregou a carta a Abbas e disse que marcaria outra reunião comigo em breve. Eu tinha que viajar para o exterior, e Abbas também, então maio foi a data mais próxima em que pudemos nos encontrar.

Este é o resumo da minha reunião com Abbas, que também enviei ao primeiro-ministro Netanyahu.

> 22 DE MAIO DE 2012
> *Ramallah, 13h*
> Presidente Mahmoud Abbas, ministro de Assuntos Religiosos, Mahmoud al-Habbash e dr. Gershon Baskin

Abbas estava sob pressão e perigo consideráveis devido à falta de sucessos políticos e econômicos, interna e externamente. Mahmoud Abbas continua mais comprometido do que nunca com a paz com Israel e se opõe ao terrorismo e àqueles que defendem a luta armada. Ele não acredita que Israel esteja valorizando o que se está fazendo em relação a seus esforços antiterrorismo e em sua dedicação genuína para a paz entre os dois povos.

"Eles precisaram acreditar em mim", Abbas completou. "Se não confiarem em nós, não adianta nada tentar promover a paz entre nós. Estou fazendo todo o possível contra o terrorismo e acho que mereço a sua confiança".

Abu Mazen destacou algumas necessidades imediatas que Israel poderia suprir, sem as quais seria muito difícil continuar a cooperação de segurança que existe hoje:

Há 4 mil armas e munição retidas na Jordânia que Israel aprovou através do coordenador de segurança americano, o tenente-general Michael Moeller, mas cuja entrada na Cisjordânia não foi autorizada. Mazen disse que apenas um de cada doze oficiais de segurança palestinos possui uma arma. Ele não pode continuar assim. Ele se recusa a contrabandear armas, como sugerido por diversas facções na Cisjordânia e nos países vizinhos. (Ele também observou que elementos criminosos israelenses estão dispostos a vender armas para a ANP e para civis palestinos.) Ele insiste que as armas das forças de segurança palestinas devem ser aprovadas por Israel e devem entrar na Cisjordânia com a aprovação e o consentimento de Israel. Ele observou que a ANP prendeu 91 pessoas no distrito de Jenin recentemente, incluindo muitos membros do Fatah. Abu Mazen repetiu que não concorda que o terrorismo emergirá mais uma vez, mas não pode trabalhar sem armas.

Cinquenta VBTPS, os veículos blindados de transporte de pessoal, também receberam na Jordânia a aprovação do coordenador de segurança dos EUA, mas Israel impede sua entrada na Cisjordânia. Abu Mazen enfatizou que se não receber as armas e os veículos blindados de transporte de pessoal, terá que desmontar os novos batalhões treinados na Jordânia pelos americanos. Se Israel não permitir a sua entrada na Cisjordânia e eles não puderem operar em campo, Abu Mazen disse que não terá o que fazer com eles. Devido a essa situação desesperadora que está se formando, se ele não puder atuar contra o terrorismo, terá que considerar o fim da cooperação de segurança com Israel. Ele disse que a calmaria dos últimos cinco anos foi possível devido ao trabalho vigoroso contra o terrorismo e a cooperação com Israel e que, sem isso, a área voltaria a ficar em chamas.

Quanto à libertação de 131 prisioneiros detidos antes de 1993, ele disse, e repetiu diversas vezes, que Olmert havia prometido que aqueles que haviam sido presos antes de Oslo, antes de 1994, seriam todos soltos. Ele disse que Olmert prometeu que mais prisioneiros do que aqueles libertados na troca por Schalit seriam libertados para Abu Mazen sob o sistema das Negociações de Paz. Abu Mazen disse que muitas pessoas no Fatah estavam tentando encorajá-lo a capturar um soldado israelense e detê-lo até os prisioneiros palestinos serem soltos. Eles dizem que é o único jeito de fazer com que o senhor liberte os prisioneiros. Abu Mazen disse que é absolutamente contrário a isso. Disse também que se alguém na Cisjordânia sequestrasse um soldado ou um civil israelense, ele mesmo mataria esta pessoa. Ele acrescentou que Israel precisa manter a sua palavra sobre essa questão, apesar de Olmert não ser mais primeiro-ministro — foi a promessa do primeiro-ministro de Israel, e Netanyahu precisa honrá-la.

Nossa conversa se voltou para a tema da proposta de um canal secreto. Como discutido anteriormente, Abu Mazen continua a apoiar esse canal sem titubear, mas disse que só o abriria após receber uma resposta positiva em relação às necessidades imediatas listadas acima. Ele não acredita que seja possível promover paz através do canal do emissário especial de Netanyahu, o advogado Yitzhak Molcho, e Saeb Arikat, o chefe palestino das negociações.

Abu Mazen disse que, assim que essas necessidades forem atendidas de forma afirmativa, ele estaria disposto a se reunir com o primeiro-ministro, em segredo ou publicamente, de acordo com o que Netanyahu preferir. Segundo ele, essas necessidades não são pré-condições, mas, sem elas, dificilmente a negociação se dará.

Ele quer promover o canal secreto. Perguntei quem comandará a sua equipe (depois de lhe mostrar meu projeto da estrutura proposta para o canal secreto) e ele respondeu que decidirá depois de receber as armas, os veículos blindados de transporte de pessoal e os prisioneiros. Disse que o primeiro-ministro Netanyahu teria dificuldade para fazer essas concessões sem receber nada em troca (*toma lá, dá cá*).

"Se Israel não conceder tais concessões, teremos que interromper a cooperação de segurança e a nossa luta contra o terrorismo. Não é uma ameaça, é a realidade", respondeu.

Perguntei sobre o seu acordo com o Hamas para formar um governo de unidade nacional. Ele disse que não será um governo de unidade nacional, mas sim um governo de transição, compromissado em convocar eleições. Ele enfatizou que nenhum governo provisório terá ministros do Hamas e nenhum ministro que não jure respeitar os princípios de reconhecimento de Israel, os acordos assinados e a oposição total ao terrorismo e à violência.

"Enquanto for presidente, não permitirei a formação de nenhum governo que não aceite esses princípios".

Disse também que assim que o canal secreto for aberto, as negociações se darão primeiro em relação a segurança e fronteiras, depois serão contempladas outras questões, e que trabalharemos para buscar um acordo em todos os aspectos. Ele me pediu para comunicar todas essas mensagens ao primeiro-ministro Netanyahu.

Netanyahu rejeitou a iniciativa e se recusou a encontrar Abbas. Tentei implorar a Netanyahu por meio de Yaacov Amidror, seu assessor de segurança nacional. Conversei diretamente com Amidror em 4 de julho de 2012, na residência do embaixador dos EUA em Israel. Amidror afirmou que Abbas havia estabelecido pré-condições inaceitáveis para as negociações e que Netanyahu não concordaria com elas. Sugeri que ele, Amidror, se reunisse com Abbas ou permitisse que outra pessoa se reunisse para estudar a abertura de um canal secreto. Amidror não teve o mínimo interesse, especialmente após John Kerry, o secretário de Estado dos EUA, anunciar que lançaria uma nova iniciativa. Após a declaração de Kerry, me encontrei com Abu Mazen mais uma vez, e ele me disse que ainda acredita que um canal secreto direto com Netanyahu teria mais probabilidade de sucesso do que as negociações facilitadas por Kerry. Desde a declaração, contudo, Abbas não teve como abrir um canal secreto sem a aprovação de Kerry. Também ouvi isso diretamente de Amidror. Os americanos provavelmente não concordariam e Netanyahu não poderia aceitar se os americanos não aprovassem.

Contatei alguém na equipe de Kerry para informar o secretário que eu estava tentando organizar uma reunião secreta direta entre Abbas e Netanyahu. A mensagem que veio de Washington foi de suspender tudo imediatamente: Kerry havia vetado toda e qualquer reunião desse tipo e informou Abbas e Netanyahu que não queria que os dois se reunissem de forma alguma que não fosse dentro do processo facilitado. Fui informado pelo lado americano que se essa reunião ocorresse e desse errado, a iniciativa acabaria sem nem mesmo começar.

21 DE ABRIL DE 2014
Sétimo dia de Pessach

Estamos a oito dias do fim do período de nove meses que o secretário de Estado John Kerry alocou para as negociações entre Israel e Palestina. A paz parece mais distante do que nunca. A gravidez de nove meses da paz não resultará em um bebê natimorto, hoje parece evidente que sempre se tratou de uma falsa gravidez.

Depois de vinte anos de negociações, não são mais as questões em si ou as soluções que se tornaram impossivelmente complexas, ou mesmo as alianças e coalizões políticas internas de ambos que tornam o processo tão difícil. Se tivessem conseguido chegar a um acordo, ambos os líderes poderiam vender o resultado nos seus países e teriam apoio político suficiente para vencer um plebiscito sobre o acordo.

A dificuldade fundamental continua a ser a absoluta falta de confiança entre as partes, especialmente entre os líderes. No fundo do coração, a maioria dos israelenses, e a maioria dos palestinos, incluindo os dois líderes, acredita mesmo que o outro lado está planejando a sua destruição. Os palestinos acreditam que os israelenses trabalham constantemente para expulsá-los da terra e que os assentamentos são a ferramenta para isso. Hoje, eles até falam com certeza sobre planos israelenses concretos para retirar os muçulmanos de Jerusalém e destruir as mesquitas de Haram al-Sharif/ Monte do Templo. Os israelenses acreditam que os palestinos não quererem reconhecer Israel como o Estado-nação judaico é uma expressão clara dos planos palestinos para destruir Israel. É nisso que acreditam Benjamin Netanyahu e Mahmoud Abbas.

É incrível que mesmo depois de mais de oito meses de negociação, os dois líderes não tenham se reunido pessoalmente. Pode parecer simplista, mas nenhum acordo de paz permanente entre israelenses e palestinos será possível se os líderes não começarem a confiar um no outro. Para construir essa confiança, os líderes precisam se conhecer pessoalmente, talvez até simpatizar um com o outro.

Digo isso com base na minha experiência pessoal de negociação com o Hamas. A libertação de Gilad Schalit foi possível graças à confiança básica desenvolvida entre mim e meu parceiro nas negociações, o dr. Ghazi Hamad, resultado de cinco anos de contato direto.

Abbas e Netanyahu não precisam de cinco anos de negociação, mas devem se reunir para sessões intensivas, contínuas e diretas de negociações bilaterais. Sem confiança, fica difícil imaginar o surgimento de um acordo no futuro próximo.

Em sua obra seminal *Minha terra prometida: o triunfo e a tragédia de Israel*, Ari Shavit afirma que a paz não é possível, mas não em razão de colonos e os assentamentos, ou por conta da ocupação ou de disputas territoriais. Segundo ele, a Nakba, a catástrofe sofrida pelos palestinos na ocasião do nascimento de Israel, é o grande momento definitivo, a essência da memória coletiva palestina que nunca permitirá que os palestinos aceitem a existência de Israel. Os refugiados palestinos nunca se esquecerão de onde vieram e nunca abandonarão o sonho de voltar para os seus lares — o que hoje é Israel. De acordo com Shavit, não é a ocupação de 1967, é a existência de Israel desde 1948, que expulsou os palestinos dos seus lares, que os impede de reconhecer Israel e firmar a paz. Hoje, quase sete décadas e três ou quatro gerações depois, os descendentes dos refugiados ainda sonham com o retorno, com as suas chaves, com as histórias idealizadas de suas fortunas e mansões, de vastas fazendas com solo fértil, onde tudo que se planta, se colhe. A memória é muito mais vívida e verdejante do que era a realidade antes de 1948, mas é a memória que molda a sua identidade e a sua luta. O seu sofrimento nas mãos de Israel há mais de 67 anos preserva a memória e reacende a chama que arde dentro de cada um, o anseio por reverter a história e varrer Israel do mapa. Assim, eles nunca vão reconhecer, real e existencialmente, o direito de Israel existir. Este é o ponto crucial do argumento de Shavit.

E, quem melhor para entendê-los e se identificar com eles do que nós, o povo judeu que vive na Terra de Israel? Especialmente quando lemos as passagens da Hagadá de Pessach, e para todas as gerações devemos recontar a mesma história de que éramos escravos no Egito e hoje somos livres. Somos um povo fundado na memória de milhares de anos, nunca nos esquecendo de quem somos, de quem fomos e de onde viemos. É óbvio que entendemos os palestinos e, quando projetamos neles nós mesmos e a nossa memória coletiva, nos convencemos de que a verdadeira paz entre nós jamais será possível. Trabalhamos incessantemente para negar o que fizemos aos palestinos e até rejeitamos a legitimidade da palavra Nakba (como o nosso próprio nascimento poderia ser uma catástrofe?). No nosso mundo consciente interior, entendemos a memória palestina mais do que jamais conseguiremos admitir para nós mesmos.

Mas assim a vida seria fácil demais.

Não, os refugiados palestinos jamais esquecerão seus lares, suas vilas, os lugares de onde vieram que não existem mais, exceto nas histórias que ouviram dos pais e mães, que ouviram dos avôs e avós, e que hoje contam para os próprios filhos. Memórias coletivas não morrem. Nós, judeus, sabemos bem disso. A espinha dorsal da identidade coletiva palestina é a Nakba, a transformação de um povo pacífico, que morava na sua terra, em refugiados sem teto e sem posses, vagando e sofrendo pelo mundo. Mesmo aqueles que permaneceram na Palestina e foram empilhados em campos de refugiados se tornaram um símbolo icônico dessa catástrofe. Apesar de os campos de refugiados não serem mais cidades de barracas e de terem se transformado em favelas urbanas, a memória permanece viva e forte, e o sistema político palestino se esforça zelosamente para garantir que essa memória irá perdurar. Em toda a Palestina, na Cisjordânia, em Gaza e em Jerusalém Oriental, as pichações nos muros evocam as memórias temerosas de lares perdidos.

Os palestinos vêm de uma sociedade tradicional em que a família — o clã como um todo, em suas múltiplas gerações, a tribo — ainda é a fonte da identidade. Assim, muitos palestinos são identificados pela região de onde vêm. Para muitos deles, os sobrenomes são os seus lugares de origem. A sua identidade é moldada pela virtude de ter vindo do lugar onde viveram por muitas gerações, onde nasceram e morreram. E mesmo que os fatos da história não casem sempre com a lenda, são as lendas que definem a identidade. É evidente, por exemplo, que quem tem o sobrenome Hijazi veio da península saudita de Hejaz, mas os Hijazis da Palestina estão na região desde a conquista muçulmana e são, portanto, palestinos, não hejazis. E mesmo os recém-chegados, como os *masris*, que vêm de *Masr* — ou Egito — estão na Palestina há centenas de anos e não são mais egípcios há muito, muito tempo. Sim, muitos palestinos imigraram para a Palestina na mesma época que os judeus, no final do século XIX e início do XX. Mas eles se definem e são aceitos como palestinos, nativos desta terra a que pertencem, assim como todos os outros palestinos que sofreram a Nakba. É a experiência da Nakba que define quem são enquanto povo. Foi este o momento da história que moldou a sua memória coletiva e a sua luta nacional.

Ari Shavit está certo, então? A paz real jamais será possível? É apenas um sonho messiânico? Creio que não. Ele não está errado na ideia de que nunca esquecerão de onde vieram. Não está errado em entender que o sonho de retorno viverá para sempre. As histórias sobre o que foi nunca terminarão e provavelmente continuarão a ser expandidas e enfeitadas com o passar dos anos. Mas a paz é possível porque a memória do sofrimento e da perda pode ser transformada pelo trabalho de construir um novo sonho e uma nova realidade. Em Israel, fomos do desastre do Holocausto para a construção de um Estado e uma nação. É semelhante ao que os palestinos também terão que fazer. Mas não é apenas uma questão de construir, de fazer algo positivo por conta própria. O dr. Salam Fayyad, ex-primeiro-ministro palestino, entendia muito bem como inspirar uma nação a se esforçar para construir um Estado, mas entendia igualmente bem que a redenção da dignidade exige uma contrapartida.

O nascimento de Israel não é o único elemento responsável pela Nakba. Existem outros responsáveis, incluindo os próprios líderes palestinos. Também podemos contar os britânicos, os líderes árabes e até as instituições da comunidade internacional que não souberam implementar suas próprias resoluções. Contudo, Israel terá um papel fundamental na busca de alguma forma de reconciliação para ajudar a curar as feridas e permitir que os palestinos avancem de fato, além da Nakba, e moldem a sua memória coletiva para o futuro. O reconhecimento por parte de Israel e dos israelenses sobre o seu papel na Nakba será um elemento essencial da paz. Para os israelenses, não será fácil reconhecer que o seu nascimento, claramente um imperativo moral, especialmente após o Holocausto, causou o sofrimento cataclísmico do povo palestino. Não foi apenas a atitude de rejeição da liderança palestina que criou a Nakba. Israel não tem como escapar do seu próprio protagonismo na evacuação de mais de 800 mil pessoas das suas casas e na destruição das suas vidas. Talvez fosse inevitável, talvez fosse necessário, como afirmam pessoas como Ari Shavit, mas também exigirá que Israel se enxergue no seu espelho histórico, aceite essa realidade e comunique um pouco de tristeza e compaixão pelo povo palestino.

O sonho de retorno palestino sobreviverá nas suas imaginações. Quando fecharem seus olhos e se lembrarem do passado, eles continuarão a ver uma terra que vai do rio ao mar, com laranjais e olivais, com fontes frescas e ovelhas passeando sobre figueiras. A utopia palestina continuará a ser um lugar sem israelenses, onde Israel não existe nem nunca existiu. Quando abrirem seus olhos, no entanto, Israel estará ali. Tel Aviv continua a ser um ímã para o mundo e até para eles próprios. Israel é um fato inegável, que não podem ignorar. E, por mais estranho que pareça, Israel também é a sua melhor chance de criar um Estado democrático, talvez até próspero.

Para que israelenses e palestinos superem suas memórias coletivas, que santificam o passado às custas do futuro, a relação básica entre os dois povos precisará passar por mudanças fundamentais. Pessoas em ambos os lados da comunidade internacional já trabalham na conceitualização de uma versão israelense-palestina da Comissão da Verdade e Reconciliação da África do Sul. O modelo sul-africano está enraizado nos valores e tradições africanos, fundido com os alicerces cristãos modernos. Em Israel e na Palestina, precisaremos de uma versão local para confrontar algumas das iniciativas horríveis feitas em nome do sionismo, nacionalismo palestino, religião — judaísmo e Islã –, medo, esperança, sobrevivência e ignorância. Alguns sugerem usar o modelo cultural árabe do *Sulha*, relevante em momentos de alegria e celebração, assim como em momentos de tragédia e luto. Em ambas as sociedades, dá-se um valor extremamente alto à honra e à dignidade, tanto no sentido individual quanto no orgulho nacional. Este é mais um elemento que precisa ser trabalhado.

Não disponho de um modelo específico relevante que será utilizado quando chegar a hora. Sei que precisaremos encontrar alguma forma para enfrentar as dores do passado. Estou mais preocupado com as oportunidades do futuro. Se construirmos um futuro que traga honra e dignidade, que gere oportunidades para construir uma nova relação entre israelenses e palestinos, poderemos superar as dores do passado.

A essência do novo relacionamento é o fim da ocupação e do controle israelense. Não é apenas o fim político da ocupação, da relação entre ocupante e ocupado, mas a consciência da ocupação, do controle e da subjugação. A nova relação deve se basear na remoção, um dia, dos obstáculos físicos que impedem o livre movimento e acesso a todas as partes de Israel-Palestina. Ambos os lados terão o seu próprio Estado, sua própria soberania, com a expressão territorial própria da sua identidade nacional. Os direitos de cidadania e residência serão limitados pelos limites da soberania, mas os direitos de entrar e se movimentar livremente nas áreas soberanas uns dos outros devem ser incorporados aos acordos de paz futuros, assim que possível e quando a segurança o permitir. Isso ajudará a sanar as chagas do passado. Os palestinos poderão se movimentar por toda a terra, do rio ao mar, e os judeus, também. Os judeus israelenses poderão visitar os lugares sagrados do judaísmo dentro do Estado palestino. O direito de ter acesso e de se movimentar livremente, a remoção das barreiras e bloqueios e a sensação de segurança dada por estruturas estabelecidas sob responsabilidade conjunta de ambos os lados deverão ser um elemento fundamental da paz e da reconciliação entre as partes. Se os acordos de paz do futuro se basearem em muros, cercas, arame farpado e barreiras, a base dos relacionamentos entre ambos os lados permanecerá a mesma e, mesmo que a ocupação política termine, a ocupação psicológica continuará.

Shavit transforma o movimento pela paz em Israel e aqueles que trabalham pela paz em criaturas messiânicas que lutam por um falso messias, sem diferenciá-los da equação moral que usa com os colonos nos assentamentos e os seus apoiadores. A paz não é redenção e não é a era messiânica. Na verdade, o trabalho árduo da paz começa no dia seguinte à assinatura do tratado, quando então as relações entre os dois povos podem começar a mudar.

Inicialmente, a elaboração do processo de Oslo se baseou no modelo conceitual de cooperação bilateral. Os arquitetos de Oslo, Yair Hirschfeld e Ron Pundak, liderados por Yossi Beilin e, no lado palestino, Ahmed Qurie, também conhecido como Abu Ala, e Maher el

Kurd, com forte apoio de Mahmoud Abbas, imaginavam o desenvolvimento da paz entre israelenses e palestinos com base no fortalecimento da cooperação econômica, o que criaria independência palestina e então produziria interdependência e interação entre as duas sociedades. As elites políticas e militares de Israel, com forte apoio do movimento dos assentamentos israelenses, consideravam o primeiro acordo de Oslo ingênuo. O primeiro-ministro não tinha confiança na equipe de Beilin e desconfiava igualmente de Shimon Peres, seu ministro das Relações Exteriores e rival de longa data. Rabin confiava apenas no exército e nas forças de segurança. Todas as negociações futuras entre israelenses e palestinos na estrada para o fracasso de Oslo foram dominadas pelas elites militares e de segurança de Israel. A conceitualização da paz promovida por essas pessoas era o modelo da separação.

A única exceção é o papel dominante de Amnon Shahak, chefe do Estado-maior da IDF, nas negociações do Acordo Interino Israelense-Palestino sobre a Cisjordânia e Gaza, assinado em Washington em 28 de setembro de 1995. O general Shahak havia desenvolvido relacionamentos de confiança com diversos negociadores palestinos importantes, incluindo o diretor da Força de Segurança Preventiva palestina, Jabril Rajoub, na Cisjordânia, e Mohammed Dahlan em Gaza. O fato é que os líderes das forças de segurança em ambos os lados falam a mesma língua. Shahak também desenvolveu uma relação de confiança com Nabeel Shaath, um dos principais negociadores civis palestinos. O acordo levou à criação de cerca de 26 organizações conjuntas, com o objetivo de criar cooperação entre os dois lados da fronteira. Isso poderia ter mudado a natureza dos relacionamentos entre as partes. Dois meses depois, no entanto, Rabin foi assassinado por um extremista israelense e o processo de paz entrou em franca decadência.

Após as eleições de 1996, Binyamin Netanyahu se saiu vitorioso e, apesar de dizer ao eleitorado que continuaria a implementar os acordos de Oslo, não foi o que aconteceu. Na verdade, ele se esforçou ao máximo para paralisar o processo como um todo. Em resposta ao terrorismo palestino, Netanyahu se recusou a implementar o elemento principal do acordo, que seria entregar mais territórios à ANP, apesar de ter assinado o Protocolo de Hebron em 17 de janeiro de 1997 e o Memorando de Wye River em 23 de outubro de 1998. Sob Netanyahu, havia uma forte impressão de que o processo de Oslo estava congelado e que o elemento de retirada territorial por parte de Israel não avançaria.

O acordo interino de setembro de 1995 afirmava que todo o território da Cisjordânia e de Gaza seria transferido para a ANP, exceto em assentamentos e locais militares específicos. O texto do acordo era o seguinte:

ARTIGO X § 2   A redistribuição futura de forças militares israelenses para locais militares específicos se iniciará depois a inauguração do Conselho e será implementada gradualmente, em proporção à assunção de responsabilidade pela ordem pública e segurança interna por parte da polícia palestina, a ser completada em dezoito meses, a contar da data da inauguração do Conselho.

ARTIGO XI § 2   Os dois lados concordam que o território da Cisjordânia e da Faixa de Gaza, com exceção de questões a serem estabelecidas nas negociações sobre o *status* permanente, ficarão gradualmente sob a jurisdição do Conselho Palestino, a ser completado em dezoito meses, a contar da data da inauguração do Conselho.

Por esses dois parágrafos, os palestinos estavam corretos em acreditar que, mesmo antes de as negociações sobre o *status* permanente terem início, eles controlariam pelo menos 90% da Cisjordânia e ainda mais de Gaza. A área total de todos os locais militares especificados na Cisjordânia na época representava menos de 1% do território. Quando Netanyahu entrou em cena, no entanto, seu governo e suas forças armadas interpretaram essas cláusulas como indicativo de *zonas de segurança*, não locais militares específicos, que incluem bases militares e estações de pronto aviso. Da perspectiva de Netanyahu, todo o Vale do Jordão, que representa 20% da Cisjordânia, é uma zona desse tipo, assim como uma faixa de terra adjacente à Linha Verde e ao redor da Cisjordânia. A seção sobre as "questões a serem estabelecidas nas negociações sobre o *status* permanente" se refere aos assentamentos israelenses.

A "pegada" física total de todos os assentamentos na Cisjordânia representava menos de 3% da área na época. Ainda assim, o governo israelense comandado por Netanyahu decidiu que os terrenos relevantes eram os limites estatutários artificiais dos assentamentos, não apenas as áreas construídas. Essa área abrangia mais de 20% da Cisjordânia. Em 2017, vinte e dois anos depois, a área C da Cisjordânia, sob pleno controle israelense, representa 62% da Cisjordânia. Até o desengajamento israelense de Gaza, em 2005, Israel ainda controlava totalmente 30% da região.

Em 1997, quando Netanyahu estava apenas começando seu primeiro mandato, tive acesso a um documento produzido pelo Departamento Jurídico do ministério das Relações Exteriores de Israel. O documento afirmava claramente que a interpretação israelense desses dois parágrafos do acordo estava errada e que a alegação dos palestinos de que os israelenses tinham a obrigação de se retirar de mais de 90% da Cisjordânia e de Gaza antes das negociações sobre o *status* permanente estava correta. O documento foi obviamente trancado a sete chaves em um cofre do gabinete do primeiro-ministro, ou jogado na lata de lixo da história, e jamais foi mencionado novamente.

A base palestina para entrar no processo de Oslo foi o entendimento sobre o seu próprio compromisso histórico, assumido pelo presidente Arafat, de abrir mão de sua reivindicação a mais de 78% da Palestina histórica — as terras que o Estado de Israel conquistou na guerra de 1948. Arafat poderia facilmente ter exigido que o mapa futuro e as negociações se baseassem no plano de partilha da Resolução 181 da ONU, que teria concedido muito mais território aos palestinos. O reconhecimento de Israel por Arafat sob os termos de Oslo fez com que os palestinos acreditassem que receberiam 22% da terra entre o rio e o mar, sem fazer ideia de que seriam forçados a negociar a pequena parcela restante com Israel.

Além da questão de a transferência de terras ser uma violação crítica dos entendimentos entre as partes, as elites militares e de segurança israelenses assumiram a implementação dos acordos em ambos os lados. Desde que esses grupos assumiram o controle do processo de paz de Oslo, a implementação conceitual da paz com os palestinos se baseou, no lado israelense, no modelo de separação. Os militares não têm a capacidade conceitual de entender a cooperação com ex-inimigos. Força armada nenhuma sabe como estabelecer paz. Elas sabem se preparar para a guerra, sabem travar guerras, sabem defender seu país e suas fronteiras, mas, por definição, forças militares não são mecanismos de organizações pacificadoras. Além disso, com a implementação de Oslo, a Administração Civil Israelense,[66] que é, na realidade, um braço das Forças Armadas de Israel, recebeu a autoridade de ser a principal organização para engajamento com relação ao governo civil palestino e às suas forças de segurança. O povo palestino não se envolve com as agências e o governo civil de Israel e sim com a Administração Civil. É um nome enganoso. De *civil*, ela só tem o fato de ter sido formada para prestar serviços para os civis palestinos. É uma operação totalmente militar, trabalhando sob direito e governo militar e comandada por oficiais militares.

66. Antigo Governo Militar Israelense.

Em 1998 fui convidado para participar de uma reunião no ministério das Finanças de Israel. O objetivo era fazer um *brainstorming* e criar ideias para uma reunião entre os ministros das finanças de Israel, da Jordânia e da Palestina. Havia cerca de vinte pessoas sentadas ao redor da mesa. Quase todos os participantes eram funcionários públicos dos ministérios envolvidos: Relações Exteriores, Finanças, Agricultura, Turismo e Indústria e Comércio. Também havia algumas outras pessoas de ONGs, como eu. Além disso, dois oficiais da IDF estavam sentados em um canto, escutando e fazendo anotações. A reunião durou quase duas horas, e diversas ideias bastante construtivas foram sugeridas para melhorar a cooperação econômica entre as três partes. Ao final da reunião, um dos oficiais da IDF se levantou e apresentou o resumo oficial da reunião. Fiquei chocado. Para mim, parecia que havíamos acabado de sofrer um golpe militar. Quem dera à IDF direito de controlar a reunião e o seu resumo? Quem os colocou no comando de uma operação civil, formada para planejar uma reunião de três ministros das finanças de três países vizinhos? Fui a única pessoa na sala a ficar chocada. Quase todos os presentes acharam que aquilo era um fato perfeitamente normal.

Na minha opinião, essa atitude foi a principal responsável pelo colapso total do processo de paz que se seguiu, com o ressurgimento da violência palestina. Ehud Barak foi eleito para substituir a sensação dos israelenses de que a paz ainda era possível, e que Netanyahu não seria capaz de fechar um acordo com os líderes palestinos. Com a sua mente militar brilhante e a *Gestalt da segurança*, a visão conceitual de Barak da paz com os palestinos era a de separação total com controle israelense contínuo, incluindo muros, cercas e arame farpado. Muitos políticos e líderes públicos chamaram o processo de "divórcio dos palestinos" e rejeitaram a modalidade de cooperação promovida originalmente pelo modelo de Oslo. Segundo Barak, a ideia era "nós aqui e eles lá".

Barak se recusou a implementar as retiradas territoriais adicionais que haviam sido acertadas. Segundo ele, como as conversas sobre o *status* permanente começariam em breve, por que ceder mais terras para os palestinos antes das negociações? Para Barak, os acordos anteriores eram uma moeda de troca nas negociações que conduziria com Arafat. Com a finalização dos desvios rodoviários para os assentamentos, que permitem que os colonos morem nos seus reinos separados, sem encontrar os palestinos, o apoio israelense à expansão dos assentamentos continuou ainda mais forte sob Barak do que sob o seu predecessor. A justificativa interna de Oslo implodiu, pois este acordo se baseava em retiradas territoriais que levariam à criação de um Estado palestino, em troca de os palestinos concordarem em combater o terrorismo. Quando as retiradas pararam, os diretores de segurança palestinos começaram a se perguntar afinal em nome de quem estavam lutando contra o terrorismo. A lógica de Oslo era que os palestinos lutariam contra o terrorismo, ou fariam resistência ao controle e ocupação israelense, pois estariam criando um Estado de direito que poderia ser seu depois da retirada de Israel. À medida que foi ficando claro que Israel não se retiraria do território, que o seu controle estava se tornando mais autoritário e que os assentamentos estavam se expandindo, a lógica da cooperação de segurança escapou pela janela e, com ela, o espírito de Oslo. É por isso que a violência da Segunda Intifada veio de membros armados das forças de segurança palestinas e que o primeiro israelense a morrer na segunda Intifada foi o comandante israelense de uma patrulha conjunta de israelenses e palestinos.

Binyamin Netanyahu subiu ao poder pela primeira vez em meados de 1996. Naquela época, eu pegava carona todas as manhãs e atravessava Beit Jala para chegar ao meu escritório em Belém. Na estrada, era comum encontrar patrulhas militares conjuntas de israelenses e palestinos. O sistema de patrulhas conjuntas foi estabelecido sob o acordo interino. Era um mecanismo criado principalmente para dar segurança aos colonos israelenses antes da construção de todos os desvios rodoviários. O acordo era que uma patrulha composta de dois jipes rodaria junto — um israelense, outro palestino. Quando passavam por áreas sob controle de segurança israelense, a maior parte da Cisjordânia — as áreas B e C —, o jipe israelense iria na frente, e o palestino atrás. Quando entravam em uma área A, sob controle palestino pleno, o jipe palestino tomaria a dianteira e o israelense iria atrás.

No início, eu via os dois jipes parando para um intervalo e os soldados de ambos os lados se sentavam juntos para tomar café, comer sanduíches e conversar. No fim do verão de 1996, de repente, percebi que os jipes começaram a estacionar a cerca de 100 metros um do outro durante os intervalos, e a interação entre eles desapareceu. Achei aquilo muito curioso.

Quando era palestrante no colégio militar de treinamento e educação para oficiais, parte dos meus deveres como reservista da IDF, fui convidado para conversar com os oficiais de patrulhas conjuntas de israelenses e palestinos. Fiquei chocado em descobrir que eles haviam recebido ordens para não se associar e não socializar com os colegas palestinos. Era impossível imaginar uma ordem mais descabida e perigosa para aqueles jovens soldados.

Lições aprendidas

Uma das lições mais importantes que aprendi nos últimos 38 anos buscando reunir israelenses e palestinos para tentar criar um futuro melhor é que temos mais sucesso quando trabalhamos sem interferência de fora. As melhores negociações que já ocorreram entre israelenses e palestinos foram aquelas que não contavam com um mediador externo. Estas incluem as negociações originais em Oslo, nas quais os noruegueses forneceram a plataforma e as instalações, mas só ofereceram propostas conciliatórias quando solicitadas. As negociações entre o primeiro-ministro Olmert e o presidente Abbas são o segundo exemplo de bons diálogos sem interferência externa. Olmert e Abbas se reuniram 42 vezes e chegaram mais perto de um acordo do que nunca. As negociações não foram concluídas principalmente porque Olmert foi indiciado por corrupção e precisou renunciar à liderança do seu partido. Os israelenses e a secretária de Estado Condoleezza Rice disseram a Abbas para esperar até Tzipi Livni se tornar primeira-ministra, o que nunca aconteceu.

Desde os primeiros anos do IPCRI, comecei a desenvolver algo que chamo de *cofacilitadores* ou *mediadores conjuntos das partes interessadas*, ou seja, uma equipe composta de um israelense e um palestino que facilitam e mediam negociações entre Israel e Palestina, em vez de contar com terceiros. Em geral, os terceiros são chamados *neutros* ou *terceiro de confiança*. É uma bela ideia, mas não existe na realidade. Em décadas de negociações fracassadas, os Estados Unidos assumiram o papel do terceiro de confiança. Os palestinos afirmam que os Estados Unidos têm um viés e sempre favorecem os interesses de Israel em relação aos da Palestina, mas os palestinos também afirmam que os EUA são o único terceiro que pode ter sucesso — ou seja, apenas os Estados Unidos conseguem aplicar pressão de fato sobre Israel. O problema com essa afirmação é que, até o momento, eles não conseguiram pressionar nenhum dos lados.

O problema adicional em ter os Estados Unidos no papel de mediador e negociador é que, nessa estrutura trilateral, os israelenses falam com os americanos e os palestinos falam com os americanos, mas os israelenses e os palestinos não falam entre si. O embaixador Martin Indyk, encarregado das negociações de julho de 2012 a abril de 2013, sob o secretário de Estado John Kerry, me disse que, nos primeiros meses das negociações, em algum momento ele saiu da sala e deixou os israelenses e os palestinos lá para que pudessem conversar livremente. Quando voltou, descobriu que eles haviam ficado sentados, em silêncio, esperando o seu retorno. Minha opinião é que a dependência de terceiros limita o diálogo direto entre israelenses e palestinos.

Há quem diga que o conflito Israel-Palestina é tão assimétrico que os palestinos precisam de um mediador pró-Palestina para equilibrar o jogo. É uma ideia interessante, mas muito improvável, a menos que haja entendimentos predeterminados sobre os resultados entre o terceiro e Israel, algo que também não parece possível no momento.

No IPCRI, desenvolvemos e aperfeiçoamos a ideia da equipe conjunta de mediadores das partes interessadas. Eu já organizei, administrei, facilitei e mediei mais de 2.000 reuniões entre israelenses e palestinos, centradas principalmente em resolução de problemas e negociações. Para duas pessoas vindas do conflito, é um grande desafio sair das suas alianças e papéis tradicionais, colocar-se acima das próprias identidades e atuar em uma equipe de negociadores cuja missão é fazer com que as partes em conflito cheguem a um acordo. É preciso que as duas partes interessadas, de ambos os lados do conflito, enfoquem a produção de acordos, não dos interesses do seu próprio lado. Significa que eles precisam estar dispostos a questionar os membros do seu próprio lado e chamar a sua atenção quando estão sendo agressivos ou evitando confrontar perspectivas externas à sua visão de mundo e ao seu entendimento.

Já vi esse modelo funcionar e, quando os dois mediadores sabem trabalhar em equipe e enfocam a produção de um acordo, não há modelo melhor de negociação. Esse foi o modelo que conseguiu libertar Gilad Schalit, prisioneiro do Hamas. Ninguém é mais atento às necessidades, interesses e ameaças das partes do conflito do que as pessoas na zona de conflito. Ninguém entende melhor a "química" entre as pessoas na mesa de negociações do que quem veio dos mesmos lugares e das mesmas sociedades.

Em 2003, no auge da terrível violência da Segunda Intifada, nós do IPCRI conseguimos organizar uma delegação de alto nível de ambos os lados para ir até Istambul e participar de uma reunião com o objetivo de chegar a um acordo e produzir um cessar-fogo. Foi um trabalho extremamente árduo selecionar pessoas relacionadas com o alto escalão dos decisores de ambos os lados. Não tínhamos os recursos financeiros necessários para organizar a reunião, então procuramos uma ONG política na Suécia, ligada ao Partido Social-Democrata, que comandava o país na época. Havíamos trabalhado com eles no passado, e então concordaram imediatamente em financiar a reunião. Contudo, seu apoio dependeria de a reunião ser facilitada e mediada por um parlamentar do seu partido. Contra os meus instintos, concordamos. A delegação toda partiu junto do Aeroporto Internacional Ben Gurion. A viagem até Istambul foi muito tensa. Como de costume, permaneci na área de segurança com os participantes palestinos por mais de três horas enquanto passavam pela segurança israelense. Um dos representantes de Israel era um general israelense recém-aposentado. O procedimento todo teria sido muito mais rápido se ele tivesse usado a sua influência, mas não o fez — sinal da hostilidade que existia naquele período de alta tensão.

Depois de chegar ao hotel em Istambul, fazer *check-in* e almoçar, quase todos em mesas separadas, fomos à sala de reuniões para a conversa inicial. Nos primeiros cinco minutos, o parlamentar sueco insultou o líder da delegação palestina, que se levantou e saiu enfurecido da reunião. Ele nunca voltou, apesar de membros da sua própria equipe e o próprio sueco implorarem pelo seu retorno. O representante sênior da Palestina simplesmente queria o direito de abrir a reunião com uma declaração positiva das suas próprias expectativas e as do presidente Arafat para a reunião. O parlamentar sueco disse para ele ficar em silêncio, afirmando que estava falando e que chamaria o cavalheiro palestino quando fosse a sua vez. O líder da delegação palestina insistiu no seu direito de fazer uma declaração de abertura, mas o sueco insistiu que ele estava comandando a reunião e decidiria quem falaria e quando. Foi um caso claro de mal-entendido cultural, mas um insulto é um insulto e o estrago estava feito. Esse palestino sênior, um senhor de idade que havia recebido orientação e permissão explícita do presidente da Palestina para participar dessa reunião, foi tratado como um aluno sendo repreendido pelo diretor da escola, e isso não era aceitável. Se isso tudo não tivesse acontecido durante um período tão violento, os resultados finais poderiam ter sido diferentes. O evento reforçou para mim algo que eu já entendia: o incidente não teria acontecido se eu e um colega palestino tivéssemos cofacilitado a reunião.

Os itens a seguir são lições que aprendi com anos de negociação, facilitação, observação e criação de propostas políticas na tentativa de promover a paz entre Israel e Palestina.

◊

Em conflitos prolongados não basta detalhar apenas o início do processo. É importante, talvez essencial, chegar a um acordo, pelo menos sobre os princípios de questões de status permanente ou de longo prazo.

A Declaração de Princípios Israelense-Palestina (DP) assinada em 13 de setembro de 1993 criava uma estrutura para o reconhecimento mútuo entre o Estado de Israel e a OLP. Esperava-se que o acordo daria a ambos os lados um sistema e o mecanismo para começar um processo de normalização, reconhecimento mútuo e confiança mútua, que, por sua vez, levaria a negociações futuras. A DP também listava as principais questões em disputa a serem resolvidas para se chegar a um *status* permanente entre os dois lados. A DP lidava com questões processuais para o curto prazo, enfocando itens de *status* temporário e deixando as questões fundamentais do conflito para fases posteriores.

Os dois lados adotaram o conceito *kissengeriano* de "ambiguidade construtiva" para "vender" os acordos para os seus próprios públicos. No processo, ambos os lados também puderam interpretar aquilo que consideravam acordos implícitos sobre o *status* final ou permanente que surgiria ao final do processo.

As questões mais importantes do conflito — isto é, fronteiras, Estado ou soberania palestina, Jerusalém, assentamentos israelenses, refugiados — foram totalmente excluídas das negociações iniciais. Elas foram deixadas de fora do acordo para serem trabalhadas em um momento posterior. Essas questões estão no centro do conflito. Não produzir sequer uma declaração de princípios sobre essas questões no início do processo significou que ambos os lados tiveram liberdade para desenvolver, entre seus próprios públicos, interpretações díspares de qual seria o resultado final. Em vez de aproximar suas posições na maioria das questões fundamentais, as diferenças de interpretação foram crescendo com o passar dos anos enquanto não se negociava o *status* final do acordo.

◊

As datas são sagradas, mas o desempenho também.

A DP estabeleceu um cronograma de implementação. O cronograma básico determinava que haveria um período interino de cinco anos e que as negociações sobre o *status* permanente "[começariam] assim que possível, mas não após o início do terceiro ano do período interino".

A DP também estabeleceu um cronograma para as eleições palestinas e as redistribuições ou retiradas de tropas israelenses dos territórios palestinos. O segundo acordo de Oslo criou um cronograma mais rígido para a implementação adicional de retiradas israelenses. No início de 1995, o primeiro-ministro Yitzhak Rabin, depois de uma série de ataques terroristas, garantiu ao Knesset israelense que datas sagradas não existem e que as redistribuições israelenses futuras não seriam implementadas de acordo com o cronograma estabelecido pelos acordos.

Daquele momento em diante, durante todo o processo de paz, os cronogramas de implementação dispostos nos acordos não foram honrados. Um processo de violação mútua dos acordos teve início à medida que cada lado começou a entender que não precisaria cumprir o prometido se o outro lado também não estivesse em conformidade com o acordo assinado.

O processo inteiro se baseava no entendimento que o outro lado cumpriria a sua parte do acordo dentro do prazo. A decisão unilateral por parte de Israel de violar o acordo sobre o cronograma de implementação levou os palestinos a violarem outros elementos do acordo. A decisão israelense se baseou na crença de que o esforço dos palestinos em combater o terrorismo não era sincero. Os palestinos argumentaram que a sua melhor arma contra o terrorismo é o avanço do processo de paz e a retirada israelense dos territórios, o que criou um ciclo vicioso e paradoxal de violações até o colapso final, nos últimos meses de 2000.

As negociações sobre o *status* permanente não começaram dentro do prazo. As retiradas israelenses não seguiram o cronograma. Ao mesmo tempo, a violência aumentou, a oposição se fortaleceu em ambos os lados e a violação dos acordos se tornou a norma do processo.

◊

A violência política não pode ser tolerada. O processo de Oslo foi marcado desde o início pela continuidade do terrorismo e da violência por parte dos palestinos.

Com a assinatura do acordo em setembro de 1993, o número de ataques despencou, mas nunca cessaram completamente. Além disso, durante o Purim de 1994, um terrorista judeu massacrou muçulmanos que estavam orando na Mesquita Ibrahimia, em Hebron. Em 1995, fomos testemunhas de diversos atos terroristas suicidas de fundamentalistas islâmicos que assassinaram israelenses de forma indiscriminada.

Esses atos de violência criaram uma situação impossível para os líderes políticos de ambos os lados que apoiavam o processo de paz. Não existe uma fórmula simples para o que os líderes devem fazer quando os seus cidadãos são mortos por terroristas que pretendem interromper um processo de paz. Parar o processo apenas recompensa quem recorre ao terror em busca exatamente desse resultado. O primeiro-ministro Rabin foi o primeiro a articular a política de que a luta contra o terror continuaria como se não houvesse negociações e que as negociações continuariam como se não houvesse terror. Além de concordar com essa fórmula básica, provavelmente dois elementos adicionais poderiam ser mencionados que nos ajudariam a aprender algumas lições.

Primeiro, foi um equívoco chamar as vítimas do terror de "baixas da paz". É errado: foram baixas de uma guerra ininterrupta, não da paz. A ideia de que essas vítimas do terrorismo sofreram devido a um processo de paz serviu apenas para fortalecer a oposição no processo de paz entre ambos os povos. Palavras são muito importantes e muito poderosas.

Segundo, em quase nenhum momento durante o processo de paz ambos os lados trabalharam honesta e sinceramente em equipe, como parceiros, para confrontar o problema do terrorismo e da oposição violenta ao processo de paz. Se ambos os lados tivessem trabalhado juntos no problema, em vez de trabalhar um contra o outro, é possível que os resultados pudessem ter sido mais positivos.

Os israelenses frequentemente culparam Arafat por não impedir o terrorismo que nasceu em áreas que não estavam sequer sob o seu controle de segurança, portanto, sob sua responsabilidade. Sem querer debater se Arafat foi ou não sincero na luta contra o terrorismo, a probabilidade de um esforço palestino real contra os seus próprios extremistas teria sido melhor com uma abordagem cooperativa do que com o antagonismo utilizado. Quanto mais Israel culpava a ANP, seus líderes e seus diretores de segurança por não conseguirem impedir o terrorismo, mais eles eram apresentados em sua própria mídia como agentes de Israel, pois, de súbito, respondiam à demanda israelense para a prisão de extremistas.

Sem dúvida alguma, os líderes de ambos os lados não souberam encontrar uma maneira positiva e eficaz de confrontar os "estraga-prazeres", os extremistas e os assassinos de ambos os lados. Não se trata de um problema que emergiu apenas no contexto Israel-Palestina –, é um problema que se tornou um dos riscos mais significativos aos processos de paz em todo o mundo.

Serviço de segurança nenhum seria capaz de dar uma garantia de 100% no mundo do terrorismo global. O elemento essencial a ser enfocado é a luta cooperativa no combate ao terrorismo e o esforço empreendido de ambos os lados. Aplicar padrões universais ao cumprimento das regras, incluindo a punição de quem as desrespeita, também é um elemento essencial da luta contra o terrorismo e da cooperação entre ambos os lados de um conflito. No contexto Israel-Palestina, isso significa utilizar o mesmo nível brutal de força consistente, dissuasão e aplicação a todos os terroristas, de ambos os lados do conflito, independentemente de nacionalidade.

◊

Conflitos prolongados nos quais não há confiança exigem mecanismos externos para confirmar a implementação dos acordos, garantir a conformidade e permitir a resolução externa de disputas.

Os acordos entre Israel e Palestina não tinham mecanismos externos para confirmar a implementação, garantir a conformidade e permitir a resolução de disputas. De acordo com a DP:

As disputas decorrentes da aplicação ou interpretação desta Declaração de Princípios, ou de quaisquer acordos subsequentes referentes ao período interino, serão resolvidas por negociações através da Comissão de Ligação Conjunta (JLC) a ser estabelecida. [...] Disputas que não puderem ser resolvidas por negociações poderão ser resolvidas por um mecanismo de conciliação a ser estabelecido por acordo entre as partes.

O que acontece quando os dois lados não conseguem concordar sobre como resolver as disputas ou interpretações díspares dos acordos? O que acontece quando os lados são incapazes de chegar a um acordo sobre o mecanismo de conciliação?

Foi exatamente o que aconteceu. Os dois lados violaram os acordos ou interpretaram as suas ou as obrigações do outro lado de maneiras diferentes, e então publicaram denúncias contra o outro lado. A JLC não conseguiu resolver as disputas, pois se tornou o fórum para um lado fazer alegações contra o outro — não para resolver a disputa, mas apenas para "marcar pontos".

Quando a pilha de violações ficou alta demais, a JLC deixou de funcionar, assim como a maioria das instituições conjuntas formadas pelos acordos. Não havia um mecanismo para determinar de forma justa quais alegações eram válidas e quais não eram. Não havia um mecanismo externo para ajudar os dois lados a entrar em conformidade com os compromissos que haviam firmado. Não havia um mecanismo externo que levasse à resolução das disputas. Por consequência, depois do processo de violação do acordo se tornar a norma para as partes, não sobrou praticamente nenhum valor para a assinatura de novos acordos.

Ainda assim, assinar novos acordos se tornou parte do processo. Esses acordos afirmavam principalmente que as partes implementariam os acordos que já haviam assinado. Pelo menos dois acordos formais assinados subsequentemente tinham como objetivo consertar os danos causados pelos acordos violados no passado — o Memorando de Wy River e o Acordo de Sharm el-Sheikh –, mas ambos também foram violados. Durante todo o processo, o fracasso na resolução de disputas que também emanava da falta de mecanismos externos levou a um colapso ainda maior da confiança mútua, o que limitou a capacidade de ambos os lados de continuar as negociações sobre as questões fundamentais.

Ao que parece, se os dois lados tivessem inventado mecanismos que envolvessem terceiros razoáveis para processos de confirmação da implementação, garantia de conformidade e resolução de disputas, as violações do acordo poderiam ter sido resolvidas desde o princípio e as disputas futuras teriam sido contidas e resolvidas. Deixar a confirmação, a conformidade e a resolução de disputas apenas para as duas partes do conflito sabotou o processo de dentro para fora.

◊

Os acordos devem ser mais explícitos possível.

Infelizmente, boa parte do Acordo de Oslo estava aberto para interpretações diversas e opostas. Vários dos melhores exemplos têm a ver com questões territoriais e sobre assentamentos. Os palestinos entenderam que, após a assinatura da DP, os israelenses interromperiam as atividades de construção de assentamentos na Cisjordânia, Faixa de Gaza e Jerusalém Oriental.

Os palestinos acreditavam que o acordo israelense em especificar que o processo se basearia na Resolução 242 do Conselho de Segurança da ONU, que o processo não prejudicaria o resultado dos acordos sobre *status* final, que os israelenses concordavam em mencionar a integridade dos territórios palestinos e que o Conselho Palestino teria autoridade sobre todas as áreas da Cisjordânia e de Gaza, "exceto segurança externa, assentamentos israelenses e relações exteriores", significava que Israel não construiria novos assentamentos e não expandiria os existentes. Entretanto, não foi o que aconteceu.

Os israelenses afirmaram que em nenhuma parte dos acordos constava que Israel concordava em interromper a construção de assentamentos. Israel afirmou também que a construção de novos assentamentos e desvios ou a expansão dos assentamentos existentes não prejudicavam o resultado dos acordos sobre *status* permanente, pois a construção destes não afetaria a possibilidade de eles permanecerem sob soberania israelense ou serem transferidos para a soberania palestina sob os termos do acordo. De acordo com a minuta dos acordos, Israel tem razão neste ponto.

Por outro lado, ninguém duvida que a continuidade da construção de assentamentos, do confisco de terras palestinas e da construção de desvios rodoviários foi um dos principais fatores que levou ao fim do processo de Oslo. Isso nos força a perguntar: Por que, então, os palestinos não exigiram uma referência explícita à interrupção de todos os projetos de construção de assentamentos no texto escrito do acordo?

Não seria difícil oferecer exemplos adicionais nos quais o linguajar não explícito utilizado pode ter possibilitado a assinatura do acordo, mas também tornou a sua implementação impossível.

◊

A paz deve compensar. A paz precisa de interessados. Houve muitas promessas de que a paz daria lucro

Shimon Peres falava de um novo Oriente Médio que prosperaria com os frutos da paz. Muito dinheiro foi destinado ao processo, com o estabelecimento de diversos projetos de desenvolvimento econômico e de infraestrutura em grande escala. Ao mesmo tempo, em resposta à continuidade do terrorismo, diversos governos israelenses impuseram novos sistemas de barreiras que limitaram o acesso dos palestinos a Israel e aos mercados israelenses.

O setor mais afetado foi o da exportação de mão de obra palestina para Israel. Os dados econômicos indicam que o prejuízo para a economia palestina foi igual ou até superior às doações totais destinadas para o processo. O resultado prático foi o encolhimento contínuo da economia palestina — com exceção de 1999-2000. O cidadão palestino médio se tornou mais pobre e a economia palestina sofreu prejuízos significativos depois de setembro de 1993. Em suma, os frutos da paz nunca foram servidos à mesa do cidadão palestino médio.

◊

*As mediadores devem estar sempre preparados para servir
de ponte entre as partes quando necessário.*

Durante a maior parte do processo de paz de Oslo, os norte-americanos foram vistos como uma espécie de mediador. Os negociadores israelenses e palestinos geralmente pediam que os norte-americanos atuassem como anfitriões, não como mediadores. Havia uma forte relutância em convidar os norte-americanos ou outras partes para que apresentassem propostas de conciliação. Os palestinos temiam que os norte-americanos estivessem propensos demais às posições israelenses, enquanto Israel temia intervenção demais por parte de terceiros. Assim, ambos os lados abriram mão dos papéis valiosos que mediadores de alta credibilidade poderiam desempenhar.

Processos de paz complexos e aferrados como o exemplo israelense-palestino exigem intervenção externa por parte de terceiros neutros e com credibilidade, preparados para usar a sua força política e econômica para sustentar suas propostas. O processo de paz teria se beneficiado muito da participação ativa de mediadores experientes e com credibilidade, preparados para apresentar propostas de conciliação.

◊

*Os processos de paz devem ser «civilizados», ou seja,
o papel das forças armadas deve ser reduzido*

Após a primeira fase das negociações, o processo de paz de Oslo foi controlado principalmente por oficiais militares e de segurança de ambos os lados. Com o passar do tempo, as forças militares e de segurança que controlam as relações entre os dois lados foram se tornando mais arraigadas e institucionalizadas. Todas as comissões e instituições conjuntas tinham participação das forças militares e de segurança em seus mais altos níveis.

A coordenação de questões civis entre Israel e os palestinos era controlada pelo gabinete do Coordenar de Questões Governamentais nos Territórios, um oficial militar com patente de general. Apesar do coordenador se vestir como um civil para as reuniões com os palestinos, era evidente que a IDF e o ministério da Defesa continuavam na linha de frente. O resultado é que o papel dos ministérios civis e dos seus representantes foi minimizado em prol dos militares.

Os militares normalmente não são treinados nas artes da paz. Em geral, eles não têm a sensibilidade necessária para transformar relações baseadas em conflito e hostilidade em relações de vizinhança pacíficas. A presença contínua e pesada dos militares também sinalizava para israelenses e palestinos que a dinâmica básica das suas relações não havia mudado depois da assinatura dos acordos do processo de paz. A ocupação militar simplesmente havia trocado de figurino, como disseram muitos civis israelenses e palestinos.

Havia fortes expectativas de que o processo de paz traria um fim à ocupação e à mentalidade de ocupação. Deveria ter havido uma decisão consciente de transferir toda a cooperação e coordenação para os ministérios civis, com exceção de questões de âmbito diretamente militar e de segurança. A coordenação de questões agrícolas deveria ter sido trabalhada pelos dois ministérios da Agricultura, do Turismo e assim por diante, sem uma presença militar para se sobrepor às decisões e definir o tom das interações.

◊

Criar relações pessoais é importante. Pode soar óbvio, mas ainda é algo que precisa ser afirmado explicitamente. A paz se baseia, antes de tudo, nas relações pessoais entre os indivíduos.

O processo de Oslo criou um mecanismo chamado de "patrulhas conjuntas". Em geral, as relações pessoais entre os soldados israelenses e palestinos não se desenvolveram. Os soldados de Israel andavam nos seus jipes, e os palestinos nos deles. Nem todos os oficiais das patrulhas conjuntas sabiam sequer os nomes dos seus colegas do outro lado, com os quais saíam para trabalhar todos os dias. Quando ocorriam crises e a violência eclodia, mesmo antes de setembro de 2000, em muitos casos, as patrulhas conjuntas entravam em colapso. Nos momentos em que eram mais necessárias, exatamente para as circunstâncias para as quais foram criadas, as patrulhas não funcionavam.

Havia exceções a essa regra, é claro. Os informes são que a patrulha conjunta que trabalhava na área de Jenin até setembro de 2000 continuou a funcionar durante todas as crises anteriores, mesmo quando as patrulhas conjuntas de outras áreas pararam. Um pesquisador que analisou o funcionamento das patrulhas conjuntas descobriu que os comandantes de ambos os lados da patrulha de Jenin haviam se tornado bons amigos. Eles visitavam as casas um do outro depois do expediente de trabalho e nos feriados. Suas famílias se conheciam e eles se gostavam. Quando ocorriam crises, eles se falavam pelo telefone. Eles conseguiam apresentar as reclamações entre eles e continuar a trabalhar juntos, de tal modo que eram muito mais eficazes.

◇

Contato contínuo entre os líderes é essencial.

Nunca houve uma linha direta entre o gabinete do primeiro-ministro de Israel e o presidente da ANP. A linha direta não é apenas a tecnologia de uma linha telefônica especial. É um conceito. Quando há uma emergência, acione o sistema e lide com a crise de forma rápida e direta. As crises fermentavam, se espalhavam, então explodiam. As partes deixavam que elas crescessem até o sofrimento ser "suficiente" ou até a comunidade internacional intervir e forçar os dois lados a dar fim à crise.

Mesmo durante o início dos eventos de setembro e outubro de 2000, não havia contato direto entre Ehud Barak e Yasser Arafat. No momento em que o contato direto poderia ter sido a forma mais poderosa possível para dar fim à crise e à violência, a sua resistência a entrar em contato, devida à total falta de confiança entre os dois, significou que os líderes basicamente preferiam expandir o conflito com as suas críticas mútuas ruidosas a superar a sua antipatia mútua e pensar nos interesses maiores de seus povos.

◊

*A educação para a paz deve ser levada a sério e
a incitação contra a paz deve ter fim*

Durante todos os anos do processo de paz de Oslo, a educação para a paz foi incrivelmente subvalorizada, ao mesmo tempo que a incitação contra a paz na mídia de ambos os lados e nos livros pedagógicos palestinos continuou e até cresceu.

A educação para a paz é uma parte essencial da pacificação. O desenvolvimento de ferramentas de educação para a paz, o treinamento de professores e garantia de que os materiais e os professores treinados chegarão às salas de aula merecem a mesma atenção que o processo de se chegar aos acordos.

Quando a ANP limitou e até impediu a participação de alunos e professores palestinos no programa de educação para a paz, uma luz vermelha gigante deveria ter se acendido para os decisores políticos, avisando-os de que o processo de paz em si estava em perigo.

◊

Os processos de paz também devem ocorrer de baixo para cima.

O processo de paz foi estruturado, em grande parte, como uma estratégia para se produzir paz entre Israel e os palestinos de cima para baixo. A estratégia se baseava em chegar a acordos políticos entre o governo de Israel e a OLP. A expectativa era que os acordos políticos entre os líderes alterariam significativamente a situação no mundo real e que ambos os lados apoiariam o processo quase que automaticamente.

Sem dar muita atenção à ideia, os dois lados anexaram ao acordo de Oslo II um apêndice pedindo a instituição de projetos interpessoais como forma de fortalecer a paz entre as duas populações. A comunidade internacional acolheu os acordos e a ideia de projetos interpessoais. Contudo, durante todos os anos do processo de paz, até setembro de 2000, estima-se que apenas 20-25 milhões de dólares tenham sido alocados a esse tipo de projeto. A avaliação final é que o processo interpessoal não foi levado a sério pelos doadores, pelo governo israelense e pela ANP, que não destinaram praticamente nenhum recurso a esse processo e o apoiaram politicamente apenas da boca para fora.

A maioria dos israelenses e dos palestinos nunca participou de um programa interpessoal. A maioria deles nunca sequer ouviu falar de programas e atividades interpessoais. Contudo, alguns programas interpessoais bem-sucedidos continuaram após o início da Intifada e existem até hoje.

Quando a violência estourou, a maioria dos doadores parou de apoiar esses projetos e esperou um tempo para avaliá-los. Exatamente quando eram mais necessários, esses recursos se tornaram mais inacessíveis.

No passado, as ONGs dos projetos interpessoais tiveram um papel significativo, pois mantiveram a viabilidade dos contatos entre os dois lados. Sem elas, hoje não haveria quase nenhum contato positivo entre israelenses e palestinos. Os governos e seus representantes precisam reconhecer o valor desses trabalhos e, quando voltarem às negociações, os dois lados deveriam investir muito mais energia e capacidade intelectual ao problema de como integrar o processo de pacificação de baixo para cima às suas estratégias gerais.

Por que a Iniciativa Kerry fracassou

Em 3 de março de 2013, o primeiro-ministro Netanyahu teve uma reunião conturbada com o presidente Obama em Washington. Netanyahu pressionou Obama em relação ao Irã, fazendo ameaças aos EUA caso não aumentassem as sanções contra o país, dizendo que Israel seria forçada a atacar as instalações nucleares iranianas, mesmo que fosse por conta própria. Netanyahu trazia consigo informações substanciais dos serviços de inteligência, demonstrando que o Irã havia investido em seu programa de enriquecimento de urânio e que o desenvolvimento do reator de plutônio de água pesada estava avançando rapidamente. Obama ficou furioso porque Netanyahu estava acusando os EUA de não levar a ameaça iraniana a sério e por não ter progredido nada na questão palestina, o que causava dores de cabeça para os norte-americanos em todo o mundo árabe e muçulmano. As relações estavam incrivelmente tensas.

Em 17 e 18 de março de 2013, outra rodada do P5+1[67] foi realizada junto com os iranianos. Nessa reunião, os Estados Unidos viram que a pressão das sanções contra o Irã estava funcionando e saiu com a opinião de que seria possível chegar a um acordo com a República Islâmica que a impediria de se tornar um Estado nuclear rebelde sem recorrer a agressões militares.

Imediatamente após a rodada do P5+1 em março, o presidente Obama fez uma visita tremendamente bem-sucedida a Israel. Obama foi recebido com a mesma simpatia e apoio que Clinton havia tido antes dele. Foi a primeira vez, desde que Obama tinha assumido o poder, que a população israelense

---

67. Membros do Conselho de Segurança da ONU: Estados Unidos, Rússia, China, Reino Unido e França, mais a Alemanha.

teve a sensação de que o presidente tinha afeição pelo Estado judaico. Até então, a maioria dos israelenses provavelmente havia aceitado a mentira, ou pelo menos considerava que ela poderia ter um fundo de verdade, de que Barack Hussein Obama seria secretamente muçulmano e guardava desprezo pelo Estado de Israel. As relações problemáticas entre Netanyahu e Obama foram demonstradas claramente em maio de 2009, durante uma reunião na Casa Branca, na qual Netanyahu deu uma lição no presidente norte-americano sobre história judaica.

Quando Obama visitou Israel em março de 2013, tive o privilégio de estar no Centro de Conferências de Jerusalém enquanto ele fazia o seu discurso para centenas de jovens israelenses. Obama queria falar diretamente com o povo de Israel. Seu discurso foi uma obra de mestre. Ele queria apelar ao povo de Israel para que confiasse nele e no seu desejo de ajudar o país a avançar na direção da paz com os palestinos. A seguir, reproduzo passagens do discurso que demonstram as suas tentativas de sensibilizar a alma e a psiquê israelenses:

Também sei que venho a Israel às vésperas de um dia sagrado, a celebração do Pessach. [...] Em alguns dias, os judeus aqui em Israel e em todo mundo se sentarão com suas famílias e amigos para o *sêder* e celebrarão com canções, vinho e pratos simbólicos. [...] Tenho orgulho de ter levado essa tradição à Casa Branca. Agi assim porque queria que minhas filhas conhecessem a Hagadá, a história no centro do Pessach que faz com que esta seja uma época do ano tão poderosa. [...] É uma história de séculos de escravidão, de anos vagando pelo deserto. Uma história de perseverança perante a perseguição, de fé em Deus e na Torá. É uma história sobre conquistar a liberdade na própria terra. [...] E é uma história que inspirou comunidades ao redor do mundo, incluindo eu e meus compatriotas.

Quando considero a segurança de Israel, penso em crianças como Osher Twito, que conheci em Sderot — crianças da mesma idade que as minhas próprias filhas, que vão para a cama temendo que um foguete estoure no seu quarto simplesmente por serem quem são e morarem onde moram. É por isso que investimos no sistema da Cúpula de Ferro, para salvar inúmeras vidas, pois essas crianças merecem dormir melhor à noite. É por isso que deixamos claro, várias e várias vezes, que Israel não pode aceitar os ataques com foguetes de Gaza, e demos nosso apoio ao direito de Israel de se defender. E é por isso que Israel tem o direito de esperar que o Hamas renuncie à violência e reconheça o direito de Israel de existir. [...] Quando considero a segurança de Israel, penso em um povo que ainda tem o Holocausto na memória dos sobreviventes, enfrentando a possibilidade de um governo iraniano com armas nucleares que conclama a destruição de Israel. Não é por acaso que os israelenses veem nisso uma ameaça existencial. Mas não é simplesmente um desafio para Israel — é um perigo para o mundo todo, incluindo os Estados Unidos. [...] É por isso que os EUA formaram uma coalizão para aumentar o custo para o Irã por não cumprir suas obrigações. [...] Como presidente, já disse para o mundo que não descartamos nenhuma opção para atingir os nossos objetivos. Os Estados Unidos farão o que for preciso para impedir que o Irã obtenha armas nucleares. [...]

O direito à autodeterminação e justiça do povo palestino também precisa ser reconhecido. Coloquem-se no lugar deles, enxerguem o mundo pelos olhos deles. Não é justo que uma criança palestina não possa crescer no seu próprio Estado e viva com a presença de um exército estrangeiro que controla os movimentos dos seus pais todos os dias. Não é justo que a violência dos colonos contra os palestinos não seja punida. [...] Apenas vocês podem determinar em que tipo de democracia querem viver. Mas enquanto tomam essas decisões, lembrem-se que não definirão o futuro da sua relação com os palestinos — vocês definirão também o futuro de Israel.

Serão necessárias negociações, mas não é segredo aonde elas devem chegar: dois Estados para dois povos. Haverá diferenças sobre como chegar lá, bem como decisões difíceis pelo caminho. Os Estados árabes devem se adaptar a um mundo que mudou. [...] É chegado o momento do mundo árabe avançar em direção a relações normalizadas com Israel. Enquanto isso, os palestinos devem reconhecer que Israel será um Estado judaico e que os israelenses têm o direito de insistir na própria segurança. Os israelenses devem reconhecer que a atividade contínua de assentamento é contraproducente para a causa da paz e que uma Palestina independente precisa ser viável — que fronteiras reais serão demarcadas.

Com base na visita bem-sucedida de Obama e no tempo que ele e Netanyahu passaram juntos, foi formada uma aliança

de entendimento entre os dois líderes. Obama foi embora de Israel apenas depois de preparar um acordo entre os israelenses e a Turquia e, acima de tudo, uma estrutura de entendimento sobre as duas questões críticas enfrentadas por ambos os lados: para Israel, o Irã; para os Estados Unidos, a Palestina.

Netanyahu apresentou quatro exigências: que o Irã parasse de enriquecer urânio; que os seus estoques de urânio enriquecido fossem removidos do país; que uma instalação subterrânea fortificada de enriquecimento fosse fechada; e que o Irã não fabricasse plutônio, outro caminho possível para a produção de armas nucleares. Obama exigiu que Netanyahu concordasse em renovar o processo de paz com os palestinos. O presidente escolheu o secretário de Estado John Kerry para assumir o comando e criar um plano para o futuro ao lado de Netanyahu.

Em retorno, Obama ofereceu o seu próprio apoio e carinho para o povo de Israel e até para o primeiro-ministro Netanyahu. Foi durante as reuniões privadas entre Obama e Netanyahu que os dois firmaram um acordo. Obama prometeu a Netanyahu que os Estados Unidos garantiriam que o Irã não se tornaria um Estado rebelde, com a capacidade de obter armas nucleares em questão de meses. Em troca, Netanyahu produziria um acordo com os palestinos que levaria ao fim da ocupação e à independência da Palestina. Obama prometeu a Netanyahu que, se necessário, os Estados Unidos estariam preparados para usar força militar contra o Irã.

O acordo selado entre Obama e Netanyahu foi finalizado em 27 e 28 de junho, durante uma reunião de quatro horas na residência do primeiro-ministro em Jerusalém, e que adentrou a madrugada. John Kerry estava presente, não Obama, mas o presidente participou por telefone a noite inteira. O acordo seria o Irã pela Palestina! Obama prometeu a Netanyahu que o Irã não se tornaria um Estado nuclear limiar, com a capacidade de construir uma bomba em menos de um ano. Netanyahu prometeu a Obama que negociaria seriamente a criação de um Estado palestino ao lado de Israel. Obama prometeu aumentar os subsídios militares, incluindo mais investimentos nos sistemas de defesa antifoguetes de Israel, e fortalecer a cooperação de inteligência que abrange toda a região, incluindo o Irã. Kerry prometeu que tentaria firmar um acordo nos nove meses seguintes.

As negociações oficiais entre israelenses e palestinos começaram em 29 de julho de 2013, um mês após a troca do Irã pela Palestina.

É aí que entra o secretário de Estado John Kerry, que precisava trazer os palestinos à mesa e começava a montar a sua estratégia de negociação de nove meses — baseada no entendimento entre Obama e Netanyahu de trocar o Irã pela Palestina. Mas os palestinos não são uma promessa fácil de cumprir. Eles exigiram a famosa libertação de todos os prisioneiros palestinos restantes, cerca de cento e quatro pessoas, presos desde antes de Oslo em 1993, e o congelamento da construção de todos os assentamentos antes mesmo de considerarem sua participação. Kerry não aceitou o fim da construção de assentamentos, sabendo que Netanyahu não concordaria com isso e que, na última vez que isso aconteceu, os palestinos não acreditaram que a construção havia parado. Israel realmente continuou a construir em Jerusalém Oriental e os palestinos só foram à mesa de negociação depois de nove dos dez meses de interrupção das construções. Ele tentou oferecer-lhes mais auxílio econômico dos EUA, que aceitaram alegremente, mas se recusaram a avançar sem a libertação dos prisioneiros. Assim, Kerry conseguiu convencer Netanyahu a concordar — com os EUA, não com os palestinos — que Israel liberaria todos os prisioneiros pré-Oslo com base no progresso do diálogo entre os dois lados. A questão dos prisioneiros árabe-israelenses não era totalmente conhecida a essa altura e somente se tornou problemática quando veio a público que quatorze dos cento e quatro prisioneiros possuíam cidadania israelense. O importante aqui é que Netanyahu prometeu para os americanos, não para os palestinos, que libertaria os prisioneiros.

Kerry começou a fazer uma série de visitas à região. No início, ele tentou convencer Abbas e Netanyahu a conduzir um número de reuniões diretas. Netanyahu se recusou a se reunir diretamente com Abbas, mas concordou que uma equipe de Tzipi Livni e Yitzhak Molcho, este seu amigo e advogado pessoal, conduziriam negociações diretas com uma equipe palestina liderada pelo dr. Saeb Arikat. Foi decidido que as negociações durariam no mínimo nove meses e seriam negociações israelenses-palestinas diretas, com mediação e facilitação por parte dos americanos.

Os diálogos entre Israel, Palestina e EUA tiveram início em julho de 2013. Delegações dos três países se sentaram à mesa. De julho a meados de novembro, parecia que elas estavam de fato avançando. Pelas minhas conversas com as pessoas dos três lados na época, a atmosfera era positiva e construtiva. Fui informado de que todas as questões fundamentais estavam sendo negociadas: fronteiras, Jerusalém, segurança e refugiados. Os israelenses e os palestinos estavam apresentando novas ideias e os americanos já estavam produzindo propostas de conciliação. Os dois lados também permaneceram comprometidos com a exigência norte-americana de que ninguém vazasse nada para a imprensa e que apenas os EUA informariam a mídia.

Durante esse período, comentei na minha coluna e em palestras que o fato de as reuniões continuarem (eles viviam marcando reuniões adicionais, algo que não traz garantias, pois qualquer item a mais poderia cessar os diálogos) e de a política de não vazamento estar sendo respeitada me deixavam otimista, no sentido de que as negociações estavam mesmo progredindo. Esse também era o boato que circulava entre analistas e especialistas.

Por todas as histórias que ouvi pessoalmente de membros da equipe de negociação, as conversas eram mesmo bastante sérias. Um membro da equipe norte-americana me pediu para apresentar recomendações, o que eu fiz de forma regular. Também apresentei minhas recomendações para as equipes israelense e palestina. Escrevi dezenas de páginas de recomendações que, segundo me informaram, foram bem recebidas, sendo que muitas delas foram adotadas ou apoiadas.

A essa altura, eu estava bastante otimista com as negociações. As informações que estava recebendo eram bastante positivas. Apesar das declarações oficiais de Saeb Arikat de que o progresso até então era mínimo, eu estava ouvindo o contrário dos israelenses e dos norte-americanos. Para reforçar essa sensação positiva, ocorreram as três ondas de libertação de prisioneiros pré-Oslo. Apesar dos protestos da população em Israel e da pressão pública significativa contra Netanyahu e o governo para não libertá-los, o primeiro-ministro se ateve ao cronograma e libertou dezenas de palestinos que haviam sido condenados por terrorismo e pela morte de israelenses. Ninguém do lado israelense se deu ao trabalho de informar a população de que eles estavam sendo soltos como parte de promessas anteriores que haviam sido violadas. Em vez disso, a população israelense foi convencida de que os prisioneiros estavam sendo soltos como forma de adiantamento ou chantagem, simplesmente para convencer Abbas a participar. Se soltar assassinos é o preço das negociações, muitos israelenses eram contra as negociações. Foi essa também a mensagem que Netanyahu comunicou à população. Líderes importantes de Israel, como Netanyahu, Lierberman e Yaalon, o ministro da Defesa, deixaram claro que Abbas somente continuaria a participar das negociações se os prisioneiros fossem soltos. Netanyahu disse que os prisioneiros só seriam libertados se os palestinos levassem a sério as negociações.

Em 4 de novembro de 2013, o P5+1 chegou a um acordo provisório com o Irã. Netanyahu ficou furioso, pois acreditava que o acordo nuclear temporário assinado com o Irã legitimava a República Islâmica sem nenhum motivo. "O Irã não deu praticamente nada, mas ganhou legitimidade internacional", Netanyahu afirmou.

De acordo com Netanyahu, o acordo provisório atrasava o programa nuclear de Teerã em apenas quatro semanas, enquanto a República Islâmica continuava a desenvolver centrífugas mais eficazes, que permitiriam a construção mais rápida de uma bomba. Da perspectiva de Netanyahu, o acordo que fizera com Obama, Irã por Palestina, fora violado pelo presidente americano. Netanyahu se sentia traído por Washington e também acreditava que não precisaria mais cumprir o acordo de trocar o Irã pela Palestina.

Netanyahu atacou pública e ferozmente o acordo provisório de Genebra com o Irã, que chamou de "erro histórico", e afirmou imediatamente que Israel não se considerava obrigado por ele. Netanyahu e outros membros do governo israelense acusaram Obama de ter traído Israel. Representantes do governo em Jerusalém atacaram Obama diversas vezes por ter comandado um processo de negociação fracassado com o Irã, sob o qual a busca do país por armas nucleares não seria contida, ao mesmo tempo que a pressão das sanções contra o país entrava em colapso. Segundo Netanyahu:

> O que se assinou ontem em Genebra não foi um acordo histórico, foi um *erro histórico*. Hoje, o mundo se torna um lugar muito mais perigoso, pois o regime mais perigoso do mundo deu um passo significativo na direção para obter a arma mais perigosa do mundo. Esse acordo e tudo que representa coloca diversos países em risco, incluindo, obviamente, Israel. Israel não é obrigado a nada por esse acordo. O regime iraniano está comprometido com a destruição de Israel e Israel tem o direito e a obrigação de se defender, sozinho, contra qualquer ameaça. Na posição de primeiro-ministro de Israel, gostaria de deixar claro que Israel não permitirá que o Irã desenvolva capacidade nuclear militar.

Em um pronunciamento para a imprensa estrangeira alguns dias depois, Netanyahu acrescentou que Israel tinha o direito e a obrigação de dizer a seus aliados que não estava de acordo com eles:

— Israel tem muitos amigos e aliados, mas quando estão enganados, é meu dever e minha obrigação lhes dizer.

Sentindo-se traído pelo presidente Obama, o primeiro-ministro Netanyahu considerou que não era mais obrigado a cumprir o seu lado do acordo interino. Do final de novembro de 2013 ao fim dos nove meses em 29 de abril de 2014, as negociações trilaterais basicamente terminaram. Daquele ponto em diante, a equipe de negociação americana comandada pelo embaixador Martin Indyk passou das negociações diretas, com os negociadores israelenses, palestinos e americanos, todos reunidos na mesma sala, para a chamada *shuttle diplomacy*, a "diplomacia de traslado", na qual os mediadores americanos ficavam indo e voltando entre Jerusalém e Ramallah e se reuniam com cada delegação em separado. Neste ponto, as negociações perderam a sua energia e todos os lados perderam a sua motivação interna para produzir propostas conciliatórias. O público israelense foi ficando cada vez mais enfurecido com a ideia de que palestinos que haviam assassinado israelenses estavam sendo soltos para que as negociações pudessem acontecer. O público e a mídia, vendo o fim das negociações direitas e o vai-e-vem de Indyk com as visitas frequentes de Kerry à região, perderam a mínima esperança que tinham de que seria possível chegar a um acordo.

Durante essa fase e nos meses até o prazo no final de abril, Kerry e Indyk passavam mais de dois terços do seu tempo com Netanyahu e menos de um terço com Abu Mazen. Era evidente que os americanos estavam tentando forçar Netanyahu a demonstrar mais flexibilidade para que fosse possível apresentar ao menos um acordo básico — muito menos do que o esperado no início dos diálogos.

A hostilidade crescente entre Netanyahu e Obama, alicerçada na insatisfação israelense com o acordo provisório com o Irã, acabou com as negociações entre Israel e Palestina muito antes do seu fim em 29 de abril de 2014. Os americanos tentaram convencer Netanyahu que o acordo provisório com o Irã estava funcionando. Eles disseram que o Irã havia desacelerado o seu programa de enriquecimento e enfatizaram que o regime de inspeções implementado, que é independente da conformidade iraniana, daria aos inspetores internacionais total liberdade para verificar a conformidade do Irã em todo o país sem aviso prévio. Eles afirmaram que o regime de inspeção bem-sucedido garantiria a implementação das cláusulas do acordo final por parte do Irã. Mas Obama não conseguiu convencer Netanyahu.

As negociações terminaram depois de nove meses, sem chegar a um acordo. Os palestinos começaram a sua ofensiva diplomática internacional de entrar em convenções e organizações internacionais, incluindo o Estatuto de Roma para participar do TPI, como Estado da Palestina. Desde então, até a finalização deste livro, as negociações entre israelenses e palestinos não haviam voltado a ocorrer.

Um plano para substituir o governo Netanyahu

Tentei me encontrar com Netanyahu depois de finalizar a troca por Schalit em outubro de 2011. Fui informado que seria convidado para visitar o gabinete do primeiro-ministro. O convite nunca apareceu. David Meidan, o oficial do Mossad com quem havia trabalhado no canal secreto para negociar a troca, me informou que alguém no gabinete de Netanyahu havia rejeitado o convite à minha participação. Com isso, em 26 de outubro de 2011, oito dias depois que Gilad Schalit voltou para casa, recebi uma carta de agradecimento de Netanyahu.

Quando o meu livro sobre as negociações foi publicado em hebraico, levei um exemplar ao Knesset na esperança de entregá-lo a Netanyahu. Na galeria VIP do Knesset, vi que Netanyahu estava a cerca de 50 metros de mim. Gil Sheffer, seu chefe de gabinete, estava sentado à minha frente na galeria VIP, no outro lado do plenário do Knesset. Mandei um SMS para ele, informando onde estava e que queria entregar o meu livro para o primeiro-ministro. Vi ele olhar para o seu telefone e ler a minha mensagem. Vi ele erguer os olhos para mim e então continuar a me ignorar. Depois, mandei uma mensagem para Liran Dan, o porta-voz de Netanyahu, informando-lhe que estava no Knesset e que queria dar o meu livro ao seu chefe. Ele me explicou que, por diversos motivos, o livro precisaria ser mandado para o gabinete do primeiro-ministro e que assim chegaria nas mãos de Netanyahu. Respondi que, na minha experiência pessoal, o livro nunca chegaria às mãos do primeiro-ministro. Ele me pediu então para entregar o livro no gabinete do primeiro-ministro e colocar o seu nome nele, prometendo que o entregaria pessoalmente ao primeiro-ministro. Por fim, ele me disse que tentaria arranjar para que Netanyahu me saudasse quando saísse do plenário e fosse para o seu escritório no edifício do Knesset.

Vi Netanyahu se levantar para sair e desci da galeria VIP. No andar de baixo, vi-o posando para fotos com alguns convidados. Liran Dan me achou e pediu que eu esperasse alguns minutos. A seguir, ele cochichou algo para Gil Sheffer, que estava ao lado de Netanyahu. Sheffer, por sua vez, cochichou no ouvido do primeiro-ministro. Vi Netanyahu me olhar de canto, balançar a cabeça negativamente e então ir para o escritório com o seu chefe de gabinete e a equipe de segurança. Liran Dan veio até mim para pedir desculpas.

Após aceitar o fato de que Netanyahu havia recusado pelo menos três ofertas de Abu Mazen para participar de um canal secreto direto para negociações genuínas através da proposta que entreguei a ele por meio do seu assessor de segurança nacional, o ministro Dan Meridor, e por fax direto para o seu escritório, finalmente entendi que Netanyahu não iria se transformar no grande estadista que poderia ter sido. Como diz o ditado, em vez de fazer história, Netanyahu escolheu virar história. Passei os próximos meses frustrado, sem uma estratégia para ajudar a promover a paz. Os americanos fracassaram horrivelmente com a iniciativa Kerry, presos nos mesmos padrões e ameaças que lhes atrapalharam no passado. Kerry acabou por aceitar a maioria das posições israelenses e tentou forçar os palestinos a aceitá-las. Abu Mazen disse que ficou boquiaberto quando leu o plano de Kerry na sua reunião com ele em Paris, em fevereiro de 2014. Em vez de apresentarem propostas de conciliação e concessões de verdade, os americanos pareciam ter cedido à pressão israelense e depois a aplicado aos palestinos, que mais uma vez foram retratados como os rejeicionistas da história.

A equipe americana, liderada por Martin Indyk, afirma que Kerry apresentou outro documento para Abbas em abril de 2014, refletindo a adoção de propostas mais conciliatórias, que acreditavam ser mais aceitáveis para os palestinos. De acordo com os americanos, Abbas nunca o respondeu. Meu entendimento é que os americanos decidiram se focar em um documento de princípios de cinco questões: fronteiras, segurança, refugiados, Jerusalém e reconhecimento mútuo. Fui informado por um membro da equipe americana que eles haviam obtido acordo em dois dos cinco, as fronteiras e mais um. Tenho muita dificuldade para aceitar essa afirmação. Um acordo sobre as fronteiras significaria que Netanyahu aceitara que os palestinos tivessem um Estado com 22% das terras entre o rio e o mar — com uma anexação israelense significativa, grande o suficiente para deixar a maioria dos colonos onde estão e uma troca territorial igualitária de terras no lado israelense da fronteira. Não acredito que Netanyahu teria concordado. As partes concordaram, segundo a minha fonte americana, que o documento de Kerry não seria publicado nem vazado, então não temos como saber qual era o seu conteúdo de fato. Surpreendentemente, o documento ainda não vazou mesmo.

Uma nova estratégia começou a surgir na minha mente após um pequeno jantar na casa de Alice Krieger, em Tel Aviv. Muitos anos atrás, Alice trabalhou para Ariel Sharon e também angariou doações para o Fundo Nacional Judaico no Reino Unido antes de se mudar para Israel. Alice organiza jantares para israelenses que lhe são interessantes com membros da comunidade diplomática às sextas-feiras. No jantar de 3 de abril de 2014, fui convidado junto com os representantes das embaixadas egípcia e jordaniana em Tel Aviv. Alice me colocou sentado ao lado de Yitzhak "Buji" Herzog, líder do Partido Trabalhista e da oposição israelense no Knesset. Durante todo o jantar, escutei Herzog atenciosamente e observei todas as suas interações com os outros convidados. Conversei com ele pessoalmente sobre algumas das minhas tentativas em reunir Netanyahu e Abu Mazen. No dia seguinte, enviei uma mensagem de texto dizendo que ele havia me deixado muito impressionado. Começamos a trocar mensagens regularmente depois disso. Em 7 de abril de 2014, mandei a seguinte mensagem:

Agora está claro que Abu Mazen sugeriu uma reunião secreta com o primeiro-ministro e que é Netanyahu que se recusa. O primeiro-ministro exige que Abbas retire as cartas que assinou para participar de quinze convenções e organizações internacionais. Isso não vai acontecer. Agora enfrentamos mais passos unilaterais de ambos os lados. As negociações sob mediação americana estão esvaziadas de conteúdo e os EUA adotaram a maioria das posições israelenses. Eles demonstraram que não são mediadores imparciais. Isso não levará a um acordo e você sabe que palestino nenhum aceitaria um Estado sob controle israelense sobre suas fronteiras externas e sem capital em Jerusalém. O primeiro-ministro está provando que não é o líder que fará história. É uma pena, mas devemos enfrentar a realidade de que precisamos encontrar um caminho diferente para levar Israel à segurança. Tinha esperança de que meus colegas no campo pré-paz estivessem errados em não apoiar as negociações sob Kerry, mas admito que quem errou fui eu. Chegou o momento de consertar isso.

Herzog respondeu que apoiaria uma reunião secreta entre Netanyahu e Abbas, mas no final completou com o seguinte: "Uma coisa é certa: Bibi[68] não consegue". Em 29 de maio de 2014, sugeri a Herzog que ele e talvez Tzipi Livni poderiam iniciar uma comunicação direta secreta com Abu Mazen para tentar produzir um acordo, o que provaria que Netanyahu, não Abbas, é o verdadeiro obstáculo. Depois, enviei a seguinte mensagem de texto em 30 de maio de 2014:

Shabbat shalom. Quando propus que você iniciasse um canal secreto direto com Abu Mazen com o objetivo de chegar a um acordo sobre o *status* permanente, sabia que era uma ideia totalmente radical e que implicava em alguns riscos políticos, mas como estamos falando de salvar o país, também precisamos considerar planos como esse, mesmo quando envolvem riscos. Se você conseguisse chegar a um acordo com Abu Mazen, mesmo um acordo sobre princípios, seria o suficiente para levá-lo ao povo e dizer que o verdadeiro obstáculo à paz é Binyamin Netanyahu. E então, precisamos convocar novas eleições, precisamos de uma ação desse nível, pois estamos em um momento de emergência. Estou preparado para perguntar a Abu Mazen se ele daria luz verde a esse plano.

Herzog me disse que poderíamos nos reunir para conversar sobre a ideia. Herzog saiu de férias em seguida, então demora-

---

68. Apelido de Binyamin Netanyahu.

mos mais algumas semanas para marcar uma reunião. Em 14 de junho de 2014, tive uma longa conversa com o dr. Mahmoud al-Habbash, ministro para Assuntos Religiosos e amigo pessoal de Abbas. Eu cultivava um relacionamento com Habbash desde que nos conhecemos no final de 2011. Ele havia organizado todas as minhas reuniões privadas com Abu Mazen e ele participava delas. Encontrava-me com Habbash no seu escritório em Ramallah regularmente e conversávamos várias vezes por semana pelo Facebook. Desenvolvemos uma relação de confiança. Falávamos principalmente sobre o beco sem saída das negociações dos americanos e compartilhávamos da opinião que Abu Mazen havia oferecido concessões significativas aos americanos, que por sua vez papagaiaram posições israelenses que Abu Mazen não tinha como aceitar. Concordamos que, com Netanyahu no poder, seria praticamente impossível chegar a um acordo.

O dr. Habbash e eu passamos bastante tempo discutindo os elementos do conflito. Para mim, era importante até onde ele — e, mais importante, Abu Mazen — estaria disposto a ir para chegar a um acordo com Herzog em todas as questões principais. Falamos de tudo: Jerusalém, fronteiras, refugiados, assentamentos, segurança, relações econômicas, reconhecimento do Estado judeu, educação, e até sobre questões de religião, Islã, *sharia*[69] e judaísmo. Em todos os momentos da nossa conversa, perguntei se as opiniões que ele estava apresentando também refletiam as de Abu Mazen. Foi um processo longo, pois, quando nos conhecemos e ele me levou para conversar várias vezes com Abu Mazen, sugeri a ideia de um canal secreto direto entre Abu Mazen e Netanyahu. O primeiro-ministro israelense obviamente rejeitou todas essas ofertas, mas, no processo, tive a oportunidade de conhecer as posições de Abu Mazen em detalhes. Quando Abu Mazen concordou em estabelecer um canal direto secreto com Netanyahu, minha esperança era de que as negociações seriam

---

69. É a legislação islâmica. Também grafada *xariá*, *xária*, *shariah*, *shari'a* ou *syariah*. [N. E.]

conduzidas por Habbash no lado palestino e por David Meidan no israelense. David gostava da ideia e eu até organizei uma reunião entre ele e Habbash, que ocorreu no hotel Rei Davi, em março de 2013. Conversamos em árabe por duas horas sobre todas as questões e sobre a ideia de um canal direto secreto. Saí muito otimista da reunião, mas me decepcionei quando ficou evidente que Netanyahu não estava interessado e David hesitava em tentar convencer Netanyahu a aceitar a ideia.

Em 30 de junho de 2014, decidi fazer um teste e apresentei a ideia de um canal secreto entre Herzog e Habbash. Ele concordou imediatamente e disse que levaria a ideia a Abu Mazen e que tinha certeza de que ele concordaria também. Na mesma noite, ele me informou que Abu Mazen estava de acordo. Abu Mazen achava que seria possível chegar a um acordo com Herzog. Ele entendia os riscos políticos, mas achava que valeria a pena tentar, pois o progresso com Netanyahu havia sido nulo, e a situação só poderia piorar. Era o momento de insistir com Herzog.

Finalmente me reuni com Herzog no Knesset em 9 de julho de 2014. A sua atitude era de cautela e hesitação. Ele precisava de tempo para pensar. Não estava convencido de que Abu Mazen estava mesmo pronto para chegar a um acordo. Ele acreditava, como diz o mito, que Israel já lhe havia oferecido tudo que era possível, e que rejeitara a oferta. A opinião dominante em Israel, dentro e fora dos círculos do poder, é que Abu Mazen não é capaz de assinar um acordo. Os motivos por trás dessa suposta falta de capacidade ou desejo de assinar acordos são o seu medo de fazer uma concessão real em relação ao direito de retorno dos refugiados palestinos, também o fato de muitos analistas israelenses estarem convencidos de que os palestinos não estão realmente interessados em ter um Estado. Esses indivíduos afirmam que os palestinos se sentem muito mais confortáveis em um estado de vitimismo do que se tivessem que assumir responsabilidade por construir e governar um Estado de verdade.

A ideia está errada em todos os aspectos. Abu Mazen não pode abrir mão do direito de retorno. Isso está correto. O equívoco dessa posição é que quando os palestinos dizem que nenhum líder da Palestina tem o direito de abrir mão do direito de retorno, é porque esse direito não é coletivo, é individual. Abu Mazen abriu o direito de retorno para si mesmo. Foi na rede de TV nacional israelense, em 2 de novembro de 2012, quando disse:

— Quero ver Safad. É meu direito vê-la. Mas não é meu direito morar lá.

Abu Mazen não abriu e não pode abrir mão do direito de retorno para todos os refugiados palestinos e os seus descendentes. A posição palestina sobre os refugiados é que todos os indivíduos devem ter o direito de tomar a própria decisão. Herzog e muitos outros israelenses acreditam que a rejeição palestina das ofertas israelenses até o momento sinaliza que eles não querem um Estado. Isso reflete a falta de compreensão sobre os fatos relativos às ofertas israelenses, que foram inferiores ao que qualquer líder palestino poderia aceitar. Em vez de aceitar e entender os defeitos das propostas de Israel, muitos israelenses buscam colocar toda a culpa nos palestinos por não haver um acordo. Ainda afirmo que é possível chegar a um acordo em que os palestinos se mostrem preparados para enfrentar o desafio de ter um Estado próprio.

Muitos israelenses também afirmam que o líder palestino nunca concordará em dar fim ao conflito e parar com as reivindicações. Ouvi Abbas afirmar explicitamente, em público, e a portas fechadas, que um acordo total com Israel significaria o fim do conflito e o fim das reivindicações.

Para avançar as negociações entre Herzog e Abbas, o primeiro pediu uma reunião privada com o palestino. Falei imediatamente com Habbash, que falou com Abbas. Abbas sugeriu que Herzog se reunisse primeiro com Habbash e preparasse uma reunião entre ele e Abbas. Propus que ambos viessem à minha casa, em Jerusalém. A reunião ocorreu em 2 de setembro de 2014.

A reunião na minha casa foi totalmente honesta. Ambos os participantes tentaram avaliar a seriedade do outro e se haveria ou não uma chance real de chegar a um acordo entre Herzog e Abbas. Afirmei para ambos na minha declaração inicial que o que estava em jogo ali era todo o futuro de Israel e da Palestina. Se Abbas e Herzog pudessem chegar a um acordo, ele poderia fazer história. Seria algo que Herzog poderia usar para demonstrar que existe um parceiro palestino para a paz, e que o obstáculo principal para a paz era Netanyahu. Antes da reunião, imprimi uma cópia do acordo que eu havia preparado para Martin Indyk e toda a equipe de Kerry meses antes. Nunca havíamos entrado em tantos detalhes, mas eles levaram o meu documento consigo. Habbash e Herzog tinham uma boa química.

Habbash garantiu a Herzog que Abbas queria muito chegar a um acordo negociado com Israel que desse fim ao conflito e a todas as reivindicações. Habbash disse que organizaria a reunião com Abbas. Eu lhes disse que sairia de férias em breve e então pedi que a reunião fosse adiada até que eu voltasse. Eles não concordaram. Herzog queria se reunir com Abbas assim que possível, mas também me disse que queria encontrar alguém de confiança para representá-lo nas reuniões com quem Abbas selecionasse para conduzir as negociações. Ele precisava de tempo para pensar e escolher a pessoa certa. Herzog também me disse que me mandaria uma cópia do plano de paz que havia preparado, e então o recebi no mesmo dia.

Em 5 de setembro de 2014, Herzog se reuniu com Abbas em Ramallah. Abbas reiterou a sua posição de que israelenses e palestinos deveriam voltar às negociações principalmente para determinar, com um cronograma estrito, as fronteiras do futuro Estado independente da Palestina. De acordo com a mídia, Abbas declarou: "chegou o momento de Israel determinar como imagina que serão as fronteiras do Estado da Palestina". Herzog disse a Abbas que o líder palestino deveria evitar medidas unilaterais que pudessem prejudicar a possibilidade de um diálogo diplomático. Herzog também afirmou o seguinte para a imprensa após a sua reunião:

Temos um parceiro disposto a se esforçar pela paz e dar passos corajosos e originais em relação às questões fundamentais.

O que não foi noticiado é que Herzog e Abbas concordaram em tentar chegar a um acordo negociado entre eles por meio de um canal direto secreto. Eles concordaram que ambos escolheriam uma pessoa para representá-los. Ninguém além dos líderes, dos dois emissários e eu saberia sobre esse canal. Concordou-se que ele seria mantido em segredo absoluto. Abbas escolheu Habbash como seu representante, e eu torcia para que isso acontecesse. Herzog pediu tempo para pensar sobre quem gostaria de ter como seu representante. Durante as minhas férias, Habbash me contatou e disse que iria se reunir com o dr. Ephraim Sneh, que atuaria como representante de Herzog. Sneh era uma boa escolha: moderado, com conhecimento profundo da situação, experiência em negociações secretas com palestinos e com os quais sabia estabelecer acordos. Sneh tinha um longo histórico de cargos no alto escalão militar e havia sido vice-ministro da Defesa no governo Barak.

Contatei Sneh e pedi para nos encontrarmos. Reuni-me com Sneh e conversamos sobre o sistema geral e os problemas. Apresentei uma cópia do tratado de paz que escrevi para Martin Indyk. Durante a nossa conversa, ficou claro que Sneh e eu concordávamos sobre a maioria das questões. Tive certeza que Sneh foi uma boa escolha. Disse a Habbash que Sneh era um "gavião" na segurança e uma "pomba" na política. Enfatizei a importância de primeiro trabalhar as questões de segurança para conquistar a sua confiança. Disse a Habbash que acreditava que a melhor abordagem seria destacar a importância de operações de comando e controle conjuntas entre israelenses e palestinos e dar menos ênfase ao plano usado pelos palestinos até o momento, de depender de forças externas, como a OTAN. Sabia que Sneh não acreditava que terceiros poderiam jamais fazer com que Israel abandonasse suas percepções sobre ameaças ou a sua avaliação de que o país jamais poderia ser protegido por terceiros, apenas pela IDF. Em geral, compartilhava da opinião de Sneh sobre a necessidade de uma presença israelense contínua dentro do futuro Estado palestino, mas apenas como parte de mecanismos de segurança conjuntos israelenses-palestinos e regionais.

As primeiras negociações entre Sneh e Habbash ocorreram em meados de outubro. Ambos me disseram que foram ótimas. Eles concordaram sobre o processo e sobre as questões que trabalharia. Concordaram em antes elaborar uma versão do protocolo sobre questões de segurança. Durante nossa reunião seguinte, Sneh me comentou em particular que havia ficado impressionado com a inteligência de Habbash e com a profundidade do seu conhecimento sobre as questões. Ambos Sneh e Habbash me disseram que tinham confiança na sua capacidade de chegar a um acordo completo sobre todas as questões. Habbash tinha certeza de que Abbas aceitaria e concordaria com tudo que apresentasse. Contou também que estava informando Abbas regularmente sobre o progresso do diálogo e que, quando o texto fosse preparado, passaria algum tempo revisando os documentos com Abbas em particular, sem o conhecimento de mais ninguém.

Propus a Sneh e Habbash a ideia de uma viagem de vários dias para algum lugar isolado no exterior, onde poderíamos trabalhar de forma intensiva no documento para completarmos nossa missão rapidamente, e então avançarmos para o campo da política. Habbash gostou da ideia; Sneh, não. Não estou certo do que fez Sneh hesitar e por que não quis avançar dessa forma. Eu não participava dos diálogos, apesar de receber notícias e me reunir com cada um em particular regularmente. Herzog e Abbas concordaram que apenas eles conduziriam as conversas e que não queriam mais ninguém envolvido. Sneh suspeitava profundamente de violações de segurança e estava convencido de que Netanyahu sabia sobre a iniciativa e que faria de tudo para destruir o processo e, com ele, Herzog. Sneh insistiu em um blecaute digital total: nada por e-mail, SMS, telefone, fax, nada. Mesmo quando nos reuníamos no seu escritório em Herzliya, Sneh insistia que eu deixasse meus telefones fora do seu escritório, desligados. Ele me disse que eu não deveria falar sobre esse assunto no escritório de Habbash, acreditando que os serviços de segurança israelenses haviam grampeado o escritório e os telefones. Sneh estava totalmente convencido de que se a Shin Bet descobrisse as nossas conversas e o nosso progresso, Netanyahu seria informado. O resultado seria danos irreparáveis e o fim do que estávamos fazendo.

À medida que começaram a sua série de reuniões e foram concordando em quase tudo, Sneh e Habbash avançaram na elaboração do protocolo de segurança. Quando insisti no meu envolvimento direto nessas conversas, Sneh respondeu que se concordassem em adicionar outro membro à equipe, eu seria colocado no lado israelense. Considerando que eu não estava participando das reuniões com eles, fiz questão de me reunir com cada um pelo menos uma vez a cada quinze dias. Além de tentar montar o quebra-cabeças e me certificar de que não estavam esbarrando em obstáculos nas suas negociações, usei cada reunião para apressar a conversa, na esperança de podermos utilizar o acordo entre Herzog e Abbas de forma rápida e eficaz. Uma das minhas muitas preocupações era que, no protocolo de segurança, eles optariam por basear a sua proposta no conceito de *forças de paz de terceiros*, lideradas pelos Estados Unidos, por meio da OTAN ou em uma força multinacional especial, como aquela que estava atuando no Sinai. Sou totalmente contra esse modelo e tentei convencer Habbash e Sneh a trabalharem na direção de um modelo baseado em forças israelenses-palestinas conjuntas — comando e controle em áreas designadas, com tarefas designadas. É a forma mais certa de garantir a segurança e a paz de ambos os Estados e coloca a responsabilidade direta pelo aspecto mais fundamental da paz nas cabeças dos dois lados, juntos.

Em 3 de dezembro de 2014, em uma decisão surpresa de Netanyahu, o Knesset votou pela sua dissolução e por novas eleições. Não havíamos previsto a queda súbita do governo israelense. Esperávamos que uma proposta de um acordo de paz israelense-palestino entre Herzog e Abbas nos ajudaria a derrubar o governo devido à questão mais crucial para o futuro do Estado de Israel, mas, em vez disso, o país se preparava para eleições que giravam em torno de temas praticamente irrelevantes para o futuro dos dois povos. Eu sabia que uma vez que Herzog começasse a organizar a sua campanha, seria mais difícil convencê-lo a utilizar qualquer acordo que fosse elaborado. Ele redobraria a sua cautela quando seus assessores estratégicos o aconselhassem que qualquer menção a elementos específicos no acordo provavelmente o faria perder, e não ganhar, votos. Eu não concordava com esses assessores, mas sabia que Herzog preferiria as ideias deles às minhas.

Para mim, parecia evidente que a questão mais importante que o eleitorado de Israel sempre enfrenta é a de segurança e paz, mas Herzog seria extremamente cauteloso e não defenderia uma pauta de paz e segurança, pois o público israelense simplesmente não acredita que a paz é possível. A sociedade israelense está tão convencida de que não existe um parceiro palestino, e de que todos os políticos que prometem paz estão falando da boca para fora. Seria preciso enfrentar as ameaças de Netanyahu e suas tentativas de assustar a população usando-se do medo e dos riscos reais que vive, em uma região bastante instável e perigosa. Herzog não teria munição para disputar a imagem de Netanyahu de "sr. Segurança". Essa era toda a esperança por trás da minha iniciativa: desmentir a ideia de que não há um parceiro para a paz.

Em uma medida que muitos israelenses diriam que fortalece a ideia de que não há parceiro palestino para a paz, no final de dezembro de 2014, os palestinos tentaram mais uma vez apresentar uma proposta de resolução para o Conselho de Segurança da ONU, por meio da Jordânia. Em linhas gerais, era uma boa resolução, mas ainda foi vista e apresentada por Israel e pelos Estados Unidos como mais um passo unilateral palestino na tentativa de fazer com que a comunidade internacional imponha uma solução em vez de participar de negociações. Essa foi absolutamente a impressão de Herzog e Netanyahu, e fortaleceu a decisão do primeiro de evitar a questão palestina durante a campanha eleitoral. Foi um erro, mas a proposta palestina foi rejeitada pelo Conselho de Segurança, com os americanos mais uma vez usando o seu poder de veto contra os palestinos.

A decisão palestina de apresentar a resolução nos força a questionar por que isso foi feito naquele momento, para um voto imediato. Eles certamente sabiam que a resolução não seria aprovada. Os palestinos devem estar cientes de que insistir em uma resolução da ONU para resolver o conflito Israel-Palestina por meio do Conselho de Segurança é algo que exige muito trabalho de preparação e muitas versões do texto, com o envolvimento de diversas partes, para que seja aprovada. Minha sensação é de que os palestinos apresentaram uma proposta para estabelecer um posicionamento de referência — "é isso que estamos exigindo". Nós, os palestinos, queremos que o mundo saiba que as nossas exigências são estas e mais estas, e que são razoáveis. É uma espécie de ponto de partida.

No geral, a resolução pedia que a comunidade internacional preservasse a viabilidade da solução de dois Estados, dando fim à ocupação e acabando com o domínio israelense sobre milhões de palestinos. Muitas das partes na comunidade internacional e especialmente em Israel dizem que os palestinos continuam como nunca a "perder uma oportunidade de perder uma oportunidade". Creio que cometeram um erro ao apresentar a resolução para ser votada sem garantir a sua aceitação. Ainda assim, creio também que é importante analisar o texto para entender exatamente o que eles querem do mundo. O documento contém diversas declarações positivas. Eu faria algumas alterações, mas deixaria quase tudo como está. Fiquei contente em ver os palestinos declararem que "o acordo de *status* final dará fim à ocupação e a todas as reivindicações e levará ao reconhecimento mútuo imediato". O parágrafo deixa claro que essa é mesmo a sua intenção, com a condição que a ocupação israelense das terras conquistadas em 1967 termine com base nas fronteiras pactuadas.

A proposta de resolução também era positiva ao propor adotar medidas necessárias para a incitação:

Convoca ambas as partes a se dedicar seriamente a gerar confiança e um trabalho em conjunto na busca pela paz por meio de negociações de boa-fé; a se absterem de todos os atos de incitação ou todos os atos ou declarações provocadoras, além de pedirem que todos os Estados e organizações internacionais apoiem as partes em medidas de confiança mútua, contribuindo para uma atmosfera favorável a negociações.⁷⁰

Apesar da alegação israelense de que a proposta de resolução seria um ato de unilateralismo palestino, a proposta em si afirma o contrário e conclama as partes a voltarem às negociações para se chegar a um acordo que dê fim à ocupação e ao conflito, estabelecendo paz. A proposta:

> Defender um sistema renovado de negociações que garanta o envolvimento direto, junto aos envolvidos, de seus principais interesses em promover que se chegue a um acordo dentro do cronograma previsto e que sejam implementadas todas as condições previstas para *status* final. Que se incluam os meios para a disposição de apoio político e de apoio concreto para os acordos pós-conflito e de pacificação, acolhendo a proposta para a realização de uma conferência internacional dê início às negociações. Que ambas as partes se abstenham de quaisquer ações unilaterais e ilegais, assim como de provocações e incitação, que poderiam ampliar as tensões e prejudicar a viabilidade de uma solução de dois Estados, baseada nos parâmetros definidos nesta resolução.

Com algumas emendas, essa resolução poderia ter sido um avanço bastante positivo em direção à pacificação real. Tenho certeza de que será revisitada no futuro. Se eu fosse responsável pela resolução, teria feito as seguintes mudanças: O cronograma na resolução é problemático. Mesmo que a resolução fosse aprovada, não creio que teria sido possível implementar totalmente um acordo até o final de 2017, como pede a resolução — dois anos não seria tempo o suficiente para implementar um acordo tão complexo. Além disso, os acordos futuros devem depender da execução e da plena implementação das obrigações do tratado, que devem ser medidas gradualmente e com o passar do tempo, para atenuar os riscos e a probabilidade de fracasso. Uma das principais lições das falhas do passado é que devemos criar um sistema de implementação no qual haja padrões de referência

---

70. Em *Reported Text of Draft UN Resolution on Palestinian Statehood* [Texto sobre projeto de resolução da ONU sobre o Estado Palestino]. *Times of Israel*, 30 de dezembro de 2014. Disponível *online* [em inglês].

claros, baseados em desempenho, com os quais seria possível monitorar e confirmar a implementação das obrigações do tratado. Esses padrões de referência monitorados e confirmados seriam necessários para determinar se as partes estão preparadas para avançar de uma fase para a seguinte.

Isso significa que as retiradas e transferências de territórios seriam graduais, implementadas depois que ambos os lados tivessem cumprido por completo suas obrigações. A obrigação número um de ambos os lados seria o desenvolvimento e implementação de mecanismos de segurança meticulosos e reforçados, baseados na cooperação entre israelenses e palestinos. As responsabilidades de segurança devem ser assumidas pelos israelenses e pelos palestinos em conjunto, não por estrangeiros da OTAN ou da ONU. Também acredito que deve haver um esforço firme e decidido de ambos os lados para resolver a incitação e eliminá-la da vida pública com a mesma firmeza, é preciso integrar a educação para a paz aos sistemas escolares tanto de Israel quanto da Palestina.

Na terça-feira, 30 de dezembro de 2014, a proposta de resolução não conseguiu votos suficientes para ser aprovada na ONU. Depois da incapacidade palestina de fazer com que o Conselho de Segurança adotasse a sua resolução, Abbas tomou a decisão de se tornar signatário de mais convenções internacionais, e a mais importante delas é o Estatuto de Roma, que rege o Tribunal Penal Internacional (TPI) em Haia. Na quarta-feira, 31 de dezembro de 2014, Abbas ratificou o Estatuto de Roma, abrindo o território da ANP — ou o Estado da Palestina, como chamado pela ONU — para investigações do TPI. O tribunal de Haia tem jurisdição para julgar indivíduos por crimes de guerra, crimes contra a humanidade e genocídio.

Herzog ficou furioso. Em 3 de janeiro de 2015, ele me enviou a seguinte mensagem de texto:

Preciso vencer as eleições — elas são tudo, e se os palestinos apoiarem Netanyahu, o que já está mais claro que a luz do sol, então ficarei contra eles com todas as minhas forças e nada mais me importa. Está claro que Abu Mazen está cooperando com Bibi.

Naquela noite, fui à casa de Habbash em Ramallah e contei como Herzog estava se sentindo. Ele me garantiu que Herzog estava enganado e, da casa de Habbash, escrevi a seguinte mensagem para Herzog:

Você está errado. O que está dizendo é absolutamente falso. Não caia nessa armadilha — não vai servir para nada. Acredito que lhe seja possível se manter em coordenação com os palestinos. Estou dizendo, com total responsabilidade, que eles estão a seu favor e entendem que a continuidade do governo Netanyahu é um desastre para eles e para nós.

Herzog respondeu imediatamente. "Enquanto isso, tudo que estão fazendo, sem exceção, é ajudar Bibi, e muito. É por isso que ele está ganhando nas pesquisas. Você não tem como competir com Bibi sendo o Likud в", respondi.

Precisa apresentar uma alternativa. Netanyahu promete mais conflito. Você deve trazer esperança. O chefe do nosso amigo[71] revisou o documento enquanto estava sendo escrito e fez alguns pequenos comentários. Ele acredita que o seu amigo[72] e ele podem chegar a um acordo dentro de alguns dias. Já começamos a conversar sobre o que fazer com um acordo para promover a sua campanha. Esse plano ainda é a maior esperança para a sua vitória. Não seja o Bibi в — nos salve dele.

Fui visitar Habbash em casa em Ramallah mais uma vez na noite de sábado, 31 de janeiro de 2015. Ele estava doente e acabava de voltar de Amã, onde deixou Mohammed, seu filho mais velho, que se mudaria para Londres para começar os seus estudos. Habbash se reuniu com Sneh na quinta-feira. Eles estavam bastante próximos de um acordo. Sneh me disse que ainda precisavam completar o protocolo de segurança. Fui insistir mais uma vez na urgência do trabalho. Estávamos a cerca de quarenta e cinco dias das eleições. Se chegássemos a um acordo demoraria algum tempo para convencer Herzog a fazer uso dele, enquanto nós e os estrategistas eleitorais precisaríamos de tempo para decidir qual seria melhor maneira de fazer uso dele. Os eventos de

---

71. Em referência a Abbas e Habbash.
72. Ou seja, Sneh.

segurança — ou falta dela — no norte, na Síria e no Líbano, depois da morte de Jihad Murghnieh, filho do comandante militar do Hezbollah, e de um general iraniano em um ataque noticiado como sendo israelense,[73] além do ataque em Israel que matou dois soldados na semana seguinte, ajudaram Netanyahu a se recuperar nas pesquisas e eliminar a vantagem temporária que Herzog havia conquistado. Claramente, Herzog tinha medo de usar a questão palestina diretamente, temendo afastar os eleitores.

Durante as eleições de março de 2015, minha posição era que Herzog não teria como ganhar se martelasse apenas as questões econômicas e sociais, apesar das pesquisas mostrarem que a economia e o custo de vida eram as questões que mais preocupavam o eleitorado israelense durante a campanha. Eu defendia que, no fim das contas, o grande fator que determina as decisões de voto em Israel é a segurança e a paz, não a economia. Mas foi impossível convencer Herzog e seus assessores, especialmente quando ele tinha tão pouca confiança em Abu Mazen.

Procurei Habbash mais uma vez para enfatizar as mensagens positivas que a população israelense deveria escutar de Abu Mazen. Falei sobre como seria importante que Abu Mazen repetisse o que já havia dito ao presidente Sisi do Egito na semana anterior, ou seja, que os palestinos interromperiam os seus processos no TPI contra oficiais e políticos israelenses por crimes de guerra se negociações sérias estivessem em andamento. O estranho é que essa declaração deveria ter sido manchete de capa nos jornais de Israel, mas só foi noticiada por uma agência — o site NRG, uma das fontes menos lidas do país. Disse a Habbash que Herzog acredita que tudo que os palestinos fizeram desde a eleição só fortaleceu Netanyahu. Habbash respondeu que é evidente que Abu Mazen quer que Herzog ganhe, mas que os palestinos precisam tomar muito cuidado para não passarem a impressão de que estão interferindo nas eleições israelenses. Disse que por isso era essencial terminarmos o acordo assim

---

73. O ataque aconteceu em 18 de janeiro de 2015.

que possível. Ele me disse que Abu Mazen revisou todo o texto do acordo produzido até aquele momento. Ele repetiu o que já havia me dito antes, a saber, que não havia grandes diferenças. Habbash disse também que Ephraim Sneh já havia recebido todos os seus comentários, e que precisaria das respostas de Herzog em relação ao documento como um todo.

Falei sobre a possibilidade de organizar uma coletiva de imprensa com Abbas e Herzog para anunciarem que haviam chegado a um acordo, ou então duas coletivas paralelas, uma em Jerusalém e a outra em Ramallah. Habbash rejeitou a ideia. A eleição estava perto demais, ele disse, e os palestinos seriam acusados de interferência nas eleições israelenses. Habbash disse que quando houvesse concordância, se Herzog anunciasse que havia chegado a um entendimento com Abu Mazen sobre os princípios de um acordo mais abrangente para a paz, o líder palestino confirmaria a informação e declararia que seria possível um termo de paz completo logo depois da eleição para o próximo governo israelense. Parecia viável, desde que Herzog concordasse e fosse possível completar o acordo a tempo.

Comecei então a apresentar algumas ideias sobre passos adicionais que poderiam ser úteis. Propus que, por meio da v15,[74] organizássemos uma grande delegação de ativistas israelenses para irem a Ramallah, se reunirem com Abu Mazen e escutarem a sua mensagem positiva em público, na presença de toda a mídia israelense. Habbash respondeu que Abu Mazen estaria disposto a isso se o pedido viesse de Herzog. Eu disse que transmitiria a mensagem para Sneh, para que ele pudesse confirmar com Herzog. Mais uma vez, era importante mostrar ao público israelense que Netanyahu era o principal obstáculo para a paz, não o líder palestino. A falta de um parceiro aos olhos israelenses é o principal motivo para tantos israelenses acreditarem que a paz não seja possível. De

---

74. Vitória 15 é uma organização da sociedade civil fundada espontaneamente antes das eleições. É apoiada pela One Voice, organização da qual integro o conselho.

acordo com as pesquisas de opinião que conhecemos, se achasse que Israel tem um parceiro para a paz, a população apoiaria os parâmetros que possibilitariam um acordo.

Fiquei profundamente preocupado com a falta de confiança e a suspeita que Herzog sentia em relação a Abu Mazen. Propus que talvez devêssemos organizar uma chamada telefônica privada entre Abu Mazen e Herzog para que resolvessem tudo na conversa, e para que Herzog desenvolvesse mais confiança em Abu Mazen e no seu desejo genuíno de ver Herzog eleito primeiro-ministro de Israel. Não tinha certeza de que Herzog concordaria, mas informei a Habbash que apresentaria a ideia a Sneh e pediria que a transmitisse a Herzog. Naquele momento, parecia extremamente necessário. Herzog precisava usar a questão palestina para se diferenciar de Netanyahu e ser considerado um arauto da esperança, não do desespero prometido por Netanyahu.

A principal pendência nos diálogos entre Habbash e Sneh era a questão dos refugiados. Abbas queria a concretização do que a IPA afirmava: "A realização de uma solução justa para o problema dos refugiados palestinos a ser acordada segundo a Resolução 194 da Assembleia Geral da ONU". Todos sabem que a referência à ANP 194 é o que os palestinos usam para alicerçar sua reivindicação de um "direito de retorno" para os refugiados palestinos. A resolução afirma o seguinte:

> Resolve que os refugiados que desejarem voltar aos seus lares e viverem em paz com os seus vizinhos devem receber permissão para tanto na primeira data possível, e que aqueles que escolherem por não voltar, devem ser indenizados pela sua propriedade e pelos prejuízos ou danos à propriedade que, sob os princípios da lei internacional ou de direito, devem ser compensados pelos governos e autoridades responsáveis.

Sneh queria utilizar um linguajar alternativo e não consentiu imediatamente o texto proposto, o que acabou deixando essa questão de fora. Abbas não queria evitar a IPA sobre a questão dos refugiados, observando que a palavra "acordada", que os árabes insistiam em incluir no texto, deixava implícito que a questão seria negociada entre os palestinos e Israel.

Lembro que os princípios de Clinton encontraram uma maneira interessante de lidar com a AGNU 194. Clinton menciona a 194, mas a apresenta como o resultado final. Em outras palavras, qualquer acordo entre as partes sobre a questão dos refugiados seria então considerado uma solução que cumpre a AGNU 194. Os parâmetros sobre refugiados de Clinton afirmam:[75]

Sinto que as diferenças são mais relativas a formulações e menos ao que acontecerá em nível prático.

Acredito que Israel está preparado para reconhecer o sofrimento moral e material infligido ao povo palestino devido à guerra de 1948 e à necessidade de auxiliar a comunidade internacional na resolução do problema. [...]

A diferença fundamental está em como lidar com o conceito de *direito de retorno*. Conheço a história da questão e a dificuldade que aparecerá para a liderança palestina caso ela sinalize que está abandonando o princípio.

O lado israelense não poderia aceitar nenhuma referência que sugerisse o direito de imigrar para Israel enquanto estivesse contrariando as políticas soberanas e não admissão por parte de Israel, ou que ameaçasse o caráter judaico do Estado.

Qualquer solução deve trabalhar ambas as necessidades.

A solução deverá ser consistente com a abordagem de dois Estados [...], o Estado da Palestina como pátria do povo palestino e o Estado de Israel como pátria do povo judeu.

O princípio que orientará o processo para a resolução de dois Estados é de que o Estado palestino deve ser o ponto de partida para os palestinos que escolherem voltar à área, sem eliminar a possibilidade de que Israel venha a aceitar alguns desses refugiados.

Acredito que precisamos adotar uma proposta para o direito de retorno que esclareça que não haverá um direito específico de retorno para Israel propriamente dito, mas que também não exclua o sonho do povo palestino de voltar à área. Proponho duas alternativas:

---

75. Ministério das Relações Exteriores de Israel, *The Clinton Peace Plan* [O plano de paz de Clinton]. Relações Exteriores de Israel, v. 18: 1999-2000, doc. 226, 2000 [em inglês].

1. Ambos os lados reconhecem o direito dos refugiados palestinos de voltar à Palestina histórica, ou
2. Ambos os lados reconhecem o direito dos refugiados palestinos de voltarem à sua terra natal.

O acordo definirá a implementação desse direito geral de uma maneira consistente com a solução de dois Estados. Ele listaria cinco lares possíveis para os refugiados:

1. O Estado da Palestina;
2. Áreas em Israel transferidas para a Palestina na troca de terras;
3. Reabilitação no país anfitrião;
4. Reassentamento em um terceiro país;
5. Admissão a Israel.

Ao listar essas opções, o acordo explicitará que o retorno para a Cisjordânia, Faixa de Gaza e áreas adquiridas na troca de terras seria o direito de todos os refugiados palestinos, enquanto a reabilitação nos países anfitriões, reassentamento em terceiros países e admissão a Israel dependeriam das políticas desses países.

Israel poderia indicar no acordo que pretende estabelecer uma política segundo a qual alguns dos refugiados seriam absorvidos por Israel, o que é consistente com a decisão soberana israelense.

Acredito que deve ser dada prioridade à população de refugiados no Líbano.

As partes concordariam que isso implementa a Resolução 194.

A abordagem de Clinton encerrava a Resolução 194 da ONU, sendo atendida por aquilo que as partes concordassem em implementar, de acordo com o que Habbash e Sneh aceitassem.

Mesmo que Habbash e Sneh completassem o acordo e Herzog e Abbas concordassem com o texto, era evidente que, com apenas seis semanas até a eleição, o texto não seria utilizado e Herzog não o identificaria como a oportunidade para levá-lo à vitória. Além disso, Sneh me mostrou uma proposta da plataforma do partido da União Sionista — a lista conjunta de Herzog e Livni — para a questão palestina, escrita por Sneh. Era muito boa. O texto mencionava que as fronteiras de 4 de junho de 1967 seriam a base para o acordo palestino, com trocas de terras que permitiriam a anexação de grandes blocos de assentamentos. Ele falava sobre a IPA, que serviria de base para acordos regionais e mencionava Jerusalém como capital de ambos os Estados. Mas os líderes do partido em questões de segurança, o general Amos Yadlin e Omer Barlev, vetaram o texto e castraram a plataforma ao lado de Nahman Shai, que representava Tzipi Livni nas discussões, de modo que ela basicamente não dizia nada além de que o partido apoiava a ideia de dois Estados para dois povos como solução para o conflito por meio de negociações com a liderança palestina. A decisão do partido de não assumir nenhuma posição realista de fato em relação a essas questões deixou evidente que não havia nenhuma esperança de que Herzog enfrentaria o desafio de ser um candidato com a promessa de dar passos reais e honestos em direção à paz e ao fim da ocupação. Como ele mesmo havia me dito, o mais importante era ser eleito, ele promoveria a pauta da paz depois. Eu já não acreditava muito nas suas chances de vencer, mas ainda torcia para que pudéssemos convencer Abbas a fortalecer a imagem de parceiro real nesse processo.

Enviei então o seguinte e-mail para Dan Shapiro, embaixador dos EUA:

1º DE FEVEREIRO DE 2015

Dan, o senhor ficou sabendo que Abu Mazen declarou durante a reunião com o presidente Sisi que, se voltassem a negociações sérias, os palestinos interromperiam os seus processos no TPI?

Só a NRG noticiou isso em Israel, sem muita repercussão. Sei que ele estaria disposto a repetir a declaração e acho que todos sairiam ganhando se Abu Mazen e o presidente conversassem por telefone e, quando o presidente perguntasse, Abu Mazen pudesse responder positivamente, *Sim, vamos interromper todas as medidas no TPI se negociações sérias com os israelenses estiverem em andamento.*

A Casa Branca poderia então divulgar a conversa, que seria noticiada em todo o mundo.

O embaixador Shapiro respondeu que não poderia repassar o pedido para a Casa Branca. Ele não acreditava que isso aconteceria, pois tais afirmações já haviam sido feitas. Nada disso me deixou particularmente otimista.

Continuaram a surgir mais ideias sobre como ajudar Herzog a vencer as eleições:

4 DE FEVEREIRO DE 2015
Conversa com Habbash pelo Facebook

Tem algo que gostaria de conversar com o senhor, e para sugerir a E [Ephraim Sneh]. É importante fortalecer a relação pessoal e o contato entre AM [Abu Mazen] e H [Herzog]. Sugeri uma ligação – e disse que o contato telefônico é absolutamente proibido — e que Bibi seria informado imediatamente. Achei que seria muito útil se AM pudesse escrever uma carta pessoal para H, de próprio punho — não no computador — para que não seja rastreada — inclusive, em árabe. Depois a entregaríamos pessoalmente. É importantíssimo que fortaleçamos a confiança de H em AM e o seu compromisso mútuo com a paz. A carta enfatizaria o comprometimento de AM e ajudaria o retorno a negociações sérias. O que o senhor acha disso?

Habbash disse que não achava que Abbas aceitaria, mas que iria tentar. Em 5 de março de 2015, escrevi para Habbash da Suécia, onde estava dando uma palestra:

Bom dia. Estou voltando esta noite e chego em Jerusalém amanhã. Faltam doze dias para as eleições em Israel e ainda estão muito apertadas. Netanyahu não pode ganhar as eleições. Precisamos refletir muito sobre o que pode ser feito para convencer a população israelense a dar todo o seu apoio à paz. Os próximos dias serão cruciais. Creio que é essencial que nós três [eu, Sneh e Habbash] nos encontremos com o presidente assim que possível para lhe propor algumas ideias que poderiam ser úteis. Não temos tempo a perder mesmo.

Um mês antes das eleições, Sneh e Habbash chegaram a um acordo completo sobre dois documentos — princípios para resolver todas as questões fundamentais e um protocolo de segurança –, mas Abbas estava fora do país e não retornaria até as eleições. Herzog não defenderia o acordo e não o mencionaria nas eleições. Estávamos sem sugestões e sem opções. Herzog estava destinado a perder a eleição.

Netanyahu vence de lavada

A vitória por nocaute de Netanyahu pareceu ter sido o último prego no caixão de um possível acordo de paz negociado com o povo palestino nos anos seguintes. Israel parece estar indo na direção do isolamento internacional. Minha avaliação depois das eleições foi que Israel acabaria em conflito profundo com 21% dos seus cidadãos, a minoria árabe palestina, que, apesar da sua própria vitória nas urnas, enfrentaria o governo mais antiárabe da história de Israel. Ainda acredito que, sem um processo de paz renovado de verdade, Israel entrará em rota de colisão com o governo dos EUA tanto na questão palestina quanto em relação às negociações internacionais com o Irã, que devem provocar divisões e hostilidades profundas entre a Casa Branca e Jerusalém.

Israel também enfrentaria uma União Europeia diretamente contrária às suas políticas de assentamento e de não negociação com os palestinos, e que agiria com mais força do que nunca. A UE continuará a se tornar mais decidida no seu envolvimento com a questão de Israel e da Palestina e será bastante ativa no tema da construção de novos assentamentos. Israel também enfrentaria uma nova onda de violência na Cisjordânia e em Jerusalém Oriental, não só em Gaza.

Ao mesmo tempo, minha impressão era de que o novo governo de Israel, liderado por Netanyahu e à direita, não traria esperança para o país. Pequenos ajustes à economia e manipulações burocráticas poderiam reduzir o preço da moradia, mas a pobreza aumentaria, o sistema de saúde continuaria em decadência, o sistema educacional ficaria ainda pior e os custos de segurança e defesa aumentariam à medida que as ameaças de Netanyahu se transformassem em profecias autorrealizáveis. Os males econômicos de Israel somente podem ser resolvidos por um crescimento econômico comprometido totalmente com o fim do conflito com os palestinos, mas a vitória de Netanyahu significa que Israel se afastaria ainda mais dessa possibilidade.

No dia antes das eleições, eu estava em Ramallah e tive uma conversa muita séria com uma alta liderança sobre os possíveis resultados futuros do pleito. Em referência ao cenário que acabou por se concretizar, ele disse que o sua prioridade primeiro continuaria a ser, com determinação ainda maior, a estratégia diplomática internacional que a OLP promove desde o colapso absoluto das negociações no final de abril de 2014, mas de forma ainda mais rápida. A estratégia pretendia promover o reconhecimento da existência do Estado da Palestina, que é ocupado por Israel, um Estado-membro da ONU. A estratégia também tentava provocar a comunidade internacional para que confrontasse o que chamam de "cultura de impunidade de Israel", que é considerado um país "impermeável", porque nada se adere a ele, porque ignorar toda lei internacional, sem dar fim à ocupação israelense do povo palestino e do seu Estado. O Estado da Palestina, reconhecido por cerca de 135 países e pela ONU, continuará a participar de todos os fóruns e convenções internacionais possíveis e nelas continuará a apresentar suas reivindicações contra Israel, especialmente no TPI em Haia. A Palestina continuará a afirmar que a ocupação israelense depois de 1967 é ilegal, e que a comunidade internacional deve utilizar suas ferramentas jurídicas e diplomáticas para forçar Israel a se retirar do seu Estado.

Mais do que nunca, a estratégia palestina será de incentivar e promover boicotes, sanções e desinvestimento. Ao contrário do movimento BDS original, que significa Boicote, Desinvestimento e Sanções, baseado principalmente na deslegitimação do direito de Israel a existir, a campanha de BDS apoiada oficialmente pelo Estado da Palestina enfocará a ilegitimidade da ocupação, não da existência de Israel, e deixará claro que o ataque à ocupação se refere a 1967, não a 1948. A sua campanha se tornará cada vez mais bem-sucedida e os israelenses sentirão os seus efeitos.

A maioria dos israelenses considera a estratégia palestina anti-Israel, mas os palestinos tentam destacar que não estão defendendo a destruição de Israel e não são contrários à existência do país, apenas à sua recusa em reconhecer o direito do povo palestino de existir no seu próprio Estado, nas terras ocupadas por Israel em 1967. O governo da Palestina, comandado pelo presidente Abbas, também continuará a se esforçar ao máximo para impedir a eclosão da próxima onda de violência e, nas áreas sob seu controle, terá bastante eficácia. Contudo, as áreas sob seu controle são bastante limitadas, por isso mesmo haverá violência contra israelenses, e ela se dará tanto nas áreas em que Israel detém responsabilidade completa pela segurança como a partir delas.

Se a estratégia palestina fracassar, a liderança do presidente Abbas chegará ao fim e ocorrerá uma luta pelo poder na Palestina. A disputa pelo próximo período de governança não será uma competição entre indivíduos, baseada na moderação e no apelo à paz com Israel. Para muitos palestinos, talvez para a maioria, o fim da era Abbas será também o fim da opção de dois Estados. A próxima geração de líderes palestinos terá uma probabilidade muito maior de adotar a ideia de "uma pessoa, um voto" para todos que moram *entre o rio e o mar*. Quando isso acontecer, a comunidade internacional também abandonará o seu próprio apoio para uma solução de dois Estados e defenderá as demandas palestinas por democracia.

Israel não será um lugar melhor após essas eleições, mas foi nisso que a maioria dos israelenses votou e é isso que vão ter. Netanyahu venceu as eleições em grande parte devido ao medo real e às ameaças reais que os israelenses enfrentam em uma região bastante instável. Vitorioso foi o homem que as pessoas acreditam que saberá protegê-las melhor. A oposição não ofereceu nenhuma solução real para esses problemas e escolheu colocar foco principalmente no preço da moradia e no custo de vida. A economia não era o assunto real da eleição, como acreditava Yitzhak Herzog, líder do Partido Trabalhista, que concorreu sob o nome União Sionista. Os israelenses não acreditam que a paz seja possível, enquanto aqueles que acreditam na paz não se esforçaram para desmentir esse falso truísmo. Foi por isso que perderam e esse foi o verdadeiro tema da eleição. Netanyahu ganhou porque, perante as suas ameaças e o medo que provou em relação ao Irã, à região e aos palestinos, a União Sionista não tinha nada de concreto para oferecer. As questões da paz e da segurança ficaram ocultas na campanha, escondidas por políticos que foram aconselhados pelos seus estrategistas a não falar sobre paz para não afastar seu eleitorado. Mas quando Netanyahu falava sobre guerra e sobre ameaças sem ninguém para confrontá-lo do outro lado, as pessoas corriam para ele.

O público continua a acreditar que a paz não é possível e o nosso lado não fez nada de concreto para questioná-lo. Para mim, ficou evidente que precisamos de uma nova estratégia o quanto antes.

E agora, para onde vamos?
O caminho mais rápido entre o desespero e a esperança é a ação

Após me recuperar dos resultados da eleição, comecei imediatamente a pensar sobre o próximo passo. Insisto que não há espaço para o desespero. A ideia de que não há solução para o conflito Israel-Palestina no presente aparece com muita frequência, pois sabemos que quanto mais esperamos sem uma solução, mais difícil será aceitar e implementá-la. Não temos o luxo de não tentar fazer alguma coisa para aumentar a vontade e a capacidade dos decisores em avançar na direção de uma resolução. Ainda acredito que a melhor chance para progredirmos passa por canais secretos de comunicação. Esse conflito só será encerrado por meio de um acordo negociado entre Israel e Palestina e, considerando as constelações políticas difíceis em ambos os lados, parece praticamente impossível que consigam negociar em boa-fé caso isso tenha de ocorrer em público. Ambos os lados contam com grande parte da população contrária a um acordo, até em relação às próprias negociações, por isso precisariam dedicar a maior parte do seu tempo a negociações internas com a sociedade.

A pressão internacional poderia funcionar, mas qualquer pessoa que, como eu, seja sionista e apoie o direito de Israel de existir, enfrenta muitos dilemas em torno dessa questão. A pressão internacional está começando a ter impacto, e ele irá aumentar. O preço para Israel será mais moral e psicológico do que econômico. O sistema econômico global e a força da economia israelense protegem Israel significativamente de quaisquer danos econômicos reais que possam ser causados por boicotes e sanções. Empresas individuais podem ser afetadas e várias, como Bagel-Bagel, Barkan Winery e Sodastream, transferiram suas instalações da Cisjordânia para Israel. Mais fábricas em assentamentos serão afetadas pelos boicotes internacionais — a próxima na fila provavelmente será a Ahava, marca de cosméticos que produz a linha Dead Sea [Mar Morto] –, mas, em nível macro, a economia de Israel é muito forte e está isolada dos danos que os boicotes podem vir a criar.

O isolamento político e social de Israel pode ter um impacto enorme na sociedade israelense. Isso fica evidente na maneira quase histérica como o governo de Israel e o *establishment* judeu, principalmente nos EUA, lidam com a questão. As táticas empregadas convencem o povo israelense e o mundo judeu de que todas as defesas de boicotes, desinvestimentos e sanções são provas de antissemitismo. Hoje, essas táticas são chamadas de novo antissemitismo. Podem haver elementos de antissemitismo por trás de partes do movimento BDS, mas seria um erro grave chamar todas as críticas a Israel e às políticas israelenses de antissemitismo. Há dúvidas se a deslegitimação de Israel é ou não antissemita. Não tenho certeza da resposta. Questionar se os judeus são ou não um povo e têm o direito legítimo à autodeterminação seria uma atitude automaticamente antissemita? A questão surge cada vez mais em nível internacional devido à ocupação e ao modo como Israel nega o direito do povo palestino à autodeterminação, além do aumento do racismo em Israel propriamente dito e à falta de igualdade entre os cidadãos judeus e palestino-israelenses.

Israel é reconhecido como uma democracia vigorosa, mas as dúvidas sobre o alcance dessa democracia para os judeus não israelenses são legítimas e relevantes. Os cidadãos palestinos de Israel não são o único elemento em jogo, pois também afeta os trabalhadores imigrantes, os refugiados e até o quarto de milhões de pessoas que imigraram da ex-União Soviética para Israel, e que não são judias, de acordo com a Halachá. Em Israel há cidadãos de segunda e terceira classe cujo baixo *status* se baseia acima de tudo em não serem judeus ou não serem reconhecidos como tais pela hierarquia ortodoxa judaica monopolista de Israel ou pelas instituições do governo israelense. A situação é claramente um problema. Uma pessoa pode imigrar de um país para o outro e receber cidadania no seu novo lar. Teoricamente, um não judeu pode emigrar para Israel e receber cidadania no país. Contudo, sem se converter para o judaísmo, é extremamente improvável. A identidade complexa do que é ser judeu significa pertencer à mesma fé religiosa, não apenas ao mesmo grupo nacional. É aí que está o problema e o questionamento, se a própria legitimidade de Israel se torna lícita à luz das políticas do país. A situação é problemática até mesmo para os judeus israelenses que se casam com pessoas de outra fé e que tentam levar seus cônjuges para Israel e obter cidadania para eles. Os cidadãos palestinos de Israel têm dificuldades ainda maiores para obter cidadania para seus cônjuges estrangeiros. Se estes forem palestinos, da Cisjordânia, de Gaza ou do exterior, é praticamente impossível convencer o Estado a lhes conceder cidadania.

A tática israelense de chamar todas as críticas de antissemitismo para se livrar delas funcionou no começo. Muitos israelenses já têm uma sensação crescente de que o mundo nos odeia e está contra nós porque é cheio de antissemitas. A memória histórica judaica é usada para sustentar essas alegações. O governo de Israel não assume nenhuma responsabilidade e, por ora, o povo de Israel também não. Mas a pressão internacional com certeza irá aumentar, e ainda mais de muitos países, especialmente aqueles que esclarecerão os seus posicionamentos e afirmarão que não são contra o direito legítimo de Israel de existir e de se defender, mas que são contrários à ocupação e aos assentamentos. Isso vale para os 28 países que compõem a União Europeia. Vale para outros países ao redor do mundo. Também valerá para um número crescente de judeus, especialmente nos EUA, que expressarão a sua insatisfação com as políticas israelenses e até defenderão boicotes. Um exemplo claro é a *Jewish Voice for Peace* [Voz Judaica pela Paz], uma organização que cresce rapidamente. É difícil chamá-la de antissemita. Discordo bastante de muitas das declarações e posições públicas da Vozes Judaicas pela Paz, mas me parece claro que não é uma organização antissemita ou de *judeus com auto-ódio*, como é chamada por alguns. São antissionistas e questionam a legitimidade de Israel.

Também sempre houve grupos de judeus, especialmente entre os ultraortodoxos, que nunca reconheceram a legitimidade de Israel e sempre foram antissionistas. O seu raciocínio se baseava na ideia de que apenas Deus poderia criar o Estado de Israel e que a criação de um Estado judeu secular na Terra de Israel significa desafiar a vontade divina. Meu bisavô, o rabino Yehuda Rosenblatt, foi um judeu ultraortodoxo antissionista. Ele não era um judeu antissemita e não sofria de *auto-ódio*. Sua crença era de que Israel não deveria existir sem a intervenção e a vontade direta de Deus. Se estivesse vivo hoje, talvez tivesse mudado de opinião, mas a sua visão de mundo ainda existe no mundo judaico.

O fenômeno BDS é muito preocupante. Os criadores e fundadores da campanha são muito sofisticados e não fazem declarações sobre as suas posições políticas genuínas. Pelo que sei das pessoas que lançaram e sustentaram a campanha, quase todas são defensoras de um Estado. Elas nunca apoiaram a solução de dois Estados e nunca apoiaram o processo de Oslo. Para muitas dessas pessoas, a ocupação começou em 1948, não em 1967. Muitos dos que lançaram a campanha e que falam sobre uma solução de dois Estados imaginam que ela nascerá de um Estado dominado pelos palestinos a oeste da Linha Verde e um Estado palestino a leste da Linha Verde. Nesta versão da solução de dois Estados, não há espaço para um Estado-nação judeu. Quando encontro essas pessoas, ou as pessoas que adotaram os seus argumentos e a sua filosofia, minha pergunta principal para elas é a seguinte: Quando isso acaba? Quando você vai parar de boicotar Israel? Se a resposta é "quando a ocupação das terras de 1967 terminar e os palestinos estabeleceram seu Estado", então temos algo em comum e uma base para o diálogo. Se a sua resposta é "quando Israel deixar de existir enquanto Estado-nação judeu", então não temos nada em comum, e não são meus compatriotas em uma luta comum.

O fenômeno BDS vai muito além da campanha em si. Minha impressão é de que a maioria das defesas de boicotes, desinvestimentos e sanções contra Israel são ataques contra a ocupação, não contra a existência do Estado de Israel. É difícil diferenciar os dois, mas acredito que seja essencial. A ideia de que a pressão internacional exercida sobre Israel impactará as mudanças políticas tem uma certa lógica.

Eu continuo sendo sionista e acredito que o povo judeu tem o direito à autodeterminação e a um Estado-nação próprio, contendo uma minoria árabe palestina grande e importante. Mas a realidade do país é complexa e a grande minoria palestina dentro do Estado de Israel nos obriga a estar explicitamente dispostos a reconhecer que o Estado de Israel também pertence a ela e que ela pertence ao Estado. Ele também nos obriga a terminar a ocupação e permitir que os palestinos alcancem a sua autodeterminação em um Estado próprio ao lado de Israel. Estou convicto de que o Estado da Palestina deve ter uma minoria judaica, tanto porque os judeus devem ter o direito de viver na Judeia e na Samaria, que é onde o Estado da Palestina será reconhecido formalmente, mas também porque a saúde dos estados democráticos se beneficia ao ter que enfrentar a realidade das minorias. A democracia de verdade não é medida pela maioria manda, mas sim pelos direitos conferidos às minorias dentro desses Estados. Portanto, seria positivo para o povo palestino confrontar a realidade de uma minoria judaica. Certa vez, quando o dr. Salam Fayyad era o primeiro-ministro palestino, lhe propus que os palestinos deveriam declarar que reconhecem os direitos dos judeus de viver na Judeia e na Samaria sob soberania palestina e sob a lei palestina, e que o Estado da Palestina garantiria os direitos dos cidadãos judeus da Palestina exatamente na mesma proporção que o Estado de Israel garante os direitos dos seus cidadãos palestinos. Achei que isso também poderia incentivar Israel a melhorar a forma como trata os seus cidadãos palestinos.

Israel precisa mudar a sua própria definição para ser o "Estado-nação democrático do povo judeu e de todos os seus cidadãos". O país deve permitir a criação do Estado da Palestina ao seu lado e acabar com a ocupação do povo palestino. Não coloco esse argumento por conta da chamada ameaça demográfica. Nunca me senti à vontade com essa expressão, muito verbalizada por judeus israelenses que apoiam a paz com os palestinos. É uma declaração racista. Como é possível considerar que cidadãos do Estado de Israel representam uma ameaça demográfica? É o mesmo conceito que deu origem à fórmula expressa por pessoas como Ehud Barak, ex-primeiro-ministro de Israel e ex-líder do Partido Trabalhista: "nós aqui e eles lá". Essa era a visão de paz de Barak, que ele acreditava que convenceria a população de que a paz é necessária ou, pelo menos, que é possível. As mesmas pessoas falam sobre "se divorciar" dos palestinos, mas a minha opinião é que nunca nos casamos. Alguns também dizem que, como que a paz não é possível, devíamos pelo menos dar fim à ocupação — desenhar uma fronteira unilateralmente, mas deixar a IDF (e a ocupação) na Cisjordânia. É o argumento dos pragmatistas, que coloca a maior parte da primária pela ausência da paz nos palestinos. É o mesmo argumento que "não temos um parceiro no lado palestino" ou "Abu Mazen não é um parceiro".

Sim, temos que acabar com a ocupação e estabelecer paz com os palestinos, mas não por conta de uma ameaça demográfica. Temos de fazê-lo porque controlar as vidas dos palestinos, ocupando as suas terras e negando-lhes os mesmos direitos que exigimos para nós mesmos criou uma realidade binacional, um Estado para dois povos desiguais. Isso levou à destruição da alma moral de Israel. A realidade da ocupação forçou os nossos jovens a serem policiais de ocupação e criou sistemas de opressão e violência que são inaceitáveis em qualquer sociedade democrática de fato. Para sobreviver, fechamos os olhos para a realidade da ocupação. Desenvolvemos ódio contra aqueles que nos dizem a verdade, como Amira Haas e Gideon Levy, jornalistas do *Haaretz*. Caluniamos organizações como a *Shovrim Shtika* [Rompendo o Silêncio] e os chamamos de traidores. Esses grupos e indivíduos forçam os israelenses a se olharem no espelho, algo que muitos não querem fazer, então às vezes quebram o espelho ou o trancam em um quarto escuro.

A ocupação não é ruim para Israel porque cria uma ameaça demográfica, é ruim porque impede Israel de ser o tipo de Estado que se imagina ser e que gostaria de ser. A ocupação é ruim para

Israel porque também contribui para manter o *status* de segunda classe dos cidadãos palestinos de Israel. Sim, é verdade que Israel apenas será o Estado-nação do povo judeu se houver a presença evidente de uma maioria judaica no Estado, mas essa afirmação leva a perguntas graves: O que o Estado está disposto a fazer para garantir que haja uma maioria judaica? O Estado está preparado para expulsar cidadãos palestinos? O Estado está preparado para usar a violência contra os cidadãos palestinos? O Estado está disposto a usar a pressão econômica para incentivar os cidadãos palestinos a emigrarem? O Estado está preparado para entregar segmentos da população palestina-israelense em um acordo de paz com o Estado da Palestina e, dessa forma, negar cidadania aos cidadãos palestinos? Essa última opção pode ser legítima, mas somente se a grande maioria dos cidadãos afetados concordarem. Caso contrário, Israel não tem o direito legítimo de fazer ajustes de fronteira para retirar cidadãos do Estado.

Se a minoria palestina em Israel crescesse em número e desafiasse a maioria judaica, Israel não seria o Estado-nação do povo judeu. O país já deveria ser o Estado-nação do povo judeu e de todos os seus cidadãos, e deveria encontrar maneiras de dar conteúdo real a essa definição. Uma maneira clara seria dar aos cidadãos palestinos de Israel muito mais controle direto sobre o seu próprio sistema educacional. Deveria haver um currículo básico para todos os estudantes em Israel dada a diversidade da sociedade israelense, cada comunidade deveria poder encontrar uma voz de verdade para os seus próprios valores e sua identidade. Por que os estudantes palestinos que são cidadãos de Israel não deveriam poder estudar história palestina, a narrativa palestina, literatura e cultura palestinas? Como é que pode ser legítimo que eles hoje estudem mais sobre a história judaica do que sobre a sua própria? Sim, é preciso haver uma base comum de cidadania para todos os cidadãos de Israel. Mas o país também deve reconhecer a necessidade dos cidadãos palestinos de Israel de serem mais capazes de expressar sua própria identidade dentro do sistema israelense.

Os cidadãos palestinos de Israel não representam nenhuma ameaça demográfica para a maioria judaica de Israel. Os judeus israelenses e os partidos políticos sionistas deveriam parar de verbalizar essa expressão racista dos seus próprios desejos para garantir que Israel continue a ser o Estado-nação do povo judeu. Na comunidade palestina de Israel, os jovens de hoje querem famílias menores. Eles têm nível educacional melhor e são parte do século XXI, eles sabem que as famílias grandes quase sempre são uma receita para perpetuar a pobreza. Isso é bom, pois é bom para eles, e é escolha deles. Agora, Israel precisa se relacionar com eles como cidadãos plenos, não como uma ameaça.

Israel precisa acabar com a ocupação porque a ocupação está destruindo Israel. O dano faz de Israel pior a cada dia, por isso deve acabar sem demora. A única maneira de acabar com ele e garantir a segurança de Israel é por meio da paz, por meio de negociações e por meio do desenvolvimento de uma parceria entre os dois lados do conflito.

O QUE PODEMOS FAZER?

Nunca aceito *não* como resposta e nunca vou parar de tentar transformar a paz em realidade.

Escrevi para meu velho amigo David Meidan, braço direito de Netanyahu do Mossad, atualmente aposentado, sobre a questão do retorno de Gilad Schalit:

20 DE MARÇO DE 2015, SEXTA-FEIRA

David,
Netanyahu voltou com tudo, e esta é uma péssima notícia para todos nós. Não tenho muitas esperanças no momento, mas você me conhece, não estou me entregando ao desespero. Se houver qualquer possibilidade, qualquer chance de fazer a diferença, não podemos parar de tentar. No passado, Netanyahu disse que se os palestinos reconhecessem Israel como o Estado-nação do povo judeu, ele demonstraria flexibilidade de fato nas negociações com eles. Não acredito nele, mas não podemos deixar de analisar essa possibilidade em detalhes e explorá-la ainda assim.

Minha proposta é que entre em contato com ele, você sabe que ele vai concordar em vê-lo e que vai escutá-lo, e sugira que realize uma série de reuniões secretas com Abu Mazen, atuando como emissário pessoal do primeiro-ministro para testar a disposição de Mahmoud Abbas em avançar com as negociações — e até mesmo analisar a possibilidade de acordos parciais, em vez do acordo total permanente de sempre. Em uma das nossas conversas, explorei com Abu Mazen diversas fórmulas possíveis para o reconhecimento do direito do povo judeu de ter o seu próprio Estado.

Exploramos diversas ideias e a que ele pareceu gostar sugeria que se os palestinos ficassem satisfeitos com todas as questões fundamentais nas negociações, incluindo um compromisso israelense de garantir a igualdade dos cidadãos palestinos em Israel, ele estaria disposto a considerar o reconhecimento de Israel como Estado-nação judaico. Também conversamos sobre a possibilidade disso se refletir em uma resolução do Conselho de Segurança na qual o Estado de Israel seria reconhecido como a pátria nacional do povo judeu e a Palestina como pátria nacional do povo palestino. O que estou dizendo é que, de forma calma e coerente, sem a intimidação normal das negociações, você pode encontrar um jeito de satisfazer a exigência de Netanyahu e abrir a esperança de negociações reais possíveis entre ele e Abbas.

Não conheço ninguém mais que poderia fazê-lo. Não há confiança nenhuma entre Abu Mazen e Yitzhak Molcho.[76] Com a sua experiência e o seu conhecimento, acho que você poderia ter aquela conversa séria com Abbas e descobrir a fórmula certa que repassaria esse desafio de volta para Netanyahu. Sugiro que você tente convencer Netanyahu a tentar esse caminho.

Você sabe que estou ao seu lado em todos os momentos.

David respondeu que havia ficado surpreso com os resultados da eleição. As suas interpretações eram claras: em linhas gerais, o público israelense está à direita e, logo, a liderança israelense nos próximos anos ficará nas mãos da direita. Em suma, se quiser liderar e influenciar Israel, entre para a direita.

Ele me disse que não falava com Netanyahu havia muito tempo. Disse também que fazia questão de não se pronunciar em público contra ele e de evitar exposição na mídia. David disse que Netanyahu conhece as suas opiniões e posições e que duvidava seri-

---

76. Emissário regular de Netanyahu para Abbas.

amente de que o primeiro-ministro concordaria em fazer qualquer coisa que desse a impressão de enfraquecer Molcho. David não achava que Netanyahu estava interessado em iniciar um processo político nem que procuraria por David para pedir a sua ajuda.

David acreditava que Obama aplicaria uma pressão forte em Netanyahu. O Conselho de Segurança poderia apresentar resoluções contra Israel, e os Estados Unidos se absteriam de usar o seu poder de veto para colocar Netanyahu contra a parede. David opinou que não haveria negociações e não haveria um processo real. A comunidade internacional tentaria agir onde a democracia israelense falhava. Infelizmente, na visão de David, não havia, então, espaço para uma nova iniciativa. "Força aí para você com a sua persistência." Respondi:

Oi David,

Gostaria que você reconsiderasse o meu pedido. Poucas pessoas no país acumularam a experiência de entender o mundo árabe com visão estratégica que lhes permita fazer o que estou pedindo a você. Vi em primeira mão como você sabe criar uma relação de confiança com o parceiro/ rival à sua frente. Você fala a língua dele, entende os códigos culturais e os códigos do conflito. Compartilho do seu pessimismo sobre o primeiro-ministro, mas não podemos nos dar ao luxo de sucumbir ao desespero ou de não fazer nada, contanto que haja a mínima possibilidade de mudar de direção.

Ontem, o primeiro-ministro disse que seria flexível sobre a questão palestina se os palestinos concordassem que o seu Estado seja desmilitarizado — e não é uma questão controversa –, e que reconhecessem o Estado de Israel como o Estado-nação do povo judeu. É uma questão muito complexa, mas acredito que há espaço para manobrar e que com Abu Mazen, nas circunstâncias certas, em negociações secretas, é possível chegar a uma fórmula que seja uma solução possível.

Sua previsão sobre a piora da situação é a mesma que a minha. O agravamento da situação é perigoso e pode levar a mais ondas de violência, em que muitos inocentes terão que pagar com suas vidas sem motivo nenhum e sem produzir benefícios políticos. Não podemos permitir que isso aconteça. Se houver qualquer maneira de impedi-lo, por menor que seja, não devemos desistir.

Não conheço mais ninguém que poderia conversar com o primeiro-ministro e apresentar esse "salva-vidas" para o Estado de Israel. E é claro que ele não vai lhe pedir isso. Não há como escapar da necessidade de darmos o primeiro passo. Você se entrega totalmente ao país há muitos e muitos anos. O que o motivou no início não mudou, e eu diria que você tem vários novos bons motivos para continuar a servir o país desde o nascimento dos seus netos. É importante que entremos em ação rapidamente durante os primeiros dias do novo governo. Peço que transcenda os obstáculos e repense a sua vontade de contribuir para mudar a situação.

David respondeu imediatamente:

Gershon, meu amigo,
Não vejo como Bibi, com um governo que inclui Bennett e Lieberman, concordaria com a evacuação de cem mil colonos. Não há como tirá-los de lá, o que significa que nem as negociações nem para a IPA têm chance. Sem a disposição de um líder de verdade para tomar decisões difíceis, tudo mais que fizermos será inútil.
Se eu identificasse qualquer sinal de ele ser Begin, estaria preparado para fazer tudo que fosse humanamente possível para oferecer os meus serviços. Mas não vejo. Não tenho mais nada a fazer a não ser continuar com o meu próprio processo de paz econômico. Continuo um patriota e não tenho intenção de me mudar para Berlim, continuarei a acompanhar de perto os acontecimentos e torço para estar errado.
Me ligue, vamos conversar.

Desnecessário dizer que fiquei decepcionado por não conseguir convencer David a aderir à nova iniciativa. Continuarei tentando persuadi-lo e descobrir de que maneira ele pode usar o seu relacionamento com Netanyahu para puxar Israel da beira do penhasco, torcendo para que não seja tarde demais. "Mas e agora?", me pergunto. Quem mais pode chegar perto de Netanyahu e, mais do que passar pela porta, fazer também com que Netanyahu escute e considere de forma positiva a iniciativa? O único nome que me ocorreu foi o de Lucy Aharish. Aharish nasceu em 1981, na cidade de Dimona, no sul de Israel, é filha de Maaruf e Salwa Aharish, muçulmanos originários de Nazaré, que está mais ao norte. Quando menina, era a única aluna árabe em sua escola. No Purim, ela se vestiu de rainha Ester, no Dia da Independência de Israel, usava azul e branco. Quando tinha seis anos, foi levemente ferida por um coquetel molotov atirado por palestinos contra o carro da sua família enquanto dirigiam pela Faixa de Gaza. Mais recentemente, Lucy foi escolhida para acender uma das tochas durante a cerimônia oficial do Dia da Independência de Israel no Monte Herzl. O fato criou um furor na mídia, especialmente nas mídias sociais, com milhares de respostas de israelenses e de palestinos. Lucy se manteve firme na sua decisão positiva de honrar o seu país enquanto cidadã palestina orgulhosa de Israel. Conheci Lucy em Tel Aviv, em 25 de março de 2015. Contei a ela em segredo sobre a minha ideia de pedir que abordasse o primeiro-ministro. Ela se interessou imediatamente e disse que assumiria o desafio. Ela disse que precisava do pretexto certo para pedir a reunião. Ela tentaria entrevistá-lo. Fiquei animado com a possibilidade, mas o gabinete de Netanyahu não lhe deu nenhuma oportunidade, então a reunião nunca chegou a acontecer. Fiquei muito decepcionado que esse canal não resultou em nada.

Reuni-me com o dr. Mahmoud Habbash várias vezes após as eleições. As únicas palavras para poderia descrever o seu humor são "irritação" e "frustração". Ele também refletia o humor de Abu Mazen, a quem me descreveu diversas vezes como "farto". Após as eleições israelenses, a opção dos palestinos foi seguir em frente com as medidas de internacionalização, tanto no TPI quanto no Conselho de Segurança da ONU. Foi o que ouvi diretamente de Habbash, Jabril Rajoub,[77] dr. Riad Malki,[78], e Majed Faraj.[79] Todos são membros do alto escalão palestino que eu descreveria como amigos meus, e todos são muito próximos ao presidente Abbas. Apesar de sua raiva e desânimo, o que ouvi deles foi que continuavam comprometidos com a paz com Israel baseada na solução

---

77. Ex-chefe da Segurança Preventiva na Cisjordânia e atual comissário da Palestina para o esporte, além de representante da Palestina no Comitê Olímpico.
78. Ministro das Relações Exteriores da Palestina.
79. Diretor da Força de Inteligência Palestina.

de dois Estados, e com garantir que nenhuma violência ocorreria em áreas sob controle das forças de segurança palestinas.

Em 8 de julho de 2015, conheci o MK Tzahi Hanegbi na sala de jantar dos membros do Knesset. Propus que nos reuníssemos logo após as eleições. Ele respondeu imediatamente que preferia esperar até depois que o governo se formasse. Ele estava envolvido nas negociações para o governo e tinha esperança de ser indicado para um ministério importante. Hanegbi foi finalmente indicado para o governo em agosto de 2016, após servir como líder do poderoso Comitê de Relações Exteriores e Segurança do Knesset e presidente da coalizão. Hanegbi foi se tornando mais moderado com o passar dos anos, mas continuou bastante fiel a Netanyahu. O primeiro-ministro precisa de vozes moderadas fortes no Likud de hoje, especialmente devido à presença significativa de vozes direitas muito mais extremistas em posições de poder no seu governo e dentro do seu próprio partido.

Com isso em mente, pensei, já que não consigo chegar em Netanyahu e ele não vai me ouvir, talvez ouça Hanegbi. Minha mensagem era muito simples: com a abordagem e a atitude adequadas, eu acreditava que seria possível receber respostas positivas de Abu Mazen para todas as preocupações de Netanyahu, principalmente sobre a questão da definição de Israel como Estado-nação do povo judeu e questões relativas à segurança. Se Netanyahu estivesse disposto a demonstrar que estava falando sério sobre tentar uma nova rodada de negociações focadas em êxito, e não apenas falando da boca para fora, então encontraria gente razoável e disposta a seguir em frente no lado palestino.

Esperei várias semanas para obter uma resposta de Hanegbi. Encontrei-o no Knesset por acaso e perguntei sobre o progresso. "Nada ainda", respondeu.

Falei com o seu assessor, que também participou da nossa reunião. Hanegbi estava no exterior e o assessor me disse que ele me daria uma resposta quando voltasse.

Em 6 de agosto de 2015, fui ver Habbash em seu gabinete em Ramallah, a fim de descobrir o que havia acontecido no lado palestino. Contei que em breve iria me encontrar com Yitzhak Herzog, o líder da oposição, e que proporia a ele outra reunião com Abu Mazen para ver se ainda poderiam utilizar o acordo que Habbash havia negociado com Ephraim Sneh em nome de Abu Mazen e Herzog. Habbash me assegurou que Abu Mazen queria se reunir com Herzog e que tinham uma atitude positiva em relação a usar os documentos que ele e Sneh haviam redigido. Informei-o sobre as minhas conversas com Hanegbi enquanto uma forma de se chegar em Netanyahu. Habbash me surpreendeu e propôs que ele e Hanegbi abrissem um canal secreto para explorar lacunas e possíveis acordos. Ele disse que não seriam negociações, e sim algo mais próximo de um canal exploratório. Perguntei se Abu Mazen apoiaria a ideia e ele me garantiu que sim, mas disse também que o canal deveria ser mantido em sigilo absoluto e que ninguém de nenhum dos lados poderia saber, exceto os dois líderes. Respondi que levaria a ideia a Hanegbi. Naquela mesma noite, após voltar a Jerusalém, enviei a seguinte mensagem de texto para Hanegbi:

Shalom Tzahi, acabo de me reunir com o dr. Mahmoud al-Habbash, presidente do Supremo Tribunal de Sharia na Palestina e uma das pessoas mais próximas a Abu Mazen. Somos amigos há algum tempo e temos uma relação de confiança. Contei a ele que eu e o senhor havíamos nos encontrado. Ele propôs imediatamente que montássemos um canal secreto para conversas exploratórias entre o senhor e ele e para analisar as lacunas e as áreas de consenso entre os dois lados. Ele enfatizou que não estava propondo um canal para negociações. Ele também destacou a importância de que as conversas sejam totalmente sigilosas, com exceção dos dois líderes.

Em 15 de agosto de 2015, Tzahi me respondeu: "Silvan Shalom é o único com quem é possível falar. Ele já se reuniu com Saeb Arikat[80] e acho que esse é o lugar certo para essas conversas".

Cá entre nós. Abu Mazen confia tanto em Arikat quanto Netanyahu em Silvan Shalom. Habbash é uma das pessoas mais próximas a Abu Mazen. Ele propôs conversas exploratórias, não negociações. Não está fazendo isso sem a aprovação de Abu Mazen.

80. Negociador-chefe palestino.

"Fui até aquele com quem precisava conversar [Netanyahu] e essa foi a resposta que recebi", Hanegbi respondeu. "Então a minha pergunta é: quem não é parceiro?", escrevi de volta.

De volta à estaca zero, como diz a expressão, e de volta a Herzog. Em 21 de julho de 2015, me reuni com Herzog mais uma vez. Demorou um pouco para coordenar a reunião, e eu queria dar algum tempo depois das eleições para ver como Herzog cumpria o papel de líder da oposição. Também queria ver se seria possível desenvolver alguma coisa com o governo Netanyahu. Encontrei-me com Ephraim Sneh em 6 de julho para saber se ele achava que Herzog adotaria ou não o plano de declarar à população que ele havia chegado a acordos com Abbas sobre todas as questões relativas ao *status* permanente. Sneh havia se reunido diversas vezes com Herzog logo depois das eleições para discutir o mesmo assunto. Ele não tinha certeza se Herzog teria ousadia para algo tão contrário ao seu histórico e à sua imagem pública. Ephraim apoiava totalmente a ideia de que eu me reunisse com Herzog e tentasse persuadi-lo a se encontrar com Abu Mazen e seguir em frente com o acordo. Se eu estava certo em dizer que a maioria dos israelenses e dos palestinos apoia a paz, mas não acredita que ela está ao seu alcance porque não acha que há um parceiro no outro lado, então demonstrar parceria era algo essencial. Herzog e Abu Mazen têm a capacidade e a responsabilidade histórica de fazer exatamente isso. Antes de entrar no gabinete de Herzog no Knesset, liguei para Habbash só para garantir que quando propusesse que Herzog se encontrasse com Abbas, este estaria disposto a receber Herzog, e então poderíamos avançar. Habbash me garantiu que Abbas estava ansioso para se encontrar com Herzog e que apoiava a ideia de descobrir o que poderia ser feito com os documentos conjuntos negociados por Habbash e Sneh em nome de Herzog e Abbas.

Surpreendentemente, Herzog foi a favor.

— Sim, quero fazer algo ousado e quero me encontrar com Abbas.

Ele me perguntou se eu achava que Abbas estava preparado para fechar um acordo de verdade. Ele estava preocupado com o que poderia ser feito em relação a Gaza e ao problema dos extremistas no lado palestino, na Cisjordânia e em Gaza. Respondi que achava que havia soluções para todos os problemas e que o mais importante seria enfrentar os desafios juntos – franco e honesto com Abbas. Contei a ele o que Abbas havia me dito sobre Gaza — se houvesse um acordo justo para o fim da ocupação e a criação de um Estado palestino que incluísse a Cisjordânia e Gaza, mas que apenas seria implementado em Gaza quando o regime que controla a região aceitasse os termos do acordo, então a população de Gaza se levantaria a favor do acordo e contra o Hamas. Também falei sobre a abordagem regional que estava recebendo bastante apoio em Israel e que o segredo para ela funcionar seria os israelenses aceitarem a IPA como base para as negociações entre israelenses e palestinos. Com isso, seria possível colocar os problemas de Gaza sobre a mesa dos Estados árabes moderados dentro da Liga Árabe.

Na quarta-feira, 18 de agosto de 2015, Herzog foi a Ramallah para se reunir com Abu Mazen. A reunião repercutiu positivamente nos jornais, mas nada operacional saiu dela. Apenas Abbas e Herzog se encontraram – todos os assessores saíram da sala. Eu queria estar presente, mas Herzog insistiu que eu não o pressionasse.

— Me deixa fazer do meu jeito! — ele disse.

Pelo que pude descobrir, foi o que enterrou a iniciativa. Herzog não usaria os documentos e Abu Mazen não os divulgaria sem o consentimento de Herzog. Mais tarde, soube que Herzog falou com Abbas sobre a possibilidade de ele participar da coalizão de Netanyahu. Fiquei chocado com a história, mas não deveria. Em vez de promover uma opção de paz visando substituir Netanyahu, na verdade, Herzog foi contar a Abbas que gostaria de se juntar a Netanyahu.

Porque muito havia sido produzido e conquistado no acordo entre Sneh e Habbash, representado por Herzog e Abbas, era uma pena deixar que tudo desaparecesse sem causar impacto algum.

Na minha opinião, a melhor maneira de proceder seria começar pelo líder do Partido Trabalhista internamente. Comecei a informar diversos MKs trabalhistas sobre o processo e os documentos. Na quarta-feira, 16 de dezembro de 2015, eu tinha uma reunião agendada com a MK Merav Michaeli, a presidente da facção do partido no Knesset. Na noite anterior, recebi um telefonema de um jornalista que não conhecia, Zeev Kam, que trabalhava para a NRG. Eu achava que a NRG nem existia mais. Costumava ser a página do jornal diário *Maariv* na internet. Mais tarde, descobri que a NRG havia sido adquirida pelo Makor Rishon, o jornal de direita pertencente ao movimento dos assentamentos.

Na minha reunião com Merav Michaeli, expliquei o contexto e então a informei sobre o jornalista. Com seus instintos políticos afiados, ela pegou o telefone e ligou para um estrategista político, que imediatamente a aconselhou a negar a história e fazer com que ela desaparecesse. Soube imediatamente que é o que Herzog faria. Quando propus a iniciativa originalmente, eu disse que ele teria a opção de negá-la. A morte da iniciativa estava visível no horizonte — seria outra oportunidade perdida.

Sugeri a Merav e, mais tarde, a Sneh e Herzog que transformassem a repercussão da história na mídia em uma oportunidade para finalmente mostrar que existe uma chance real de se chegar a um acordo com os palestinos. Abbas está preparado e Netanyahu é o verdadeiro obstáculo. Mas, desde a retomada da violência palestina, três meses antes, Herzog havia passado a atacar o governo pela direita e afirmava que Netanyahu não sabia como defender o país. As partes do discurso em que Herzog defendia uma renovação do processo de paz eram praticamente ignoradas, palavras vazias que ninguém levava a sério.

A história foi publicada na capa da NGR do Makor Rishon na sexta-feira, 18 de dezembro de 2015, "Às vésperas da eleição, Herzog fechou um acordo político secreto com Abu Mazen":

Gente bem-informada dentro do Partido Trabalhista revelou ao Makor Rishon que, antes das eleições, representantes de Herzog haviam conduzido negociações políticas secretas com o presidente da ANP, e que resultaram em um acordo de princípios do qual o líder da oposição se retirou no último instante.

Imagine: duas semanas antes das últimas eleições para o Knesset, o presidente da ANP e o presidente do Partido Trabalhista organizando uma coletiva de imprensa para anunciar que acabavam de concluir um acordo de princípios para a paz e que, se Herzog ganhasse as eleições e se tornasse primeiro-ministro, os dois pretendiam transformar o documento em um acordo de paz detalhado e assiná-lo.

Qual seria o resultado das eleições em Israel? Será que a União Sionista teria reunido toda a esquerda de Israel sob a sua bandeira, talvez também até grande parte política de centro? Ou, quem sabe, isso teria irritado os eleitores de direita e lhes convencido a votar no partido de Netanyahu, que teria obtido muito mais do que as 30 cadeiras que conquistou de fato? Talvez o resultado fosse uma mistura de ambos os cenários, com dois grandes partidos, o Trabalhista e o Likud. Impossível saber.

Esse fato político dramático logo antes das eleições veio do famoso pacifista Gershon Baskin, que havia participado do acordo por Schalit com o Hamas. Baskin procurou Herzog e pessoas próximas a Abbas e propôs que representantes de confiança de ambos se reunissem regularmente e discutissem todas as questões centrais do conflito sob negociação entre Israel e os palestinos. O resultado final desses contatos, segundo a proposta de Baskin e de acordo com membros do alto escalão do Partido Trabalhista, seria apresentado ao público israelense antes das eleições, incluindo o compromisso, caso ganhasse as eleições, de Herzog tentar assinar um acordo de paz completo e abrangente com base no que havia negociado com Abbas. Os mesmos altos funcionários acrescentaram que Baskin levou cerca de um mês e meio para convencer Herzog a aceitar a iniciativa e que os representantes de Herzog e Abbas passaram os meses seguintes conduzindo as negociações. [...]

Os participantes dessas conversas secretas afirmam que parte do acordo inicial incluía que o processo e os seus resultados deveriam ser mantidos sob sigilo absoluto e que ninguém deveria divulgá-lo, tão pouco seu conteúdo. A conclusão seria permitir que Herzog se retirasse do processo no último instante e que ambos os lados pudessem negar a história. Herzog realmente se retirou no último instante e a história toda permaneceu em segredo por um ano. O acordo produzido entre os dois líderes foi engavetado. Gershon Baskin respondeu que não estava preparado para discutir o assunto e que não desejava comentar sobre quaisquer detalhes que tenham sido noticiados.

Do gabinete de Herzog, a resposta foi:

Consideramos que a separação dos palestinos é muito importante. Como se espera de todos os líderes que estão preparados para lutar por esse objetivo, Herzog se reuniu com Abu Mazen diversas vezes, inclusive no começo, quando era líder da oposição. Herzog não precisa de mediadores ou representantes secretos para estabelecer um diálogo com Abu Mazen. Ele disse que quando for eleito primeiro-ministro, irá a Ramallah para falar perante o parlamento palestino e apresentará a sua visão, com a esperança de que ela mude a realidade no Oriente Médio.

Gershon Baskin realmente procurou o MK Herzog muito tempo antes das eleições, como muitos o procuram com muitas propostas políticas, e apresentou um plano para uma solução do conflito que Herzog rejeitou. Com isso, Herzog esclareceu que está escutando todas as ideias novas e originais que puderem levar à separação dos palestinos, assim como está tentando fazer com outros representantes que propõem soluções. Durante as eleições, Herzog não se reuniu com Baskin ou com qualquer outra pessoa em seu nome e não produziu um documento que poderia ser interpretado a partir deste artigo.

Fontes no gabinete de Abu Mazen negaram as notícias sobre reuniões secretas entre os representantes dele com os de Herzog.

Houve várias reuniões entre Abu Mazen e Herzog. Tais reuniões foram divulgadas na mídia. Nelas, ambos os lados falaram sobre negociações futuras e sobre as questões levantadas pelos representantes de ambos os lados para dar fim ao conflito Israel-Palestina.

Em junho de 2016, as negociações entre Herzog e Abbas foram reveladas ao público novamente. Desta vez, Ephraim Sneh foi entrevistado e reconheceu que havia conduzido as negociações em nome de Herzog. Na descrição de Sneh, os acordos enfatizavam as necessidades de segurança de Israel e fechavam as lacunas nas negociações entre Olmert e Abbas de modo a levá-las adiante. Fui entrevistado pela mídia e apareci na televisão israelense, e através dela expressei a minha profunda decepção com o fracasso da liderança do líder da oposição, ou seja, Herzog. Enfatizei que ainda seria possível chegar a um acordo com os palestinos em todas as questões fundamentais e por meio dele reforçar a segurança de Israel.

Essa iniciativa morreu, mas outras estão sendo levadas adiante.

Com o que se parece a paz?

Comecei a minha busca pela paz entre israelenses e palestinos lá em 1976, em reunião com o representante da OLP nas Nações Unidas. Sua resposta, "só por cima do meu cadáver", para o pedido de que a OLP reconhecesse Israel e o seu direito de existir e concordasse em aceitar a solução de dois Estados para dois povos, adiou os meus esforços em doze anos, até a pauta da Primeira Intifada levar a uma aceitação da fórmula de dois Estados. Na época em que lancei um instituto de pesquisa e a ação conjunta israelense-palestina (o IPCRI), em 1988, afirmei que seria quase impossível para os palestinos aceitar o direito moral de Israel de existir, pois, ao fazê-lo, estariam adotando uma espécie de autonegação em relação à sua própria narrativa. Minha pergunta era, então: Será que o reconhecimento mútuo precisa se basear em uma equação moral de direitos? Ou o reconhecimento funcional seria suficiente para avançarmos em busca da paz? A pergunta se complica, como aponta o professor Shlomo Avineri, quando levamos em consideração que os palestinos nunca reconheceram os judeus como um povo que, enquanto nação, possuem o direito inalienável à autodeterminação.[81] De acordo com Avineri e, provavelmente, com a maioria dos israelenses, os palestinos ainda veem judeus como membros de uma fé religiosa e o seu movimento nacional, o sionismo, como um movimento colonialista ilegítimo, destinado a ser aniquilado.

---

81. Schlomo Avineri, *With no Solution in Sight: Between Two National Movements* [Sem solução em vista: entre dois movimentos nacionais]. *Haaretz*, 2015 [em inglês].

É verdade que a maioria dos israelenses e judeus de todo o mundo reconhece os palestinos como um povo, e que tem seu direito inalienável à autodeterminação, mas também que os palestinos não mantêm a mesma relação com os judeus. A pergunta básica é: se essa falta de reciprocidade e mutualidade significa necessariamente que a paz não é possível? Precisamos aceitar que todas as questões narrativas nos levam de volta a 1948 e ao nascimento do Estado de Israel, e que existe o problema dos refugiados palestinos, a causa da luta real pela paz entre esses dois povos? Há quem diga que sem resolver as questões narrativas sobre 1948, não pode haver paz. E muitos deles acreditam que essas questões não podem ser resolvidas. Em outras palavras, que a paz nunca existirá.

Acredito que é possível alcançar a paz com base em acordos políticos que não resolvem todas as questões narrativas, mas, ainda assim, estabelecem uma base forte o suficiente sobre a qual é possível mudar a realidade no mundo entre esses dois povos a ponto de tornar possível o confronto das questões narrativas — não como condição para a paz, mas como produto de normalidade pacífica. O conflito ainda é sangrento e doloroso, com muito mais dor e sangue no lado mais fraco, dos palestinos, mas o que tem muito mais dificuldade em confrontar o contexto moral da legitimidade e dos direitos nacionais. Por ora, precisa bastar que os palestinos aceitem a existência de Israel, o que fizeram, e estejam dispostos a firmar a paz sem alcançar o objetivo final de implementar o direito de retorno para os refugiados, que não conseguirão voltar para os seus lares originais. É preciso uma bela dose de maturidade política para conseguir confrontar os próprios mitos nacionais e transformar completamente seu *ethos*, baseado no sentimento de injustiça histórica da criação de uma nova identidade nacional. Os palestinos não chegaram lá, pois ainda estão envolvidos na luta diária pela sobrevivência e pelo reconhecimento dos seus próprios direitos nacionais.

Hoje, a paz entre Israel e Palestina precisa se basear no poder da normalidade e da vida cotidiana focada na missão de construir uma nação e criar oportunidades para que a nova geração de palestinos realize o potencial de serem membros iguais da comunidade das nações. O foco constante por parte de Israel e dos judeus na equação moral de reconhecer a legitimidade de Israel enquanto expressão do direito inalienável do povo judeu à autodeterminação não acelerará o processo de aceitação palestina. Muito pelo contrário, eu diria.

O foco da concretização da paz deve estar em mudar as relações básicas entre israelenses e palestinos, de ocupados e ocupadores para parceiros na construção de uma nova realidade básica. Não é uma tarefa simples e, embora focada no desenvolvimento de interesses reais e mútuos na promoção da paz, o poder da vida em si e o desejo das pessoas normais de melhorar a própria existência são bastante significativos. Nosso desafio é que tanto israelenses quanto palestinos escapem do vitimismo e que os israelenses se afastem da sua posição de dominação e controle.

A parceria nasce de uma decisão, e dessa decisão deve vir o plano dedicado e difícil de construir relações baseadas em causas e propósitos comuns, o que normalizaria as relações depois de gerações terem experimentado o conflito e a morte. Isso não significa normalizar a ocupação, mas sim continuar a se opor à ocupação e à dominação e rejeitar completamente o uso da violência como ferramenta para mudanças políticas rápidas.

Oslo não permitiu que o processo de normalização das relações avançasse, pois nunca chegou ao acordo sobre o *status* permanente, o que teria levado ao término da ocupação. Oslo era um processo, não a paz. Os israelenses e os palestinos concordaram em como pretendiam firmar a paz, mas nunca com os termos da paz em si. O movimento popular palestino contra a normalização hoje é mais dominante do que nunca porque se entende o poder de normalização e, devido à sua exigência, que ela só pode ocorrer depois do fim da ocupação. A mudança na relação entre israelenses e palestinos se tornará possível depois da resolução de questões políticas, expressa por um acordo de paz, e será esta a força de maior impacto sobre a vida de israelenses e palestinos em toda a região. A mudança vai demorar, mas quanto mais a paz emergente se focar nas relações pessoais e na formação de parcerias entre fronteiras, mais poderoso se tornará o processo de normalização. A vida das pessoas precisa melhorar — a paz precisa compensar, e precisa afetá-las de forma tão significativa que a opção de retroceder em direção à violência seja abandonada para sempre.

Para a maioria dos israelenses e dos palestinos, a paz é realmente inimaginável. Eles simplesmente não têm ideia de como conceitualizá-la. Mesmo os tratados de paz que existem entre Israel e Egito, e entre Israel e Jordânia, não inspiram uma visão esclarecedora. Parece muito distante, intangível e irrealista. Os israelenses vivem em uma ilha psicológica, desconectada do resto da vizinhança. Vivem com a sensação constante de terem que provar a sua legitimidade e o seu valor. Os palestinos estão mais ligados à vizinhança, mas não têm a sensação de serem bem-recebidos onde quer que vão. Apenas três países do mundo oferecem aos palestinos entrada sem visto: Cuba, Venezuela e Malásia, e nenhum deles é um país árabe. Os palestinos que têm passaportes jordanianos sabem que possuem um documento de *status* inferior aos dos chamados *jordanianos jordanianos*. Nem os israelenses nem os palestinos vivem com uma sensação de paz e segurança. Nenhum dos lados chegou à *terra prometida*, a um lugar seguro onde possam concentrar suas energias para maximizar seu potencial e seu valor próprio, ou se dedicar a criar qualidade de vida para si e para as gerações futuras. Implícita ou explicitamente, sempre há uma sensação de ameaça e questões existenciais de sobrevivência. Ambos os povos convivem com essa sensação de perigo constante, mas ainda conseguem, por incrível que pareça, viver a vida ao máximo. Apesar das opiniões negativas que têm um do outro, tanto Israel quanto a Palestina são sociedades vibrantes, que amam a vida e valorizam a família.

Ambas as sociedades são mosaicos compostos de subculturas fortíssimas, entrelaçadas com um forte senso de coesão social. Apesar de conflitos que muitas vezes parecem ser profundos dentro de cada sociedade, em geral, ambas têm graus relativamente elevados de solidariedade social e política. Ambas as sociedades vivem com medo uma da outra, apesar das inúmeras semelhanças entre elas. O conflito tem um impacto profundo sobre ambas, com traumas psicológicos evidentes. Com o aumento da violência, que se repete em um intervalo curto, questão de poucos anos, a maioria dos israelenses e dos palestinos se retirou, recuando para os seus próprios espaços e limitando o contato com o outro lado. A estrada do medo leva rapidamente para o caminho do racismo e do ódio. Quando a violência é aguda, a distância entre o medo e o ódio é mínima. A violência da última década e meia, começando com a Segunda Intifada, que explodiu no final de 2000, criou muralhas psicológicas de medo e barreiras físicas que levaram a uma realidade na qual jovens israelenses e palestinos não mantêm quase nenhum contato entre si.

Atravessar fronteiras sem medo faz parte da minha realidade cotidiana. Não sou totalmente destemido quando dirijo por vilas, cidades e campos de refugiados palestinos, mas, na maioria das vezes, fico à vontade no lado palestino da zona do conflito. Minhas viagens de um lado ao outro do conflito têm um espírito de paz, e me sinto em paz quando sou recebido, onde quer que eu vá. Não é uma declaração ingênua, distante de qualquer experiência no mundo real. É algo que faço há mais de 30 anos e já tive dezenas de milhares de encontros com pessoas que muitos israelenses chamariam de "o inimigo". Prefiro chamá-las de vizinhos, parceiros e amigos.

Existirá paz real quando israelenses e palestinos tiverem liberdade para cruzar essas fronteiras de uma forma normal, sem medo. A paz verdadeira não pode se alicerçar sobre os conceitos de separação, muros e cercas, que nossos líderes se acostumaram a não nos deixar esquecer. "Nós aqui, eles lá." Essas quatro palavras resumem a visão de paz oferecida ao povo israelense pelos seus líderes. Isso não é paz e não é uma visão pela qual valha a pena lutar. É separação, e é isso que estão tentando criar. Talvez não queiram mesmo imaginar a paz, planejá-la e transformá-la em realidade. Um divórcio é muito mais fácil de imaginar. O conceito de paz por meio da separação tem sido promovido principalmente por estrategistas políticos que dizem aos seus clientes, os políticos, que a população israelense não quer viver junto com a árabe. É melhor falar de separação, com os árabes morando do outro lado dos muros, para que nunca tenhamos que vê-los novamente. Os políticos israelenses combinam essa ideia com o discurso sobre a ameaça demográfica. Imagine o que os cidadãos palestinos de Israel pensam e sentem quando são chamados de "ameaça demográfica"! Soa como uma espécie de doença — e é exatamente o que é. O nome dessa doença é racismo. Os palestinos que vivem nos territórios ocupados por Israel em 1967 também detestam as afirmações israelenses sobre ameaças demográficas, que não ajudam a criar imagens de paz. Os palestinos também não morrem de amor pela ideia de viver lado a lado com os judeus. No mundo de fantasia que judeus e palestinos criam para si quando vão dormir, eles imaginam a terra *entre o rio e o mar* sem o outro povo nela.

Yitzhak Navon, ex-presidente de Israel, costumava dizer que judeus e árabes estão destinados a viver juntos nesta terra. Talvez isso seja o máximo que podemos esperar: aceitar o nosso destino. Sempre tentei imaginar algo mais do que isso, uma sensação de que ambos os lados têm muito a ganhar por terem a presença do outro nesta terra. Acredito que vamos encontrar o caminho, que precisamos encontrar o caminho. A continuidade desse conflito é insana e totalmente inútil, e há maneiras de se chegar a acordos políticos. A reconciliação e a paz verdadeira virão mais tarde. Os acordos políticos devem ser o primeiro passo.

A ocupação israelense e o controle exercido sobre o povo palestino precisam acabar. É preciso haver uma separação política clara, incluindo a demarcação das fronteiras entre os dois Estados. Atender esta necessidade permitirá que ambos os lados tenham uma expressão territorial da sua identidade. Ambos precisam ser senhores dos próprios destinos em um pedaço de terra que possam chamar de seu. Ambos precisam saber que suas fronteiras serão reconhecidas pelo outro e pelo mundo. Mesmo assim, no entanto, haverá minorias nacionais que exigirão o desenvolvimento de expressões de sociedades compartilhadas tanto em Israel quanto na Palestina. Nessa terra minúscula *entre o rio e o mar*, seria absolutamente impossível realizar o tipo de divórcio que se pretende e impedir todo e qualquer contato e engajamento futuro ou que produza separação total e limpeza étnica. A separação física entre os dois Estados pode ser necessária no curto prazo, para fins de estabilização e criação de mecanismos de segurança e gestão das fronteiras, mas, com o tempo, e nem tanto tempo assim, os limites físicos precisarão se tornar flexíveis e permeáveis — como acertado legalmente entre as partes –, o que permitirá que as pessoas de ambos os Estados atravessem as fronteiras com facilidade e sejam bem recebidas nos dois lados.

Se a nossa geografia fosse mais parecida com a dos Estados Unidos, e "nós aqui" significasse Nova York e "eles lá" significasse a Califórnia, talvez pudesse ser possível, mas não no pedaço de terra minúsculo entre o mar Mediterrâneo e o rio Jordão. O espaço é pequeno demais para tolerar muros e cercas de arame farpado e que isso possa ser chamado de paz. Jerusalém é uma cidade compartilhada, onde israelenses e palestinos sempre viverão. Tulkarem e Netanya quase se tocam. A nossa água vem de fontes compartilhadas. O ar que respiramos é o mesmo. Não podemos nos dividir com a construção de muros que escondem o outro lado e nos fazem acreditar que estamos sozinhos nesta terra. Além de não ser viável em longo prazo, não inspira uma visão de paz e não vai criar uma realidade de paz. Sim, no curto prazo, muros e cercas podem apoiar o desenvolvimento de um regime de segurança que limitará o impacto prejudicial e mortal do terrorismo contra a paz. Em última análise, entretanto, a segurança não pode ser garantida com obstáculos à circulação das pessoas. No longo prazo, ela só pode ser alcançada se alterarmos a consciência das pessoas e o seu desejo de viver em paz. É um processo de longa duração e que deve ter a dimensão fundamental de qualquer tratado de paz, e a sua implementação deve focar em mudar a vida das pessoas. Os tratados de paz devem se tornar reais e tangíveis para pessoas reais, para todos que moram na zona da paz, e ser muito mais que um acordo entre líderes e governos.

Em Israel e na Palestina, não é simplesmente realidade que partilhamos da mesma terra estreita. É preciso se conscientizar que dois Estados, dois povos, vivendo lado a lado, oferecem inúmeras bênçãos, que enriquecem nossas vidas e expandem os nossos horizontes. Essa percepção é o lugar, o espaço, o tempo em que uma consciência de paz começa. O exemplo mais simples é que chegará o momento em que vamos querer aprender a língua do outro. É uma bênção enorme. Entender outros idiomas abre inúmeras portas para enriquecer nossas vidas e valorizar a experiência humana. O hebraico e o árabe são tão próximos um do outro. Quem fala uma das línguas já tem as chaves para desvendar a beleza da outra. Como alguém que estudou as duas, posso dizer que é uma experiência esclarecedora, uma consciência edificante do quão profundamente próximos os dois idiomas estão. Enxergar as ligações entre as palavras, expressões, metáforas e provérbios em hebraico e árabe é emocionante e enriquece o entendimento da minha própria língua. Se a vida entre judeus e árabes israelenses fosse normal, os dois grupos logo perceberiam o quanto já sabem da língua do outro. Na ausência de paz, contudo, a outra língua é a língua do inimigo, e o único motivo para estudá-la é "conhecer o inimigo", não o vizinho, o amigo e o parceiro. O estudo do árabe em Israel é quase totalmente direcionado ao atendimento das necessidades militares e de segurança da comunidade de inteligência israelense. A funcionalidade do estudo do idioma árabe nas escolas israelenses e no exército de Israel demonstra uma completa falta de valorização da cultura e da civilização dos povos de língua árabe. Há menos de um ano, um trabalho de pesquisa documentou esse fenômeno em profundidade em Israel.[82]

---

82. Yonatan Mendel, *The Creation of Israeli Arabic: Security and Politics in Arabic Studies in Israel* [A criação do árabe israelense: segurança e políticas nos estudos árabes em Israel]. Basingstoke, UK: Palgrave MacMillan, 2014 [em inglês].

Somos abençoados, mesmo que não saibamos, por ter dois povos, duas culturas, duas sociedades que vivem na mesma terra. Um tratado de paz nos permitirá garantir que ambos os lados obtenham a expressão territorial de sua identidade, algo que precisam tão desesperadamente. Os dois lados provaram que estão dispostos a lutar e morrer e matar por um pedaço de terra que possam dizer que lhes pertence. O tratado de paz nos permitirá dar fim a essa disputa por quem controla a terra. Ele também vai nos permitir ver o outro lado com uma nova perspectiva, e então começaremos a enxergar o lado positivo de cada civilização. Em vez de um choque de civilizações, finalmente teremos a oportunidade de começar a celebrar a diversidade que existe entre nós. O conflito nos ensina a temer a diversidade, até mesmo a odiar o que é diferente de nós. Isso teve um impacto enorme entre os judeus originários de países árabes e muçulmanos. Muitos contam histórias sobre ter vergonha do sotaque árabe de seus pais. Muitos pediam aos pais para baixarem o volume do rádio quando escutavam música árabe. Muitos decidiram não aprender o idioma árabe, um presente que poderiam ter ganhado dos pais, mas que rejeitaram. Parte dessa rejeição cultural foi se transformando ao longo dos anos, à medida que os judeus *mizrahim*, aqueles cujos pais ou avós vieram de países árabes ou muçulmanos, descobriram uma expressão israelense moderna positiva das suas raízes culturais orientais, mas isso parece ter acontecido em grande medida nas partes periféricas — com a possível exceção dos marroquino-israelenses, que foram mais bem-sucedidos na preservação da sua identidade marroquina.

Lembro-me de um Pessach vários anos atrás, quando estava na Cidade Velha de Jerusalém. O feriado judaico naquele ano coincidiu com a Páscoa e com o Eid al-Adha muçulmano. Nunca havia visto a Cidade Velha tão lotada. Em um dado momento, a multidão foi demais para mim, então entrei em uma loja. Fiquei na entrada, observando as três civilizações mergulhadas nos seus próprios mundos, participando das celebrações dos seus diversos feriados. Havia judeus correndo para o Kotel, o Muro das

Lamentações, para orar. Havia desfiles de cristãos que levavam a cruz pela Via Dolorosa. Muçulmanos davam voltas para visitar familiares e rezar na Mesquita de Al-Aqsa. Para mim, era como se paredes de vidro separassem os celebrantes enquanto seguiam com as suas vidas. As pessoas se cruzavam às pressas, concentradas em suas próprias festas, no seu próprio mundo. Os outros ao seu redor eram quase invisíveis. Foi uma cena incrível. Passei quase 30 minutos na entrada da loja, embevecido.

Por um momento, pensei que seria maravilhoso se houvesse pessoas circulando entre os grupos, participando tanto de suas próprias festas e como dos rituais e festas dos vizinhos. É assim que imagino a paz.

Mas a paz também significa mais. A maioria dos israelenses e dos palestinos tem laços com todas as partes da terra *entre o rio e o mar*. Haverá uma fronteira política entre os dois Estados que defina em qual delas será o soberano. Haverá jurisdições legais independentes. Haverá minorias de cada lado vivendo ao lado da maioria do outro. Continuará a haver laços econômicos profundos, comércio, partilha de recursos naturais, integração da infraestrutura e cooperação entre os governos. Também deve haver livre circulação, ou o mais próximo possível disso, de pessoas e bens entre as fronteiras. Por um lado, todos os lugares sagrados devem estar abertos e acessíveis a todas as pessoas, seja qual for o passaporte que estejam portando. Em um mundo ideal, bandeira nacional nenhuma seria hasteada sobre os lugares sagrados. Eles permaneceriam sob o domínio do divino. Cada Estado administraria, protegeria e garantiria o livre acesso a todos os lugares sagrados, mas eles não pertenceriam a país nenhum. Como propôs o presidente Clinton, eles ficariam sob soberania de Deus.

Os palestinos e os israelenses devem poder atravessar as fronteiras e visitar o outro lado sem medo e sem restrições. Hoje, sob controle israelense, quase todos os palestinos são suspeitos, então seus movimentos são controlados e seu acesso a Israel é limitado. Em uma realidade de paz, quase todos os palestinos teriam liberdade de circulação e acesso, exceto por um pequeno número que tenha sido excluído com razão. Além disso, quase todos os israelenses estariam livres para acessar e circular por toda a Palestina, apenas os poucos que violaram a confiança seriam proibidos.

Dezenas de milhões de pessoas atravessam fronteiras mundialmente todos os dias com um grau relativamente elevado de segurança. É um movimento rápido, eficiente e não invasivo. As pessoas são recebidas, os seus bens são inspecionados, elas não são humilhadas e, assim, a segurança é mantida. É isso que devemos buscar também. Com o tempo, chegaremos a uma situação em que as pessoas poderão solicitar uma licença ou um visto, enquanto forem necessários, online. Elas deverão poder preencher um formulário e receber a resposta por mensagem de texto ou e-mail. Elas também poderão imprimir um documento em casa ou no escritório, e que aparecerá automaticamente nas telas de computador dos postos de fronteira. Elas também poderão usar um aplicativo nos seus *smartphones* para solicitar e receber a sua licença ou visto. Elas serão recebidas nos postos de fronteira, apresentarão as suas licenças e poderão entrar no país sem questionamentos desnecessários ou revistas invasivas.

Isso pode ser fácil e eficiente. As pessoas ainda precisarão mostrar seus documentos de identidade nos postos de fronteira. Permitir que as pessoas atravessem as fronteiras e sejam bem recebidas no outro lado seria um passo enorme na direção de uma vida normalizada entre os dois ex-inimigos e da abertura de possibilidades para a cooperação real.

Os palestinos poderiam visitar Israel, até mesmo os lugares de onde se originaram antes de 1948, sem ter direitos de residência. Eles poderão passear nas praias do litoral e desfrutar dos restaurantes gourmet e lojas das cidades de Israel. Os israelenses poderão visitar toda a Palestina, aproveitando os belos restaurantes e bares de Ramallah, ou ir às compras em Kasbah de Nablus, para levar frutas e verduras frescas *baladi* para as suas mesas de jantar. Os israelenses poderão participar dos eventos culturais no Palácio Cultural de Ramallah e no novo e incrível anfiteatro Rawabi da Palestina, enquanto os palestinos poderão participar de eventos culturais em Israel de norte a sul. As galerias de arte de ambos os lados poderão acolher exposições de artistas de ambos os lados. Todos serão bem-vindos nos sítios do patrimônio histórico e lugares sagrados da Judeia e da Samaria, embora estes possam estar sob soberania palestina dentro do Estado palestino. Deve haver a possibilidade de um espaço em longo prazo, possivelmente permanente, onde judeus possam estudar e rezar, inclusive em lugares sagrados do judaísmo no Estado da Palestina, em locais como Hebron e Nablus. Os lugares sagrados se tornariam espaços para culto religioso e respeito mútuo, não objetos de discórdia violenta como são hoje.

As oportunidades de intercâmbio cultural e coproduções culturais são infinitas. Várias tentativas de fusão musical entre os jovens de todos os lados das fronteiras já estão ocorrendo, e os resultados são maravilhosos. As culturas prosperam mais quando interagem com outras culturas. O mesmo vale para a comida. O universo culinário israelense e palestino já está se expandindo a um ritmo surpreendente. O sucesso de *Jerusalem: A Cookbook*, [Jerusalém: sabores e receitas], dos *chefs* Yotam Ottolenghi e Sami Tamimi, um israelense e o outro palestino, é prova viva da polinização cruzada, tão natural entre duas escolas de cultura culinária. Os resultados são deliciosos, e essa cooperação inspira a imaginação a considerar outras esferas possíveis para colaborações positivas.

Paz significa normalização. No entanto, ainda hoje o conceito de normalização é um palavrão político e um conceito proibido na cultura política árabe. Israel quer relações normais com os seus vizinhos árabes. Os vizinhos árabes se recusam a manter relações normais com Israel até que a ocupação do Estado palestino acabe e os palestinos possam viver em seu próprio Estado com dignidade. A Iniciativa de Paz Árabe (IPA) de março de 2002 prometeu a Israel relações normais com todo o mundo árabe se acabasse com a ocupação das terras capturadas em junho de 1967. O linguajar da IPA soa seco e não tem incentivos reais para os israelenses quando consideram a realidade do mundo árabe hoje em dia. O velho sonho de tomar café-da-manhã em Beirute e jantar em Damasco não atrai mais ninguém, por motivos óbvios. O grosso da normalização ocorrerá entre israelenses e palestinos. Essa normalização permitirá que os israelenses desfrutem de tudo que o mundo árabe e o Golfo Pérsico também têm a oferecer. Não há nenhum conflito real entre Israel e a maioria dos países do mundo árabe. As percepções negativas de Israel no mundo árabe estão centradas na questão palestina. Todos os dias, a população de todo o mundo árabe assiste soldados e colonos israelenses maltratando palestinos nas suas TVs, em cenas transmitidas ao vivo pelos canais de satélite vinte e quatro horas dos países árabes. As imagens não são nada bonitas, e a percepção sobre Israel e sobre os israelenses é contaminada pelo que veem. Se a chamada "rua árabe", para usar uma expressão comum que se refere à população do mundo árabe, odeia Israel, é motivada pelo que veem quase todos os dias na TV. Não é porque o mundo árabe adora os palestinos. Eles adoram, mas acreditam que a lealdade à causa palestina é um dever enquanto os palestinos estiverem sob ocupação israelense. A maior parte do mundo árabe aceitou a existência de Israel e, em geral, não busca sua destruição. Se a ocupação acabasse, esses Estados árabes e a "rua árabe" aprenderiam a normalizar as relações com Israel e os israelenses seriam bem-vindos nas ruas do mundo árabe.

O segredo da normalização está com os palestinos e com os israelenses. Um tratado de paz é um pré-requisito, mas o verdadeiro trabalho de pacificação começará no dia seguinte à assinatura do tratado. Chegar ao acordo é a parte mais fácil. Além dos mecanismos projetados para as diversas tarefas a serem realizadas no âmbito do acordo, a paz de fato exigirá uma bela dose de boa vontade. Talvez até mais do que isso, vai exigir muitos profissionais capacitados, que atuarão como construtores de pontes, facilitadores, inovadores e reconciliadores.

Paz e reconciliação não são a mesma coisa. Produzir reconciliação envolverá esforços maiores ainda. A África do Sul inventou as suas próprias comissões de verdade e reconciliação, firmemente baseadas na cultura sul-africana. Israel e Palestina terão de inventar seus próprios meios de permitir que as pessoas estendam suas mãos. Muita gente de ambos os lados terá de contar as suas histórias, ser ouvida, ter a sua dor e o seu sofrimento reconhecidos, escutar palavras de tristeza, talvez de desculpas. Israelenses e palestinos precisarão aceitar a possibilidade de visitar seus museus nacionais, e cada um contará a sua história, o seu lado da narrativa sobre o conflito.

Mas como será o tratado de paz, então?

O Estado palestino será estabelecido formalmente e reconhecido em 22% da terra *entre o rio e o mar*. É a concessão histórica que possibilitará a paz baseada em dois Estados para dois povos. A delimitação exata das fronteiras é uma questão complexa, pois envolverá colocar o maior número possível de colonos israelenses no lado israelense da fronteira, no mínimo de terra que precisará ser anexado a Israel. Os chamados blocos de assentamentos, onde mora a maior parte dos colonos israelenses, serão anexados a Israel, mas o fator fundamental para determinar o tamanho da anexação será a quantidade de terra desabitada disponível no lado israelense da fronteira, e que será transferida para a Palestina em troca das terras anexadas por Israel na Cisjordânia, com os dois lados entregando áreas da mesma dimensão um para o outro. Em Israel, há quem gostaria de incluir no acordo as comunidades árabes adjacentes à Linha Verde, habitadas por cidadãos palestinos de Israel, de modo que as suas cidades e vilas se tornariam parte do Estado palestino. A ideia tem uma certa lógica: são palestinos. Afinal, por que não deveriam morar no Estado-nação palestino? Eles não seriam obrigados a sair das suas casas. Ninguém teria que se mudar. A fronteira se moveria e a comunidade que hoje está em Israel amanhã estaria na Palestina. Os moradores são palestinos com cidadania israelense. Eles apoiaram totalmente a luta pela liberdade e libertação palestina. Por que não ficariam contentes com a possibilidade de viver em seu próprio Estado-nação?

Acredito que faz muito sentido. Eu nasci em Nova York, mas viajei milhares de quilômetros para poder morar no Estado-nação do povo judeu. Essas pessoas sequer teriam que se mudar. O problema é que, no momento, elas não querem morar no Estado palestino e preferem permanecer em Israel. É uma grande ironia, quase uma piada da história, mas, do ponto de vista lógico e racional, é fácil de entender. Para começar, do ponto de vista da tradição e da história, ambos os lados da fronteira pertencem à Palestina histórica. Ninguém precisa se mudar para a Palestina. Eles estão em terra palestina, parte da sua tradição e da sua identidade há gerações. Além disso, a economia do problema faz sentido. Onde você escolheria morar: em um lugar onde a renda per capita é de mais de 35 mil dólares ou onde é de menos de 2 mil? Mesmo que estivesse na posição mais baixa da hierarquia socioeconômica, faz sentido permanecer na economia mais rica. Além disso, em Israel, essas pessoas têm serviços de saúde completos e previdência, pelos quais pagam, em um sistema muito avançado e eficiente. Nada que o Estado da Palestina será capaz de oferecer chegará aos pés dos sistemas de saúde e previdência de Israel por muitos anos. Por fim, com todas as suas fraquezas e os seus desafios, a democracia israelense parece um sistema político melhor para os seus cidadãos do que o sistema de governança desconhecido que surgirá na Palestina. Assim, comunidades como Um el-Fahem, uma cidade palestina em Israel com cerca de 50 mil habitantes, não será parte da equação de trocas de terras. Se o governo de Israel propusesse uma troca de terras que incluísse a cidade palestina-israelense como Um el-Fahem, a história acabaria na Suprema Corte de Israel, que muito provavelmente contestaria a legalidade de retirar o direito natural de cidadania de toda uma cidade. Os moradores de Um el-Fahem também provavelmente contestariam a decisão, e países democráticos não tiram a cidadania de comunidades inteiras, pertencentes ao Estado desde a sua independência, de uma hora para a outra.

Os assentamentos israelenses na Cisjordânia se espalharam por toda a região, tentando capturar cada colina — nas palavras de Ariel Sharon –, mas a realidade é que toda a "anexação" de todos os assentamentos juntos é de menos de 5% da Cisjordânia. Isso aparece nas áreas construídas dos próprios assentamentos, não nos mapas legais deles (determinado unilateralmente por Israel). Israel continua a controlar 62% da Cisjordânia, que é a área C.[83] Vinte e três anos após Oslo, os palestinos controlam menos de 20% da área designada como área A,[84] mais outros quase 20% da área designada como área B,[85] que está sob controle civil palestino, mas sob controle militar e de segurança israelense. Na realidade, Israel controla toda a Cisjordânia, independentemente do que foi designado em Oslo. Desde a segunda Intifada, Israel entra em todas as áreas da Cisjordânia quando quer e quando acredita que precisa por razões de segurança. Apesar dos acordos de cooperação e coordenação de segurança com as forças palestinas, quando as forças de segurança israelenses entram na área A para prender alguém, as forças palestinas saem de perto e deixam os israelenses livres para agirem como quiserem. É parte da cooperação de segurança. Chamo isso de "regra Cinderela", pois à meia-noite as forças de segurança palestinas somem e as israelenses aparecem no seu lugar.

Em Israel, as forças contrárias a um acordo com os palestinos são muito fortes — desproporcionais aos seus números, como se vê pelo sucesso do movimento dos assentamentos desde 1967, com breves exceções. Assim, esperar até que haja um acordo reduz o tamanho das trocas possíveis. Uma anexação de cerca de 4,5% dos blocos de assentamentos da Cisjordânia acomodaria cerca de 75% dos colonos remanescentes no lado israelense da fronteira. Esses blocos incluem os grandes assentamentos de Betar Elite e Modiin Elite, de ultraortodoxos, e Ma'aleh Adumim. Ela também abrangeria os bairros judeus construídos em Jerusalém Oriental após 1967, incluindo Ramat Eshkol, French Hill, Neve Yaacov, Pisgat Zeev, Ramot, Armon Natziv e Gilo. Também incluiria Har Homa,

---

83. Área designada pelos acordos de Oslo como áreas sob controle israelense completo.
84. As cidades palestinas que deveriam estar sob controle palestino completo, de acordo com os acordos, mas onde Israel ainda entra quando quer.
85. Vilas.

mas os palestinos objetam à inclusão deste porque foi lançado e construído depois de 1997, após o início do processo de Oslo.

Os colonos que permanecem além da fronteira da soberania israelense somam 70-85 mil pessoas, incluindo Ariel, que fica quase 20 km no interior da Cisjordânia, com cerca de 20 mil habitantes. A maioria dos moradores de Ariel não é de colonos "ideológicos", mas sim dos chamados colonos "econômicos". Eles se mudaram para Ariel atrás de moradias de alta qualidade com preços subsidiados, hipotecas e benefícios fiscais, e para trabalhar em zonas industriais construídas para eles. A universidade em Ariel também proporciona empregos e um lugar para os universitários dos assentamentos estudarem perto de casa. Ariel poderia se tornar uma cidade com maioria judaica dentro do Estado da Palestina. É difícil de imaginar, mas não impossível.

Muitos dos colonos a leste da futura fronteira são colonos ideológicos fanáticos, incluindo os da Juventude das Colinas, que demonstraram a sua propensão para a violência contra os palestinos e contra soldados e policiais israelenses. Algumas das pessoas que seriam deixadas para trás representam aqueles que poderiam estar dispostos a recorrer à violência para reagir contra a sua retirada forçada. Haveria diversas opções para elas no âmbito de um acordo de paz. Elas poderiam se mudar de volta para o Estado soberano de Israel. Poderiam se mudar para as partes da Judeia e da Samaria, que seriam anexadas a Israel pelo acordo. Os colonos religiosos que acreditam que responderam ao chamado divino de povoar a Terra de Israel quando foram morar na Judeia e na Samaria poderiam continuar a responder ao chamado de Deus e permanecer nas áreas anexadas.

Os colonos também devem ter uma opção realista de permanecer onde estão e se tornarem residentes permanentes ou cidadãos do Estado da Palestina. Se estiverem dispostos a se tornar cidadãos da Palestina, a reconhecer as leis e a soberania palestinas, e não formarem milícias armadas, o Estado da Palestina deve estar disposto a aceitá-los. Debati essa questão com os líderes palestinos, incluindo o presidente Abbas, e eles concordam. Eu disse a eles que, se fosse um dos negociadores israelenses, exigiria o direito dos judeus de viver no Estado da Palestina e consideraria este um princípio intransigível. Mesmo para aqueles que chamam o território de "Cisjordânia," não de "Judeia e Samaria", é preciso haver um reconhecimento da importância dessa região para o povo judeu e par a história judaica. A terra dos profetas do Antigo Testamento está lá, nas colinas e nos vales da Judeia e da Samaria, não nas praias de Tel Aviv. Não posso imaginar que o único lugar do mundo onde os judeus poderiam morar, por acordo, seria a Judeia e a Samaria no Estado da Palestina. Além do mais, como disse aos meus amigos palestinos, creio que ter uma minoria nacional é muito saudável para um Estado democrático. Ela desafia a democracia e exige responsabilidade — não para os direitos da maioria, mas sim para os direitos das minorias.

Provavelmente haverá um número significativo de colonos ideológicos que recusarão todas as opções acima e escolherão lutar contra a sua remoção. É um grupo perigoso, que provavelmente estará preparado para utilizar as armas que já possui. Se houver um acordo futuro com os palestinos, este só acontecerá com o apoio absoluto do primeiro-ministro, que trará consigo o apoio da maioria do gabinete, incluindo o ministro da Defesa. O acordo não será aprovado pelo governo sem o apoio total de toda a liderança das forças de segurança e militares de Israel, o que significa o apoio do chefe do Estado-maior, do chefe da Autoridade de Segurança de Israel, do diretor do Mossad e do chefe de polícia. O acordo será levado ao Knesset e receberá o apoio da maioria dos membros. É provável que a população também vote em um referendo sobre o acordo, o qual também provavelmente receberia o apoio da maioria. Se tudo isso acontecer, o Estado de Israel tomará uma decisão democrática, apoiado pelo povo de Israel. Se alguns grupos de colonos extremistas se recusarem a aceitar o processo democrático de tomada de decisão do Estado de Israel e optarem por usar a violência contra a remoção, como Israel é um Estado de direito e sabe usar a lei contra quem escolhe desrespeitá-lo, reagirá. O primeiro soldado ou policial baleado por um colono extremista contrário ao processo democrático provocará o colapso imediato de qualquer apoio popular que o movimento reunir, dando ao exército e à polícia autoridade clara para removê-los.

O CASO ESPECIAL DE HEBRON

Hebron é um lugar onde podemos esperar por problemas, sem dúvida alguma. Em 1995, após o massacre cometido pelo terrorista judeu Baruch Goldstein, o governo israelense teve uma breve oportunidade para retirar os colonos judeus de Hebron. Havia uma maioria clara no governo a favor da retirada dos colonos, mas o primeiro-ministro Rabin foi convencido pelo falecido professor Ehud Sprinzak, especialista em grupos direitistas judeus, que, no caso de uma evacuação forçada, um grupo de colonos provavelmente cometeria suicídio, se explodindo em uma campanha no estilo Masada.[86] Sprinzak acreditava que a revolta da população em Israel nessas circunstâncias derrubaria o governo Rabin e o processo de paz incipiente. Rabin decidiu não levar a questão para ser votada pelo gabinete. Hoje, mais de vinte anos depois, há cerca de quinhentos judeus messiânicos fanáticos em Hebron que continuam a transformar a vida em um inferno para os 120 mil palestinos da cidade. É um barril de pólvora que pode explodir a qualquer momento.

Hebron é uma cidade muito especial — ninguém duvida da sua importância religiosa como a cidade dos Patriarcas e Matriarcas. Hebron também é uma cidade especial por causa da sua própria história sangrenta no conflito. Para os judeus, ela simboliza a barbárie do terrorismo desde os tumultos de 1929. Para os

---

86. Após a destruição do segundo Templo pelos romanos, Masada — um penhasco íngreme próximo ao mar Morto — serviu aos judeus rebeldes como refúgio. A palavra *Masada* significa "lugar seguro", "fortaleza". O historiador Flávio Josefo relata que os judeus, ainda perseguidos pelos romanos, cometeram suicídio em massa para não serem capturados. [N. E.]

palestinos, o massacre de Baruch Goldstein equivale às memórias judaicas de horror. Os colonos judeus de Hebron exigiram privilégios especiais para reivindicar as propriedades dos judeus de Hebron de antes de 1929, devido ao massacre de 1929 em nome dele. Sem manchar a memória de quem foi brutalmente assassinado na cidade, sugiro que Hebron não tem nada de especial no conflito Israel-Palestina. Ambos os lados poderiam lembrar de centenas de lugares e datas após cem anos de conflito e invocar a memória dos seus mártires e a singularidade e os laços que têm com esses lugares e datas. O massacre de 1929 não concede nenhum privilégio ou direito especial aos judeus de reivindicar propriedades em Hebron, assim como não dá direitos de propriedade aos refugiados palestinos de Yaffa ou qualquer uma das centenas de vilas destruídas por toda a Terra de Israel. Se um dos lados do conflito tem o direito de reivindicar os direitos de propriedade anteriores a 1948, então o outro lado certamente deve ter o mesmo direito. As reivindicações recíprocas a direitos de propriedade precisam ser trabalhadas no tratado de paz, através do qual seria possível encontrar o segredo para a resolução e o consenso na disposição e vontade de examinar a diferença entre os direitos de propriedade e os direitos de residência. Até esse dia, entretanto, nenhum dos lados tem o direito de reivindicar unilateralmente direitos que seriam também negados unilateralmente ao outro.

Hebron também é um lugar especial devido à sua importância religiosa. A situação durante o período de 1949 a 1967, quando os judeus eram proibidos de orar no Túmulo dos Patriarcas, é inaceitável. Toda e qualquer paz deve envolver tolerância religiosa, um grau elevado de civilidade e respeito mútuo pelos lugares sagrados de todas as fés. Os direitos religiosos dos judeus em relação à santidade de Hebron e do Túmulo dos Patriarcas não podem ser negados por ninguém ou por qualquer grupo religioso que reivindique direitos semelhantes àquele lugar sagrado ou a qualquer outro. Quem tem fé em uma religião não precisa aceitar a verdade do que afirmam as religiões de outros, mas ainda devem aceitar que as verdades das outras religiões têm o mesmo valor que as da sua.

Se os palestinos quiserem remover os colonos de Hebron, a opção mais inteligente seria propor um plano que reconhecesse a santidade de Hebron para o povo judeu e garantisse os direitos religiosos dos judeus no local. A questão dos direitos de residência pode e deve ser trabalhada no âmbito de um acordo de paz. Se, no período pós-conflito, alguns judeus quiserem morar em Hebron, como cidadãos pacíficos dentro do Estado palestino, os palestinos deveriam estar dispostos a considerar essa possibilidade. Durante o atual período de conflito entranhado, temo que seria impossível que o grupo de judeus direitistas messiânicos mais fanáticos e extremistas continuasse a residir em Hebron.

O acordo para Hebron deve incluir uma declaração explícita que reconheça a santidade de Hebron para o povo judeu e a santidade do mesmo sítio para muçulmanos e cristãos. Deve haver um sistema para que os judeus possam orar regularmente no Túmulo dos Patriarcas, bem como a manutenção de um espaço para os muçulmanos orarem — tudo por acordo. Os judeus devem poder estabelecer um centro de aprendizagem em uma das propriedades judaicas e até mesmo um museu da história judaica no local. Também devem ser adotadas medidas de segurança para os comboios que levariam os judeus para orar na cidade regularmente.

Os palestinos têm a oportunidade de assumir um papel construtivo em ajudar o governo israelense a solucionar um problema extremamente complexo. É muito provável que os colonos que moram em Hebron tivessem hoje que ser evacuados contra a sua vontade. Uma iniciativa palestina centrada em reconhecer e garantir os direitos religiosos judaicos em Hebron seria muito útil para convencer o público israelense a apoiar a remoção dos colonos, além de criar uma vontade internacional de ajudar com o processo.

Após o massacre perpetrado por Baruch Goldstein, quando houve a ameaça de retirar os colonos, os grupos pró-assentamentos em Israel lançaram um adesivo que dizia: "Hebron: agora e sempre!". Não fiquei surpreso quando vi alguns carros palestinos com o mesmo adesivo. Tomar medidas positivas e construtivas hoje para aliviar a situação difícil de Hebron poderia ter um efeito duradouro e influente na renovação do processo político. A violência pode explodir em Hebron a qualquer momento. A cidade sempre foi assim, mas a situação também cria uma oportunidade para que israelenses e palestinos comecem a avançar na conquista de melhores entendimentos e mais chances de reconciliação.

PREVENÇÃO DE VIOLAÇÕES

É importante observar que, em qualquer acordo futuro, a implementação será gradual, com um período significativo entre as fases para que todos os afetados se prepararem para lidar com as situações complexas que surgirão. Uma das lições fundamentais do fracasso do processo de paz deve ser que as obrigações e os compromissos assumidos pelas partes devem ser respeitados por ambas as partes e deve ser desenvolvido um mecanismo de auxílio à implementação que inclua a verificação e o monitoramento completo por terceiros de confiança. A implementação total das obrigações é crucial por conta da história de violações dos acordos em ambos os lados. Há muito em jogo e os riscos são grandes demais para não garantir que os acordos sejam executados por completo. O processo de implementação deve ser definido com passos claros e identificados, e deve ser concluído antes dos estágios subsequentes da implementação, porque contam com riscos adicionais para as partes. Um processo de implementação baseado no desempenho deve ser estabelecido por acordo para garantir que as violações não levem a mais fracassos, que quase sempre acabam gerando mais violência. O calendário da implementação deve ser parte do acordo. No entanto, o calendário também deve estar ligado à implementação completa, ficando a determinação desta nas mãos do mecanismo de auxílio à implementação comandado por terceiros.

O processo deve ser considerado pela lente da redução de riscos, com cada parte sabendo que a melhor maneira de reduzir os riscos envolvidos é cumprindo as suas obrigações. Além disso, o mecanismo de auxílio à implementação, que estará nas mãos de um terceiro de confiança, provavelmente os americanos ou um grupo multilateral liderado por eles, incluirá um sistema de monitoramento e verificação que determinará quando as obrigações foram ou não cumpridas. O mecanismo de auxílio à implementação incluirá também uma equipe de resolução de disputas com poderes para lidar com as disputas que possam surgir — e certamente surgirão — em tempo real, e propor soluções que atendam às necessidades e aos interesses de ambos os lados. É essencial que o mecanismo de monitoramento e verificação se esforce para maximizar a transparência, pois, no passado, quando havia um Monitor do Roteiro para a Paz, seus relatórios eram mantidos em segredo do público, o que significa que os funcionários e políticos encarregados da implementação do Roteiro não eram responsabilizados.[87] A responsabilidade perante o público é um aspecto essencial do processo de paz.

SEGURANÇA: UM PILAR DA PAZ

A segurança será um dos pilares mais importantes de qualquer acordo futuro. Sem segurança, não haverá paz. Um dos principais motivos para o fracasso de Oslo é que a situação de segurança piorou em vez de melhorar. O processo de paz se baseava na ideia de que as disputas seriam resolvidas em reuniões, não no campo de batalha. Os adversários do processo não "leram as letras miúdas" e não concordaram em baixar suas armas. Extremistas de ambos os lados continuaram a usar violência para demonstrar sua insatisfação com os acordos. Os grupos Hamas e Jihad Islâmica rejeitaram os acordos desde o início e recorreram à violência desde o primeiro dia, desafiando constantemente Arafat e a Autoridade Nacional Palestina. Demorou anos até que

---

87. O general americano Paul Selva, na época general de três estrelas, atualmente membro do Estado-maior Conjunto dos Estados Unidos com posto de general de quatro estrelas, atuou como assessor especial do Estado-maior Conjunto e Monitor do Roteiro para a Paz dos EUA de 2008 a 2011.

Arafat tivesse força de vontade política e determinação suficiente para conter o Hamas, mas, àquela altura, o dano estava feito e grandes quantidades de armas e conhecimento sobre fabricação de bombas já haviam sido adquiridas.

Após a violência de setembro de 1996, quando Israel abriu os túneis do Kotel sob o bairro muçulmano da Cidade Velha, tanto Israel quanto os palestinos começaram a se preparar para a próxima rodada, caso o processo de paz entrasse em colapso. Em meados de setembro de 1997, durante o governo do primeiro-ministro Netanyahu, Yasser Arafat deu uma longa entrevista para o noticiário do Canal 2 de Israel. A entrevista de cerca de vinte minutos foi realizada em sua totalidade com Arafat em *close-up*. Era impressionante o quanto ele parecia doente. A câmera focou nos tremores do lábio inferior e das mãos. A mídia local e internacional passou semanas tentando adivinhar do que Arafat estava sofrendo, quais medicamentos estava tomando, como a doença e os medicamentos estariam afetando o seu desempenho, ou a falta dele, e quanto tempo ele teria de vida. De repente, todos estavam se perguntando o que aconteceria na era pós-Arafat e quem assumiria o seu lugar. Eu mesmo fui entrevistado por mais de 40 vezes por jornalistas de todo o mundo querendo saber sobre estas questões. Mais importante do que as perguntas dos jornalistas, contudo, eram as perguntas feitas pelos próprios palestinos.

Muitas das personalidades locais da Cisjordânia e de Gaza se decepcionaram rapidamente quando viram os tunisianos, aqueles que haviam vindo com Arafat do exterior, receberem os mais altos cargos, as diretorias, os ministérios, enquanto eles próprios ficavam na segunda ou terceira posição dentro da orquestra cuja criação consideravam ter sido deles. Mais do que isso, a vida política partidária, que fora a base da Primeira Intifada por meio da liderança unificada das principais facções da OLP, praticamente deixou de existir. A ideologia do movimento de libertação e resistência palestina pareceu desmoronar, perdendo espaço para interesses privados míopes e imediatistas. Um intelectual palestino e ex-ativista do Fatah descreveu a situação da seguinte forma: "Para mim, a Palestina hoje termina na minha soleira". O impacto desse tipo de pensamento foi a extinção dos partidos políticos: FPLP, FDLP, FIDA, PPP e, acima de tudo, o Fatah.

Logo após a entrevista de Arafat, ex-líderes da Primeira Intifada do Fatah, alguns dos quais membros do Conselho Legislativo Palestino, realizaram uma reunião informal em Ramallah. A discussão não enfocou a questão do que aconteceria quando Arafat morresse. A maioria dos participantes concordava que os dois órgãos principais do Fatah, o Conselho Central e o Conselho Revolucionário, provavelmente teriam um papel crítico na seleção ou eleição de um sucessor. Ambos, como os participantes observaram, estavam sob o controle de membros fiéis da velha guarda de Arafat e, principalmente, quase todos haviam acompanhado a liderança da OLP do estrangeiro. Os jovens líderes locais da primeira Intifada não estavam representados nesses órgãos. Na verdade, dos participantes da reunião em Ramallah, apenas um pertencia ao Conselho Revolucionário e um ao Comitê Central. Nesse momento, foi tomada a decisão de revigorar o Fatah com atividades de base e com uma atitude militante em questões centrais para o processo de paz: assentamentos, refugiados e, sobretudo, libertação de prisioneiros. É importante observar que, em setembro de 1996, esses líderes do Fatah lideraram as primeiras manifestações violentas quando Netanyahu inaugurou o túnel do Kotel. O sucesso desses tumultos em conquistar apoio da população palestina lhes sinalizou que o modelo de resistência armada contra Israel era uma opção real para confrontos futuros. Assim, tomou-se a decisão estratégica de reconstituir o Fatah Tanzim, estabelecida originalmente em 1983. O objetivo final seria assumir o controle dos órgãos de poder do Fatah e revitalizar a luta palestina com base no apoio firme aos objetivos políticos palestinos de estabelecer um Estado palestino em toda a Cisjordânia, Gaza e Jerusalém Oriental, remover todos os colonos israelenses, impedir a expansão futura dos assentamentos e libertar todos os prisioneiros palestinos das prisões israelenses.

No período que antecedeu o acordo de Wye River em outubro de 1998, Arafat proclamou uma série de ações políticas nos territórios palestinos sob o título "Dias de fúria", durante as quais os palestinos foram instruídos a protestar e fazer passeatas contra os assentamentos israelenses. Todos esses eventos, incluindo os protestos liderados por Faisal al-Husseini contra Har Homa e Jabel Abu Ghneim, fracassaram. As pessoas simplesmente não apareceram. Arafat recorreu ao fechamento dos ministérios e ordenou que todos os trabalhadores da ANP e seus familiares entrassem em ônibus e fossem levados aos protestos. Em Jerusalém, temos até notícias de pessoas pagas para participar das manifestações contra Har Homa. Muitos poderiam concluir erroneamente que a população palestina estava apática — mas não estava. Ela simplesmente não quis responder ao chamado de Arafat por estar frustrada, envergonhada e desesperada em relação ao que estava se transformando o sonho palestino. Em uma reunião geral em Nablus antes do Acordo de Wye River, um alto funcionário do aparato de segurança palestino que veio de Túnis chamou o povo para "ir às ruas e lutar contra a ocupação". Um morador de Nablus se levantou furioso.

— Fizemos a nossa parte durante a Intifada, sacrificamos nossos filhos e nossas vidas. Agora é a vez de vocês mandarem os seus filhos.

Todos na sala sabiam que os filhos do chefe de segurança palestino moravam e estudavam no exterior.

Enquanto tudo isso acontecia, o Fatah Tanzim iniciou um processo de eleições democráticas de novos quadros de líderes em toda a Cisjordânia e parte de Gaza, onde as forças de segurança palestinas de Arafat tinham mais influência e controle. Em cada aldeia, vila, cidade e campo de refugiados, o Fatah estava se organizando. Logo, a organização lançou uma campanha pública extremamente bem-sucedida, batizada de "Intifada dos prisioneiros", com protestos em todos os territórios que conquistaram o apoio do público. O Fatah Tanzim também estocava armas. Entre 1996 e 1999, o Fatah realizou mais de cento e vinte e duas conferências só na Cisjordânia, com mais de 85 mil participantes. O objetivo explícito dessas conferências era convocar e eleger um novo Conselho Central do Fatah e um novo Conselho Revolucionário. Esses grupos não se reuniam havia mais de onze anos.

Em Wye River, Israel, sob governo de Netanyahu, com forte apoio político americano e da CIA, pressionou Arafat para desarmar todas as milícias da Cisjordânia, especialmente o Fatah Tanzim. O Acordo de Wye River foi assinado em 23 de outubro de 1998. Em 25 de outubro de 1998, as forças do coronel Musa Arafat, líder das Forças de Inteligência Militar Palestinas — e sobrinho de Arafat –, invadiram o escritório do Fatah Tanzim em Ramallah. O Fatah Tanzim resistiu e um tiroteio estourou no meio de Ramallah. Um jovem palestino, Wassim Tarifi, sobrinho do ministro Jamil Tarifi, da ANP, foi morto. O centro de Ramallah ficou vários dias fechado, e enquanto isso surgiu um impasse entre o Tanzim e Musa Arafat e suas tropas. Por fim, Arafat mandou Musa Arafat se retirar. O Tanzim venceu a sua primeira batalha estratégica na luta pela liderança palestina. Supostamente, após esse incidente, os muros e paredes de Ramallah se encheram de pichações denunciando os "colaboradores imundos da inteligência militar".

Três semanas depois, houve tumultos no campo de refugiados de Balata, em Nablus, onde ativistas do Tanzim invadiram a sede da polícia da ANP no acampamento, atearam fogo ao edifício, queimaram uma viatura e só se retiraram depois que a polícia palestina abriu fogo. Os tumultos começaram depois que a polícia da ANP impediu os manifestantes de marcharem contra a Tumba de José durante a Intifada dos prisioneiros.

Em maio de 2000, após a conclusão do processo eleitoral nos territórios, o Fatah Tanzim decidiu que havia chegado o momento de levar a luta para as ruas. As negociações sobre o *status* final com Israel não começaram. Na sua opinião, o primeiro-ministro Barak não estava levando a questão palestina a sério, preferindo buscar um acordo com Assad na Síria como forma de enfraquecer os palestinos. Barak, insistindo que a medida fosse parte do acordo sobre o *status* final, não aceitou a terceira redistribuição de tropas. Além disso, os prisioneiros palestinos não estavam sendo soltos. A comissão responsável pela questão ficava simplesmente protelando enquanto Israel declarava que não poderia libertar prisioneiros que tinham sangue nas mãos.

Em uma reunião fechada entre MKs israelenses da coalizão do governo e membros do alto escalão do Tanzim, organizada pela IPCRI em abril de 2000, Marwan Barghouthi declarou:

> Tenho vergonha que mais de quinhentos prisioneiros, alguns dos quais mataram israelenses, ainda estão em Israel. Antes de Oslo, houve a Intifada e houve confrontos entre os dois lados, entre a OLP e Israel. Barak, que hoje é o seu primeiro-ministro, e com quem nos reunimos pessoalmente, matou três líderes no Líbano. Mas hoje nós nos sentamos com Barak, pois temos que começar uma nova história entre os dois povos.

De 15 a 17 de maio de 2000, nos territórios palestinos eclodiram manifestações de massa para marcar o Iom al-Nakba, o dia em que se rememora a catástrofe de 1948. Não foi a primeira vez que os palestinos lembraram a data, mas nunca milhares de pessoas haviam tomado as ruas anteriormente. Ocorreram ataques armados em alguns dos principais cruzamentos israelenses-palestinos na Cisjordânia e em Gaza. As patrulhas conjuntas, estabelecidas para agir em momentos como esses, pararam de funcionar. As manifestações e as ações militares foram todas guiadas pelo Tanzim. Arafat levou três dias para controlar a situação nas ruas, e somente depois que Israel e os Estados Unidos o pressionaram fortemente. Após os três dias, Marwan Barghouthi declarou:

— Nós usamos armas contra Israel e, se nos forçarem, vamos usá-las de novo no futuro.

De acordo com minha análise, foi neste momento que Arafat tomou a decisão estratégica de manter o Fatah Tanzim ao seu lado. Da perspectiva de Arafat, se chegasse a um acordo com Israel, precisaria do poder do Tanzim para manter o apoio do povo, mas se não chegasse a um acordo com Israel, precisaria do Tanzim para liderar a resistência. Logo após os eventos de 15 a 17 de maio,

Arafat organizou uma reunião de reconciliação entre o Tanzim e Jabril Rajoub, chefe de Segurança Preventiva da Cisjordânia, cujas relações haviam se deteriorado um ano antes, aproximadamente, quando o Tanzim acusou Rajoub de entregar vários prisioneiros palestinos depois que Israel exigiu a sua extradição.

Esses foram os eventos que levaram à Segunda Intifada. O fracasso das negociações de Camp David em julho de 2000 e outros eventos locais e internacionais levaram à eclosão de violência em 28 de setembro de 2000. Depois dos ataques suicidas aterrorizantes, cujo pico foi em 2002, Israel lançou a Operação Escudo Defensivo, com a qual retomou o controle total da Cisjordânia e de Gaza e deixou a ANP em frangalhos. Levou anos para reconstruir o que havia sido destruído. A confiança perdida nunca mais foi recuperada, já que reconstruir é muito mais difícil do que construir. Milhares foram mortos e muitos mais ficaram feridos. Vidas e famílias foram destroçadas. A violência da Segunda Intifada também acabou com os defensores de paz de ambos os lados.

A principal lição do fracasso do processo de paz e da violência da Segunda Intifada é que ambos os lados já não têm muitos motivos para confiarem um no outro. Em um processo de paz, isso nem sempre é ruim. É algo que exige que sejamos muito mais cautelosos, e nos obriga a nos prepararmos para o fracasso. Também é algo que devia nos ensinar a produzir acordos muito mais inteligentes. Acordos baseados na falta de confiança ou, pior, na desconfiança, podem nos incentivar a garantir que tomaremos mais cuidado diante dos riscos que corremos e, com isso, integraremos ao acordo mais mecanismos para lidar com violações e colapsos no processo."

Uma lição de segurança fundamental para Israel coloca sua própria doutrina em primeiro lugar: Israel tem razão em insistir que só Israel pode garantir a segurança de Israel. Os palestinos não podem garantir a segurança de Israel — não sozinhos. Nenhuma força de segurança externa seria capaz de oferecer mais segurança para Israel do que os próprios israelenses. Não há nenhum motivo para que uma força da OTAN, ou outra estabelecida através do tratado de paz entre ambos, seja enviada para proteger Israel ou a Palestina. Não há nenhum motivo para que jovens de Kansas City, Nova Orleans ou Rochester sejam mandados para o Oriente Médio para proteger israelenses e palestinos uns dos outros.

Os palestinos nunca conseguirão se proteger do exército israelense se este estiver decidido a retomar o controle do seu Estado. Um exército palestino não daria segurança ou proteção para o Estado palestino. Sob os termos do acordo, o Estado da Palestina será não militarizado. É verdade que um dos elementos da soberania é o direito de se ter um exército permanente. Até o momento, os negociadores palestinos foram inteligentes em entender que a Palestina será um Estado sem exército. Haverá uma força de segurança robusta para manter a lei e a ordem e combater as ameaças terroristas, mas a ideia de que os palestinos investiriam os poucos recursos nacionais que têm em uma força de combate agressiva, com artilharia e caças, beira o absurdo. Não que não seja o seu direito, pois o é, mas seria um exercício extremamente tolo desse direito. O falecido Faisal al-Husseini, o grande líder do Fatah de Jerusalém, costumava dizer nos seus discursos que os palestinos seriam loucos se gastassem o seu dinheiro em tanques palestinos. Segundo ele, os palestinos deveriam usar os seus recursos para desenvolver o computador palestino, não o tanque palestino ou a arma palestina. Estava corretíssimo.

O grande investimento do Hamas em túneis e foguetes é a demonstração mais clara possível de desperdício de recursos. Esses túneis e foguetes não protegeram um único palestino. Esses investimentos em foguetes não libertaram e não libertarão a Palestina. O poder de fogo de Israel e a sua capacidade de destruir toda a Palestina não pode ser contestada por nada que os palestinos seriam capazes de organizar. A única "conquista" da Palestina na sua luta armada foi causar dor e sofrimento aos israelenses. Na melhor das hipóteses, a luta armada pela libertação palestina cria um cenário de "perde-perde", que é, basicamente, o que temos enfrentado há muito tempo. A segurança para a Palestina só é possível quando combinada com a segurança para Israel. Israel nunca estará a salvo da violência palestina, a menos que os palestinos estejam livres da dominação e do controle israelense. É preciso haver uma relação simbiótica entre a liberdade, a dignidade e a segurança palestinas e a segurança israelense. A parte complicada da equação é encontrar o ponto de equilíbrio entre a soberania palestina e a segurança israelense.

No tratado de paz entre Israel e Palestina, a segurança é um dos principais pilares do acordo. A nova relação que será desenvolvida entre as duas partes após a assinatura do tratado deve se basear na cooperação real e no fim da dominação. A segurança deve ser responsabilidade igual de ambas as partes, executada por meio de operações conjuntas, inteligência compartilhada e colaboração. Não será mais uma coordenação de segurança como a que existiu nos últimos anos, quando os palestinos muitas vezes se sentiam terceirizados por Israel para proteger os colonos e os assentamentos e preservar a ocupação. Nos últimos anos, desde a Operação Escudo Defensivo em 2002, Israel teve total liberdade para entrar em todas as áreas da Cisjordânia. Para não se tornarem cúmplices e para evitar um conflito armado entre as forças palestinas e israelenses, as forças de segurança palestinas saíam do caminho sempre que as israelenses entravam na área A, deixando as forças israelenses fazerem o que bem entendiam. Esse não pode ser o *modus operandi* depois da assinatura de um tratado de paz.

As estruturas de segurança devem se basear na cooperação e no comando e controle conjuntos das forças. Se israelenses e palestinos não conseguem concordar com um mecanismo conjunto de segurança para protegerem a si mesmos, uns aos outros e o acordo de paz, então não haverá paz. Este é um dos elementos mais fundamentais de qualquer acordo de paz. O aspecto mais essencial de um tratado de paz concreto será a garantia de que toda a violência acabe e que as disputas sejam resolvidas em salas de reunião, não no campo de batalha. Esse princípio inclui um compromisso total em erradicar toda a violência da sua própria sociedade contra o outro lado. Cada sociedade deve deslegitimar sistemática e efetivamente o uso da violência contra o ex-inimigo e processar com toda a força da lei aqueles que violarem essa diretiva. Não é algo que possa ser deixado a cargo dos outros. Cada lado deve fazê-lo em sua própria sociedade, e ninguém mais. Só é possível por meio da cooperação total das forças de segurança de ambos os lados. E só é possível também, de forma séria e genuína, quando cada lado vê que isso está acontecendo em ambos os lados da fronteira.

Não há espaço para equívocos, pois estamos lidando com uma situação de vida e morte de verdade. Forças de paz estrangeiras jamais poderiam substituir as responsabilidades primárias de ambas as partes pela própria segurança. Os terceiros só devem ser envolvidos nessas questões no papel de monitores, verificadores da implementação e, se necessário, facilitadores de cooperação e solucionadores de disputas. É um conceito novo e que ainda não foi utilizado no processo de paz.

O modelo de coordenação e cooperação de segurança que funcionou parcialmente, mas acabou por fracassar durante Oslo, não deve ser repetido. O modelo anterior falhou por diversos motivos. Alguns palestinos tinham a sensação de estarem prestando serviços de segurança para a ocupação, não para a própria libertação, e a estrutura da coordenação passava a impressão de que os palestinos estavam subordinados aos israelenses.

Enquanto funcionou, a cooperação de segurança se baseou em Israel compartilhar informações de inteligência com os palestinos e estes as utilizarem para agir contra os terroristas. Funcionou em um momento em que os acordos estavam sendo implementados e Israel estava se retirando dos territórios transferidos para a ANP. Quando a retirada israelense terminou, aliada à continuidade da construção de assentamentos israelenses, a lógica interna da coordenação da segurança implodiu e o seu motivo para existir se tornou irracional aos olhos dos palestinos.

A segurança da paz deve se basear na plena implementação do tratado de paz por ambas as partes. Como a implementação se baseará no desempenho e será monitorada e verificada pelo mecanismo de auxílio à implementação, o elemento da segurança com certeza será, inicialmente, o mais importante da nova relação, juntamente com a retirada de tropas israelenses, abrindo espaço às fronteiras permanentes entre os dois Estados. O processo de construção, teste e utilização da cooperação de segurança deverá caminhar lado a lado junto aos primeiros estágios da interrupção de assentamentos israelenses e retiradas iniciais das áreas que se tornarão parte do Estado palestino — a começar pela transferência da área B, vilas palestinas ainda sob controle de segurança israelense, e a maior parte da área C para o controle exclusivamente palestino. A ideia de que cada lado deve ter controle total sobre as suas próprias áreas soberanas é fundamental, mas o mecanismo conjunto de segurança criará locais e papéis específicos para as operações de colaboração.

Será muito difícil convencer o *establishment* de segurança israelense a concordar com esse novo relacionamento, mas insisto que, sem ele, não haverá paz real nem segurança para Israel. No geral, deve ser estabelecido um quartel-general de comando conjunto que seja realmente *conjunto*, ou seja, que divida o mesmo escritório, com níveis paralelos de comandantes e autoridade totalmente conjunta. Provavelmente será necessário ter um oficial norte-americano sênior presente no início para ajudar montar a operação, mas não como um comandante dos israelenses e palestinos, não alguém que dê ordens, e sim um colega que coopere para que eles consigam trabalhar juntos.

O compartilhamento de inteligência deve ser parte inerente da cooperação de segurança. É essencial que esta comece imediatamente para que os sistemas e as intenções sejam postos à prova. Israel poderia começar pela definição de uma área geográfica na qual cessará as suas incursões para prender suspeitos de terrorismo. Israel deve fornecer as informações às forças de inteligência palestina para que as forças de segurança palestinas capturem os suspeitos de terrorismo e os submeta a um interrogatório e, se necessário, que sejam processados. O sistema de justiça e o penitenciário são elementos igualmente importantes na cooperação de segurança. Os israelenses alegam que as prisões palestinas ainda têm portas giratórias e que nenhum palestino jamais foi condenado por terrorismo por um tribunal palestino. Na paz, isso terá de mudar.

SEGURANÇA: PREMISSAS DE TRABALHO

- Israel sempre garantirá a melhor segurança para si.
- Os palestinos devem demonstrar constantemente 100% de esforço no combate ao terrorismo.
- Israel deve demonstrar 100% de esforço e resultados melhores contra colonos violentos que atacam palestinos.
- Os sistemas de justiça de ambos os lados são um elemento fundamental do combate ao terrorismo: terroristas condenados e aqueles que mais violarem a segurança deverão ser levados a julgamento e cumprir penas razoáveis na prisão.
- A cooperação de segurança bilateral israelense-palestina e mecanismos conjuntos com supervisão internacional (monitoramento, confirmação, facilitação e resolução de disputas) são preferíveis a forças de paz internacionais ou multinacionais.
- O Estado palestino será não militarizado com armas ofensivas, e suas forças de segurança estarão equipadas com armamentos limitados.
- Israel continuará a ter direito de sobrevoar o Estado palestino, enquanto os palestinos exercerão seus direitos a corredores aéreos civis sobre suas áreas soberanas, de acordo com as leis e procedimentos que regem a aviação internacional.
- A Palestina controlará suas fronteiras externas, pontos de entrada e saída, e determinará quem pode entrar e sair do Estado.
- Por um período de tempo predeterminado, a segurança ao longo do Rio Jordão será garantida por forças coordenadas, produzindo uma presença palestina e israelense no lado ocidental da fronteira e forças jordanianas no lado oriental.
- Enquanto Estado soberano, a Palestina controlará os pontos de entrada e saída das suas fronteiras externas. Por um período de tempo predeterminado (possivelmente de cinco anos), deve haver um mecanismo verificável de inspeção por

terceiros para garantir que equipamentos militares e carregamentos não autorizados de armas, munições, etc., sejam importados para o Estado palestino. Tal mecanismo externo deve ser capaz de realizar inspeções pontuais aleatórias de cargas e indivíduos quando entrarem na Palestina.
▷ Um mecanismo externo para monitorar e verificar os sistemas de segurança, definido por acordo, se faz extremamente necessário. O mecanismo deve incluir:

1. Oficiais militares americanos seniores para auxiliar a coordenação de segurança nos níveis de comando;
2. Monitores externos para supervisionar os processos de retiradas israelenses e distribuição de forças palestinas;
3. Monitores externos em postos de fronteira formais específicos entre os dois Estados por um período de tempo predeterminado;
4. Inspetores e monitores externos dentro da Palestina, com liberdade de deslocamento e permissão para entrar e acessar quaisquer locais suspeitos, especialmente durante os primeiros anos, de modo a confirmar e garantir a proibição da produção de armas, foguetes, munição, etc.

QUESTÕES ADICIONAIS

SEGURANÇA NA FRONTEIRA COM A JORDÂNIA

▷ Um mecanismo trilateral israelense-palestino-jordaniano será criado, incluindo postos físicos de longo prazo em determinados pontos ao longo da fronteira com operações de comando conjunto, incluindo patrulhas conjuntas palestino-israelenses no lado ocidental da fronteira e patrulhas jordanianas no lado oriental. As patrulhas conjuntas continuarão por um período mínimo de dez anos.
▷ Palestina e Israel operarão um mecanismo de resposta rápida para violações ao longo da fronteira.

- Israel continuará a operar defesas de vigilância eletrônica ao longo da fronteira por um período mínimo de cinco anos.
- Se patrulhas conjuntas não puderem confrontar ameaças imediatas, forças palestinas devem ser chamadas imediatamente para reagir à situação.
- As regras de engajamento devem ser definidas e determinadas no apêndice de segurança e revisadas regularmente para enfrentar as ameaças emergentes, se necessário.
- A melhor maneira de prevenir violações das fronteiras na direção da Palestina é do lado jordaniano. Israel, Palestina e Jordânia compartilharão informações de inteligência relativas à segurança da fronteira.
- Israel poderá utilizar *drones* de vigilância sobre a área do rio Jordão, voando a oeste da fronteira. As informações de inteligência derivadas dessa vigilância serão compartilhadas em tempo real com as duas outras partes.

POSTOS DE FRONTEIRA

- Ambas as partes têm o direito legítimo de manter pessoas indesejadas fora do seu território. Em geral, todos os israelenses e todos os palestinos devem ter liberdade de acesso e movimento no território do outro, com base em parâmetros de segurança determinados no apêndice de segurança. Em um estado de paz real, indivíduos de ambos os lados devem poder entrar no território do outro país. Entende-se igualmente que pessoas são consideradas uma ameaça à segurança serão proibidas de entrar no outro lado.
- Deve haver um sistema de triagem de dois níveis para determinar quem pode ser considerado uma ameaça. O filtro de primeiro nível é interno – cada lado deve determinar quem são as pessoas do seu próprio lado que o outro lado não deveria deixar entrar. Quanto a outras pessoas que têm o direito de solicitar permissão para entrar no país, as duas partes devem determinar critérios e regras iguais, além de paralelos, para a emissão de diversos tipos de autorização de entrada: entre ales, vistos de um dia, uma se-

mana, um mês, diversos meses ou mais. As autorizações podem ser divididas em vistos de turismo, negócios, trabalho, saúde, etc.
▷ Devem ser estabelecidos sistemas que permitam que as pessoas recebam uma autorização na fronteira, no momento da travessia, no menor intervalo de tempo possível. Este deve ser o objetivo para o início do processo até o momento no futuro em que, espera-se, as restrições à liberdade de movimento serão completamente eliminadas.
▷ Também devem existir sistemas para viabilizar as solicitações de autorização de entrada online. As autorizações devem poder ser impressas em casa e verificadas usando aplicativos criptográficos no posto de fronteira. As tecnologias modernas, incluindo o uso de aplicativos em *smartphones*, devem ser empregadas para facilitar ao máximo o processo. O objetivo básico é facilitar o movimento de forma eficiente ao mesmo tempo que preserva um alto nível de segurança. Não haverá qualquer contradição entre a segurança e a travessia rápida e eficiente de fronteiras.
▷ Assim que possível, as partes devem concordar em reautorizar o acesso a Israel para veículos palestinos, levando em conta todas as precauções de segurança necessárias para que isso possa acontecer. A comunidade internacional poderia ajudar a facilitar esse processo com a provisão de *scanners* de segurança para veículos, mas, mesmo sem apoio internacional nesse sentido, Israel deve instalar tais *scanners* nos postos de fronteira o mais rápido possível, até mesmo antes da plena implementação do restante do acordo.
▷ Estrangeiros que entram em Israel ou na Palestina devem poder solicitar os dois vistos simultaneamente caso também desejem visitar o outro lado. Espera-se que, uma vez que os palestinos passem a controlar os pontos de entrada e saída dos Estados palestinos, grande quantidade de palestinos da diáspora, outros árabes e muçulmanos visitarão a Palestina regularmente. Podemos pressupor, sem grandes dificuldades, que muitos desejarão visitar Israel também. Deve ser criado e disponibilizado um mecanismo que permita a solicitação de um visto duplo. Este deve ser um processo online ágil e eficiente. Indivíduos

que exijam atenção adicional para verificações de segurança poderão ser encaminhados para consulados e embaixadas.

TREINAMENTO E DISTRIBUIÇÃO DAS FORÇAS PALESTINAS

▷ A ajuda de segurança dos EUA, em coordenação com a Jordânia e Israel, deve continuar por um período mínimo de cinco anos enquanto as forças de segurança palestinas assumem o controle de áreas adicionais e autoridades adicionais.
▷ A ajuda de segurança e o treinamento devem ser expandidos e melhorados para incluir a coleta de inteligência, inclusive a utilização de vigilância eletrônica.

VIOLADORES DA SEGURANÇA

O regime jurídico para lidar com violadores da segurança é uma questão extremamente delicada, em especial no período imediatamente pós-acordo. Em uma situação ideal, os palestinos que violassem a segurança em Israel poderiam ser levados à justiça na Palestina por meio da cooperação com Israel na investigação, preparação da denúncia, de provas e o que mais for necessário. Um julgamento na Palestina e uma pena cumprida em prisões palestinas, de acordo com o sistema judicial da Palestina, reduziria a hostilidade dos palestinos contra Israel. Da mesma forma, os israelenses que violassem a segurança na Palestina deveriam ser levados à justiça em Israel, com a cooperação palestina na investigação, preparação da denúncia e obtenção de provas, com penas cumpridas em prisões israelenses. Os negociadores deveriam considerar as diversas possibilidades e consequências em potencial para a segurança que sejam relevantes para as diversas variáveis.

ESTRAGA-PRAZERES

Todos lembramos da famosa declaração do primeiro-ministro Rabin após diversos ataques terroristas em Israel depois que o acordo de Oslo foi assinado: "Vamos combater o terrorismo como se não houvesse processo de paz e fazer a paz como se não houvesse terrorismo". Soa bem, e poderia ser possível se a probabilidade de terrorismo for muito baixa. O processo de paz anterior não conseguiu conter Baruch Goldstein e os suicidas com bombas em ônibus, e os líderes políticos não conseguiram sustentar o processo quando a falta de segurança se tornou tão óbvia. Não creio que ninguém tenha boas respostas sobre como lidar com a questão dos *estraga-prazeres*. Os estraga-prazeres são criminosos que trabalham contra os interesses do seu próprio lado, de seu Estado e seu povo, e devem ser tratados como tais. Os estraga-prazeres vão existir. Eles estarão presentes em ambos os lados. A incapacidade de lidar com eles de forma rápida e eficaz poderá comprometer o processo de paz.

Líderes e sistemas de segurança de ambos os lados devem demonstrar 100% de esforço e intenção em lidar com os estraga-prazeres, de forma rígida e rápida. A política inflexível de ambos os lados deve manter tolerância zero, com condenações explícitas e declarações que repudiem os culpados pela violência contra a paz.

Se e quando houver vítimas da violência cometida por esses estraga-prazeres, estas não devem ser chamadas de "vítimas do processo de paz". A terminologia apropriada é "vítimas do terrorismo, vítimas do ódio e vítimas de guerra".

JERUSALÉM

Jerusalém é o microcosmo e núcleo de todo o conflito Israel-Palestina. Jerusalém é muito mais do que uma cidade, um espaço físico. É um fenômeno transcendental que abrange a energia emocional que impulsiona o conflito e a sua violência por gerações. Ao longo dos anos, o senso comum do processo de paz tem sido de sempre deixar Jerusalém por último. Jerusalém é a questão que provocou a explosão das negociações de Camp David em julho de 2000. Jerusalém é onde a Segunda Intifada foi conflagrada, onde a última onda de violência começou e se centrou. Jerusalém foi sempre a fonte constante de hostilidades nos últimos anos. Sempre acreditei que Jerusalém deveria ser o primeiro item da pauta. Se pudermos resolver Jerusalém, todo o resto será mais fácil.

É por isso que, em agosto de 1989, lancei o primeiro grupo de trabalho israelense-palestino de especialistas sobre o futuro de Jerusalém. Já naquela época, era absolutamente óbvio que Jerusalém seria foco de todas as negociações futuras entre israelenses e palestinos. Sem uma solução pacífica para Jerusalém em que fosse permitido que ambos os lados mantivessem a sua capital nacional na cidade, não poderia haver paz. Isso não mudou.

Em 1992, após três anos de reuniões mensais intensivas e mais seis longos finais de semana juntos, nós (IPCRI) publicamos nosso primeiro plano para a partilha de Jerusalém. É importante observar que estou falando sobre compartilhar Jerusalém, e não dividi-la.

O plano foi apresentado ao prefeito Teddy Kollek um ano antes de Oslo e ainda é a solução mais viável para o futuro de Jerusalém. No nosso exercício de explorar e buscar uma solução, preparamos um mapa da cidade, com diferentes cores indicando os grupos populacionais da cidade. Ficou absurdamente claro que Jerusalém é uma cidade bastante segregada, creio que é a cidade mais segregada do mundo. Israelenses e palestinos vivem em áreas separadas. A cidade não tem áreas comuns. Essa observação nos fez entender imediatamente que a soberania de Jerusalém poderia ser alocada a cada bairro com base na sua demografia. Chamamos essa ideia de "soberania dispersa". No final de 2000, o presidente Clinton, nos parâmetros para a paz que apresentou aos negociadores israelenses e palestinos, criou os termos de referência: "o que for judaico para Israel, o que for árabe para a Palestina".

Outro princípio que o nosso plano de 1992 tinha em comum com Clinton era que Jerusalém deveria permanecer uma cidade aberta, sem limites físicos como muros e cercas que impedissem a liberdade de movimento na cidade. Jerusalém é, afinal, um espaço urbano, onde moram centenas de milhares de pessoas, e dividir a cidade com muros e cercas para dividi-la em pedacinhos mataria a cidade e a tornaria um lugar impossível de se viver e trabalhar. Obviamente, isso representa uma série de desafios, pois não há solução pacífica para Jerusalém que não envolva dividir a soberania da cidade, mas ambos os lados deveriam garantir ao mesmo tempo que a cidade permanecesse fisicamente unida e aberta.

O muro de separação construído ao redor da cidade no sul, leste e norte foi erguido para manter os palestinos no lado de fora. A lei das consequências não intencionais provocou um influxo de cerca de 60 mil palestinos de volta para a cidade após a sua construção. A partir de 1967, essas pessoas começaram a se mudar da cidade, em geral para o norte, onde havia moradias disponíveis e mais baratas do que em Jerusalém. Elas se mudaram de volta para a cidade por medo de ficarem isoladas e até perder o direito de morar nela.

Cerca de 360 mil palestinos vivem em Jerusalém, a esmagadora maioria deles é residente da cidade, não são cidadãos israelenses. De acordo com a legislação israelense, herdada dos britânicos, enquanto residentes, eles têm o direito de votar e concorrer nas eleições municipais. Os palestinos da cidade boicotam essas eleições e rejeitam a reivindicação israelense de soberania sobre toda a cidade. Ainda assim, eles estão sujeitos às leis e políticas israelenses e desfrutam de alguns dos benefícios de serem residentes do Estado de Israel, principalmente a liberdade de deslocamento, a previdência e o acesso aos serviços de saúde de Israel. Apesar dos benefícios, a maioria dos palestinos de Jerusalém exige ser parte do Estado palestino e que Jerusalém seja a sua capital. Não é apenas porque os palestinos de Jerusalém sofrem de discriminação significativa. Há também argumentos baseados em estatísticas sobre quantos dos residentes palestinos de Jerusalém realmente prefeririam ser parte do Estado palestino e quantos prefeririam permanecer em Israel. O que está claro é que nenhum deles concorda com a divisão física de Jerusalém e ninguém quer ter *status* de segunda classe em Jerusalém.

Desde 1967, Israel afirma que Jerusalém é a capital eterna, unida e indivisível do Estado de Israel e do povo judeu. Mas Jerusalém é bastante dividida e claramente desunida, além de não ser reconhecida por nenhum governo do mundo como a capital de Israel. Nenhum país do mundo reconhece a soberania de Israel sobre toda Jerusalém.

Antes da criação da ANP, Jerusalém era o centro da vida palestina — econômica, cultural, educacional, religiosa e politicamente. Hoje, Jerusalém continua a ser o centro apenas em relação à religião. Jerusalém foi separada dos palestinos e os palestinos foram separados de Jerusalém. A fronteira física estabelecida por Israel após Oslo divide Jerusalém dos palestinos na Cisjordânia e em Gaza. Depois que os palestinos concordaram em deixar Jerusalém como uma questão para o *status* final, Israel explorou cinicamente esse acordo para impedir que a ANP tivesse qualquer acesso ou poder de decisão em relação à cidade. Israel se recusou a cumprir as suas obrigações em relação ao Roteiro para a Paz do presidente George W. Bush, que exigia que Israel reabrisse as instituições nacionais palestinas em Jerusalém, especialmente a Casa do Oriente e a Câmara do Comércio de Jerusalém Oriental. Os palestinos não têm nenhum papel oficial em Jerusalém.

Desde a morte de Faisal al-Husseini, em 2001, Jerusalém não tem nenhuma liderança local que una o povo, e Israel aplicou com todas as suas forças um modo de operação de dividir e conquistar a cidade para impedir o surgimento de uma nova liderança. Israel ignorou o desenvolvimento na maioria das áreas palestinas, e até a polícia só entra nessas áreas quando realiza atividades antiterrorismo, criando zonas praticamente sem lei dentro da suposta capital eterna e indivisível de Israel. Jerusalém não é unida e não há nenhuma validade na alegação de que a Jerusalém unida é a capital eterna de Israel.

Hoje, ambas as partes reivindicam Jerusalém como a sua capital nacional. Israel afirma que Jerusalém é o berço da civilização judaica, a cidade mais sagrada dos judeus e o epicentro da existência judaica. Os judeus de todo o mundo, por sua vez, se voltam para Jerusalém em oração, enquanto aqueles dentro da cidade se voltam para o Monte do Templo, no centro da Cidade Velha.

Antes de Meca, o sentido original da oração muçulmana era Jerusalém. Foi de Jerusalém que o profeta Maomé ascendeu aos céus e se reuniu com os profetas anteriores a ele. No Islã, Jerusalém é chamada de Al-Aqsa, "a mesquita distante", e Beit al-Maqdas, "a casa sagrada", em referência ao Templo Sagrado. Jerusalém é a terceira cidade mais sagrada do mundo para os muçulmanos e, de acordo com a sua tradição, a obrigação de *haj*, "peregrinação", não se completa até que, depois de passar por Meca e Medina, o peregrino não continue sua jornada até Jerusalém.

As posições entre as partes em Jerusalém são diametralmente opostas e parecem intransponíveis. A política oficial do governo israelense é que Jerusalém é e sempre será a capital eterna e indivisível do povo judeu e do Estado de Israel. Jerusalém nunca será dividida novamente, como foi por quase 19 anos, entre 1949, no final da Guerra de Independência e a Nakba palestina, e a guerra de junho de 1967. Em março de 1949, o rei Abdallah I da Jordânia anexou ilegalmente Jerusalém Oriental e a Cisjordânia do rio Jordão até o Reino Hachemita, e muros e cercas de arame farpado partiram Jerusalém ao meio, separando a Cidade Velha e os lugares sagrados judaicos de Israel e do mundo judaico. Após a Guerra dos Seis Dias, em 1967, o Estado judeu derrubou os muros e as cercas e reunificou a cidade, jurando que nunca ela seria dividida novamente. A seguir, Israel anexou ilegalmente toda Jerusalém Oriental e expandiu suas fronteiras orientais, colocando toda a cidade sob a lei e a soberania israelenses. Assim como a anexação jordaniana de 1949, a anexação israelense foi rejeitada pela comunidade internacional, que considerou que a medida estaria em contravenção ao direito internacional.

A posição dos palestinos é de que toda a Jerusalém Oriental, o território ocupado por Israel em 1967, deve se tornar a capital do Estado da Palestina. Oficialmente, esse posicionamento envolve os mais de 250 mil israelenses que moram na área, em bairros construídos por Israel em terras que os palestinos consideram suas. A posição palestina é que toda a Cidade Velha de Jerusalém, incluindo o bairro judeu e os lugares sagrados judeus, devem ficar sob soberania palestina em qualquer acordo de paz.

Há três círculos concêntricos de questões em Jerusalém que precisam ser resolvidos. Quanto mais interno o círculo, mais difícil de resolvê-lo. Ainda assim, existem soluções para todos eles. O círculo externo é a questão dos bairros espalhados pela cidade. O círculo intermediário é a Cidade Velha. No centro dos centros está o Monte do Templo/ Haram al-Sharif.

Os bairros, como foi mencionado, são a parte mais fácil de solucionar, pois simplesmente não há bairros mistos. Todos os bairros são israelenses ou palestinos, e as fronteiras entre eles são igualmente claras. É relativamente fácil atribuir soberania a todos os bairros. As poucas áreas problemáticas poderiam ser resolvidas individualmente: como os enclaves palestinos em Giva Hatzarfatit; Gilo, um cemitério muçulmano no Monte Sião; e Beit Safafa, onde metade da vizinhança é composta de cidadãos israelenses, ainda que palestinos, e a outra metade de palestinos sem cidadania.

Há também os casos especiais dos assentamentos israelenses construídos dentro de bairros palestinos, tais como Ras al-Amoud e Nof Zion. Har Homa também é problemática, pois foi construída após Oslo, e os palestinos não aceitam que seja incluída nas áreas anexadas por Israel (parte da anexação de 4 a 5%), mas a situação atual em Har Homa se tornou grande para ser revertida. A Palestina terá soberania sobre todos os bairros palestinos, enquanto Israel terá soberania sobre todos os bairros israelenses. É possível que seja uma situação sem precedentes no mundo todo, mas Jerusalém é especial e exige soluções especiais.

O governo da cidade poderia se organizar segundo municipalidades completamente independentes, com coordenação entre si, ou até mesmo com um único conselho municipal representando ambas as cidades. Outros modelos, de outras partes do mundo, foram analisados, incluindo Bruxelas e até Nova York, que usa o sistema de distritos. As questões de governança municipal são as mais fáceis de resolver em Jerusalém e, assim como no modelo de Bruxelas, recomenda-se adotar o princípio de tentativa e erro — nada seria eterno e inalterável. O objetivo do governo municipal é atender as necessidades do dia-a-dia de quem mora no município. Em Jerusalém, deve haver coordenação entre os dois lados em questões de infraestrutura, transporte, esgoto, gestão e tratamento de resíduos, abastecimento de água e energia e, obviamente, sobre desenvolvimento econômico: turismo, antiguidades, construção, zoneamento, planejamento, etc.

Sem dúvida nenhuma, a Cidade Velha é o coração de Jerusalém e o epicentro do conflito entre Israel e Palestina. A área tem menos de um quilômetro quadrado, mas é um barril de pólvora de proporções nucleares em termos de volatilidade e de potencial para o desastre. A Cidade Velha tem quatro bairros: armênio, cristão, muçulmano e judeu. Os parâmetros estabelecidos por Clinton também poderiam ser adotados na Cidade Velha, de modo que o bairro judeu ficaria sob soberania israelense e, com base na demografia, os outros três ficariam sob soberania palestina. Também seria possível adotar uma proposta como aquela oferecida pelo primeiro-ministro Olmert em 2008, na qual a cidade seria governada em nome dos seus residentes por um órgão internacional composto por Israel, Palestina, Estados Unidos, Jordânia e Arábia Saudita. Outra proposta parecida foi apresentada por um grupo de especialistas em Jerusalém que trabalha com a Universidade de Windsor, no Canadá, pela qual uma empresa de gestão internacional administraria a Cidade Velha.[88]

No centro do coração, no fundo do coração, por assim dizer, está, naturalmente, o Monte do Templo/ Haram al-Sharif, com 145.000 m² de espaço sagrado. É o lugar mais sagrado do mundo para os judeus, o terceiro mais sagrado para os muçulmanos, e os palestinos se consideram os protetores de Al-Aqsa — mencionada no Alcorão e chamada de "a mesquita distante". Para os mu-

---

88. Universidade de Windsor, *Jerusalem Old City Initiative* [Iniciativa da antiga cidade de Jerusalém], sem data [em inglês].

çulmanos, o monte inteiro, não só os edifícios construídos sobre ele, é Al-Aqsa, o lugar de onde acreditam que o profeta Maomé ascendeu aos céus na *Isra*, a parte da jornada de Maomé de Meca a Jerusalém. Uma vez em Jerusalém, a segunda parte da jornada de Maomé é o *Mi'raj*,[89] durante a qual visitou os sete céus e conversou com os profetas anteriores, tais como Abraão/ 'Ibrāhīm, Moisés/ Musa, João Batista/ Yahyāibn Zakarīya e Jesus/ Isa.

De acordo com a tradição islâmica, Deus passou a Maomé instruções para que os muçulmanos orassem 50 vezes por dia, mas Moisés disse a Maomé que seria muito penoso para os fiéis e lhe implorou que pedisse uma redução — até que, finalmente, a quantidade foi reduzida a cinco vezes por dia. Moshe Dayan entendia perfeitamente bem a volatilidade do local quando ordenou a remoção imediata de uma bandeira de Israel do alto da Cúpula da Rocha. Israel entendia que seria perigosíssimo alterar o *status quo* em relação à continuidade da presença e controle muçulmanos no Monte do Templo.

Nos últimos anos, mais judeus passaram a combinar crenças religiosas profundas com o extremismo nacionalista e decidiram que os judeus deveriam retomar o Monte antes da chegada do Messias, talvez até como forma de acelerar a sua vinda. A reivindicação de que os judeus tenham permissão para orar no Monte é compreensível tanto da perspectiva da importância religiosa quanto da afirmação do direito de livre acesso a todos os lugares sagrados. Se não houvesse conflito entre Israel e Palestina, poderíamos até imaginar o dia em que isso aconteceria pacificamente. Nada na lei islâmica[90] proíbe que pessoas de outras religiões orem no Haram al-Sharif. Mas, na situação atual, em que os fiéis da Palestina e do resto do mundo muçulmano estão crentes de que Israel pretende remover as mesquitas, impedir os muçulmanos de orar no local e reconstruir o Templo, o conflito político Israel-Palestina se transforma imediatamente em uma guerra religiosa. É o cenário mais

89. Em árabe significa literalmente "escada".
90. Em árabe, *sharia*.

perigoso possível, e arriscado demais para ser tolerado. O *status quo* deve ser preservado e, caso precise ser alterado, isso só pode acontecer por meio de negociações e acordos, não pela força.

A solução política para o Monte do Templo/ Haram al-Sharif é formalizar o *status quo* atual, no qual os muçulmanos — os palestinos — controlam o Monte do Templo/ Haram al-Sharif no alto e Israel controla o Muro das Lamentações, abaixo, que fica fora do Monte, onde os judeus oram para ficar o mais próximo do Monte possível. Ambas as partes concordam em limitar a sua soberania e controle e não construir túneis ou outras edificações, escavar ou danificar de nenhuma forma o sítio como um todo sem acordo mútuo.

Se, depois da vinda do Messias, Deus desejar alterar o acordo, tudo seria possível. Por ora, no entanto, são esses os ingredientes de um acordo possível.

PODE DAR CERTO?

Agora sobram as duas perguntas mais importantes: como a cidade de Jerusalém poderia ser dividida com base na demografia e ainda funcionar? E quando a questão deveria ser negociada? A única maneira de Jerusalém sobreviver como espaço urbano, onde pessoas de verdade moram e trabalham, é permanecer fisicamente unida e aberta. Se for rasgada em pedaços por muros, paredes e cercas de arame farpado, Jerusalém vai morrer. A pré-condição para que Jerusalém permaneça fisicamente unificada e aberta é que haja segurança pessoal de fato dentro da cidade. Mas esse é um pré-requisito para todos os aspectos da vida israelense e palestina. A segurança real em Jerusalém precisará incluir três componentes principais:

▷ As forças de segurança e policiais de cada lado terão que assumir responsabilidade total pela segurança e pela ordem pública no território sob o seu próprio controle;

▷ Haverá a necessidade de cooperação robusta e ativa, incluindo forças conjuntas entre os órgãos de segurança e policiais israelenses e palestinos em Jerusalém;
▷ E, por fim, deve haver um componente de monitoramento por terceiros significativo para garantir que ambas as partes estão cumprindo integralmente as suas obrigações, além de construir a confiança necessária para as missões conjuntas e oferecer um mecanismo de resolução de disputas em tempo real no local.

Quando a questão de Jerusalém deve ser tratada, no final ou no início das negociações? Sempre fui contra o senso comum e defendi que Jerusalém deve ser negociada no começo. As fronteiras não podem ser negociadas sem antes resolver a questão de Jerusalém. A troca de terras se esvazia se não lidarmos com a demarcação das fronteiras de soberania em Jerusalém. As medidas de segurança não têm validade se não confrontarmos a segurança em Jerusalém, onde ocorreu a maioria dos ataques terroristas durante a Segunda Intifada. A questão relativa aos símbolos nacionais e lugares sagrados não pode ser solucionada em lugar algum na região se não lidarmos com Jerusalém. Jerusalém é o microcosmo de todo o conflito e a questão mais sensível a ser negociada. Se as questões em conflito em Jerusalém puderem ser resolvidas nas negociações, todos os demais aspectos serão tratados com mais facilidade. Se a questão que recai sobre Jerusalém não puder ser resolvida, não poderá haver paz entre Israel e Palestina.

Como a maioria dos aspectos da questão de Jerusalém já foi negociada no passado e como tantas propostas viáveis foram criadas para Jerusalém por especialistas israelenses e palestinos que trabalharam lado a lado para encontrá-las, seria mais viável chegar a um acordo sobre Jerusalém do que muita gente imagina. As soluções que descrevi permitiriam que ambos os lados tivessem as suas capitais nacionais em Jerusalém. Jerusalém continuará a ser uma cidade aberta e unida para que todos possam visitá-la, ao mesmo tempo que as soberanias independentes seriam indicadas claramente nos mapas e nas ruas. Os lugares sagrados de Jerusalém ficarão abertos, com livre acesso para todos, e cada comunidade manterá o controle sobre os seus espaços mais sagrados, e ao mesmo tempo permitiria que os sonhos e as aspirações futuras permanecessem no reino da oração.

A paz em Jerusalém é crucial para a paz entre israelenses e palestinos – e essa ferramenta está na mesa de negociações, esperando para ser usada. Jerusalém tem o potencial para se tornar o único lugar do mundo onde as civilizações não se chocam, onde aprendem a respeitar e valorizar uma à outra através do diálogo, do respeito mútuo e da celebração mútua e coletiva.

A singularidade de Jerusalém reside na sua vocação espiritual e na riqueza dos seus recursos humanos. A riqueza de Jerusalém vem daqueles que a amam e que têm a vida diretamente ligada a ela. Fomentar conflitos na cidade e em torno dela usando *slogans* políticos vazios em *outdoors* e nas laterais de ônibus só rouba o valor de Jerusalém. A competição pelos recursos imobiliários escassos da cidade aumenta a feiura e a grosseria da personalidade de Jerusalém e da imagem que apresenta para o mundo.

A história de Jerusalém é um fardo enorme, um peso que reduziu a glória da cidade a uma disputa tribal primitiva e expulsou muita gente boa dela. Quando o presente de Jerusalém e o seu potencial futuro superarem seu passado, sem perder o respeito e o reconhecimento de sua história, Jerusalém se tornará um ímã, não um fardo.

REFUGIADOS PALESTINOS

Quando falam que o conflito Israel-Palestina não tem solução, as pessoas geralmente acabam se concentrando na questão dos refugiados palestinos. De acordo com o relatório final da missão de pesquisa econômica da ONU para o Oriente Médio, publicado pela Comissão de Conciliação das Nações Unidas em 28 de dezembro de 1949, 726 mil palestinos se tornaram refugiados devido ao nascimento do Estado de Israel e à guerra que teve início após o voto da ONU sobre a partilha em 29 de novembro de 1947. Hoje, mais de cinco milhões de palestinos estão registrados como refugiados junto à ONU.

Em primeiro lugar, é importante observar que os refugiados palestinos são a única comunidade de refugiados do mundo a receber *status* multigeracional. Não existem segundas, terceiras e quartas gerações de refugiados de outras comunidades que fugiram ou foram expulsas de seu país. Em segundo lugar, os refugiados palestinos são a única população de refugiados que conta com um agenciamento exclusivo na ONU. Todos os outros refugiados do mundo são de responsabilidade do Alto Comissariado das Nações Unidas para os Refugiados (ACNUR). De acordo com o site da ACNUR, sua missão é conduzir e coordenar ações internacionais para proteger refugiados e resolver problemas relacionados a eles em esfera mundial. Seu objetivo principal é proteger os direitos e o bem-estar dos refugiados. A organização se esforça para garantir que todos possam exercer seu direito de buscar asilo e se refugiar com segurança em outros Estados, com a opção de voltar para casa voluntariamente, se integrar localmente ou se reassentar em outro país.

A Agência das Nações Unidas de Assistência aos Refugiados da Palestina (UNRWA) é o órgão que lida exclusivamente com os refugiados palestinos. Sua missão nunca sugeriu que os refugiados palestinos sejam reassentados em outros países ou que os palestinos que fugiram ou foram expulsos da Palestina não continuarão a ser considerados refugiados pelas próximas gerações. A missão da UNRWA foi transformada em um mecanismo que preserva o *status* de refugiado dos descendentes de refugiados palestinos, apesar de terem morado na Palestina antes de 1948. A Faixa de Gaza tem oito campos de refugiados e mais de 1,2 milhão de refugiados registrados. A Cisjordânia tem dezenove campos de refugiados e cerca de 750 mil refugiados registrados. Os campos na Palestina e na Jordânia não são mais campos de refugiados. Em geral, são favelas ou zonas urbanas pobres de alta densidade populacional. Os refugiados não são proprietários dos terrenos nos campos, mas construíram casas neles, com recursos distribuídos pela comunidade internacional e os que conquistaram ao longo dos anos com o próprio trabalho. Na Cisjordânia, apenas uma porcentagem mínima dos 1,2 milhão de refugiados registrados ainda mora nos campos. A maioria mora nas grandes cidades e vilas, mas mantém uma casa da família nos campos a fim de garantir seu *status* e as suas reivindicações ao direito de retorno.

Muitos ex-refugiados se tornaram pessoas de sucesso, dentro e fora da Palestina. Cerca de 500 mil palestinos moram no Chile, outros 250 mil na Costa Rica. Muitas dessas pessoas ainda se consideram refugiados da Palestina. Dentro Palestina, muitos dos palestinos mais ricos foram refugiados. Jamil Tarifi, por exemplo, ex-ministro no primeiro governo de Arafat, é um refugiado de Deir Tarifi, um vilarejo que localizado onde depois foi construído o Aeroporto Internacional Ben Gurion. Visitei Jamil Tarifi na sua casa em junho de 2015. É uma das mansões mais luxuosas de Ramallah. Jamil Tarifi e seus filhos estão registrados como refugiados.

O posicionamento palestino sobre refugiados se baseia na Resolução 194 da ONU, cuja cláusula operativa sobre os refugiados afirma no parágrafo 11:

Decide-se que os refugiados que desejarem voltar aos seus lares e viver em paz com os seus vizinhos devem receber permissão para tanto na primeira data praticável e que aqueles que escolherem não voltar devem ser indenizados pela sua propriedade e pelos prejuízos ou danos à propriedade que, sob os princípios da lei internacional ou de direito, devem ser compensados pelos governos e autoridades responsáveis; instrui a Comissão de Conciliação a facilitar o repatriamento, reassentamento e reabilitação social e econômica dos refugiados e pagamento de indenizações, e a estabelecer comunicação regular com a Diretoria da Agência das Nações Unidas de Assistência aos Refugiados da Palestina e, através dela, com os órgãos e agências apropriados da Organização das Nações Unidas.

Com base nessa resolução, os palestinos desenvolveram o termo "direito de retorno". A posição palestina é que todos os refugiados palestinos e seus descendentes têm automaticamente o direito de voltar para os seus lares originais. Trata-se de uma resolução problemática, o que é totalmente compreensível. A espinha dorsal da identidade e memória coletiva palestina é a Nakba, tragédia que acometeu os palestinos com o nascimento de Israel. Preservar a memória da Palestina pré-1948 foi o combustível que cristalizou a nação palestina. A tendência é a identificação com o processo de rememoração da realidade que existia quase setenta anos atrás, especialmente para os judeus, que preservaram sua memória coletiva por 2 mil anos. Contudo, a possibilidade de retorno não é sequer uma opção para a maioria dos refugiados. Das mais de 400 vilas que existiam na Palestina antes de 1948, quase nada sobrou. Essas vilas e cidades foram substituídas por novos municípios, novas vilas, *kibutzim* e outras instituições, como o Aeroporto Internacional Ben Gurion, a Universidade de Tel Aviv e o Tel Aviv Hilton Hotel. Hoje, em lugares de onde os refugiados palestinos vieram, moram judeus israelenses há três ou quatro gerações. Não se pode fazer justiça cometendo injustiças com os outros.

Além disso, se os refugiados palestinos voltassem ao que hoje é o Estado de Israel, eles estariam dispostos a se tornar cidadãos israelenses cumpridores da lei e leais ao país? Seriam capazes de se identificar com o Estado de Israel e concordar em viver em paz com seus vizinhos, como declara a resolução da ONU?

Para os palestinos, entretanto, o princípio do direito de retorno é um direito sagrado e um direito individual. Não é um direito coletivo e não é um direito negociável. Para Israel, a implementação do direito de retorno seria um golpe mortal à ideia de um Estado-nação judeu com uma forte maioria judia. O retorno de milhões de refugiados palestinos para o Estado de Israel transformaria o país em um Estado binacional e, com o tempo, em um Estado com uma maioria palestina e uma grande minoria judaica. Não é algo que Israel estaria minimamente disposto a aceitar. As declarações dos líderes palestinos, incluindo Arafat e Abbas, de que não iriam nem poderiam abrir mão do direito de retorno, aliadas a declarações de líderes israelenses, incluindo Netanyahu e Tzipi Livni, de que nenhum refugiado palestino poderia retornar, sugerem que o problema não pode ser resolvido e, portanto, que o conflito não tem solução.

Em 4 de novembro de 2012, Abbas foi entrevistado pelo Canal 2 de Israel e disse o seguinte:

> Hoje, a Palestina é para mim as fronteiras de 67, com a sua capital em Jerusalém Oriental. É assim agora e sempre. [...] Esta é a Palestina para mim. Eu sou um refugiado, mas moro em Ramallah. [...] Creio que a Cisjordânia e Gaza são a Palestina e as outras partes são Israel.

Ele disse também que não tem o direito de voltar para Safed. A declaração causou um alvoroço entre os palestinos e reacendeu esperanças entre os israelenses. Abbas não hesitou em reafirmar que não desistiu do direito de retorno para o povo palestino, apenas para si mesmo. É uma distinção muito importante e oferece a solução real para a questão dos refugiados palestinos. Nenhum líder palestino poderia abrir mão do direito de retorno dos refugiados palestinos. Os palestinos acreditam que desistir do direito de retorno é um direito individual. Eu preferiria dizer que decidir sobre o futuro dos refugiados palestinos é o direito de cada refugiado.

Antes de apresentar aquela que acredito ser a solução, gostaria de adicionar um comentário sobre as anomalias do *status* de refugiado palestino. É possível reclamar e esbravejar sobre o *status* multigeracional dos refugiados palestinos, diferente de todos os outros refugiados. É possível reclamar da UNRWA e da sua missão de manter acesa a questão dos refugiados palestinos. Tudo isso pode ser 100% correto e válido, mas em nada adianta para apresentar uma solução. Devemos aceitar as anomalias e avançar no sentido de encontrar uma solução. Esta proposta se baseia em algo que sugeri originalmente em um artigo que escrevi para o primeiro-ministro Ehud Barak cerca de dias dez antes da cúpula de Camp David.

A seguir, reproduzo o que escrevi em 21 de dezembro de 2000:

▷ Ambas as partes reconhecem a validade da Resolução 194 da AGNU;
▷ Uma organização internacional será estabelecida para oferecer apoio internacional para o reassentamento de refugiados,

para a construção de lares e para o desenvolvimento de oportunidades de emprego para os refugiados;
▷ A organização internacional também alocará recursos para os países que receberam refugiados desde 1948;
▷ A organização internacional alocará recursos para indivíduos assim como para Estados;
▷ Os refugiados receberão a oportunidade de escolher entre as seguintes opções:

1. Retorno e (re)assentamento no Estado da Palestina;
2. Permanecer no país anfitrião e receber (ou manter) a cidadania do país anfitrião;
3. Solicitar o reassentamento e receber cidadania de outros países;
4. Solicitar reassentamento e cidadania do Estado de Israel.

▷ Após a determinação final da escolha dos refugiados, representantes da Palestina, Israel e outros países dispostos a absorver os refugiados se reunirão para definir os mecanismos de implementação das solicitações dos refugiados. Nenhuma das partes se compromete de antemão em receber todos os refugiados que optarem por se mudar para qualquer um dos países selecionados pelos refugiados, mas, com a assinatura do Tratado de Paz, os lados se obrigam a agir de boa-fé e assumir responsabilidade máxima por cooperar com a organização internacional na absorção de todos os refugiados e dar uma conclusão final positiva para a situação dos refugiados palestinos.

Uma versão mais ampliada dessa ideia foi enviada a Yossi Beilin e Nabeel Shaath, que eram responsáveis pela pasta dos refugiados nas negociações de Taba, em janeiro de 2001, quando houve progresso de fato, ao contrário de Camp David, em que ocorreram apenas seis horas de negociações, no período de duas semanas, sobre a questão dos refugiados.

Em suma, todos os refugiados poderão escolher entre uma série de opções. A solução para o problema envolve o seguinte:

1. Retorno e cidadania no Estado da Palestina, opção que estará disponível para todos os todos palestinos do mundo, sem término, com a inclusão de incentivos estratégicos para aqueles que selecionarem essa opção, incluindo as possibilidades de auxílio financeiro para moradia e empregos;
2. Uma lista de outros países dispostos a aceitar os refugiados, sendo que cada país determinaria o número de vagas e o mecanismo usado para solicitar cidadania, incluindo Israel;
3. A opção de permanecer nos países anfitriões, relevante principalmente para a Jordânia.

Será estabelecido um fundo internacional, com um painel jurídico internacional, para resolver os pedidos de indenização financeira por propriedades perdidas. Israel participará do fundo. Os assentamentos não inclusos nas áreas a serem anexadas por Israel no mapa da troca de territórios serão conservados intactos e utilizados no plano de reassentamento dos refugiados que optarem por retornar ao Estado da Palestina. Com a implementação do acordo de paz, o *problema dos refugiados* deixará de existir e a UNRWA será extinta. O reassentamento dos refugiados na Palestina será responsabilidade do governo do Estado da Palestina.

Todo refugiado registrado teria um prazo específico no qual seria obrigado a responder. Com as tecnologias da atualidade, seria fácil fazer tudo isso online, com supervisão e monitoramento internacional. Todo país que se oferecesse para receber refugiados palestinos determinaria o número de refugiados e as condições sob as quais eles seriam aceitos. Cada país tem o direito soberano de determinar as suas políticas de imigração e integração. Em setembro de 2010, o primeiro-ministro Ehud Olmert observou que o presidente George W. Bush havia concordado em aceitar cem mil refugiados palestinos no âmbito de um acordo Israel-Palestina. Provavelmente, pelo menos vinte países aceitarão refugiados palestinos, incluindo o Estado de Israel.

A última parte da solução provavelmente seria um elemento pós-paz, que envolveria uma reconciliação mais profunda. Em algum momento, não muito tempo depois da finalização de um acordo abrangente, Israel precisará reconhecer o seu quinhão de responsabilidade pela criação do problema dos refugiados palestinos. Israel é o único responsável — há mais do que suficiente para todo mundo, incluindo a própria liderança palestina, os líderes árabes e o Reino Unido. Mas Israel tem uma responsabilidade significativa e precisará admiti-la. O reconhecimento pode assumir muitas formas, incluindo uma declaração pública do governo israelense, mas o reconhecimento mais profundo envolverá a aprendizagem sobre a Nakba e a história palestina no território que viria a se tornar Israel, nas escolas israelenses e por parte da sociedade civil do país.

Os palestinos também terão que fazer suas próprias confissões frente à situação, e precisam assumir responsabilidade por algumas das ações horríveis que cometeram ao longo dos anos. Será importante que eles também consigam pedir desculpas.

CRUZANDO A LINHA DE CHEGADA

No início do período de negociações que durou nove meses, alocado pelo secretário de Estado John Kerry em julho de 2013, os membros da equipe dele solicitaram que eu apresentasse minhas ideias e recomendações. Escrevi dezenas de páginas de recomendações, incluindo o texto a seguir. As seções reproduzidas abaixo tratam principalmente de itens que não foram detalhados anteriormente.

DOCUMENTO DE REFERÊNCIA PARA O ESTABELECIMENTO DA PAZ PERMANENTE

Este documento pretende auxiliar as partes nas fases finais das negociações de um acordo de paz com *status* permanente.

O governo do Estado de Israel e a OLP, representando o povo palestino, reafirmam que chegou o momento de dar fim a décadas de confrontos e conflitos, reconhecer seus direitos políticos legítimos mútuos e se esforçar para coexistir em paz e com dignidade e segurança mútuas, produzindo um acordo de paz justo, duradouro, abrangente e uma reconciliação histórica baseada na solução de dois Estados para dois povos.

◊

ARTIGO UM *Objetivo do acordo de princípios sobre o* status *permanente* O objetivo desta Declaração de Princípios é estruturar as negociações relativas ao acordo detalhado sobre o *status* permanente de paz, o fim do conflito e todas as reivindicações entre o Estado de Israel e o Estado da Palestina que serão estabelecidos com base nestes princípios. Esta Declaração de Princípios diz respeito a todas as questões relativas ao *status* permanente detalhadas na DP de setembro de 1993, incluindo: Jerusalém, refugiados, assentamentos, sistemas de segurança, fronteiras, relações e cooperação com outros vizinhos e outras questões de interesse comum.

ARTIGO SETE *Água e meio ambiente* Com base no acordo de Oslo II, em que Israel reconheceu os direitos da Palestina sobre a água, ambos os lados concordam em aumentar imediatamente a alocação de água para a Palestina em 20% até que um novo acordo sobre esta questão seja finalizado. O novo acordo sobre a água, parte do acordo sobre o *status* permanente total, se baseará no princípio da equidade das alocações e dos direitos à água. Ambos os lados trabalharão juntos para promover projetos de infraestrutura e desenvolvimento que aumentarão a quantidade de água disponível por todos os meios, incluindo dessalinização, tratamento de efluentes, manutenção das redes de abastecimento, etc.

Ambos os lados se comprometem em trabalhar imediatamente na promoção de projetos de infraestrutura ambiental para reverter danos ao meio ambiente, especialmente aqueles cuja natureza abrange os dois lados da fronteira.

Por outro lado, poderia ser adotado um modelo de gestão conjunta total da água, com base na criação de uma parceria público-privada bilateral responsável pelo atendimento de todas as necessidades de água de todos os povos a preços razoáveis. A empresa trabalhará com um orçamento fechado e todas as receitas serão dedicadas à expansão e melhoria dos sistemas de abastecimento de água e ao aumento da quantidade e qualidade da água potável para todos os usos. A alocação da água não será determinada por identidade nacional. Todos os usuários terão exatamente os mesmos direitos de receber tanta água quanto precisem. A tarifação será diferenciada, dependendo do uso dado à água, não de quem a utiliza. O abastecimento para as necessidades humanas básicas será a água de menor preço, sendo disponibilizado para todas as pessoas entre o rio e o mar pelo mesmo preço baixo.

ARTIGO OITO *Criar uma cultura de paz, educação para a paz e luta contra a incitação* Com a assinatura desta Declaração de Princípios, os dois lados se comprometem a trabalhar em parceria e de forma decisiva para promover uma cultura de paz, incluindo revisar currículos, modificar livros didáticos e incluir a educação para a paz nos sistemas educacionais de ambos os lados. Os dois lados também concordam em atuar em conjunto e decisivamente para eliminar todas as formas de incitação contra o outro lado, tanto publicamente como na mídia.

ARTIGO NOVE *Processo de paz interpessoal* Ambos os lados se comprometem totalmente em promover programas abrangentes de atividades de paz interpessoais em todos as esferas de ambas as sociedades. Os governos de ambos os lados declaram seu compromisso em dar legitimidade absoluta a tais atividades e alocar orçamentos para promovê-las. Os dois lados conclamam a comunidade internacional a apoiar os esforços de pacificação interpessoal e a obter apoio de doadores internacionais.

ARTIGO DEZ *Ministros da Paz* Ambos os lados estabelecerão ministros da Paz, que serão cargos do primeiro escalão. Os ministérios da Paz terão autoridade para coordenar a implementação de todos os aspectos não militares do tratado de paz. Os ministérios da Paz coordenarão o desenvolvimento da cooperação entre todos os ministérios paralelos em ambos os lados. Os ministérios da Paz promoverão e apoiarão o trabalho das organizações não governamentais que apoiam o desenvolvimento da paz e da normalização das relações entre os dois povos.

ARTIGO DOZE *O fim do conflito* Uma vez que um acordo seja finalizado, lidando satisfatoriamente com todas as questões em conflito, que haja concordância sobre o fim do conflito e o fim das reivindicações, os Estados Unidos e os outros membros permanentes do Conselho de Segurança, com o consentimento de Israel, patrocinarão uma resolução no Conselho de Segurança a favor da adesão da Palestina à onu enquanto Estado pleno.

Uma segunda resolução do Conselho de Segurança da onu será patrocinada pelos Estados Unidos e pelos outros membros permanentes do Conselho de Segurança, conferindo ao acordo de paz entre Israel e Palestina a força da legitimidade e da lei internacional. A resolução do Conselho de Segurança da onu sobre a paz entre Israel e Palestina deverá declarar que existe um estado de paz entre os dois Estados. A resolução deverá declarar que o acordo de paz Israel-Palestina cumpre a resolução agnu 181, com o estabelecimento de um Estado judeu e um Estado árabe palestino na terra entre o rio Jordão e o mar Mediterrâneo. Além disso, o acordo de paz entre israelenses e palestinos representará a plena implementação da resolução agnu 194 e das resoluções 242, 338 e 1397 do csonu.

As partes reconhecem que Palestina e Israel são as pátrias dos seus respectivos povos. Israel e Palestina concordam em seguir os princípios da carta das Nações Unidas e garantir plenos direitos para as minorias em seus respectivos Estados, independentemente de raça, religião, nacionalidade ou gênero, incluindo a minoria palestina em Israel e a minoria judaica na Palestina.

Dois Estados para dois povos

Dois temas foram constantes durante toda a minha vida: a solução para o conflito Israel-Palestina está na fórmula de dois Estados para dois povos e a paz efetiva será estabelecida por meio da cooperação entre pessoas e instituições de ambos os lados do conflito. Continuo a acreditar que as origens do conflito estão no desejo e disposição de ambos os lados de lutar, matar e morrer para que possam ter uma expressão territorial da sua identidade. É um conflito sobre território e a sua identidade. Isso não mudou nos últimos cem anos e parece que continuará pelas próximas décadas. Assim, não existe uma solução de um Estado, pois esta não é uma solução que dá às partes em guerra a expressão territorial pela qual sempre estiveram tão prontas para lutar.

No âmbito da solução de dois Estados para dois povos, nunca apoiei o paradigma da separação, que se baseia em muros e cercas que impedem a interação e a cooperação que, acredito, são elementos críticos para o desenvolvimento da paz real. O desejo de ambos os lados de não ver o outro, seja pela imposição de muros, cercas e barreiras, ou através de uma campanha danosa e sem sentido contra a normalização, é fácil de compreender, dada toda a violência e todo o sofrimento que ambos os lados vivenciaram. Mesmo os israelenses de esquerda, que acredito que realmente desejam a paz com os palestinos, se tornaram os grandes defensores do modelo de separação. Nunca haverá paz, mesmo com um acordo de paz, se colocarem as pessoas em gaiolas e impedirem ou desincentivarem a interação e a cooperação. Disso tenho certeza. É por isso que é essencial destruir os mitos de separação. A geografia do medo gerou ódio e racismo e aprofundou o conflito, tanto para israelenses quanto para palestinos, e isso é algo que israelenses e palestinos devem questionar, juntos.

Um elemento essencial das minhas ideias mudou nos últimos anos. Durante muitas décadas de trabalho, acreditei que os Estados Unidos nos ajudariam a chegar à paz. O papel de um terceiro tem sido fundamental para a maioria dos esforços de paz desde a criação do Estado de Israel. Israel e Palestina se tornaram dependentes dos esforços alheios para resolver o nosso conflito. Quando o presidente Obama afirmou, em seus primeiros dias na Casa Branca, que a resolução do conflito árabe-israelense era de interesse de segurança nacional dos Estados Unidos, surgiu a esperança de que os EUA nos resgatariam. Se a afirmação era verdadeira, então o velho ditado de que "as partes têm que querer mais do que nós" já não era verdade. Mas, enquanto os Estados Unidos tentaram trazer as partes de volta às negociações, durante os oito anos do governo Obama, não estavam preparados para pressionar, ou pressionar o suficiente, as partes para que chegassem a um acordo. Os Estados Unidos nunca fizeram uso estratégico das suas ferramentas diplomáticas de incentivos e punições quando se tratava de resolver o conflito Israel-Palestina.

Hoje, acredito mais do que nunca que o processo de paz terá de vir de dentro. As partes terão que se resolver sozinhas. Os Estados Unidos e os outros estarão preparados para ajudar, financeiramente e de outras formas, mas a mudança só será possível quando as partes decidirem negociar entre si e, torço, sem mais ninguém. Quando as partes estiverem perto de um acordo, os Estados Unidos e outros agentes poderão entrar com propostas de conciliação. Haverá um papel significativo para os terceiros, especialmente para os Estados Unidos, nas fases de implementação, especialmente no monitoramento, verificação e resolução de disputas. Apesar da assimetria no conflito, as melhores negociações acontecerão quando os representantes de Israel e os representantes palestinos se trancarem em uma sala decididos a chegar a um acordo. O maior favor que os Estados Unidos e a comunidade internacional poderiam fazer para Israel e para a Palestina seria afirmar que ninguém de fora de Israel e da Palestina vai conseguir resgatá-los entre si. Nós, israelenses e palestinos, precisamos resgatar a nós mesmos, juntos, cara a cara. Nossos vizinhos podem e devem ajudar. Os acordos regionais, especialmente aqueles relativos a cooperação de segurança, economia e meio ambiente, como a questão de água e energia, expandirão os benefícios e criarão acordos melhores, mas Israel e Palestina representam o centro do conflito, e é a partir do centro que devemos trabalhar.

A aceitação e o reconhecimento mútuos virão com o tempo. Precisamos aprender as línguas uns dos outros. Precisamos ir além das linhas do conflito. Precisamos aprender a cooperar em todos os aspectos da vida nessa terra compartilhada entre o rio Jordão e o mar Mediterrâneo. Não é apenas uma questão de interesses. As almas dos nossos povos e dos nossos Estados estão em jogo. Disso tenho certeza: teremos paz um dia.

Agradecimentos

Muitas pessoas me influenciaram e afetaram a minha vida e o meu trabalho durante as últimas seis décadas. Entre elas, uma luz constante de inteligência, princípios, integridade e ação foi minha mãe, Rita Geller Baskin, falecida nove anos atrás em um acidente automobilístico na Flórida. Seu espírito e suas orientações estão sempre comigo.

Também ofereço minha gratidão eterna à minha família: a Edna, minha esposa, que tolerou e suportou minhas muitas horas distantes de casa e a ansiedade das minhas viagens a lugares perigosos; e Elisha, Ben e Amit, meus três filhos, que se transformaram em adultos extraordinários, que praticam os valores da nossa família e que, cada um à sua própria maneira, causam um impacto significativo neste mundo que compartilhamos.

Índice remissivo

Al HaMishmar (jornal), 100, 101
Al-Fajr (jornal), 139, 224
Der Juden Staat, 88
Al-Fajr (jornal), 146
1970, década de, 31, 37, 57, 60, 71,
    79, 134, 237
1980, década de, 109, 113
1990, década de, 44, 45, 91, 97,
    112, 115, 142, 166,
    167, 171, 175, 179,
    183, 189, 190, 192,
    193, 195-199, 226,
    227, 231, 236, 258,
    266, 267, 269, 270,
    274, 276, 277, 281,
    291, 361, 363,
    368-371, 384, 401

A'lemi, Ali, 73, 85
Abbas, Mahmoud (Abu Mazen)
    canal de comunicação
        secreto, 247-250,
        252-260
    eleição de
        Herzog-Netanyahu,
        311, 313-319, 329,
        333, 334, 336-343
    negociações de Kerry, 291,
        292, 295, 298-300,
        302-304, 306, 307
    solução de dois Estados,
        323, 361, 396
    Túnis, reunião em, 168, 169,
        171, 196, 271
Abbas, Mahmoud Abu Nidal, 135

Abdallah I (rei), 39, 41, 387
Abdallah, Ghassan, 225
Abdel el Ghani, Hassan, 80
Abna al-Balad, 107
Abrams, Ann, 62
Abu Ala, *veja* Qurie, Ahmed
Abu Ayyash, Radwan, 146
Abu Mazen, *veja* Abbas,
    Mahmoud
Abu Nimer, Mohammed, 118, 120
Abu Shakra, Samir, 105
Abu Zayyad, Ziad, 131
Acordos de Oslo
    arquitetos, 170, 249, 265,
        266
    assinatura na Casa Branca,
        179, 189
    detalhes e interpretações,
        190, 266-270, 275,
        276, 278-280, 283,
        347, 359, 360,
        386-388, 401
    detalhes e interpretações.,
        281, 282, 285
    preparação para, 196, 198,
        372
    prisioneiros, 252, 258, 291,
        293
Adala, 86
Administração civil (IDF), 190,
    268
Agência de Segurança de Israel
    (ASI), 193, 210, 224
    Jenin, 123, 258, 284

Agência de Segurança de Israel
(ASI), 108, 192, 193
Jabotinsky, Zeev, 96
Agência dos Estados Unidos para
o Desenvolvimento
Internacional (USAID),
115
Al-Aqsa, Intifada, 207, 212
Alpher, Yossi, 196
American Israel Public Affairs
Committee (AIPAC),
59
Amidror, Yaacov, 259, 260
Amirav, Moshe, 232
Ammar, Nizar, 196, 198, 231
Antinormalização, 35, 252
Antissemitismo, 49, 326, 327
Apartheid, 63
Arafat, Musa, 371
Arafat, Suha, 207
Arafat, Yasser, 31, 44, 45, 59, 89,
134, 136, 146, 171,
207, 228, 229, 284, 368
2000 e a Segunda Intifada,
207, 284
Arara, 78
Arikat, Saeb, 232, 259, 292, 338
Aseili, Nafez, 174
Askar, campo de refugiados de, 84
Assentamentos, *veja também*
assentamentos
específicos
discurso de Obama (2013),
289-291
e acordos de Oslo, 266, 269,
270, 280, 281
expansão dos, 267, 269, 270,
280, 281
Har Homa, 192
Hebron, 363-366
nas negociações de Kerry,
291, 298, 399-401

percepção palestina sobre,
261
pré-1987, 42
questão fundamental no processo de paz, 36, 132,
212, 275, 301, 335, 369
questões de segurança, 117,
122, 200, 202-204,
267, 269, 270, 375, 376
resposta internacional a, 88,
321, 326, 327, 357
sob Begin, 32, 72, 77
soluções propostas, 301,
318, 357-359,
361-363, 388
violência, 215, 245, 251, 289,
357, 361, 362
autodeterminação, 28, 29, 45, 87,
88, 136, 138, 289, 326,
329, 345-347
Autoridade Nacional Palestina
(ANP)
controle de território, 229,
236, 238, 240
fundação, 196
política interna e relações
internacionais, 285
Segunda Intifada, 207, 212,
214, 373
segunda Intifada, 210
violência, 258, 278, 371
Autoridade Nacional Palestina
(ANP)
controle de território, 237,
241, 242, 266, 376, 386
fundação, 227
política interna e relações
internacionais, 231,
311, 370
política interna e relações
internacionais., 284
Segunda Intifada, 213
segunda Intifada, 208, 210

violência, 251, 367
Autoridade Nacional Palestina Interina (PISGA), 200
Awad, Mubarak, 174

Bakri, Mohammed, 93, 94
Balata, 371
Barak, Ehud, 209–211, 232, 234, 250, 269, 284, 305, 330, 371, 372, 397
Barghouthi, Marwan, 218, 372
Baskin, Elisha, 64, 79, 80, 165, 409
Begin, Menechem, 95, 96, 335
Beilin, Yossi, 265, 266, 398
Beit Jala, 124, 125, 237, 239–241, 245, 270
Beitar Ilit, 91
Belém, 40, 124, 125, 133, 146, 192, 214, 218, 219, 236–242, 245, 246, 270
Ben Ami, Shlomo, 232
Ben Ovadia, Taly, 224
Ben Ovadia, Zahava, 224, 225
Ben-Gurion, David, 39, 137
Berkowitz, Barak, 56
Beth El, 91
Birzeit, Universidade de, 143, 144, 158, 161
Borochov, Ber, 37
Brand, Avrum e Aya, 52
Breira, 58, 59

Camp David, 232, 373, 397, 398
Casa do Oriente, 147, 148, 386
Centro Israel-Palestina para Pesquisa e Informação (IPCRI)
   enquanto conselho e facilitador, 196, 208, 273
   escritórios, 223, 236, 238, 242, 243
   fundação, 165, 168, 170, 171
   Segunda Intifada, 213, 214
   trabalho econômico e financeiro, 171, 180, 227
Centro Israel-Palestina para Pesquisa e Informação (IPCRI)
   enquanto conselho e facilitador, 183, 186, 187, 272
   escritórios, 237, 239, 240, 244
   fundação, 126, 147–149, 167, 169, 345
   Segunda Intifada, 215
   trabalho econômico e financeiro, 179, 227
Clinton, Bill, 189, 210, 211, 287, 316, 317, 354, 384, 389
Cohen, Geula, 186
Cohen, Yitzhak, 218
Comando Unido da Intifada, 130, 146
Conselho Nacional Palestino (CNP), 132, 138
Controle armamentista e segurança regional (ACRS), 198
Cooperação Regional do Oriente Médio (MERC), 115
Cooperação Regional do Oriente Médio (MERC), 115

Dagan, Zvika, 147
Dahan, Nissim, 218
Dahlan, Mohammed, 231, 266
Darwish, Mahmoud, 136, 137
Dayan, Moshe, 180, 390
Demant, Peter, 179, 180
Dheisha, campo de refugiados de, 133, 134, 139, 237
Dori, Latif, 70
Dotan, base militar de, 123

Eban, Abba, 253

Educação para a paz, 213-215,
    285, 311, 402
Egito
    como canal de comunicação,
        26, 252, 313
    como ex-pátria em comum
        de israelenses e
        palestinos, 262, 263
    fronteira, 29, 30, 175, 229,
        232
    papel nos eventos de 1948 e
        1967, 39-41
    paz com Israel, 32, 348
Eitan, Michael, 254
Eliav, Lova, 60
Escudo Defensivo, 217, 373, 375
Eshel, Natan, 248, 254
Eshel, Orna, 215
Exército Israelense, *veja* Forças de
    Defesa de Israel (IDF)
Ezzedin al-Qassam, 23

Faluji, Imad, 207
Fatah, 130, 145-147, 196, 207,
    208, 224, 250, 258,
    368-372, 374
Fayyad, Salam, 250, 263, 329
Feiler, Gil, 227
Fogel, Udi e Ruth, 251
Forças de Defesa de Israel (IDF)
    Baskin nas, 120, 130
    Colégio de Formação de
        Oficiais, 120, 125
    e negociações em Oslo, 198
    em contextos civis, 269
Forças de Defesa de Israel (IDF),
    229, *veja também*
    Schalit, Gilad
    Baskin nas, 117, 120, 126,
        127, 129, 131, 270
    Colégio de Formação de
        Oficiais, 120, 122-124,
        126, 177, 183, 270

e negociações em Oslo, 190,
    197, 266
em contextos civis, 282
Primeira Intifada, 153-155
Segunda Intifada, 213, 242,
    245
Freij, Elias, 146
Frente Democrática para a Libertação da Palestina
    (FDLP), 146, 198
Frente Democrática para a Libertação da Palestina
    (FDLP), 145, 369
Frente Popular para a Libertação
    da Palestina (FDLP),
    145
Frente Popular para a Libertação
    da Palestina (FPLP),
    198
Frente Popular para a Libertação
    da Palestina (FPLP),
    369

Gabinete do assessor sobre
    questões árabes
    (Israel), 105, 127
Gabinete do primeiro-ministro,
    26, 103-106, 108, 118,
    185, 233, 235, 268,
    284, 297
Gazit, Shlomo, 196, 197, 204
Gendler, Everett, 58
Geva, Dudu, 119
Geva, Ori, 118
Ghussein, Jaweed, 167, 169
Gilad, Amos, 250
Gillon, Carmi, 193
Givat Haviva, 64, 70, 79, 80
Goldmann, Nahum, 36, 37
Goldstein, Baruch, 363-365, 383
Gordon, Aaron David, 37
Granot, Elazar, 120
Griffin, John Howard, 50

Gur Aryeh, Binyamin, 104-106
Gur, Motta, 198

Habbash, George, 198
Habbash, Mahmoud, 248-252,
    257, 301-307,
    312-315, 317, 319,
    336-340
Haber, Eitan, 191, 193
Hahomer Hatzair, 38, 70-72, 96,
    100
Hamad, Ghazi, 26, 261
Hamami, Saad, 59, 135
Hamas
    no parlamento, 33, 252
    Schalit, libertação de, 23, 25,
        26, 247, 249, 259, 261,
        273, 342
    violência, 231, 367, 374
Haniyeh, Ismail, 24, 26
Hanns Seidel, Fundação, 103, 108
Har Gilo, 121, 124, 125
Har Homa, 192, 193, 360, 370, 388
Haram al-Sharif (Monte do
    Templo), 207-209,
    232, 261, 387-391
Hareven, Aluf, 102, 106
Hawatmeh, Nayef, 198
Haza, Ofra, 171
Hazaz, Haim, 34
Hebron, Protocolo de, 266
Hertzberg, Arthur, 61
Herzl, Theodor, 37, 88
Herzliya, conferência de, 91
Hezbollah, 33, 313
Hirschfeld, Yair, 265
Hoffman, Alan, 55
Holocausto, 30, 31, 52, 263, 264,
    289
Huleileh, Samir, 171
Humphrey, Hubert, 51
Husseini, Abdul Qadr, 147

Husseini, Faisal, 146-148, 196,
    370, 374, 386
Husseini, Hajj Amin, 39
Husseini, Hiba, 250
Hutter, Rob, 67

Incitação, 210, 212, 250, 252, 285,
    309-311, 402
Indyk, Martin, 272, 294, 295, 298,
    304, 305
Iniciativa de Paz Árabe, 33, 315,
    318, 335, 340, 356
Instituto de Educação para a
    Coexistência
    Judaico-Árabe
    Baskin deixa, 125, 129, 139,
        143, 167
    início e trabalho, 103, 117
Instituto dos Estados Unidos para
    a Paz (USIP), 197
Interns for Peace (IFP), 62, 68-70,
    77, 99, 114
Interns for Peace (IFP), 64, 76, 97
Irmandade Muçulmana, 23, 71
Irã, 33, 77, 287, 289-291,
    293-295, 321, 324
Isa, Daniel, 227, 228

Jihad Islâmica, 197, 367
Jordânia
    1948-1949, 40, 41, 386, 387
    fronteira, 250, 257, 378-380,
        382
    refugiados, 394, 399
    tratados e participação, 29,
        179-183, 269, 308,
        348, 389

Kach, partido, 120
Kahane, Meir, 58, 120
Kenen, Isaiah, 59
Kennedy, Robert, 50

Kerry, John, 260, 272, 290, 291,
    295, 298-300, 304, 400
Khalidi, Ahmad, 167, 196
Kibutz Barkai, 62, 70, 76-78
Kibutz Ein Harod Ihud, 54, 56
Kibutz Ketura, 54
King, Martin Luther, Jr., 50, 174
Kollek, Teddy, 384
Kopolovitz, Emanuel, 98-101,
    107, 108
Kufr Malik, 152-155, 160, 161
Kufr Qara, 62, 64, 65, 68, 73, 74,
    76, 78-80, 82, 84, 85,
    95, 97, 99, 114, 123,
    124
Kurd, Maher el, 265

LaFontaine, David, 67
Levy, Rahel, 217
Likud, 32, 73, 254, 312, 337, 342
Lista Árabe Unida, 89
Lowenstein, Allard, 50
Líbano, 33, 41, 117, 124, 126, 136,
    198, 313, 317, 372

Madhoun, Mohammed, 26
Mandela, Nelson, 44
Mapam, 70, 96, 120
Mashal, Khaled, 252
Mashrawi, Samir, 250
Massarwi, Mohammed, 68, 97
Massarwi, Wahiba, 84
McCarthy, Eugene, 50
McGarry, Michael, 242, 243
Meidan, David, 26, 247, 248, 250,
    253, 254, 256, 297,
    302, 332
Meir, Golda, 60
Meretz, 102, 208
Meridor, Dan, 254-257, 298
Migdad, Mohammed, 23-26
militar, governo, 63, 71, 104

ministério da Educação, 98,
    101-103, 106-108,
    119
    Unidade de Educação para a
    Democracia e
    Coexistência, 102, 106
Mishal, Nissim, 193
Mitchell, George, 211, 212
Moeller, Michael, 257
Mofaz, Shaul, 213, 250
Molcho, Yitzhak, 249, 259, 292,
    333, 334
Mossad, 26, 190, 193, 196, 253,
    297, 332, 362
Movimento Juvenil Pioneiro
    Árabe, 70, 96
Muro das Lamentações (Kotel),
    353, 368, 369, 391
Mustafa, Hisham, 169, 171

Na encruzilhada, 119
Nablus, 84, 223, 355, 356, 370, 371
Nakba, 31, 105, 261-264, 387,
    396, 400
Nasser, Ilham, 120
Navon, Yitzhak, 102, 350
Nazaré, 98, 335
Netanyahu, Binyamin
    com Obama e Kerry, 260,
        287, 290, 291,
        293-295, 334
    congelamento do processo
        de paz, 193, 265, 266,
        268-270
    e David Meidan, 26, 247,
        248, 250, 253, 254,
        256, 257, 297, 301, 332
    eleições de 2015, 311-316,
        319, 321-324
Neve Shalom/ Wahat al-Salam, 99,
    100, 108, 109
Newman, Jeffrey, 167
Nixon, Richard, 51, 247

Nofal, Momduh, 198
  normalização, 35, 274, 347,
    348, 356, 357, 402, 405
Nuriel, Sasson, 24
Nusseibeh, Sari, 131, 171

Olmert, Ehud, 247, 252, 256, 258,
    271, 343, 389, 399
Orgad, Koby, 183, 185, 193
Organização das Nações Unidas,
    70, 137, 138, 166, 211,
    308, 322, 394
  Agência das Nações Unidas
    de Assistência aos
    Refugiados da
    Palestina (UNRWA),
    394, 397, 399
  Agência das Nações Unidas
    de Assistência aos Re-
    fugiados da Palestina
    (UNRWA), 154
  Alto Comissariado das
    Nações Unidas para os
    Refugiados (ACNUR),
    394
  Resolução 181 da
    Assembleia Geral, 39,
    138, 268, 403
  Resolução 242 do Conselho
    de Segurança, 136,
    211, 280, 403
Organização para a Libertação da
    Palestina (OLP)
  aceitação de Israel, 130, 136
  reuniões com Israel, 196,
    197, 235, 238, 247,
    274, 285
  reuniões de Baskin, 60, 167,
    169
  suspeitas de Israel e leis con-
    tra, 41, 56, 146, 147
Organização para a Libertação da
    Palestina (OLP), 322

  aceitação de Israel, 129, 131,
    133-135
  reuniões com Israel, 77, 198,
    199, 249, 250
  reuniões de Baskin, 59, 169,
    171, 177
Ouda, Ayman, 89

Partido Comunista Palestino, 130,
    143
Partido Nacional Religioso (NRP),
    102
Partido Popular Palestino, 369
Peled, Matty, 142
Pelletreau, Robert, 168
Peres, Shimon, 266, 281
Por, David, 98
Praver, Leah, 117, 118
Praver, Udi, 118-120
Prevenção de conflitos, 109, 114,
    115
Primavera Árabe, 30, 33
Primeira Intifada, 42, 84, 121, 125,
    126, 129-131, 133,
    134, 136, 143, 148,
    151, 153, 158, 174,
    195, 207, 209, 213,
    215, 223, 226, 238,
    286, 345, 368-370, 372
Pundak, Ron, 265

Qaq, Zakaria, 241
Qassam, Marwan, 180, 181
Qurie, Ahmed (Abu Ala), 170,
    265

Rabin, Dalia, 193
Rabin, Yitzhak, 44-46, 102, 130,
    181, 185-188,
    190-193, 195, 197,
    198, 204, 210, 230,
    266, 276, 277, 363, 383
Rabin, Yuval, 193, 215

Rachid, Mohammed, 188, 210
Rahat, 91
Rajoub, Jabril, 208-211, 213, 239, 240, 249, 266, 336, 373
Rakah, 68
Ramallah
    atmosfera para os judeus, 143, 144, 236, 355
    Kufr Malik, toque de recolher de, 153-155
    local para reuniões importantes, 40, 208, 210, 249, 294, 304, 322, 340, 369
    riqueza e investimentos, 188, 228
    violência, 158-163, 240, 371
Raz, Mosi, 208
Reagan, Ronald, 135
Refugiados, *veja também* campos de refugiados específicos
    status únicos dos, palestinos, 395
    status únicos dos, palestinos, 394
    anexação à Transjordânia, 39-41
    ao fim da guerra de 1967, 42
    direito de retorno, 93, 181, 255, 256, 262, 263, 302, 315, 316, 346, 364, 393-398, 400
    memória coletiva, 261-264, 345, 396
    Parâmetros Clinton para, 315, 317
    questão fundamental no processo de paz, 140, 233, 234, 275, 292, 299, 301, 369, 393-398, 400

Resolução 194 da ONU, 315, 316, 395
Resoluções 242 e 338 da ONU, 136
Resoluções 242 e 338 da ONU, 135
    tratamento de, pela polícia israelense, 84, 85
    versão de Baskin de solução para, 393-398, 400
Reiter, Yitzhak, 104, 105
Rivlin, Reuven, 90, 91, 93, 94
Rosenblatt, Yehuda, 51, 328
Rothenberg, Naftali, 124

Saada, Isaaq, 214, 215
Sabar, Chaim, 217
Sadat, Anwar, 73
Salam, Khaled, 188
Samed, 170, 171
Samhouri, Mohammed, 23
Sarid, Yossi, 102
Saroussi, Linoy, 215
Sartawi, Issam, 59, 135
Sayegh, Yazid, 196
Schalit, Gilad, 23, 25, 26, 224, 247, 249, 258, 261, 273, 297, 332, 342
Schalit, Noam, 26
Schindler, Alexander, 59
Setembro Negro, 41
Shaath, Nabeel, 168, 233, 234, 266
Shalev, Aryeh, 196
Shapira, Yitzhak, 102
Sharon, Ariel, 186, 207, 212, 227, 299, 359
Sharp, Gene, 174
Shas, 218
Shavit, Ari, 261-265
Sheffer, Gil, 254, 297, 298
Sheikh Mousa, 226
Shemesh, Yehezkel, 104, 105
Sher, Gilad, 232

Shikaki, Khalil, 197
Shin Bet, 106–108, 160, 162, 163, 172, 192, 195, 200, 201, 306
Shmueli, Eliezer, 98, 99
Shultz, George, 146
Shuval, Arieh, 102
Siksik, Samir, 229, 235
Siniora, Hanna, 146, 224
Sionista, movimento, 28, 31, 34, 36, 37, 54, 57
Smooha, Sami, 120
Sociedade de Estudos Árabes, 147
Solução de dois Estados
    apoio internacional para, 137, 138, 289, 290, 309, 310, 316, 317
    benefícios da, 352
    mutualidade, 345, 346, 405
    negociação baseada na aceitação da, enquanto objetivo, 139, 141, 205, 289, 400
    negociação de, 249, 250, 350, 354, 358, 376, 379
    visões israelenses da, 32, 57, 90, 144, 221
    visões palestinas da, 59, 89, 90, 126, 134, 146, 322, 323, 328, 336
Solução de um Estado, 90, 405, *veja também* Solução de dois Estados

Tamra, 67, 78
Tantur, 192, 241–245
Tanzim, 207, 208, 218, 369–373
Tarifi, Jamil, 371, 395
Tel Yehuda, 53, 55
Terzi, Labib Zuhdi, 59
Tibi, Ahmad, 89
Tikun Olam, 57
Toledano, Shmuel, 127
Tulkarem, 65, 67, 197, 215, 351
Tumba de José, 209, 371
Turgeman, Hadas, 215

Um el-Fahem, 105, 107, 121, 122, 359
Unidade de Educação para a Democracia e Coexistência, 102, 106
Universidade de Windsor, 389
Universidade Islâmica de Gaza, 23, 24

Van Leer Institute, 102, 106
Vilan, Avshalom, 208–210

Wadi Ara, 41, 65, 208
Wapner, David, 165
Watad, Mohammed, 96, 97
Weitzman, Chaim, 63
Wertheim, Muzi, 227
Wilcox, Phil, 144, 162
Wolf, Arnold Jacob, 58
Wye River, Memorando de, 266, 370, 371

Yahya, Adel, 143, 225
Yatom, Danny, 193, 232, 233
Young Judaea, 53–55, 57, 62, 69, 97
Yousef, Ahmed, 24
Yusef, Nasser, 231

Ayllon

1. *Cabalat shabat: poemas rituais*
   Fabiana Gampel Grinberg
2. *Fragmentos de um diário encontrado*
   Mihail Sebastian
3. *Yitzhak Rabin: uma biografia*
   Itamar Rabinovich
4. *Vilna: cidade dos outros*
   Laimonas Briedis
5. *Israel e Palestina*
   Gershon Baskin
6. *Acontecimentos na irrealidade imediata*
   Max Blecher
7. *O Rabi de Bacherach*
   Heinrich Heine
8. *Em busca de meus irmãos na América*
   Chaim Novodvorsky
9. *Mulheres*
   Mihail Sebastian
10. *A toca iluminada*
    Max Blecher

Adverte-se aos curiosos que se imprimiu este livro na gráfica Expressão e Arte, na data de 3 de setembro de 2024, em papel Pólen Soft 80, composto em tipologia Minion Pro, 11 pt, com diversos sofwares livres, dentre eles LuaLaTeX e git.
(v. 7c42b19)